高等职业教育道路运输类专业系列教材

# 桥梁工程施工技术

方业博　李　平　主　编

尹锡军　曹永先　刘晓鹏　李和志　副主编

吕长荣　主　审

中国建筑工业出版社

图书在版编目（CIP）数据

桥梁工程施工技术 / 方业博，李平主编；尹锡军等副主编. -- 北京：中国建筑工业出版社，2025．7.
（高等职业教育道路运输类专业系列教材）. -- ISBN 978-7-112-31330-3

Ⅰ．U445．4

中国国家版本馆 CIP 数据核字第 2025XS4913 号

　　全书共分11个教学教学单元，计划讲授64～72学时。教学单元1介绍了桥梁的组成及分类；教学单元2介绍了桥梁施工准备与测量；教学单元3介绍了钢筋混凝土施工技术，教学单元4介绍了桥梁基础施工；教学单元5介绍了桥梁墩台施工；教学单元6介绍了梁式桥施工；教学单元7介绍了拱桥施工；教学单元8介绍了悬索桥施工；教学单元9介绍了斜拉桥施工；教学单元10介绍了桥面系及附属工程施工；教学单元11介绍了涵洞施工。

为便于教学，作者特别制作了配套课件，任课教师可以通过如下途径申请：
1. 邮箱：jckj@ cabp. com. cn
2. 电话：（010）58337285
3. 建工书院: http://edu.cabplink.com

责任编辑：吕　娜　李　阳
责任校对：张　颖

高等职业教育道路运输类专业系列教材
# 桥梁工程施工技术
方业博　李　平　主编
尹锡军　曹永先　刘晓鹏　李和志　副主编
吕长荣　主审

＊

中国建筑工业出版社出版、发行（北京海淀三里河路9号）
各地新华书店、建筑书店经销
北京科地亚盟排版公司制版
天津画中画印刷有限公司印刷

＊

开本：787毫米×1092毫米　1/16　印张：19¼　字数：443千字
2025年8月第一版　　2025年8月第一次印刷
定价：**56.00**元（配数字资源及赠教师课件）
ISBN 978-7-112-31330-3
（45290）

# 前 言
## FOREWORD

本教材依据教育部对高职高专人才培养目标、培养规格、培养模式及与之相适应的知识、技能和素质能力的要求进行编写。

桥梁工程施工技术是一门实践性很强的专业课程，知识面广、综合性强，要学好本课程必须结合工程实践，综合运用相关的理论知识，才能正确掌握，合理解决施工生产过程中遇到的相关技术问题。本教材内容采用国家及行业最新的标准及规范，结合大量国内外近几年来颇具影响力的桥梁工程施工案例，与目前我国桥梁施工一线所采用的新材料、新技术、新工艺实现了无缝对接。内容新颖实用，编写中侧重于实用性、针对性和可操作性等方面。注重学生职业能力、基本素质、基本能力的培养。

教材共分 11 个教学单元，计划 64～72 学时。教学单元 1 介绍了桥梁的组成和分类；教学单元 2 介绍了桥梁施工准备与测量；教学单元 3 介绍了钢筋混凝土施工技术；教学单元 4 介绍了桥梁基础施工；教学单元 5 介绍了桥梁墩台施工；教学单元 6 介绍了梁式桥施工常用的施工技术；教学单元 7 介绍了拱桥施工技术；教学单元 8 介绍了悬索桥的构造及施工技术；教学单元 9 介绍了斜拉桥的构造及施工技术；教学单元 10 介绍了桥面系及附属工程施工；教学单元 11 介绍了涵洞施工。

本教材由山东城市建设职业学院方业博、中交建筑集团第六工程有限公司总经理李平任主编。山东交通职业学院尹锡军，山东城市建设职业学院刘晓鹏、曹永先，湖南城建职业技术学院李和志任副主编，方业博统稿。编写分工如下：方业博编写教学单元 4～6，李平编写教学单元 1～3，刘晓鹏编写教学单元 7、11，曹永先编写教学单元 9、10，李和志编写教学单元 8。山东省交通工程监理咨询有限公司总经理正高级工程师吕长荣主审，吕经理提出了许多宝贵意见和建议，在此表示衷心的感谢！本教材的编审人员均具有多年桥梁工程一线施工经验，有利于反映施工生产一线的最新技术，能够结合工程施工的实际需要对本教材的内容进行合理的整合处理。书中的数字资源由山东城市建设职业学院市政与设备工程系制作、提供。

在本教材编写过程中，得到了中交建筑集团第六工程有限公司、中交华南交通建设有限公司、山东省交通工程监理咨询有限公司多位专家的帮助和支持，在此深表感谢！

限于编者的水平，加之时间紧迫，书中疏漏和不妥之处在所难免，敬请读者批评指正，在此表示衷心感谢。

编　者

2025 年 3 月

3

# 目 录

CONTENTS

# 教学单元 1

## 桥梁的组成及分类

## 【知识目标】

1. 掌握桥梁的基本组成及常用名词和专业术语；
2. 掌握桥梁的主要分类方法。

## 【能力目标】

能够正确进行桥梁分类并分析不同结构体系桥梁的受力特点。

## 【素质目标】

1. 通过施工图识读，培养学生严谨、认真的工作作风；
2. 通过团队完成 PPT 制作及汇报，培养学生团队协作能力、语言表达能力及专业术语应用能力。

## 【思维导图】

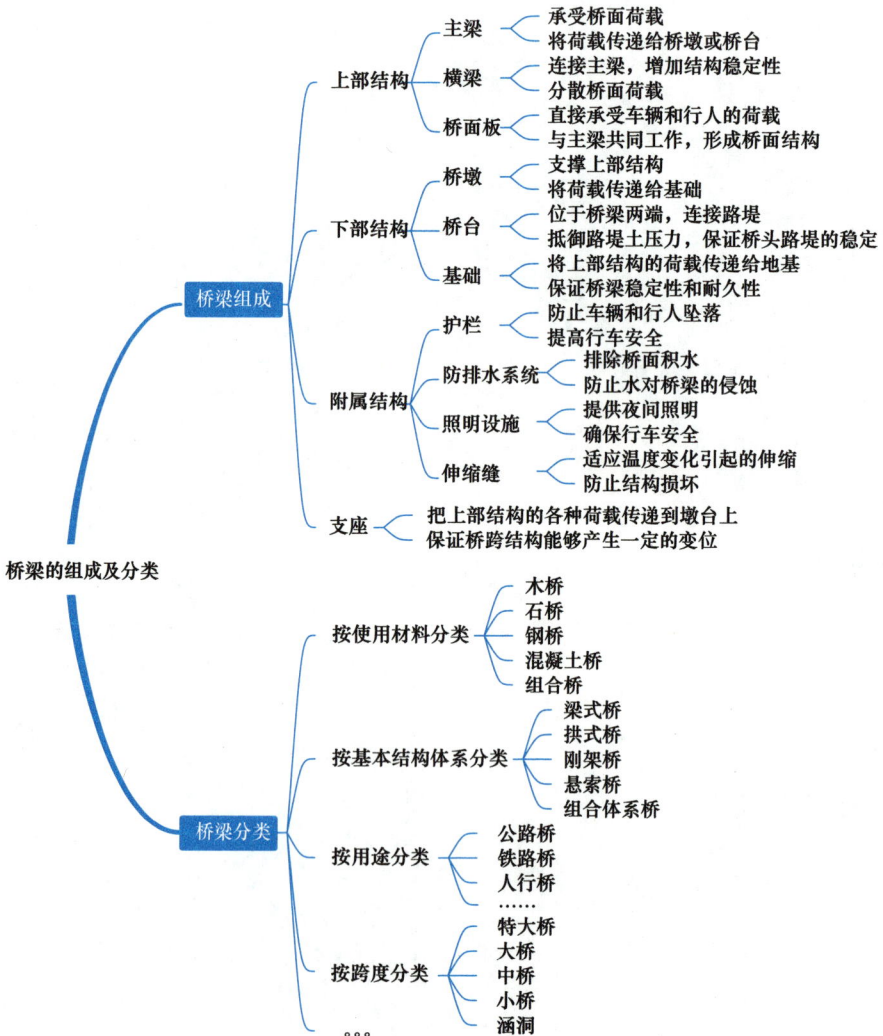

# 1.1　桥梁的组成

## 1.1.1　桥梁的基本组成

桥梁一般由上部结构、下部结构、支座及附属设施四部分组成。梁式桥的基本组成如图 1.1-1 所示，拱式桥的基本组成如图 1.1-2 所示。

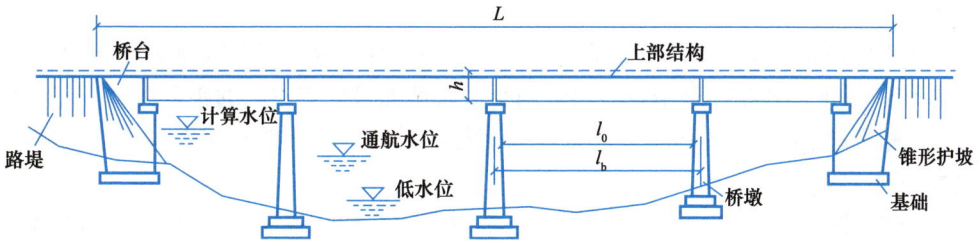

图 1.1-1　梁式桥的基本组成

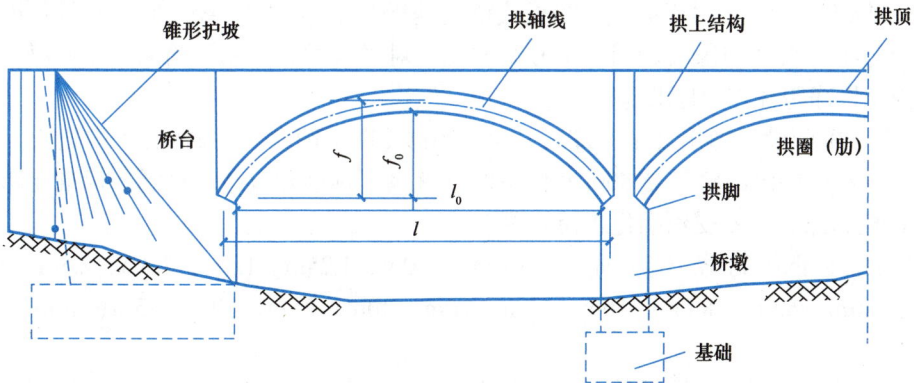

图 1.1-2　拱式桥的基本组成

上部结构也称为桥跨结构，是在线路中断时跨越障碍的主要承重结构。

下部结构包括桥墩、桥台及基础。桥墩和桥台是支承上部结构并将荷载传至地基的构造物。其中，在多孔桥中，位于两相邻桥孔之间的称为桥墩；设置在桥梁两端，与路堤衔接的则称为桥台。桥台除上述作用外，还具有抵御路堤土压力，防止路堤填土滑坡和坍塌，保证桥头路堤稳定的作用。桥墩（台）由墩（台）帽、墩（台）身和基础组成，基础是桥墩（台）中将全部荷载传至地基的底部奠基部分。基础是保证桥梁安全使用的关键，也是桥梁施工的难点所在。

支座是设置在桥梁上、下部结构之间的支承传力装置。支座不但要把上部结构的各种荷载传递到墩台上，而且要保证桥跨结构能够产生一定的变位，使桥梁的实际受力状态尽可能地符合结构的计算图式。

此外，为了提高桥梁的使用和服务功能，还应设置一些必不可少的附属设施，如桥面铺装、防水及排水系统、伸缩装置、栏杆（或防撞体）、灯柱及锥形护坡、护岸、导流结构体等。

### 1.1.2 桥梁常用名词术语

#### 1. 水位

1）低水位：是指在枯水季节水位变动河流的最低水位。

2）设计水位：是指对应于设计洪水频率的洪峰流量水位。

3）通航水位：是指在各级航道中，能保证船舶正常航行时的水位。

#### 2. 跨径

1）净跨径 $l_0$：对于梁式桥，是指设计洪水位上相邻两个桥墩（或桥台）之间的水平净距离；对于拱式桥，是指每孔拱跨两个拱脚截面最低点之间的距离。

2）总跨径 $\sum l_0$：是多孔桥梁中各孔净跨径的总和，也称为桥梁孔径，它反映了桥下泄洪的能力。

3）计算跨径 $l$：对于有支座的桥梁，是指桥跨结构相邻两个支座中心之间的水平距离；对于无支座的桥梁，为上、下部结构支承面中心的距离；对于拱式桥，是相邻拱脚截面形心点之间的水平距离。桥梁结构的力学计算均采用计算跨径。

4）标准跨径 $l_b$：对于梁式桥和板式桥，是指两相邻桥墩中线之间中心线长度或桥墩中线与桥台台背前缘线之间桥中心线长度；对拱式桥、拱涵、箱涵、盖板涵、圆管涵等则是以净跨径作为标准跨径。

《公路桥涵设计通用规范》JTG D60—2015（以下简称《桥通规》）中规定，当标准设计或新建桥涵的跨径在 50m 及以下时，宜采用标准化设计。桥涵的标准化跨径超过 50m 的桥梁，可不受标准化跨径的限制。

桥涵标准化跨径规定如下：0.75m、1.0m、1.25m、1.5m、2.0m、2.5m、3.0m、4.0m、5.0m、6.0m、8.0m、10m、13m、16m、20m、25m、30m、35m、40m、45m、50m。

5）桥梁全长 $L$：简称桥长，有桥台的桥长为两岸桥台侧墙或八字墙尾端间的距离，无桥台的桥长为桥面系行车道的长度。

#### 3. 高度

1）桥梁高度 $H_1$：简称桥高，是指跨河桥桥面与低水位之间的距离，或跨线桥桥面与桥下线路路面之间的距离。它在某种意义上反映了桥梁施工的难度。

2）桥下净空高度 $H$：是设计水位或计算通航水位与桥跨结构最下缘之间的距离。它应该能满足排洪和河流通航所要求的净空高度。

3）建筑高度 $h$：是指桥上行车路面至桥跨结构最下缘之间的距离。它不仅与桥梁结构的体系和跨径有关，而且随行车道在桥上的具体布置位置而变化。

4）允许建筑高度：是指公路定线中所确定的桥面高程对通航净空顶部高程之差。桥梁的建筑高度不能大于其允许建筑高度，否则就不能保证桥下的通航净空要求。

5）净矢高 $f_0$：是指从拱顶截面下缘至相邻两跨拱脚截面下缘最低点连线的垂直距离。

6）计算矢高 $f$：是指拱顶截面形心至相邻两拱脚截面形心之连线的垂直距离。

7）矢跨比：是指拱桥中拱圈（或拱肋）的计算矢高与计算跨径之比，也称拱矢度。是反映拱桥受力特性的一个重要指标。

## 1.2　桥梁的分类

### 1. 按基本结构体系分类

工程结构中的构件主要有拉、压、弯三种基本受力方式，由基本构件组成的各种结构物在力学上也归结为梁式、拱式和悬吊式三种基本体系，以及它们的各种组合形式。桥梁结构按受力体系划分，可分为梁式桥、拱式桥、刚架桥和悬索桥四种基本体系，其中梁式桥以受弯为主，拱式桥以受压为主，悬索桥以受拉为主。另外，由上述四大基本体系的相互组合，派生出在受力上具组合特征的组合体系桥型，如斜拉桥等。

1）梁式桥

梁式桥的主要承重结构是梁（或板）。梁式桥在竖向荷载作用下只产生竖向反力，墩台不承受水平推力，如图 1.2-1（a）、（b）所示，与同样跨径的其他结构体系相比，梁内产生的弯矩最大，所以需要采用抗弯能力较强的材料，如钢、木、钢筋混凝土、预应力混凝土等。

梁式桥又分为简支梁桥、悬臂梁桥和连续梁桥。图 1.2-1 所示为各种梁式桥的基本图示。简支梁桥结构简单、施工方便，对地基承载力要求不高，在中小跨径桥梁中得到广泛应用，如图 1.2-1（a）、（b）所示。但简支梁桥的跨越能力有限，钢筋混凝土简支梁桥一般用于跨径 25m 以下的桥梁，预应力混凝土简支梁桥跨径一般也不超过 50m。为了改善受力条件和使用性能，地质条件较好时，可修建连续梁桥，如图 1.2-1（c）所示。悬臂梁桥和连续梁桥由于支点负弯矩的存在，使得跨中正弯矩相对减小，比简支梁桥具有更大的跨越能力。另外，当桥梁跨径较大时，可以根据地质条件考虑采用预应力混凝土桥、钢和钢-混凝土组合梁桥，如图 1.2-1（d）、（e）所示。

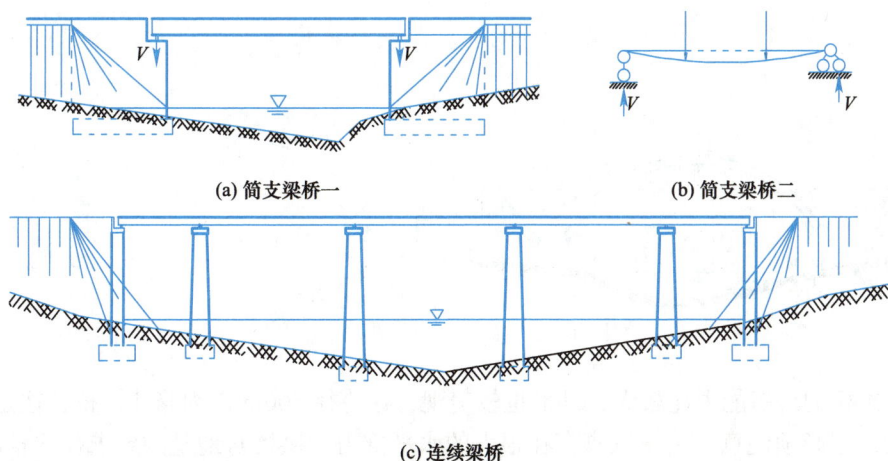

**(a) 简支梁桥一**　　　　　　　　　　**(b) 简支梁桥二**

**(c) 连续梁桥**

图 1.2-1　梁式桥基本图示（一）

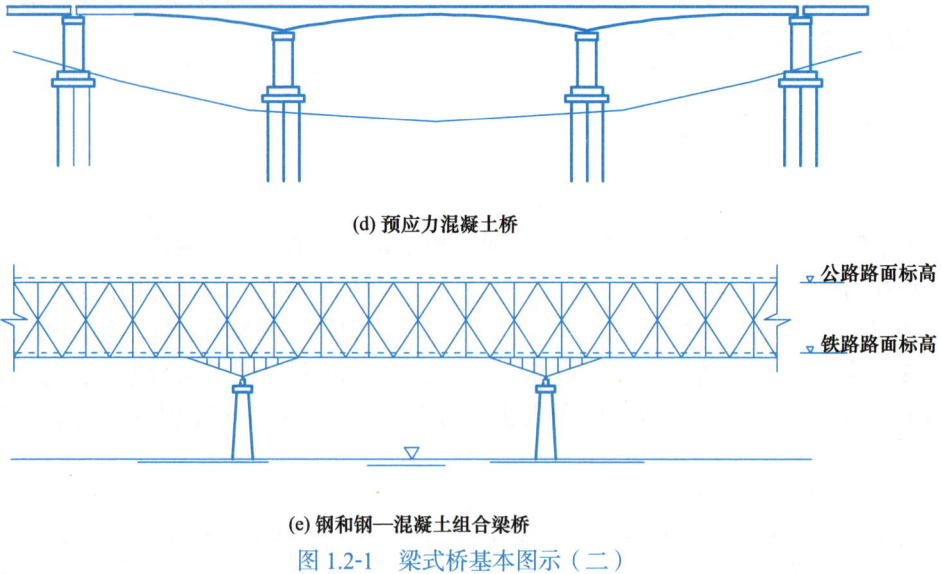

(d) 预应力混凝土桥

公路路面标高

铁路路面标高

(e) 钢和钢—混凝土组合梁桥

图 1.2-1　梁式桥基本图示（二）

### 2）拱式桥

拱式桥的主要承重结构是拱圈或拱肋。在竖向荷载作用下，拱式桥的墩台将承受水平推力，如图 1.2-2 所示。由于水平推力的作用，拱圈（或拱肋）内的弯矩比相同跨径的梁小得多，拱圈（或拱肋）以承受压力为主。所以，拱桥除了可以利用钢、钢筋混凝土等材料外，还可以采用抗压能力较强而抗拉能力较弱的圬工材料（如砖、石、混凝土等）来建造。

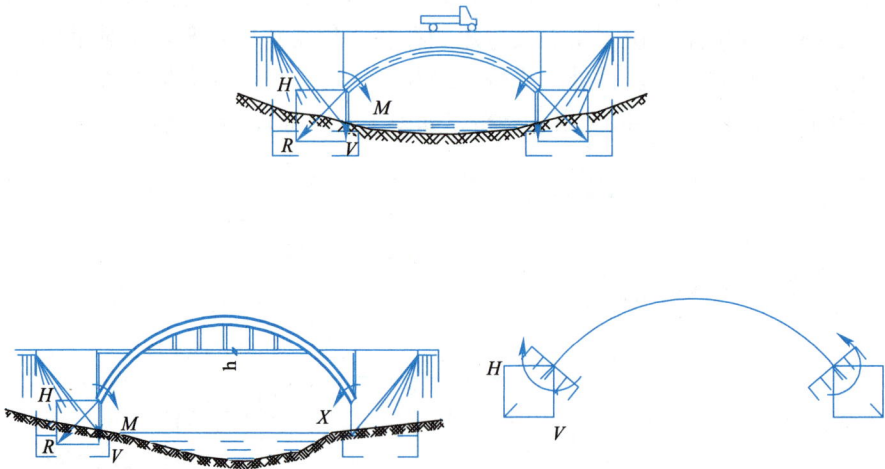

图 1.2-2　拱式桥基本图示

由于拱桥的跨越能力比较大，外形也较美观，在跨径 500m 以内修建拱桥往往是经济合理的。但必须注意，由于拱脚存在很大的水平推力，拱桥对地基的要求往往较高，同时，也要求其墩台和基础能够经受这一推力作用。

3）刚架桥

刚架桥的主要承重结构是梁或板和立柱或立墙结合而成的刚架结构，梁和柱之间采用刚性连接。在竖向荷载作用下，梁主要承受弯矩，柱脚处存在水平反力，如图 1.2-3 所示，其受力状态介于梁式桥与拱式桥之间。因此，刚架桥跨中的建筑高度可以做得相对较小些。当桥梁的允许建筑高度受到限制时，可考虑采用这种桥型以尽量降低线路高程或增加桥下净空。

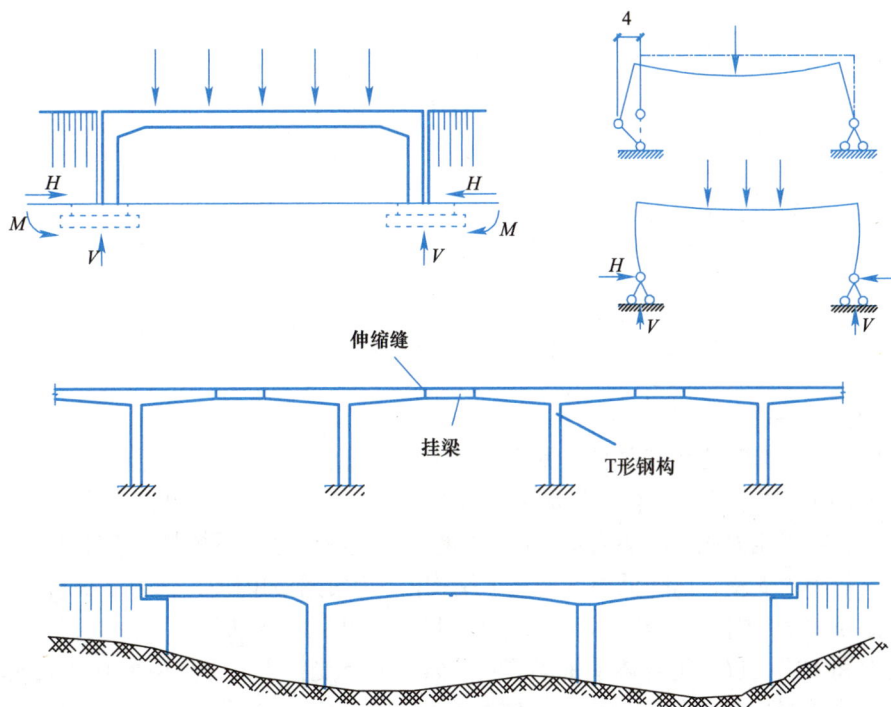

图 1.2-3 刚架桥基本图示

刚架桥可以是单跨结构或多跨结构，多跨刚架桥的主梁可以做成非连续式的，形成 T 形刚构桥，或将主梁做成连续结构，形成连续刚构桥。

混凝土刚架桥可采用钢筋混凝土和预应力混凝土修建，但钢筋混凝土刚架桥施工比较困难，梁柱刚接处较易开裂，跨径不能做得太大，目前已较少采用。

4）悬索桥

悬索桥（又称吊桥）主要由缆索、锚碇、吊杆和加劲梁组成，悬挂在两边桥塔上的强大缆索是悬索桥的主要承重结构，如图 1.2-4（a）所示。通过吊杆传递到缆索上的竖向荷载，将使其承受很大的拉力。通常就需要修建强大的锚碇将缆索固定在地基中，在不宜修建锚碇的情况下，也可将缆索锚固在加劲梁的端部，称为自锚式悬索桥，如图 1.2-4（b）所示。缆索的强大拉力也将引起较大的水平反力。现代悬索桥广泛采用高强度钢丝成股编制的钢缆，以充分发挥其优异的抗拉性能。所以，悬索桥结构的自重较轻，具有其他桥型无可比拟的跨越能力，常用于修建特大跨径的桥梁。特别是当跨径大于 800m 时，悬索桥具有很大的竞争力。但是悬索桥的结构刚度较差，在车辆荷载和风荷载的作用下，将产生较大的变形和振动。

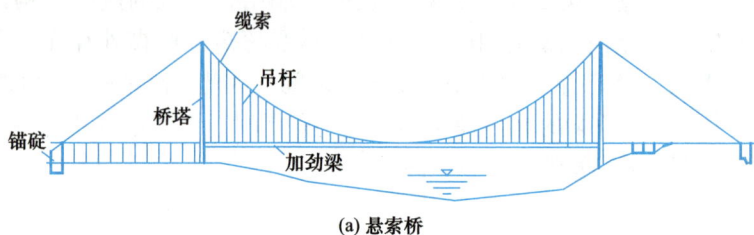

(a) 悬索桥

(b) 自锚式悬索桥

图 1.2-4　悬索桥基本图示

### 5）组合体系桥

由拉、压、弯等几个基本受力体系的结构组合而成的桥梁称为组合体系桥。

梁-拱组合体系桥，梁和拱都是主要承重结构，两者相互配合共同受力，这种组合体系桥梁的跨越能力比一般的简支梁桥大。刚构-连续组合体系桥是在连续刚构桥的某些墩上设置滑动支座，以降低温度变化下结构内产生的附加内力，适合于长桥。

斜拉桥由斜拉索、主梁、塔柱及墩台组成，如图 1.2-5 所示。其主要承重结构包括斜拉索和主梁，属于组合体系桥梁。斜拉索主要承受拉力，常采用平行高强钢丝束、平行钢绞线等材料制成。斜拉索一端锚固在塔柱上，另一端锚固在主梁上，将主梁多点吊起，相当于在主梁跨径内增加了若干个弹性支承，从而大大降低了主梁内力，减小了主梁尺寸和结构自重，既节省了材料，又显著增大了桥梁的跨越能力。与悬索桥相比，斜拉桥的结构刚度较大，抵抗风振的能力比悬索桥好。

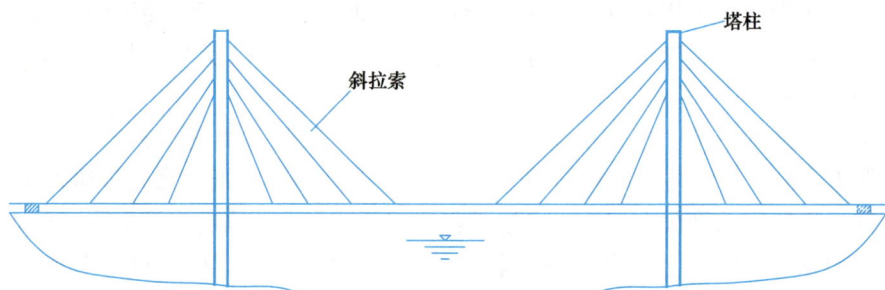

图 1.2-5　斜拉桥基本图示

各种桥梁结构体系及特点汇总于表 1.2-1。

桥梁结构体系及特点　　　　　　　　　表 1.2-1

| 桥梁体系 | 主要承重构件 | 受力特点（竖向力作用） | 材料要求 | 结构特点 | 当前世界纪录 |
|---|---|---|---|---|---|
| 梁式桥 | 梁（板） | 主梁承受弯矩和剪力，以弯为主。墩台只受竖向力，不产生水平反力 | 抗弯能力强（钢、木、钢筋混凝土、预应力混凝土） | 简支梁桥，结构简单，施工方便，对地基要求不高，一般跨径在50m以内；悬臂梁桥、连续梁桥有更大的跨越能力 | 加拿大魁北克公铁两用桥（548.8m，1917年） |
| 拱式桥 | 拱圈或拱肋 | 拱圈主要受压，也受弯矩和剪力；墩台受竖向力、弯矩及水平推力 | 抗压能力强（砖、石、混凝土、钢筋混凝土、钢、钢管混凝土） | 跨越能力大，造型美观，地基要求高，适用于跨径500m以内 | 重庆朝天门大桥（522m，2009年） |
| 刚架桥 | 刚架结构 | 梁以受弯为主，柱脚有水平反力和弯矩，介于梁、拱之间 | 钢筋混凝土、预应力混凝土 | 跨中建筑高度可较小，适合采用悬臂法施工，但刚结点施工困难，易于开裂 | 挪威斯托尔马桥（301m，1998年） |
| 悬索桥 | 缆索（主缆） | 缆索只受拉力，墩台受竖向力及水平推力 | 水平高强钢丝束 | 自重轻，跨越能力强，刚度差，变形及振动大 | 日本明石海峡大桥（1991m，1998年） |
| 斜拉桥 | 主梁和斜拉索 | 斜拉索只受拉力，主梁受弯，还受拉索压力 | 平行高强钢丝束、平行钢绞线 | 梁内受弯矩，梁体尺寸和重量大大减少 | 俄罗斯岛大桥（1104m，2012年） |

## 2. 按建设规模分类

按桥梁全长和跨径不同，可分为特大桥、大桥、中桥、小桥和涵洞。《公路工程技术标准》JTG B01—2014关于桥涵分类的规定见表 1.2-2。其中，单孔跨径 $L_k$ 反映了桥梁建设的综合水平和技术复杂程度，多孔跨径总长反映桥梁建设的规模，符合其中一个指标即可归类。

桥涵分类表　　　　　　　　　表 1.2-2

| 桥涵分类 | 多孔跨径总长 $L$（m） | 单孔跨径 $L_k$（m） |
|---|---|---|
| 特大桥 | $L>1000$ | $L_k>150$ |
| 大桥 | $100{\leqslant}L{\leqslant}1000$ | $40{\leqslant}L_k{\leqslant}150$ |
| 中桥 | $30<L<100$ | $20{\leqslant}L_k<40$ |
| 小桥 | $8{\leqslant}L{\leqslant}30$ | $5{\leqslant}L_k<20$ |
| 涵洞 | — | $L_k<5$ |

注：1. 单孔跨径是指标准跨径。

　　2. 梁式桥、板式桥的多孔跨径总长为多孔标准跨径的总长；拱式桥为两岸桥台内拱线间的距离；其他形式桥梁为桥面系行车道长度。

## 3. 按用途分类

按桥梁的用途划分，有公路桥、铁路桥、公铁两用桥、城市桥梁、人行桥、输水桥、农用桥及其他专用桥梁（如通过管线、电缆）等。

## 4. 按主要承重结构所用的材料分类

按主要承重结构所用的材料划分，有木桥、钢桥、圬工桥（包括砖、石、混凝土）、钢筋混凝土桥、预应力混凝土桥、结合梁桥、钢筋混凝土桥等。

### 5. 按跨越障碍的性质分类

按桥跨结构所跨越障碍的性质分类，通常有跨河桥、跨线桥（立交桥）和高架桥等。

### 6. 按行车道的位置分类

按上部结构的桥面位置划分，有上承式、下承式和中承式桥。桥面布置在主要承重结构上面的，称为上承式桥；桥面布置在主要承重结构下面的，称为下承式桥；桥面布置在主要承重结构中部的，称为中承式桥。上承式桥构造简单、施工方便，上部结构的宽度可做得小些，从而节省圬工数量。另外，上承式桥的桥面布置简单，行人和车辆的视野开阔。所以，公路和城市桥梁一般采用上承式。上承式桥梁的不足之处在于建筑高度相对较大，因此，在允许建筑高度严格受限的情况下，就应采用下承式桥或中承式桥，以避免过大的桥面标高。

此外，桥梁还可以根据桥梁的跨越方式，分为固定桥、活动桥（又称开启桥或开合桥）、浮桥、漫水桥等。

# 习　　题

### 一、单项选择题

1. 设计洪水位上相邻两个桥墩（或桥台）之间的水平净距离是（　　　）。

A. 计算跨径　　　　　B. 净跨径　　　　　C. 标准跨径　　　　　D. 总跨径

2. 某路线上有一座 $4 \times 25m$ 的简支梁桥，该桥属于（　　　）。

A. 小桥　　　　　　　B. 中桥　　　　　　C. 大桥　　　　　　　D. 特大桥

3. 公路和城市桥梁一般采用（　　　）。

A. 上承式　　　　　　B. 中承式　　　　　C. 下承式　　　　　　D. 组合式

4. 从结构受力角度，（　　　）以受压为主。

A. 梁式桥　　　　　　B. 拱式桥　　　　　C. 刚架桥　　　　　　D. 悬索桥

5. （　　　）在某种意义上反映了桥梁施工的难度。

A. 桥梁高度　　　　　B. 建筑高度　　　　C. 桥下净空高度　　　D. 允许建筑高度

### 二、简答题

1. 桥梁结构由哪几部分组成？简述各部分的作用。

2. 公路桥梁是如何按照长度进行分类的？

3. 按结构体系划分，桥梁分为哪几类？简述各类桥梁的受力特点。

### 三、技能训练

广泛收集资料，结合家乡桥、长江上的桥、黄河上的桥、跨海大桥等，分组制作PPT进行汇报。

要求：PPT图文并茂、版面美观；汇报人熟练掌握PPT的内容，语言流畅。

# 教学单元 2

## 桥梁施工准备
## 与测量

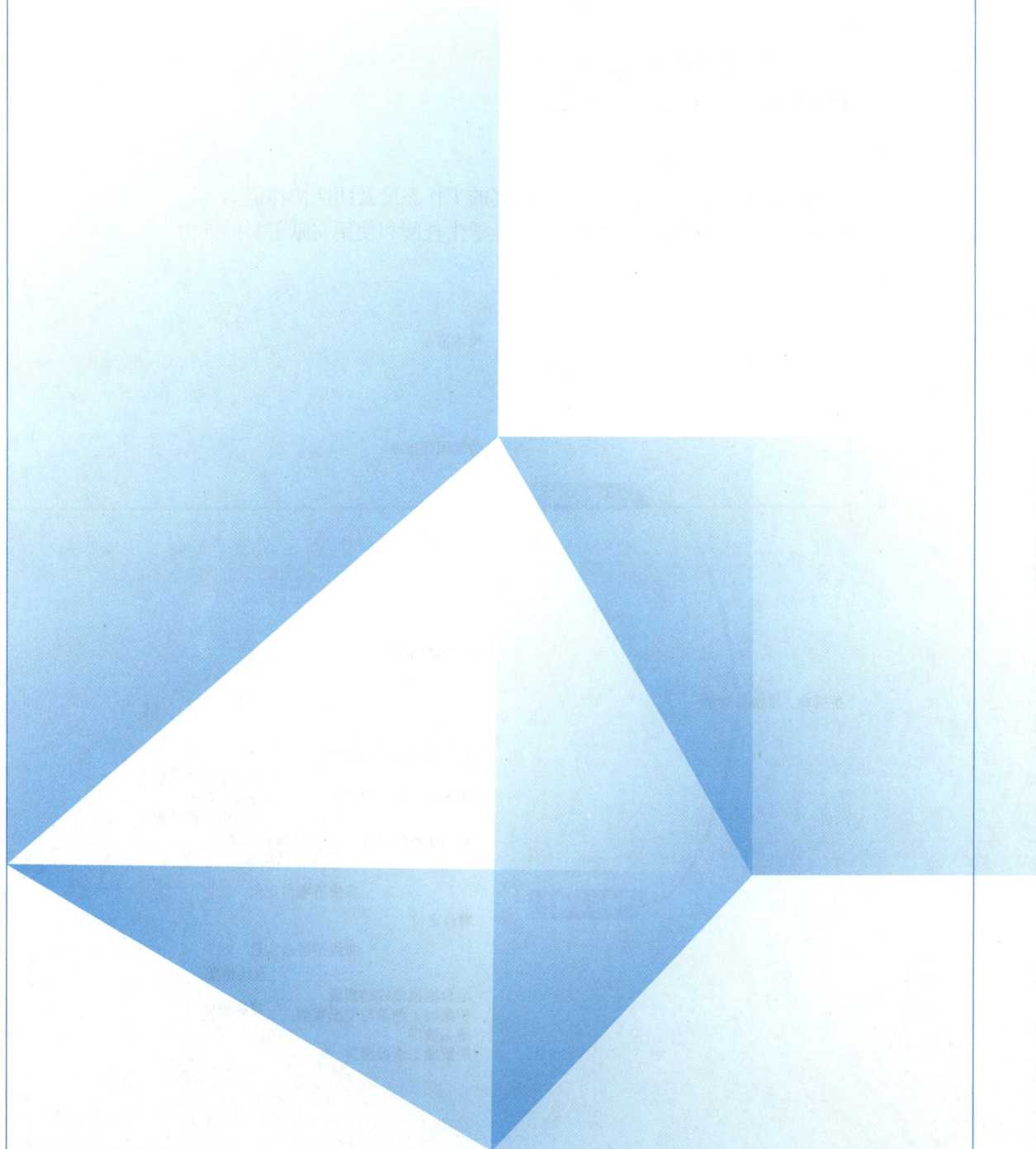

## 【知识目标】

1. 掌握桥梁施工准备的工作内容；
2. 了解桥梁施工测量的基本任务及主要内容；
3. 掌握桥梁纵轴线测量及墩台定位测量；
4. 掌握桥梁施工放样常用的方法及主要工作内容。

## 【能力目标】

1. 能够进行桥梁轴线及墩台定位测量；
2. 能够编制桥梁施工测量技术交底。

## 【素质目标】

1. 通过工程测量实训，培养严谨、认真的工作态度及团队协作能力；
2. 通过查阅现行行业标准、规范，培养学生查阅和使用文献资料的能力。

## 【思维导图】

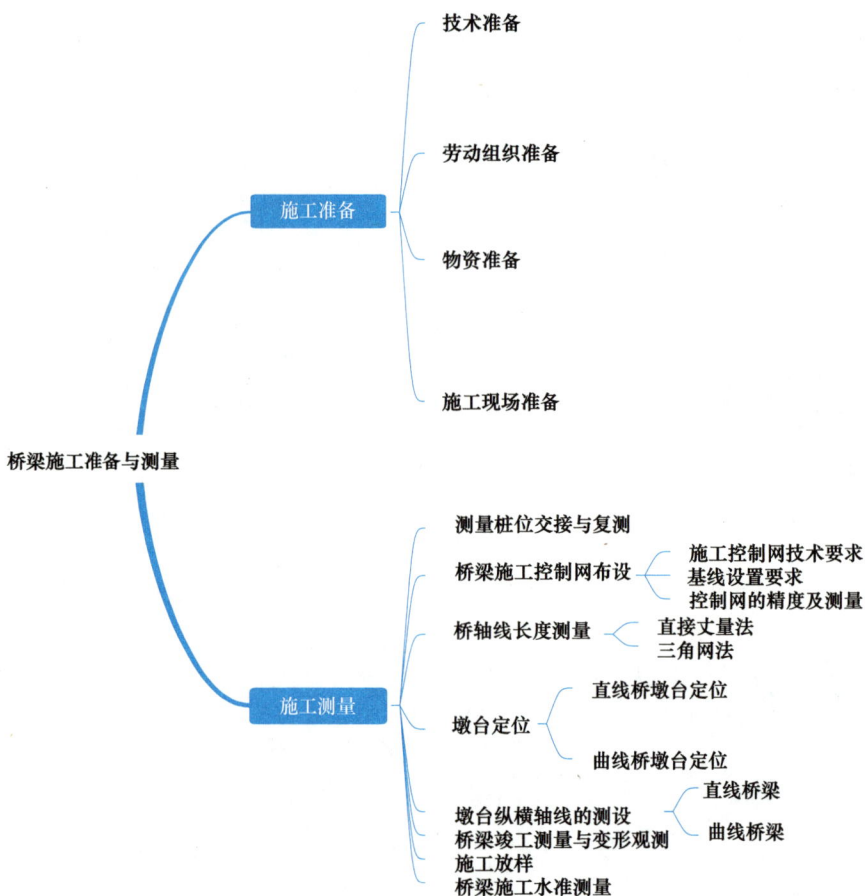

## 2.1　桥梁施工准备

桥梁施工准备工作的基本任务是为桥梁工程的施工建立必要的技术和物质条件，统筹安排施工力量和施工现场，是施工企业搞好目标管理，推行技术经济承包的重要依据，同时也是施工得以顺利进行的根本保证。认真做好施工准备工作，对于发挥企业优势、合理供应资源、加快施工进度、保证工程质量和施工安全、降低工程成本、增加企业经济效益，为企业赢得社会效益、实现企业管理现代化等具有重要意义。

施工准备工作主要包括：技术准备、劳动组织准备、物资准备和施工现场准备等。

### 1.　技术准备

技术准备是施工准备的核心。由于技术准备上的差错和隐患将造成生命、财产和经济的巨大损失，因此必须认真做好技术准备工作。技术准备的具体内容如下：

1）熟悉设计文件、研究核对设计图纸

桥涵工程施工前应熟悉设计文件，对结构设计尺寸和关键施工参数进行核对；检查核对设计图纸与其各组成部分之间有无矛盾或错误；在几何尺寸、坐标、高程、说明等方面是否一致，技术要求是否正确等等，发现问题及时与设计单位和监理工程师协商解决。

2）参照图纸进行现场踏勘

施工前应对施工现场进行实地勘察，以尽可能多地获得有关原始数据的第一手资料，这对于正确选择施工方案、制定技术措施、合理安排施工顺序和施工进度计划以及编制切合实际的施工组织设计都是非常必要的。主要调查项目如下：

（1）自然条件的调查分析：地质、水文、气象、施工现场的地形地物、桥梁工程所在地区的国家水准基点和绝对标高等情况。

（2）技术经济条件的调查分析：施工现场的动迁、当地可利用的地方材料、砂石料场、水泥生产厂家及产品质量、地方能源和交通运输、地方劳动力和技术水平、当地生活物资供应、可提供的施工用水用电条件、设备租赁、当地消防治安、分包单位的力量和技术水平等状况。

3）施工前的设计技术交底

设计技术交底通常由建设单位主持，设计、监理、施工单位参加。首先，由设计单位说明工程的设计依据、意图和功能要求，并对特殊结构、新材料、新工艺和新技术提出设计要求，进行技术交底。然后，施工单位根据研究图纸的记录以及对设计意图的理解，提出对设计图纸的疑问、建议和变更。最后，在统一认识的基础上，做好记录，形成设计技术交底纪要，由建设单位正式行文，参加单位共同会签盖章，作为施工合同的一个补充文本，与设计文件同时使用，是指导施工的依据，也是建设单位与施工单位进行工程结算的依据之一。当工程为设计施工总承包时，应由总承包人主持进行内部设计技术交底。

4）确定施工方案，进行施工设计

在全面掌握设计文件和设计图纸，正确理解了设计意图和技术要求，以及进行了各项调查后，应根据进一步掌握的情况和资料，对投标时初步拟定的施工方法和技术措施等进行重新评价和深入研究，以制定出详尽的更符合现场实际情况的施工方案。

选择施工方案的基本要求是：科学、合理；组织严密；实用性强；施工期限满足业主要求；确保工程质量和施工安全；工料机消耗和施工费用最低。

5）编制施工组织设计和施工预算

施工组织设计是施工准备工作的重要组成部分，也是指导工程施工中全部生产活动的基本的技术经济性文件。编制施工组织设计的目的在于全面、合理、有计划地组织施工，从而具体实现设计意图，优质高效地完成施工任务。大桥、特大桥的实施性施工组织设计，应根据施工方案单独编制。主要内容包括：工程概况、工程特点、主要工程数量、主要施工方法、施工进度计划、材料设备及劳动力计划、施工现场总平面布置图、安全文明施工保证措施、质量保证措施等。

施工预算是根据施工图纸、施工组织设计或施工方案、施工定额等文件进行编制的。施工预算是施工企业内部控制各项成本支出、考核用工、签发施工任务单、限额领料以及基层进行经济核算的依据，也是制订分包合同时确定分包价格的依据。

2. 劳动组织准备

1）建立施工组织结构

确定组织机构应遵循的原则是：根据建设工程项目的规模、结构特点和复杂程度来决定机构中各职能部门的设置，人员的配备应力求精干，以适应任务的需要。坚持合理分工与密切协作相结合，使其便于指挥和管理，分工明确、责权具体。图2.1-1为某桥梁工程项目经理部的组织机构图。

2）合理设置施工班组

施工班组包括的工种主要有：木工、钢筋工、混凝土工、电焊工、架子工、力工以及其他特殊工种等。施工班组的建立应认真考虑专业和工种之间的合理配置，技工和普工的比例要满足合理的劳动组织，并符合流水作业方式的要求，同时制订出该工程的劳动力需用量计划。

3）施工力量的集结进场和培训

进场后，应对工人进行技术、安全操作规程以及消防、文明施工等方面的培训教育。

4）向施工班组和操作工人进行开工前技术交底

工程开工前，应详尽地向施工班组和工人进行交底，以保证工程能严格按照设计图纸、施工组织设计、施工技术规范、安全操作规程和施工验收规范等进行施工。交底过程应形成记录，交底双方应在交底记录上签字。

5）建立健全各项管理制度

建立健全各项管理制度的内容包括：技术质量责任制度、工程技术档案管理制度、施工图纸学习与会审制度、技术交底制度、各部门及各级人员的岗位责任制度、工程材料和构件的检查验收制度、工程质量检查与验收制度、材料出入库制度、安全操作制度、机具使用保养制度等。

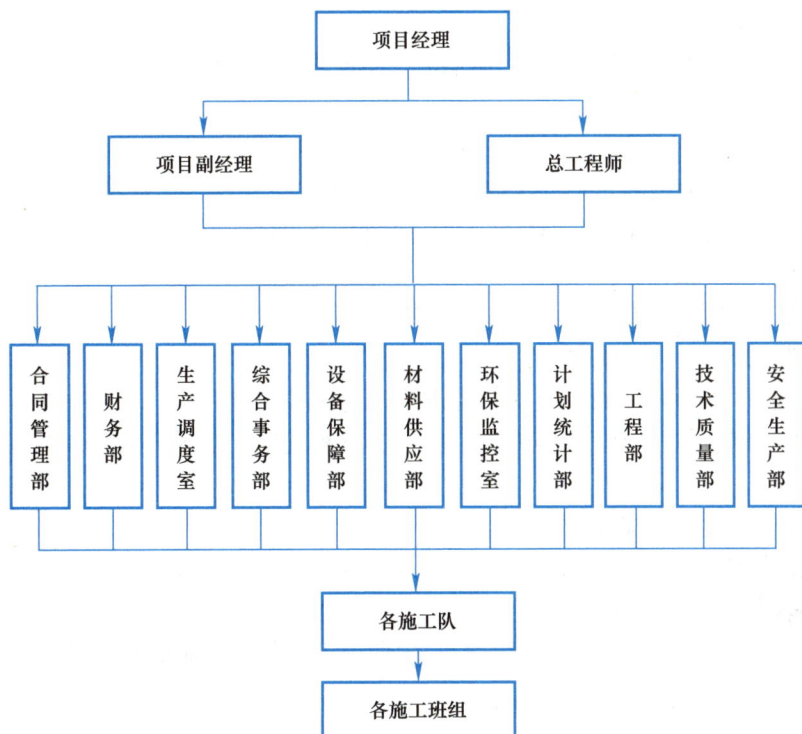

图 2.1-1　某工程项目部的组织机构图

### 3. 物资准备

物资准备工作的内容主要包括：工程材料的准备，构件和制品的加工准备，施工机具设备的准备，以及各种工具和备件的准备。

物资准备工作的程序一般为：根据施工预算、分部分项工程的施工方法和施工进度安排制定需要量的计划；与有关单位签订供货合同；拟定运输计划和运输方案；按施工平面图的要求，组织物资按计划时间进场，在指定地点、按规定方式进行储存或堆放，以便随时提供给工程使用。

### 4. 施工现场准备

施工现场的准备工作，主要是为工程的施工创造有利的施工条件和物资保证。其具体内容如下：

1）做好施工测量控制网的复测和加密工作

按照勘测设计单位提供的桥位总平面图和测量控制网中所设置的基线桩、水准点以及重要桩基的保护等资料，进行三角控制网的复测，并根据桥梁结构的精度要求和施工方案补充加密施工所需的各种标桩，建立满足施工要求的平面和立面施工测量控制网。

2）做好施工现场的补充钻探

桥梁工程在初步设计时所依据的地质钻探资料往往因钻孔较少、孔位过远不能满足施工的需要，因此必须对有些地质情况不甚明了的墩位进行补充钻探，以查明墩位处的地质情况和可能的隐蔽物，为基础工程的施工创造有利条件。

3）做好"四通一平"

"四通一平"是指水通、电通、通信通、路通和平整场地。冬期施工应考虑蒸汽养生、采暖散热器供热的要求。

4）建造临时设施

按照施工总平面图的布置，建造所有生产、办公、生活、居住和储存等临时用房，以及临时便道、码头、混凝土拌合站、构件预制场地等。

5）安装调试施工机具

所有施工机具都必须在开工前进行检查和试运转。

6）材料的试验和储存堆放

按照材料的需要量计划，应及时提供材料的试验申请计划，如混凝土、砂浆的配合比和强度，钢材的机械性能等试验。并组织材料进场，按规定的地点和指定的方式进行储存堆放。

7）新技术项目的试制和试验

按照设计文件和施工组织设计的要求，认真组织新技术项目的试验研究。

8）特殊季节施工安排

按照施工组织设计要求，落实冬期、雨期施工的临时设施和技术措施，做好施工安排。

2-1　桥梁施工准备工作

## 2.2　桥梁施工测量

桥梁施工测量的基本任务是：根据设计文件，按照规定的精度，将图纸上设计的桥梁标定于地面，据此指导施工，确保建成的桥梁在平面位置、高程和外形尺寸等方面均符合设计要求。对于可利用线路中线点直接测设的一般特大桥、大桥及中小桥，施工前应对桥址中线进行复测，之后对桥址中线点进行调整，据此进行墩台中心定位。对于水中不能直接测设的桥梁或水面较宽且有高墩、大跨、深水基础或基础施工难度较大，梁部结构类型复杂的特大桥和大桥，需要建立施工平面控制网，据此精确确定桥轴线长度、进行墩台中心定位。桥梁施工阶段，为进行高程放样，还要建立高程控制点。此外，墩台纵横轴线的测设、墩台细部放样等也是桥梁施工测量的重要工作。

桥梁施工测量的工艺流程为：测量桩位交接→桩位复测→建立桥区控制网→桥梁墩、台定位→基础施工测量→墩、台施工测量→上部结构施工测量→竣工测量。

### 2.2.1　测量桩位交接与复测

#### 1. 测量桩位交接

交接桩工作一般由建设单位组织，设计或勘测单位向施工单位交桩，施工单位应由测量负责人接桩。交接桩应在施工现场进行，并附有桩位平面布置图、坐标和高程成果表等交桩资料，交接桩后办理手续。接桩时应检查桩位是否完好，交接桩数量能否满足定位测量需要，如果桥梁与施工线路连接时，应在连接处向桥区外多交至少一个坐标点，以便于和线路进行联测，并根据现场通视情况，向相关单位提出补桩加密的要求。

接桩时应在现场进行桩位标注，并做好标记。接桩后应及时进行桩位保护，必要时可采取混凝土加固、砌井、钉设防护栏杆等措施。

### 2. 桩位复测

接桩后依据设计图纸和交桩资料进行内业校核，检查成果表中的各项计算是否合格。控制桩的坐标复测应采用附合导线测量方法，高程复测应采用附合水准测量方法。复测精度不应低于原控制桩的测量精度等级。复测后发现问题应及时与交桩单位联系解决，并向监理或建设单位提交复测报告，复测成果得到确认后方可使用。

## 2.2.2　桥梁施工控制网布设

### 1. 施工控制网技术要求

对于河道较宽、桥跨度较大的桥梁，一般用三角测量或导线测量来布设控制网，如图2.2-1所示，其中三角测量应用较普遍。控制网的布设要求如下：

1）控制点应选在便于施工控制及永久保存的地方。构成三角网的各点，应便于采用前方交会法进行墩台放样，同时要求各点间能互相通视。

2）桥轴线应作为控制网的一边，并与基线一端相连并尽量正交。

3）基线一般不少于两条，最好分布于河两岸。

4）控制网力求简单，网中所有角度应为30°～120°。

5）每岸至少埋设三个高程控制点，并与国家水准点联测。

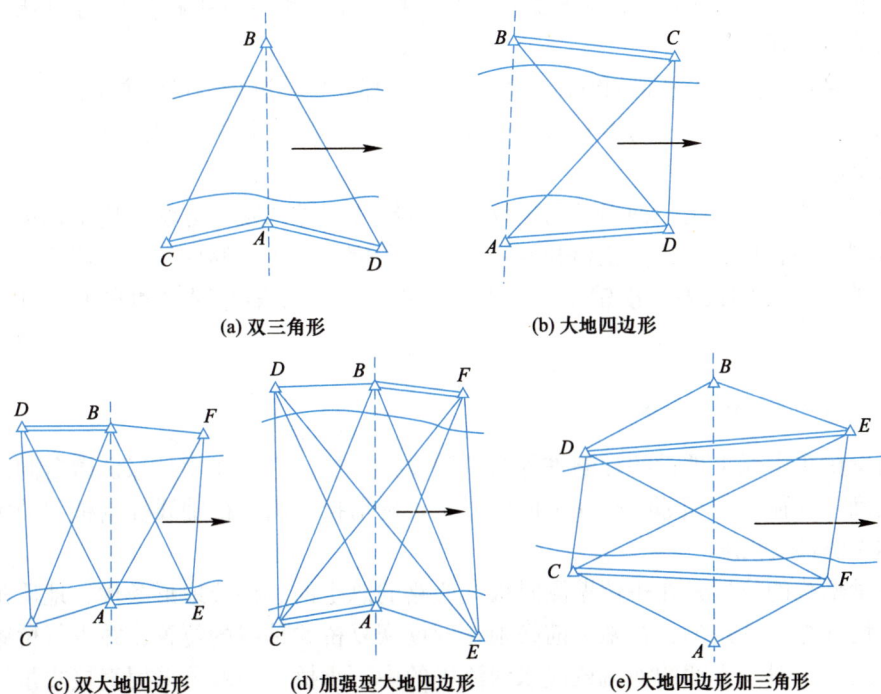

(a) 双三角形　　　　　　　　(b) 大地四边形

(c) 双大地四边形　　　(d) 加强型大地四边形　　　(e) 大地四边形加三角形

图2.2-1　常见的三角网图

### 2. 基线设置要求

1）基线一般都应该设置在坚实、地形平坦且便于准确丈量的地方；同时与桥梁轴线接近垂直。

2）为了提高三角网的测量精度，通常设置两条基线，以便具有较多的校核条件；一般是两岸各设置一条基线，若地形不允许时，亦可以在同一河岸设置两条基线。

3）当采用电磁测距仪器时，其基线宜选择在地面覆盖物相同的地段，且基线上下不应有树枝、电线等障碍物；同时还应该避开高压线等磁场的干扰。

4）基线的长度一般不小于桥轴线长度的 0.7 倍，困难地段也不小于 0.5 倍，以避免三角网的内角太小。

### 3. 控制网的精度及测量

1）控制网的精度要求

桥梁三角控制网的精度要满足施工规范的要求。对精度有特殊要求的桥梁，其桥轴线和基线的精度应按照设计要求执行。通常是根据桥梁架设误差和桥墩定位的精度要求来计算桥梁三角网的必要精度。为了安全可靠起见，通常可以采用其中精度较高者作为桥梁三角网控制精度的要求，也可以按照桥轴线需求精度的 1.5 倍计算。

2）距离测量

距离测量的方法有钢尺量距、红外光电测距仪测距、全站仪测距等。当基线精度要求不超过 $10^{-5}$ 时，可使用普通钢尺进行丈量；当基线精度超过 $10^{-5}$ 时，可使用红外光电测距仪或全站仪测距。

3）角度测量

角度测量的方法比较多，应根据仪器性能和需要的测角精度来具体选择测角方法。测角方法有：

（1）单测法：在水平观测时，对每一个角度都要单独进行测量的方法。

（2）复测法：将某一角度在水平不同度盘的不同处进行两次以上的观测，取其平均值求得水平角。

（3）全测回法：是一种消除测量仪器自身结构误差的观测方法。用望远镜正镜和倒镜观测同一目标，求得其正镜和倒镜的平均角度，称为一测回。全测回法可以消除以下误差：视准轴误差、横轴误差、不同心误差、读盘偏心误差和水平度盘的刻画误差。

## 2.2.3 桥轴线长度测量

两岸桥头中线上埋设的控制桩称为桥轴线控制桩，它的作用是保证墩台间的相对位置正确，并使之与相邻线路在平面位置上正确衔接。两岸桥轴线控制桩间的水平距离，称为桥轴线长度。

桥梁轴线的位置是在桥位勘测时根据线路的总走向、桥位地形条件、地质条件以及河床情况综合选定的，在施工前必须在现场恢复桥梁轴线的位置，并进行桥梁墩台中心的定位。对于干涸的河流或浅水河流中的中、小桥，一般可采用直接丈量法进行桥轴线长度的标定，同时定出墩台中心位置；对跨越江河的大桥或特大桥，通常利用三角控制网来测算桥梁轴线长度，并利用三角控制网放样桥梁墩台。

### 1. 直接丈量法

当桥位处地势平坦，通视良好时，可采用直接丈量法测量桥梁轴线。直接丈量法是自桥轴线一端向另一端逐跨进行，并与桥梁轴线另一端控制桩闭合的方法。

该方法设备简单，精度较可靠，是中小型桥梁常用的测量方法。

（1）清理中心范围内的场地，便于测量；

（2）根据桥轴线控制桩和墩台的里程，计算出其间的距离；

（3）在控制桩上设置经纬仪，找准中心方向，用检定过的钢尺沿中线依次放出各段距离，将墩台中心位置用大木桩标定出来，并在木桩顶面钉一个铁钉；

（4）用水平仪器测量各桩高程，计算出各桩的高程差，用以计算倾斜改正。

### 2. 三角网法

在深水大河上测量桥轴线的长度，三角测量是一种传统的方法，如图 2.2-2 所示，将桥轴线 $AB$ 作为三角网的一个边长，测量基线长度 $AC$、$AD$，利用三角网的原理测量并计算，即可得出桥轴线的长度 $AB$。

## 2.2.4　墩台定位

桥梁墩台定位是指桥梁施工测量工作中准确确定墩台中心位置和纵横轴线。

直线桥梁的墩台定位根据设计资料所提供的控制桩的里程，墩台中心的设计里程，通过计算它们之间的距离，即可定出墩台中心的位置。曲线桥，除了控制桩及墩台中心里程外，还需桥梁的偏角、偏距及中心距等参数。

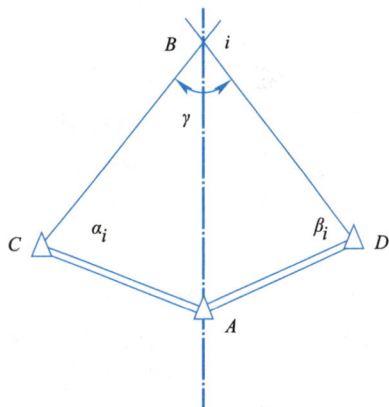

图 2.2-2　桥梁三角网

墩台定位的方法，根据河宽、水深及墩台等具体情况确定，如果墩位在干涸或浅水河床上，可用直接定位法；如果墩位处于水深急流部位，则采用前方交会法。

### 1. 直线桥墩台定位

直线桥梁，其墩台中心位于桥轴线上，如图 2.2-3 所示。根据桥轴线上控制桩及各墩、台中心的里程，即可求得其间距离。墩位的测设，根据实际条件可采用直接丈量法、光电测距法或交会法。

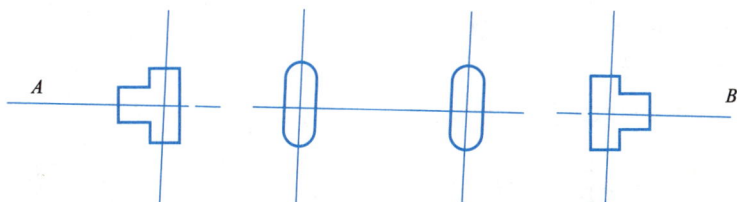

图 2.2-3　直线桥墩台定位

1）直接量距法（全站仪测距或直接丈量）

当桥墩位于干涸的河道上，且水面较窄，可采用钢尺直接丈量或者采取全站仪测量，丈量方法同测定桥轴线方法。不同的只是此处是测设已知长度，所以应根据地形情况将已知长度（水平长度）化为设置的斜距，同时考虑尺长和温度修正。

2）前方交会法

如果桥墩处地形复杂或位于深水区，无法直接丈量，也不便于架设反光镜时，可采用前方交会法测设墩位。前方交会法既可用于直线桥的墩台定位测量，也可用于曲线桥的墩台定位测量。

用交会法测设墩位，需要在河的两岸布设平面控制网，如导线、三角网、边角网、测边网等。

前方交会法是根据控制点坐标和墩台坐标，反算交会放样元素 $\alpha_i$、$\beta_i$，在相应控制点上安置仪器并后视另一已知控制点，分别测设水平角 $\alpha_i$、$\beta_i$，得到两条视线的交点，从而确定墩台中心的位置。

为了保证测设精度，当置镜点位于桥轴线两侧时，交会角应为 $90° \sim 150°$；当置镜点位于桥轴线一侧时，交会角应为 $60° \sim 110°$。在桥梁控制网进行网形设计和布网时，应充分考虑每个墩台中心交会时交会角的大小，必要时，可根据情况增设插入点或精密导线点作为次级控制点。

如图 2.2-4（a）所示，设 E 是河中待交会的桥墩，A 与 B 是两岸的控制桩。选两岸布设基线 AC 和 AD，测出二基线的长度，并测出 $\theta$ 和 $\varphi$ 二角之值。然后根据控制桩里程及桥墩里程算出 AE 距离，即可用三角法计算 $\alpha$、$\beta$ 角的数值。用三台经纬仪分别置于 A、C、D 三点，根据 $\alpha$、$\beta$ 角就可交出桥墩 E 的中心位置。当河面较宽时，为了调高精度，宜采用四边形进行两岸交会，如图 2.2-4（b）所示。

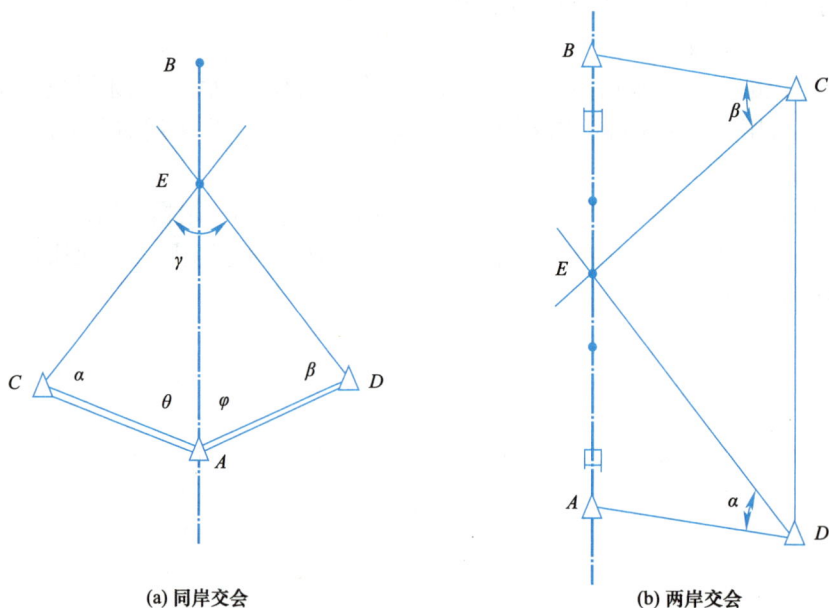

(a) 同岸交会　　　　　　　　(b) 两岸交会

图 2.2-4　前方交会法

3）前方交会法与示误三角形

通常将三台经纬仪分别安置于三个控制点上，用三条方向线同时交会。

理论上三条方向线应交于一点，而实际上由于控制点误差和交会测设误差的共同的影响，三条方向线一般不会交于一点，而是形成一个小三角形，该三角形的大小反映交会的精度，故称其为示误三角形，如图 2.2-5 所示。

示误三角形的最大边长或两交会方向与桥中线交点间的长度，在墩台下部（承台、墩身）不应大于 25mm，在墩台上部（托盘、顶帽、垫石）不应大于 15mm。

若交会的一个方向为桥轴线，则以其他两个方向线的交会点 $P_1$ 投影在桥轴线上的 $P$ 点作为墩台中心。

交会方向中不含桥轴线方向时，示误三角形的边长不应大于 30mm，并以示误三角形的重心作为桥墩台中心。

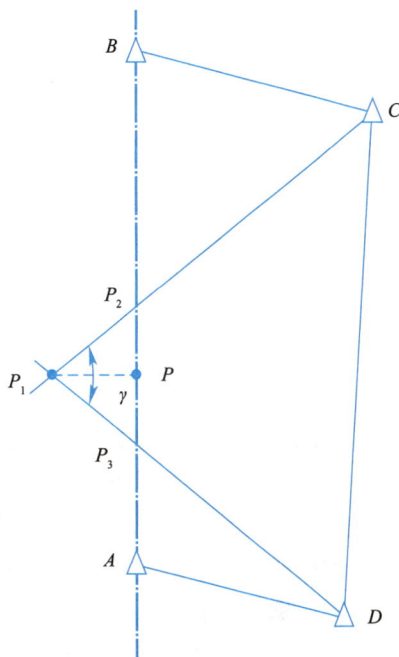

图 2.2-5 示误三角形

#### 2. 曲线桥墩台定位

1）曲线桥特点

曲线桥由于梁体一般做成直线形，而线路中线为曲线。于是各孔梁中线的连接线成为折线，以适应梁上曲线线路的需要。若是如图中虚线所示布置，使线路中线与梁的中线在梁端相交，则可看出线路中线总是偏在梁跨中线的外侧。当车辆过桥时，外侧那片梁必然受力较大，况且车辆运行时要产生离心力，使外侧梁受力加大的现象更加严重。

为了使两片梁受力较为均衡，合理的布置是把梁的中线向曲线外侧适当移动距离 $E$。这样各孔梁跨中线连接起来的折线基本与线路中线重合，该折线称为桥梁工作线。桥墩中心一般位于工作线转折角的顶点上。梁缝、梁台缝变成内窄外宽的楔形。

2）墩台定位的方法

曲线桥测设墩台中心位置，根据不同条件可采用直接丈量法、前方交会法、极坐标法等。

### 2.2.5 墩台纵横轴线的测设

墩台中心测设定位以后，需测设墩台的纵横轴线，作为墩台细部放样的依据。

#### 1. 直线桥梁

在直线桥上，墩台的横轴线与桥轴线重合，且各墩台一致，可利用桥轴线两端控制桩来标志横轴线的方向，如图 2.2-6 所示。

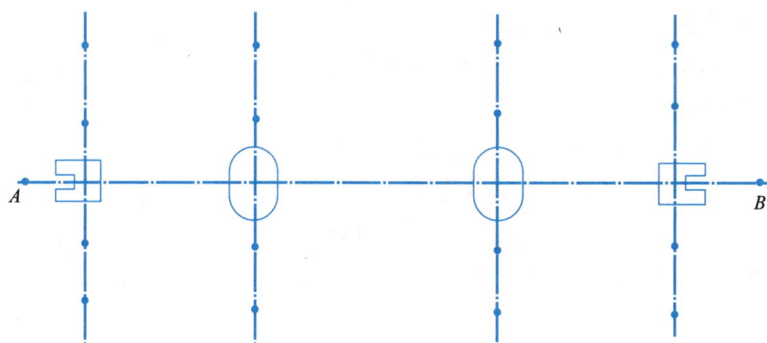

图 2.2-6　直线桥梁墩台纵轴线图

在测定墩台纵轴线时，将经纬仪安置在墩台的中心点上，然后盘左、盘右以桥轴线方向作为后视，然后根据桥梁设计角度（正交、斜交）拨角，取其平均位置即作为纵轴线方向。因为施工过程中经常在墩台上恢复纵轴线的位置，应于桥轴线两侧布设固定的护桩，便于后续工程的使用。

2. 曲线桥梁

在曲线桥梁上，墩台的纵轴线位于梁的工作线顶点处的角平分线上，而横轴线是与纵轴线垂直，如图 2.2-7 所示。因此测设时，应将仪器置于墩台中心点上，以相邻墩中心方向为后视，测设（$180° - \alpha$）／2 角即得纵轴线方向；自纵横轴方向转 90° 角，即得横轴线。

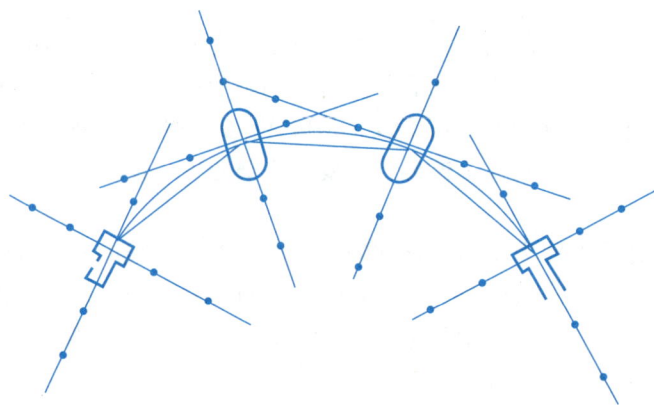

图 2.2-7　曲线桥梁墩台纵横轴线图

## 2.2.6　桥梁竣工测量与变形观测

桥梁竣工测量的目的是检查竣工后实际情况，检查质量是否满足设计要求。

在桥梁运营阶段，由于受力及其他外界因素的影响，墩台会产生位移、下沉及倾斜，所以要定期进行观测，监视其变形规律。如果变形过大，会影响行车安全和使用寿命，需及时采取补救措施。变形观测的资料也是与竣工资料对比才能发现桥梁位置和高程的变化，所以竣工测量是一项十分重要的工作。

### 1. 竣工测量的主要内容

1）测量墩距、各部位尺寸和标高。

2）测定主梁线形、跨径净空、轴线偏位等。

### 2. 变形观测

在使用过程中定期观测墩台及上部结构的垂直位移、倾斜和水平位移，主梁竖向挠度；掌握其变形规律，以便制定维修加固措施。

## 2.2.7　施工放样

放样的目的是将设计图纸上所设计的结构物的位置、形状、大小和高低，在实地上标定出来，作为后续施工的依据。

放样前，测量人员首先要熟悉结构物的总体布置图和细部结构设计图，然后根据由整体到局部的原则，以三角控制网为基础，找出结构物的轴线和主要点的设计位置，以及各部分之间的几何关系，再结合现场的实际情况与控制点的分布情况，综合确定所需的放样方法。

### 1. 施工放样常用的基本方法

1）放样已知长度的直线：一般采用经纬仪标定直线，然后用钢尺沿地面丈量出倾斜距离，最后加入倾斜、温度、尺长等改正值，放出正确的水平距离；

2）放样已知数值的水平角：通常采用正镜、倒镜分中法来放样；

3）放样已知点的方法：常用的方法有直角坐标法、极坐标法、角度交会法和距离交会法。

### 2. 桥梁施工放样的主要工作内容

1）确定墩台纵横向轴线的位置；

2）基坑开挖和墩台扩大基础的放样；

3）桩基础的桩位放样；

4）承台及墩身结构尺寸和位置放样；

5）墩帽及支座垫石结构尺寸和位置放样；

6）各种结构中线及细部尺寸放样；

7）面系结构的位置和尺寸放样；

8）各施工阶段的高程放样。

### 3. 墩台纵横向十字线的测设

旱地直线桥梁的墩台纵横向十字线测设方法：在定出的桥台中心位置上设置一个大木桩，在桩顶面钉一颗铁钉代表桥台中心位置；然后，在铁钉位置上安置经纬仪，以桥轴线为基准，放出与桥轴线重合的墩台纵向直线和与桥台垂直的墩台横向直线，并在开挖线外的纵横向十字线的每端方向上设置两个以上的方向桩，这些方向桩是施工中恢复墩台中心点的依据，必须妥善保存好。

水中桥梁的墩台纵横向十字线测设方法：采用交会法设置，一般可在交会点围堰上设置镜子，根据墩台纵横向十字线的方位与前方线的方位关系控制施工。

墩台纵横十字线确定后，可以根据墩台设计的尺寸选择适宜的方法进行放样。

### 4. 基础放样

基础放样工作是以实地标定的墩台中心位置为基础来进行的，对于无水地点可以直接将全站仪架设在墩台中心位置，用木桩准确地固定基础纵横和基础边缘尺寸。对河水不深而采用围堰施工的桥梁，可以待围堰施工完成后，再进行详细放样。图 2.2-8 所示为在桩位搭设测量平台进行桩基础放样。

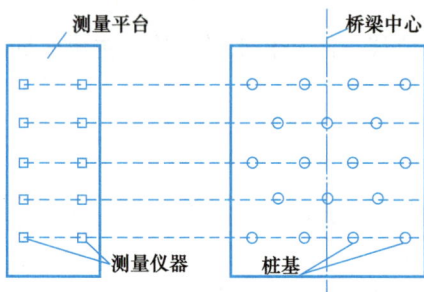

图 2.2-8　搭设测量平台进行桩基础放样

## 2.2.8　桥梁施工水准测量

### 1. 水准基点设置原则和方法

1）设置原则

水准点的精度直接影响桥梁施工的精度，因此水准点设置中需要遵循以下原则：

（1）中、小桥和涵洞水准测量按四等水准要求设置水准基点。

（2）大桥、特大桥施工水准点测设精度应不低于三等水准测量要求，桥头每端应设置不少于两个水准点，每岸至少设置 1 个稳固的水准基点。

（3）水准点设置的位置应该在桥址附近并且安全稳固，同时还要便于施工观测。

（4）如果施工需要或地质条件不良以及破坏地段应增设辅助水准基点，其精度要符合五等水准要求，同时还要满足下列要求：

① 辅助点与基准点间转换镜的次数不得超过两次；

② 高差不得超过 2m 且应在同一地质或结构物基础上。

2）设置方法

基准点和施工水准点可采用混凝土、钢管、钻孔桩或基岩来标示；对于中、小桥和涵洞及工期短、桥型简单、精度要求较低的大桥，可以在附近建筑物上设立标点，或者埋设木桩设立铁钉标志，作为辅助施工水准点，但是应注意要加强复核；对于小桥和涵洞，可以利用线路测量的水准基点。

### 2. 高程放样的方法

桥涵结构的高程放样，主要采用的方法有：几何水准测量法、三角高程测量法、钢尺直接丈量法和悬挂钢尺测量法。

1）几何水准测量法：首选将高程控制点以内的精度引测到施工区域，建立临时水准点。临时水准点的密度要保证架设一次仪器就可以放样出所需的高程，如图 2.2-9 所示。

2）三角高程测量法：当高差不是很大时，为了保证精度，可以采用三角高程测量法，如图 2.2-10 所示。

3）悬挂钢尺测量法：通常在深基坑的高程放样和高桥墩施工中采用，如图 2.2-11 所示，图 2.2-11（a）为深基坑高程放样，图 2.2-11（b）为高桥墩放样。

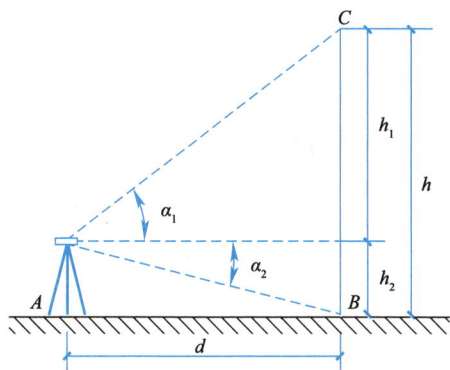

图 2.2-9 几何水准测量法

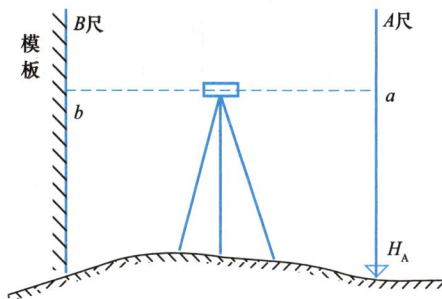

图 2.2-10 三角高程测量法

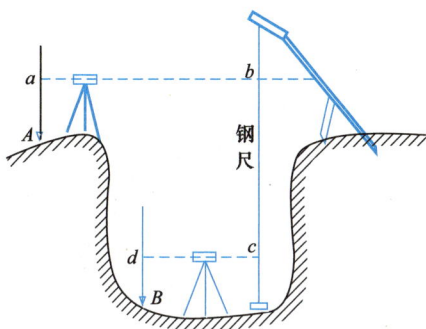

(a)深基坑高程放样

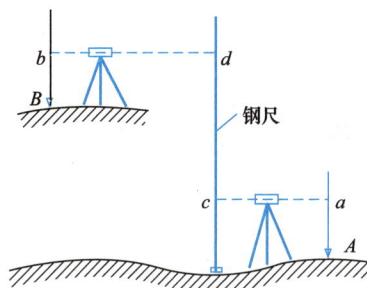

(b)高桥墩放样

图 2.2-11 悬挂钢尺测量法

# 习　　题

一、单项选择题

1.（　　）是施工准备的核心。

A. 技术准备　　　　　B. 劳动组织准备　　　C. 物资准备　　　　　D. 施工现场准备

2. 设计技术交底一般由（　　）单位主持。

A. 设计　　　　　　　B. 监理　　　　　　　C. 施工　　　　　　　D. 建设

3. 基线的长度一般不小于桥轴线长度的（　　）倍。

A. 0.5　　　　　　　 B. 0.6　　　　　　　 C. 0.7　　　　　　　 D. 0.8

4. 桥涵施工过程中，应对控制网（点）进行不定期的检测和定期复测，定期复测周期应不超过（　　）个月。

A. 1　　　　　　　　 B. 3　　　　　　　　 C. 6　　　　　　　　 D. 12

5. 某路线上一桥梁总长为2400m，则其平面控制测量等级应不低于（　　）级。

A. 一　　　　　　　　B. 二　　　　　　　　C. 三　　　　　　　　D. 四

二、简答题

1. 简述桥涵施工准备工作的内容。

2. 桥梁施工测量中，对控制网的布设有何要求？

3. 简述桥梁施工水准测量中，水准基点的设置原则和方法。

# 教学单元 3

## 钢筋混凝土施工技术

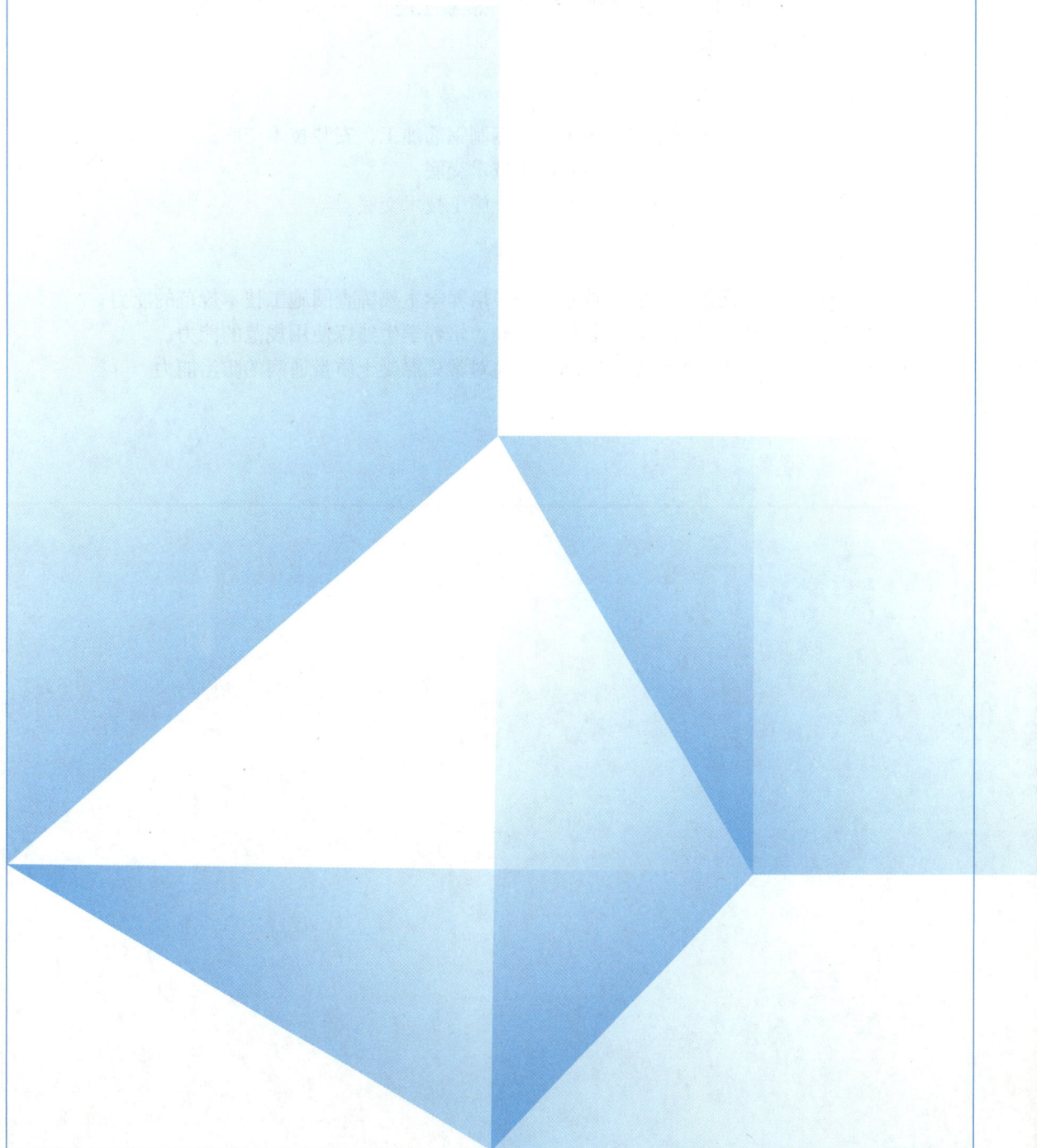

## 【知识目标】

1. 了解钢筋的分类及加工工序，掌握钢筋连接类型及方法、钢筋骨架安装技术要求；

2. 了解施工对模板及支架的要求，熟悉常用的模板及支架类型，掌握模板支架安装及拆除的技术要求；

3. 了解混凝土的配置及搅拌要求，掌握混凝土浇筑、振捣、养护、冬雨期施工技术要求及质量保证措施。

## 【能力目标】

1. 能够熟练查阅现行施工技术规范，编制钢筋加工、安装技术交底；

2. 能够编制模板支架安装及拆除施工技术交底；

3. 能够设计混凝土配合比，编制混凝土施工技术交底。

## 【素质目标】

1. 通过编写钢筋加工与安装技术交底，培养学生熟练查阅施工技术规范的能力；

2. 通过编写桥梁模板制作安装技术交底，培养学生熟练使用规范的能力；

3. 通过混凝土施工实训操作，培养学生对常见混凝土质量通病的防治能力。

**【思维导图】**

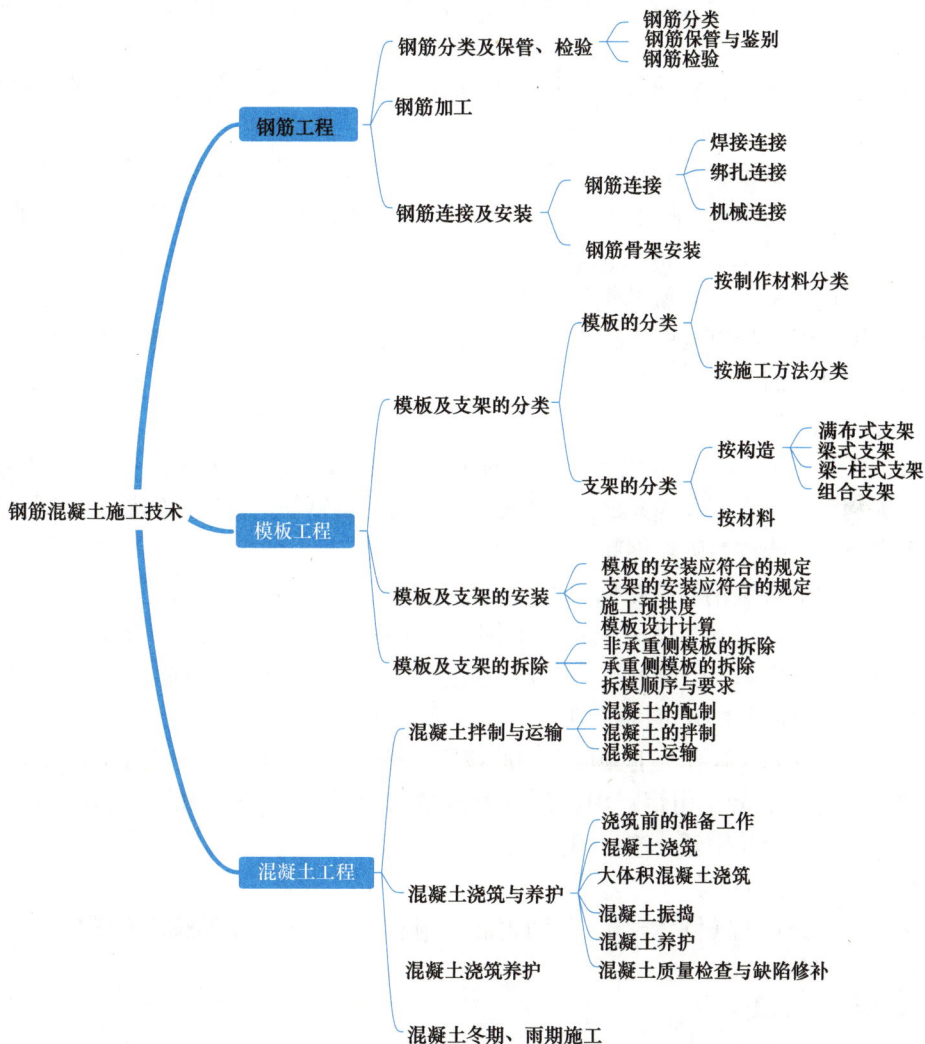

## 3.1 钢筋工程

### 3.1.1 钢筋分类及保管、检验

#### 1. 钢筋分类

1）按生产工艺分类

（1）热轧钢筋：经热轧成型并自然冷却后的钢筋称为热轧钢筋，有光圆钢筋和带肋钢筋两种。共有 HPB300、HRB400、HRBF400、HRB500、HRBF5005 类。钢筋可按直条或盘卷交货。

（2）冷拉钢筋：将热轧钢筋在常温下拉到屈服点以上、极限强度以下的一定强度，卸荷后原钢筋的屈服点、极限强度和硬度都得到提高，这样得到的钢筋称为冷拉钢筋。

（3）冷拔低碳钢丝：将直径 6.5～8mm 的热轧光圆钢筋在常温下通过拔丝磨具，多次强力冷拔后，钢筋直径减小，塑性降低，极限强度提高，这样得到的钢筋称为冷拔钢筋。

（4）热处理钢筋：将热轧带肋钢筋经淬火和回火的调质热处理后而成的钢筋称为热处理钢筋。

（5）预应力混凝土用钢丝：通常称为高强度钢丝，是用优质碳素结构钢经冷拉或再回火的工艺处理制成的。按加工状态分，有冷拉钢丝和消除应力钢丝两类。消除应力钢丝按松弛性能又分为低松弛级钢丝（WLR）和普通松弛级钢丝（WNR），按外形可分为光圆钢丝（P）、螺旋肋钢丝（H）和刻痕钢丝（I）三种。

（6）钢绞线：指以数根直径为 2.5～5.0mm 的优质碳素结构钢钢丝，经绞捻和消除内应力的热处理而制成的钢丝束。

2）按化学成分分类

（1）碳素钢筋：含碳量低于 0.25% 的称为低碳钢钢筋，含碳量在 0.25%～0.6% 的称为中碳钢钢筋，含碳量为 0.6%～1.4% 的称为高碳钢钢筋。低碳钢钢筋、中碳钢钢筋和高碳钢钢筋，统称为碳素钢筋。

（2）普通低合金钢筋：在低碳钢或中碳钢中掺入合金元素 Si（硅）、Mn（锰）、V（钒）、Ti（钛）、B（硼）等轧制而成的钢筋。由于加入了合金元素，普通低合金钢虽然含碳量高，强度高，但是其拉伸应力 - 应变曲线仍具有明显的流幅。

3）按使用性能和力学性能分类

（1）普通钢筋：仅作为非预应力钢筋使用，按其机械强度大小分为Ⅰ～Ⅳ级。

（2）预应力混凝土用钢：用作预应力钢筋的钢材。目前使用的有：热处理钢筋、矫直回火钢丝、冷拉钢丝、刻痕钢丝、钢绞丝等。

4）按轧制外形分类

可分为光圆钢筋（圆钢丝）、带肋钢筋、刻痕钢丝三种。带肋钢筋有螺旋形、人字形和月牙形三种。

5）按供应形式分

可分为圆盘钢筋（直径 6～10mm）和直条钢筋（长度 6～12m）两种。

6）按直径大小分

可分为钢丝（直径 3～5mm）、细钢筋（直径 6～10mm）、中粗钢筋（12～20mm）和粗钢筋（直径大于 20mm）四种。

7）牌号表示方法和符号

钢的牌号由代表屈服强度的字母、屈服强度数值、质量等级符号、脱氧方法符号 4 部分组成。例如 Q235AF，其中 Q 代表钢材屈服强度"屈"字汉语拼音首个字母；235 代表材料屈服强度，主要有 195、215、235、275 几种；A 代表质量等级，目前质量等级有 A、B、C、D 四种；最后一位 F 表示脱氧方法，F 代表沸腾钢，Z 表示镇静钢，TZ 表示特殊镇静钢。

### 2. 钢筋保管与鉴别

1）钢筋保管

（1）在现场钢筋应按照牌号、炉罐号、规格、检验状态分别标识存放。

（2）钢筋应尽量堆入仓库或料棚内；当限于条件，必须露天堆放时，应选择在地势较高、土质坚实的地方，存放场地应有防、排水设施，且钢筋不得直接置于地面，应垫高或堆置在台座上，顶部应采用合适的材料予以覆盖，防止水浸和雨淋，存放时间不宜超过 6 个月。装卸钢筋时，不得从高处抛掷。

（3）已弯轧、焊接成型的钢筋，应按工程名称和构件名称编号顺序堆放。

（4）钢筋不得与酸、盐、油类等物品堆放在一起，并避免与产生有害气体的车间靠近。

2）钢筋鉴别

钢筋的品种多，在运输和保管中稍有疏忽，就可能使外形相似的钢筋品种混淆，如果有混淆，可以根据端部轧记的标志来区分。如果钢筋经多次运转或其他原因，标志不清楚时，可以采用火花试验来鉴别。

### 3. 钢筋检验

钢筋应具有出厂质量证明书和试验报告单，进场时除应检查其外观和标志外，尚应按不同的钢种、等级、牌号、规格及生产厂家分批抽取试样进行力学性能检验，检验试验方法应符合现行国家标准的规定。钢筋经进场检验合格后方可使用。

钢筋分批检验时，可由同一牌号、同一炉罐号、同一尺寸的钢筋进行组批，每批的质量不宜大于 60t，超过 60t 的部分，每增加 40t（或不足 40t 的余数）应增加一个拉伸和一个弯曲试验试样。

## 3.1.2 钢筋加工

钢筋加工应设置专用加工场地。场内钢筋应按牌号、炉罐号、规格、检验状态分别标识存放。

钢筋加工前应清除表面的油渍、漆污、水泥浆和用锤敲击能剥落的浮皮、铁锈等。带有颗粒状或片状老锈的钢筋不得使用；当除锈后钢筋表面有严重的麻坑、斑点，已伤蚀截面时，应降级使用或剔除不用。钢筋应平直，无局部折曲。当钢筋需要调直时，调直后的钢筋表面不应有削弱钢筋截面的伤痕。

钢筋的加工过程一般有调直、除锈、冷拉、时效、下料、弯钩、焊接、绑扎等工序。下面介绍其中的几个主要工序。

### 1. 钢筋调直与除锈

钢筋调直方法主要根据设备条件决定：对于直径小于 12mm 的圆盘钢筋，一般用卷扬机或调直机调直；大直径钢筋可用卷扬机、弯曲机、平直机调直。

钢筋除锈方法有手工除锈、机械除锈和化学除锈。

手工除锈可以采用榔头、铲刀、刮刀、钢丝刷等工具除锈。手工除锈劳动强度大，除锈效率低，工作环境恶劣，难以除去氧化皮等污物，除锈效果不佳，难以达到规定的清洁度和粗糙度，已逐步被机械方法和化学方法所代替。

机械方法除锈工具和工艺较多，主要有小型风动或电动除锈、喷丸（砂）除锈、高压水磨除锈、抛丸除锈等。

化学方法除锈主要是利用酸与金属氧化物发生化学反应，从而除掉金属表面锈蚀产物的一种除锈方法，即通常所说的酸洗除锈，只能在车间内操作。

**2. 钢筋的冷拉及时效强化**

冷拉是将钢材于常温下进行张拉使其产生塑性变形从而提高屈服强度的过程。时效处理是指将经过冷拉的钢筋于常温下存放 20～30d 或加热到 100～200℃并保持一段时间的过程。前者称为自然时效，后者称为人工时效。冷拉以后再经时效处理的钢筋其屈服强度进一步提高，抗拉极限强度也有所提高，但是塑性降低。由于时效过程中内应力的消减，弹性模量可基本恢复。工地或预制工厂常用这一原理，对钢筋或低碳钢盘条按一定工序进行冷拉加工以提高屈服强度，节约钢材。冷拉时钢筋被拉直，表面锈渣剥落，因此冷拉可同时完成调直、除锈工作。

冷拉时，钢筋的应力和延伸率，是影响钢筋冷拉质量的两个主要参数。在冷拉时最好采用同时控制钢筋应力和延伸率的方法，即"双控"，但以应力控制为主，延伸率控制为辅。采用冷拉方法调直钢筋时，HPB300 钢筋的冷拉率宜不大于 2%；HRB400 钢筋的冷拉率宜不大于 1%。

**3. 钢筋的下料与切断**

钢筋加工应根据施工图将不同直径、不同长度的钢筋按规格和编号顺序配料，然后按规格型号分别配料加工。

1）钢筋的弯钩

（1）钢筋的弯制和端部的弯钩应符合设计要求，设计未作要求时，应符合《公路桥涵施工技术规范》JTG/T 3650—2020 的规定。

（2）箍筋的末端应做弯钩，弯钩的形状应符合设计规定。弯钩的弯曲直径应大于被箍受力主筋的直径，且 HPB300 钢筋应不小于箍筋直径的 2.5 倍，HRB400 钢筋应不小于箍筋直径的 5 倍。弯钩平直部分的长度，一般结构应不小于箍筋直径的 5 倍；有抗震要求的结构，应不小于箍筋直径的 10 倍。设计对弯钩的形状未规定时，可按图 3.1-1（a）、（b）加工；有抗震要求的结构，应按图 3.1-1（c）加工。

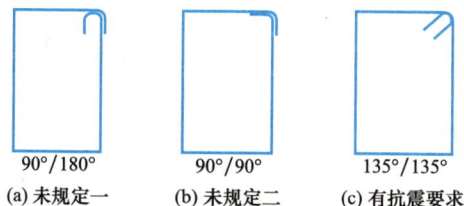

| 90°/180° | 90°/90° | 135°/135° |
| (a) 未规定一 | (b) 未规定二 | (c) 有抗震要求 |

图 3.1-1　箍筋末端弯钩

2）钢筋加工的允许偏差应符合表 3.1-1 的规定。

钢筋加工的允许偏差 表 3.1-1

| 项目 | 允许偏差（mm） |
|---|---|
| 受力钢筋顺长度方向加工后的全长 | ±10 |
| 弯起钢筋各部分尺寸 | ±20 |
| 箍筋、螺旋筋各部分尺寸 | ±5 |

### 3.1.3 钢筋连接及安装

#### 1. 钢筋连接

钢筋的连接宜采用焊接接头或机械连接接头。绑扎接头仅当钢筋构造复杂施工困难时方可采用，绑扎接头的钢筋直径宜不大于 28mm，对轴心受压和偏心受压构件中的受压钢筋可不大于 32mm；轴心受拉和小偏心受拉构件不应采用绑扎接头。

受力钢筋的连接接头应设置在内力较小处，并应错开布置。对焊接接头和机械连接接头，在接头长度区段内，同一根钢筋不得有两个接头；对绑扎接头，两接头间的距离应不小于 1.3 倍搭接长度。配置在接头长度内的受力钢筋，其接头的截面面积占总截面面积的百分率，应符合表 3.1-2 的规定。

接头长度区段内受力钢筋接头面积的最大百分率 表 3.1-2

| 接头形式 | 接头面积最大百分率（%） | |
|---|---|---|
| | 受拉区 | 受压区 |
| 主钢筋绑扎接头 | 25 | 50 |
| 主钢筋焊接接头 | 50 | 不限制 |

注：1. 焊接接头长度区段内是指 35d（d 为钢筋直径）长度范围内，但不得小于 500mm，绑扎接头长度区段是指 1.3 倍搭接长度。

　　2. 在同一根钢筋上宜少设接头。

　　3. 装配式构件连接处的受力钢筋焊接接头可不受此限制。

　　4. 绑扎接头中钢筋的横向净距不应小于钢筋直径且不应小于 25mm。

1）焊接连接

钢筋的焊接接头宜采用闪光对焊，或采用电弧焊、电渣压力焊或气压焊，但电渣压力焊仅可用于竖向钢筋的连接，不得用作水平钢筋和斜筋的连接。钢筋焊接的接头形式、焊接方法和焊接材料应符合现行行业标准《钢筋焊接及验收规程》JGJ 18—2012 的规定。

每批钢筋焊接前，应先选定焊接工艺和焊接参数，按实际条件进行试焊，并检验接头外观质量及规定的力学性能，试焊质量经检验合格后方可正式施焊。焊接时，对施焊场地应有适当的防风、雨、雪、严寒的设施。

采用搭接电弧焊时，两钢筋搭接端部应预先折向一侧，两结合钢筋的轴线应保持一致；采用帮条电弧焊时，帮条应采用与主筋相同的钢筋，其总截面面积不应小于被焊接钢筋的截面面积。电弧焊接头的焊缝长度，对双面焊不应小于 5d，单面焊缝不应小于 10d（d 为钢筋直径）。电弧焊接与钢筋弯曲处的距离不应小于 10d，且不宜位于构件的最大弯矩处。

（1）闪光接触对焊

钢筋对焊机理是：先将钢筋夹入对焊机的两电极中（钢筋与电机接触处应清除锈污，电极内应通以循环冷却水），闭合电源，使钢筋两端轻微接触，这时即有电流通过。由于接触轻微，钢筋端面不平，接触面积小，故电流密度与接触电阻很大，因此接触点很快融化，形成"金属过梁"。过梁进一步加热，产生蒸汽飞溅（火花般的熔化金属微粒自钢筋两端面的间隙中喷出，此称为烧化），形成闪光现象，故称闪光对焊。通过烧化使钢筋端部温度升高到要求温度后便快速将钢筋挤压（称顶锻），然后断电，即形成对焊接头。如图 3.1-2 所示。

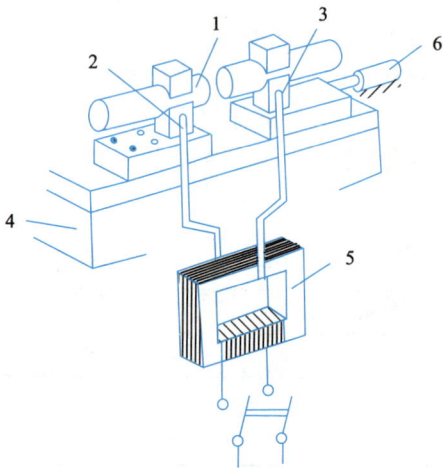

图 3.1-2　闪光对焊原理

1—焊接的钢筋；2—固定电极；3—可动电极；4—机座；5—变压器；6—手动顶压机构

闪光对焊具有生产效率高、操作方便、节约钢材、焊接质量高、接头受力性能好等优点，同时避免了钢筋的拥挤，故一般电焊均以采用闪光对焊为宜。

为保证对焊接头质量，被焊钢筋的焊接端应裁切平整，端部断面应与钢筋轴线垂直，两焊接端面应彼此平行。焊接时，被挤出接头外的熔渣应予除去。

① 闪光对焊接头的质量检验，应分批进行外观检查和力学性能检验，并应符合下列规定：

a. 在同一台班内，由同一焊工完成的 300 个牌号、同直径钢筋焊接接头应作为一批。当同一台班内焊接的接头数量较少时，可在一周之内累计计算；累计仍不足 300 个接头时，应按一批计算。

b. 力学性能检验时，应从每批接头中随机切取 6 个接头。其中，3 个做拉伸试验，3 个做弯曲试验。

c. 焊接等长的预应力钢筋（包括螺丝端杆与钢筋）时，可按生产时同等条件制作模拟试件。

d. 螺丝端杆接头可仅做拉伸试验。

e. 封闭环式箍筋闪光对焊接头，以 600 个同牌号、同规格的接头作为一批，可仅做拉伸试验。

② 闪光对焊接头的外观检查结果，应符合下列规定：

a. 接头处不得有横向裂纹。

b. 与电极接触处的钢筋表面不得有明显烧伤。

c. 接头处的弯折角不得大于 3°。

d. 接头处的轴线偏移不得大于 0.1$d$，且不得大于 2mm。

（2）电弧焊

在缺乏闪光对焊条件时，可采用电弧焊。

电弧焊是将一根导线接在被焊钢筋上，另一根导线接在夹有焊条的焊钳上，合上开关，将接触焊件接通电流，此时立即将焊条提起2～3mm，产生电弧。电弧温度高达4000℃。将焊条和钢筋熔化并汇合成一条焊缝，至此焊接过程结束。如图3.1-3所示。

采用电弧焊接头时除应满足强度要求外，尚应符合下列规定：

① 电弧焊宜采用双面焊缝，仅在双面焊无法施焊时，方可采用单面焊缝。

② 不同牌号、直径钢筋帮条的长度、搭接的长度应符合规范的规定。

③ 焊缝长度不应小于帮条或搭接长度。

④ 钢筋搭接、帮条焊接的焊缝计算厚度 $h$ 应不小于 $0.3d$，焊缝宽度 $b$ 应不小于 $0.8d$。如图3.1-4所示。

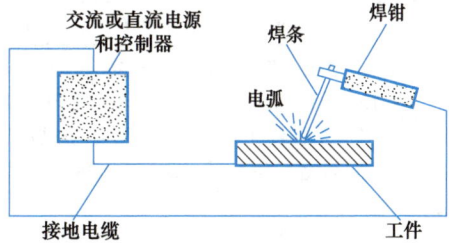

图 3.1-3　电弧焊原理

⑤ 搭接接头钢筋的端部应预先折向一侧，搭接钢筋的轴线应位于同一直线上。

⑥ 帮条和被焊钢筋的轴线应在同一平面上。

⑦ 焊接地线应与钢筋接触良好，不得因接触不良而烧伤主筋。

电弧焊接头的质量检验，应分批进行外观检查和力学性能检验，并应符合下列规定：

① 应以300个同牌号钢筋、同形式接头作为一批，不足300个时仍应作为一批，每批应随机切取3个接头，做拉伸试验。

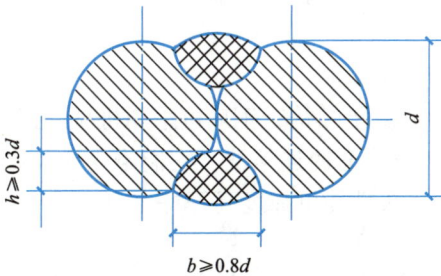

图 3.1-4　钢筋搭接、帮条焊接的焊缝

② 钢筋与钢板电弧搭接焊接头可仅进行外观检查。

③ 在同一批中若有几种不同直径的钢筋焊接接头，应在最大直径钢筋接头中切取3个试件。

电弧焊接头外观检查结果，应符合下列规定：

① 焊缝表面应平整，不得有凹陷或焊瘤。

② 焊接接头区域不得有肉眼可见的裂纹。

③ 咬边深度、气孔、夹渣等缺陷允许值及接头尺寸的允许偏差，应符合规范的规定。

④ 坡口焊、熔槽帮条焊和窄间隙焊接头的焊缝余高不得大于3mm。

2）绑扎连接

钢筋的绑扎接头应符合下列规定：

（1）绑扎接头的末端距钢筋弯折处的距离，不应小于钢筋直径的10倍，接头不宜位于构件的最大弯矩处。如图3.1-5所示。

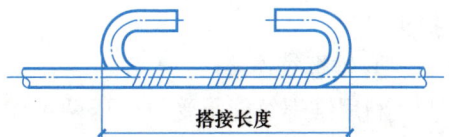

搭接长度

图 3.1-5　钢筋的绑扎连接

（2）受拉钢筋绑扎接头的搭接长度，应符合表 3.1-3 的规定；受压钢筋绑扎接头的搭接长度，应取受拉钢筋绑扎接头搭接长度的 0.7 倍。

受拉钢筋绑扎接头的搭接长度 表 3.1-3

| 钢筋类型 | HPB300 | | HRB400、HRBF400、RRB400 | HRB500 |
|---|---|---|---|---|
| 混凝土强度等级 | C25 | ≥C30 | ≥C30 | ≥C30 |
| 搭接长度（mm） | 40$d$ | 35$d$ | 45$d$ | 50$d$ |

注：1. 当带肋钢筋直径 $d$ 大于 25mm 时，其受拉钢筋的搭接长度应按表中值增加 5$d$ 采用；当带肋钢筋直径 $d$ 小于或等于 25mm 时，其受拉钢筋的搭接长度按表中值减少 5$d$ 采用。

2. 当混凝土在凝固过程中受力钢筋易受扰动时，其搭接长度应增加 5$d$。

3. 在任何情况下，纵向受拉钢筋的搭接长度均不应小于 300mm，受压钢筋的搭接长度均不应小于 200mm。

4. 环氧树脂涂层钢筋的绑扎接头搭接长度，受拉钢筋按表值的 1.5 倍采用。

5. 两根不同直径的钢筋的搭接长度，以较细的钢筋直径计算。

（3）受拉区内 HPB300 钢筋绑扎接头的末端应做弯钩；HRB400、HRBF400、HRB500 和 RRB400 钢筋的绑扎接头末端可不做弯钩；直径不大于 12mm 的受压 HPB300 钢筋的末端可不做弯钩，但搭接长度应不小于钢筋直径的 30 倍。钢筋搭接处，应在其中心和两端用绑丝扎牢。

3）机械连接

以承受静力为主（动应力幅不大于 35MPa）的混凝土结构，钢筋可采用机械连接。最常用的机械连接方法有两种：套筒挤压连接法和螺纹套筒连接法。它们不受季节影响、不被钢筋可焊性所制约，具有工艺性能良好和接头性能可靠度高等特点。

（1）套管挤压连接

钢筋套管挤压连接的基本原理是：将两根待接长的钢筋插入钢制的连接套管内，采用专用液压压接钳侧向挤压连接套管，使套管产生塑性变形，变形的套管内壁嵌入带肋钢筋的螺纹内，由此产生抵抗剪力来传递钢筋连接处的轴向力。套管挤压连接，特别适用于连接不可焊钢筋、进口钢筋。其接头强度高，质量稳定可靠；安全、无明火，不受气候条件影响；适应性强，可用于垂直、水平、倾斜、高空、水下等各方位的钢筋连接。其主要缺点是设备移动不便，连接速度较慢。如图 3.1-6 所示。

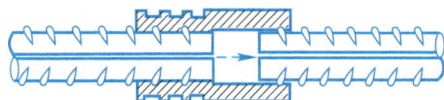

图 3.1-6 套筒冷挤压连接

套筒材料、规格合格，屈服、极限强度比钢筋大 10% 以上；钢筋无污染、肋纹无损坏。

（2）螺纹套管连接

螺纹套管连接分锥螺纹连接和直螺纹连接两种。它是把钢筋的连接端加工成螺纹（简称丝头），通过螺纹连接套把两根带丝头的钢筋，按规定的力矩值连接成一体的钢筋接头。

①锥螺纹连接

利用锥螺纹能承受拉、压两种作用力及自锁性、密封性好的原理，将钢筋的连接端加工成锥螺纹，按规定的力矩值把钢筋连接成一体的接头。如图 3.1-7 所示。

特点：工艺简单、可以预加工、连接速度快、同心度好，不受钢筋含碳量和有无花纹限制等优点。

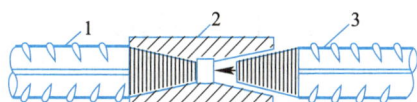

图 3.1-7  锥螺纹连接

1—已连接的钢筋；2—锥螺纹套筒；3—未连接的钢筋

适用范围：适用于工业与民用建筑及一般构筑物的混凝土结构中竖向、斜向或水平钢筋的现场连接施工。

② 直螺纹连接

直螺纹连接是用直螺纹套管将两根钢筋端头对接在一起，利用螺纹的机械咬合力传递拉力或压力。直螺纹连接适用于连接竖向、水平、斜向钢筋。优点是工序简单、速度快、不受气候因素影响和钢筋种类限制。如图 3.1-8 所示。

图 3.1-8  直螺纹连接

### 2. 钢筋骨架安装

1）一般规定

（1）钢筋骨架应具有足够的刚度和稳定性，以便运输和安装，为使骨架不变形、不发生松散，必要时可在钢筋的某些交叉点处加以焊接或添加辅助钢筋（斜杆、横撑等）。

（2）焊接钢筋网片宜采用电阻点焊。所有焊点应符合设计要求，当设计无要求时，可按下列规定进行点焊：

① 焊接骨架的所有钢筋交叉点必须焊接。

② 当焊接网片只有一个方向受力时，受力主筋与两端边缘的两根锚固横向钢筋的全部相交点必须焊接；当焊接网为两个方向受力时，则四周边缘的两根钢筋的全部交点均应焊接，其余的相交点可间隔焊接。

钢筋骨架的焊接应在坚固的工作支架上进行，拼装骨架应按设计图纸放大样，放样时应考虑焊接变形和预留拱度。

（3）拼装前应检查所有焊接接头的焊缝有无开裂，如有开裂应及时补焊。拼装时可在需要焊接点位置设置楔形卡卡住，防止焊接时局部变形。待所有焊点卡好后，首先在焊缝两端点定位，然后再施焊。

2）钢筋骨架和钢筋网的运输

为保证安装质量和加快施工进度，常将钢筋网或钢筋骨架分块或分段绑扎，然后运到现场拼装。分块或分段的大小应根据结构配筋特点和起重运输能力而定。一般钢筋网的分块面积为 6～20m²，钢筋骨架的分段长度为 6～12m。

　　为防止钢筋网或钢筋骨架在运输过程中发生变形，在运输时应采用适宜的装载工具，并应采取增加刚度、防止其扭曲变形的措施。跨度小于或等于6m的钢筋骨架一般采用两点起吊，跨度大于6m的钢筋骨架一般采用四点起吊。

　　3）钢筋骨架的安装

　　为保证混凝土保护层厚度，应在钢筋与模板之间采用垫块支垫。垫块应互相错开，分散设置在钢筋与模板之间，但不应横贯混凝土保护层的全部截面进行设置；垫块在结构或构件侧面和底面所布设的数量应不少于4个/m²，重要部位宜适当加密。绑扎垫块和钢筋的钢丝头不得伸入保护层内。保护层垫块的尺寸应保证钢筋混凝土保护层厚度的准确性，其形状（宜为工字形或锥形）应有利于钢筋的定位。垫块的耐久性和抗压强度应不低于结构本体混凝土。

　　安装钢筋骨（网）架时，应保证其在模板中的正确位置，不得倾斜、扭曲，不得改变保护层的规定厚度。在混凝土浇筑过程中安装钢筋骨（网）架时，不应妨碍浇筑工作正常进行，也不应造成施工缝。

　　钢筋骨（网）架经预制、安装就位后，应进行检查，作出记录并妥善保护，不得在其上行走和递送材料。

## 3.2　模板工程

### 3.2.1　模板及支架的分类

　　模板、支架是桥梁施工中的临时结构，对混凝土的施工十分重要。模板、支架不仅控制着结构尺寸的精度，直接影响施工进度和混凝土的浇筑质量，而且还影响到施工安全和工程造价。在我国桥梁施工中，曾出现多起由于支架坍塌造成的重大安全事故，因此在桥梁施工中必须高度重视支架及模板的安全问题。

　　**1. 模板和支架应符合下列规定**

　　1）模板和支架应具有足够的强度、刚度和稳定性，应能承受施工过程中所产生的各种荷载。

　　2）模板、支架的构造应简单、合理，结构受力应明确，安装、拆除应方便。

　　3）模板应能与混凝土结构或构件的特征、施工条件和浇筑方法相适应，应保证结构物各部位形状尺寸和相互位置的准确。

　　4）模板的板面应平整，接缝处应严密且不漏浆；模板与混凝土的接触面应涂刷隔离剂，但不得采用废机油等油料，并且不得污染钢筋及混凝土的施工缝。

　　5）支架应稳定、坚固，应能抵抗在施工过程中可能发生的振动和偶然撞击。

　　6）支架不得与应急安全通道相连接。

　　**2. 模板的分类**

　　模板系统主要由模板和支撑系统组成。模板主要是为了使混凝土能够按照设计要求的结构尺寸、形状和大小浇筑成型，同时还能为混凝土构件提供较为光滑的表面。冬期施工中，模板还可以起到一定的保温作用。

1）按制作材料分类

按照所使用的材料不同，可分为木模板、钢模板、钢木模板、胶合板模板、塑料模板、玻璃钢模板等。目前，竹胶合板和钢模板的应用比较广泛。

（1）木模板

木模板是传统模板的使用形式，目前除了有些中小工程或工程的某些部位使用木模以外，基本上以使用钢模板和竹胶板为主。但是，其他形式的模板在构造上，可以说是从木模板演变而来的。

木模板主要由紧贴混凝土表面的面板、支承面板的肋木和立柱组成，基本构造如图 3.2-1 所示。木模板制作工艺简单，但木材耗损大、成本较高。

（2）钢模板

钢模板一般为具有一定形状和尺寸的定型模板，由钢板和型钢焊接而成。钢模板包括平面模板、阴角模板、阳角模板和连接角模四种，如图 3.2-2 所示。

施工现场常用定型组合钢模板，它是一种工具式定型模板，由钢模板和配件组成，配件包括连接件和支承件，如图 3.2-3 所示。

（3）胶合板

胶合板模板可分为木胶合板和竹胶合板，现已成为我国模板工程的主材，广泛应用于现浇混凝土结构中。用于面板的竹胶合板是用竹片或竹帘涂胶粘剂，纵横向铺放，组坯后热压成型。板面光滑、平整，便于脱模和增加周转次数。竹胶合板表面一般采用涂料或浸胶纸覆面处理，以利于防水，如图 3.2-4 所示。

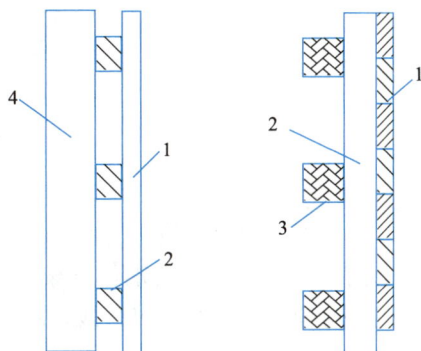

图 3.2-1 木模板构造
1—木面板；2—肋木；3—横挡；4—立柱

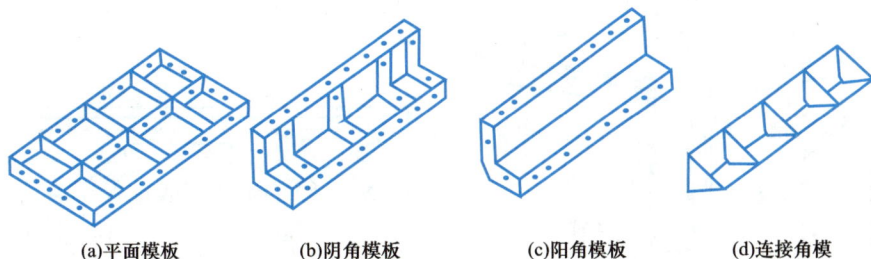

(a)平面模板　(b)阴角模板　(c)阳角模板　(d)连接角模

图 3.2-2 组合钢模板类型

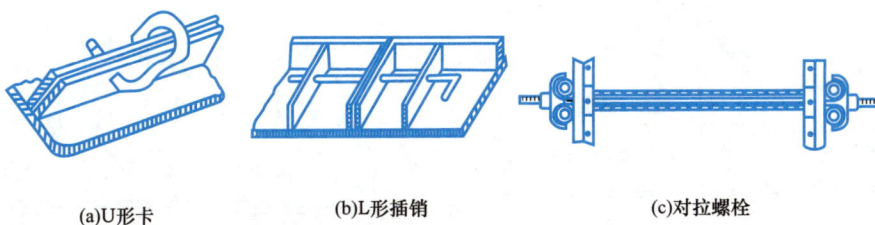

(a)U形卡　(b)L形插销　(c)对拉螺栓

图 3.2-3 钢模连接配件

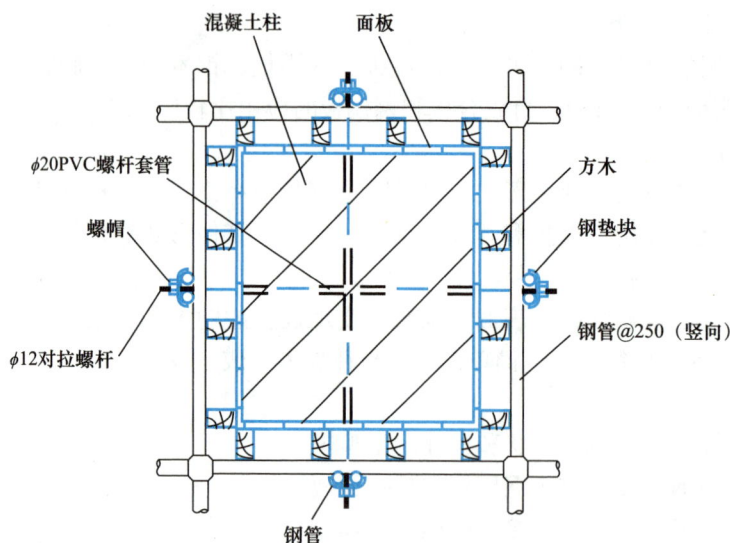

图 3.2-4　混凝土柱中模板及连接件

（4）钢木结合模板

钢木结合模板用角钢作支架，木模板用平头开槽螺栓连接于角钢上，表面钉以黑铁皮。这种模板节约木料，成本较低，同时具有较大的刚度和稳定性。

2）按施工方法分类

（1）拼装式模板。常备拼装式模板主要是钢模板。钢模板由钢面板和加劲骨架焊接而成。通常，钢板厚度为 4～8mm，骨架由水平肋和竖向肋构成，肋由钢板或角钢制成。另外，为保证浇筑混凝土时的整体稳定及尺寸准确，横向应设置一定数量的拉杆或支撑。如图 3.2-5、图 3.2-6 所示为 T 形梁、箱形梁模板的构造示意图。

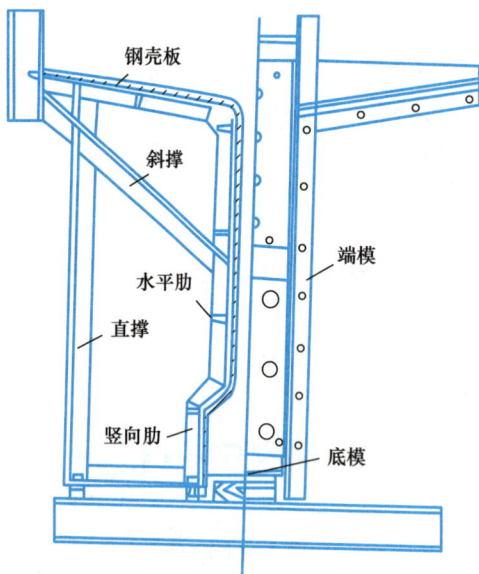

图 3.2-5　T 形梁钢模板

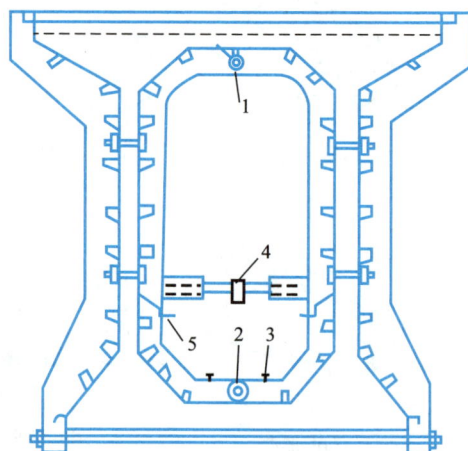

图 3.2-6　箱形梁钢模板

1—上铰；2—下铰；3—轨道；4—伸缩杆；5—接缝

（2）整体吊装模板

将模板水平或者竖直分成若干段，每段模板组成一个整体，在地面拼装后吊装就位。分段高度视起吊能力而定。整体吊装模板的优点是：安装时间短，不需要设施工缝，加快施工进度，提高施工质量；将拼装模板的高空作业改为平地操作，有利于施工安全；模板刚度较大，可少设拉筋或不设拉筋，节约钢材；可利用模外框架作简易脚手架，不需要另搭施工脚手架；结构简单，装拆方便。如图 3.2-7 所示为桥墩整体吊装模板。

图 3.2-7　整体吊装模板

（3）滑升模板

滑升模板（简称滑模），是一种随混凝土的浇筑，利用液压提升设备向上滑升的模板装置。滑模施工工艺广泛应用于高层和超高层房屋建筑的施工中，此外还多应用于高耸构筑物的施工，如桥塔、烟囱、桥墩等截面变化较小的混凝土结构。

（4）爬升模板

它与滑动模板一样，在结构施工阶段依附在建筑竖向结构上，随着结构施工而逐层上升。这样，模板可以不占用施工场地，也不用其他垂直运输设备。另外，它装有操作脚手架，施工时有可靠的安全围护，故可以不需要搭设外脚手架，特别适用于在较狭小的场地上建造多层或高层建筑。

3. 支架

支架按构造，可分为满布式支架、梁式支架和梁‐支柱式支架。按材料，可分为木支架、钢支架、钢木结合支架和万能杆件拼装支架等。如图 3.2-8 所示。

1）满布式支架

满布式支架俗称满堂支架，构造简单，可用于陆地和不通航的河道以及桥墩不高、桥位处水位不深的小跨径桥梁。

满布式支架构造简单、装拆方便、搭设灵活，因此得到广泛应用。满布式支架先后出现了扣件式支架、碗扣式支架等多种类型。但各种支架接头均采用形式灵活、操作方便的扣件连接，存在一定的自由空隙，在结构上属于铰接，导致自由度约束差，非弹性变形大。因此，满布式支架在应用中也受到了一定的限制。

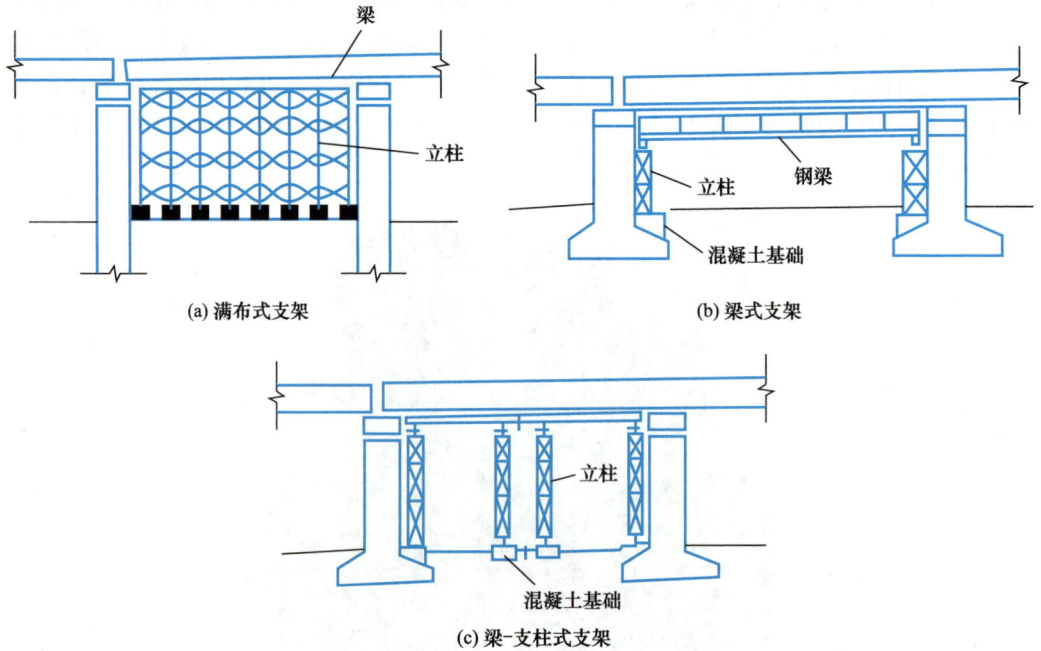

(a) 满布式支架  (b) 梁式支架

(c) 梁-支柱式支架

图 3.2-8　支架示意图

2）梁式支架

根据跨径的不同，梁可采用工字梁、钢板梁或钢桁梁。一般工字梁用于跨径小于10m 的桥梁，钢板梁用于跨径小于 20m 的桥梁。

3）梁-支柱式支架

当桥梁较高、跨径较大或桥下有通航、泄洪及行车要求时，可采用梁-支柱式支架。

4）组合支架

组合支架是指充分利用梁式支架与满布式支架两类支架的优点将两种支架体系有机结合，通常下部采用大型钢管梁式支架，上部采用小钢管满布式支架。组合支架常应用于桥梁净空较大或桥梁高度较大的现浇混凝土结构物，可利用搭设在梁式支架上的满布式支架调节高程和落模高度，不需要再设置专门的落模装置。当桥下为软土地基且较难处理不适宜搭设满堂支架时，也可采用此种组合支架。此外，跨线或跨越河流的桥梁上部结构施工也可考虑采用此种支架形式。

## 3.2.2　模板及支架的安装

模板和钢筋安装工作应配合进行，妨碍绑扎钢筋的模板应待钢筋安装完毕后安设。模板不应与脚手架连接，避免引起模板的变形。安装侧模板时应采取可靠的措施予以固定，防止模板移位和凸出。

模板运至现场后检验模板及其支架的强度、刚度和稳定性，是否能可靠地承受浇筑混凝土的重量、侧压力，以及施工荷载，模板与支架的材料质量及结构必须符合施工工艺要求。模板安装必须稳固、牢靠，接缝严密，不得漏浆。

1. 模板的安装应符合的规定

1）模板应按设计要求准确就位，且不宜与脚手架连接。

2）安装侧模板时，支撑应牢固，应防止模板在浇筑混凝土时产生移位。

3）模板在安装过程中，必须设置防倾覆的临时固定设施。

4）模板安装完成后，其尺寸、平面位置和顶部高程等应符合设计要求，节点连系应牢固。

5）梁、板等结构的底模板应设置预拱度。

6）固定在模板上的预埋件和预留孔洞均不得遗漏，安装应牢固，位置应准确。

2. 支架安装应符合的规定

1）支架应按施工图设计的要求进行安装。立柱应垂直，节点连接应可靠。

2）支架在纵桥向和横桥向均应加强水平连接、斜向连接，增强整体稳定。高支架应设置足够的斜向连接、扣件和缆风绳，横向稳定应有保证措施。

3）应通过预压的方式，消除支架地基的不均匀沉降和支架的非弹性变形并获取弹性变形参数，或检验支架的安全性。预压荷载宜为支架需承受全部荷载的 1.05～1.10 倍，预压荷载的分布应模拟需承受的结构荷载及施工荷载。

4）支架在安装完成后，应对其平面位置、顶部高程、节点连接及纵、横向稳定性进行全面检查，符合要求后，方可进行下一工序。

有关桥梁施工模板制作与安装的允许偏差见表 3.2-1 和表 3.2-2。

模板制作的允许偏差　　　　　　　　　　　　　　　表 3.2-1

| 项目 | | | 允许偏差（mm） |
|---|---|---|---|
| 木模板制作 | （1）模板的长度和宽度 | | ±5 |
| | （2）不刨光模板相邻两板表面高低差 | | 3 |
| | （3）刨光模板相邻两板表面高低差 | | 1 |
| | （4）平板模板表面最大的局部不平 | 刨光模板 | 3 |
| | | 不刨光模板 | 5 |
| | （5）拼合板中木板间的缝隙宽度 | | 2 |
| | （6）支架尺寸 | | ±5 |
| | （7）榫槽嵌接紧密度 | | 2 |
| 钢模板制作 | （1）外形尺寸 | 长和宽 | +0，−1 |
| | | 肋高 | ±5 |
| | （2）面板端倾斜 | | 0.5 |
| | （3）连接配件（螺栓、卡子等）的孔眼位置 | 孔中心与板面的间距 | ±0.3 |
| | | 板端中心与板端的间距 | +0，−0.5 |
| | | 沿板长、宽方向的孔 | ±0.6 |

续表

| 项目 | | 允许偏差（mm） |
|---|---|---|
| 钢模板制作 | （4）板面局部不平 | 1 |
| | （5）板面与板侧的挠度 | ±1 |

注：板面局部不平用 2m 靠尺、塞尺检测。

模板安装的允许偏差 表 3.2-2

| 项次 | 项目 | | 允许偏差（mm） |
|---|---|---|---|
| 1 | 模板高程 | 基础 | ±15 |
| | | 柱、梁 | ±10 |
| | | 墩台 | ±10 |
| 2 | 模板尺寸 | 上部结构的所有构件 | +5，−0 |
| | | 基础 | ±30 |
| | | 墩台 | ±20 |
| 3 | 轴线偏位 | 基础 | 15 |
| | | 柱 | 8 |
| | | 梁 | 10 |
| | | 墩台 | 10 |
| 4 | 装配式构件支承面的高程 | | +2，−5 |
| 5 | 模板相邻两板表面高低差 | | 2 |
| | 模板表面平整 | | 5 |
| 6 | 预埋件中心线位置 | | 3 |
| | 预留孔洞中心线位置 | | 10 |
| | 预留孔洞截面内部尺寸 | | +10，0 |

**3. 施工预拱度**

预拱度：在支架上浇筑梁式上部构造时，在施工时和加载后，上部构造要发生一定的下沉，产生一定的挠度。

**4. 模板设计计算**

1）设计内容

模板设计包括以下主要内容：

（1）绘制模板的总装图和细部构造图；

（2）在计算荷载作用下，对模板、支架、脚手架（板）结构按受力顺序，分别验算其强度、刚度（挠度）及稳定性；

（3）制订模板、支架和脚手架结构的安装、使用、拆装及保养等有关技术安全措施，需要特别注意的事项；

（4）编制模板、支架和脚手架的材料数量表；

（5）编制模板、支架和脚手架设计说明书。

2）模板、支架的设计应考虑下列各项荷载，并应按表3.2-3的规定进行荷载组合：

（1）模板、支架自重；

（2）新浇筑混凝土、钢筋、预应力筋或其他圬工结构物的重力；

（3）施工人员及施工设备、施工材料等荷载；

（4）振捣混凝土时产生的振动荷载；

（5）新浇筑混凝土对模板侧面的压力；

（6）混凝土入模时产生的水平方向的冲击荷载；

（7）设于水中的支架所承受的水流压力、波浪力、流水压力、船只及其他漂浮物的撞击力；

（8）其他可能产生的荷载，如风荷载、雪荷载、冬季保温设施荷载等。

**模板、支架设计计算的荷载组合**　　　　　　　　　表 3.2-3

| 模板、支架结构类别 | 荷载组合 | |
| --- | --- | --- |
| | 强度计算 | 刚度验算 |
| 梁、板的底模板以及支撑板、支架等 | 1+2+3+4+7+8 | 1+2+7+8 |
| 缘石、人行道、栏杆、柱、梁、板等的侧模板 | 4+5 | 5 |
| 基础、墩台等厚大结构物的侧模板 | 5+6 | 5 |

### 3.2.3　模板及支架的拆除

模板拆除的时间与结构构件的特性、施工气温、混凝土施工中采取的措施等有关。模板拆除必须结合具体的施工情况，以设计要求的或施工规范规定的混凝土强度为拆模依据。确定混凝土构件强度是否达到要求的途径是通过检验混凝土同条件试块强度的高低。

#### 1. 非承重侧模板的拆除

侧模板的拆除，只需要混凝土强度达到能保证其表面及棱角不会因拆除模板而损坏即可。通常，当混凝土强度达到2.5MPa后，就能保证混凝土不会因拆除模板而损坏。

#### 2. 承重模板的拆除

钢筋混凝土结构的承重模板、支架，应在混凝土强度能承受其自重荷载及其他可能的叠加荷载时，方可拆除。拆除梁、板等结构的承重模板时，在横向应同时、在纵向应对称均衡卸落。简支梁、连续梁结构的模板宜从跨中向支座方向依次循环卸落；悬臂梁结构的模板宜从悬臂端开始顺序卸落。

#### 3. 拆模顺序与要求

模板及其支架拆除的顺序及安全措施应按照事先编制的施工技术方案进行。

模板、支架的拆除应遵循后支先拆、先支后拆的原则顺序进行。墩、台的模板宜在其上部结构施工前拆除。预应力混凝土结构，其侧模应在预应力钢束张拉前拆除；底模及支架应在结构建立预应力后方可拆除。

## 3.3　混凝土工程

### 3.3.1　混凝土拌制与运输

#### 1. 混凝土的配制

1）混凝土施工配合比换算

混凝土试验室配合比计算是以干燥材料为基准的，而实际施工现场存放的砂、石材料都含有一定水分，且经常变化，所以应根据工地上砂石材料的含水量，将试验室配合比换算为施工配合比。

【例】已知某混凝土的试验室配合比为 0.65 : 1 : 2.55 : 5.12（水 : 水泥 : 砂 : 石），经测定砂的含水率为 3%，石子的含水率为 1%，求施工配合比。

【解】（0.65−2.55×3%−5.12×1%）: 1 : 2.55×（1+3%）: 5.12×（1+1%）

=0.52 : 1 : 2.63 : 5.17

则施工配合比为水 : 水泥 : 砂 : 石 =0.52 : 1 : 2.63 : 5.17

2）配料计算与精度要求

施工时，应根据搅拌机的容量，一次以使用若干整包水泥为一盘，计算相应的砂、石、水的每盘用料量。配料时要求称量准确，否则将影响混凝土质量。

混凝土的配料宜采用自动计量装置，各种衡器的精度应符合要求，计量应准确。计量器具应定期标定，迁移后应重新进行标定。拌制混凝土所用的各项材料应按质量投料，配料数量的允许质量偏差应符合表 3.3-1 的规定。

混凝土配料数量允许质量偏差表　　　　　表 3.3-1

| 材料类别 | 允许偏差（%） | |
|---|---|---|
| | 现场拌制 | 预制场或集中搅拌站拌制 |
| 水泥、干燥状态的掺和料 | ±2 | ±1 |
| 粗、细骨料 | ±3 | ±2 |
| 水、外加剂 | ±2 | ±1 |

#### 2. 混凝土的拌制

混凝土拌合方式有机械拌合和人工拌合两种。混凝土应采用机械拌制，拌制时，自全部材料装入搅拌筒开始搅拌至开始出料的最短搅拌时间，应按照搅拌机产品说明书的要求并经试验确定。采用机械拌合的优点是混凝土质地均匀、强度高、速度快。对于较分散的零星工程，也可以采用人工搅拌。人工搅拌一般采用"三干三湿"的方法，即将砂子和水泥干拌至少三遍，至拌合物均匀、颜色一致，然后倒入石子，边加水、边拌合至少三遍，至拌合物均匀、颜色一致为止。

1）搅拌机选择

（1）自落式搅拌机

自落式搅拌机的工作原理，是利用旋转着的搅拌筒上的叶片，使物料在重力作用下，相互穿插、搅拌、混合，以达到均匀拌合的目的。此类搅拌机多用于塑性混凝土或低流动性混凝土拌制。筒体和叶片磨损较小，易于清理；但动力消耗大、效率低，搅拌时间一般为90～120s。目前，已基本被强制式搅拌机所代替。

（2）强制式搅拌机

强制式搅拌机是依靠旋转的叶片对物料产生剪切、挤压、翻转和抛出等的组合作用进行拌合。这种搅拌机的搅拌作用强烈、搅拌均匀、生产率高、操作简便、安全等，适用于干硬混凝土和轻骨料混凝土的拌制，也可以拌制低流动性混凝土，但搅拌部件磨损严重，功率消耗大，多用于搅拌站或预制厂。

选择混凝土搅拌机，要根据工程量的大小、混凝土浇筑强度、坍落度、骨料粒径等条件而定。选择搅拌机容量的标准是不超载，如超过额定容积的10%时，就会影响混凝土的均匀性；反之，则影响生产效率。

2）配料与装料

配料时，各种衡器应保持准确。对集料的含水率应经常进行检测，雨天施工应增加测定次数，据此调整集料和水的用量。

在确定混凝土各种原材料的投料顺序时，应考虑到如何才能保证混凝土的搅拌质量，减少机械磨损和水泥飞扬，减少混凝土粘罐现象，降低能耗和提高劳动生产率等。目前采用的装料顺序有一次投料法和两次投料法等。

（1）一次投料法

这是目前广泛使用的一种方法，也就是将砂、石、水泥依次放入料斗后再和水一起进入搅拌筒进行搅拌。这种方法工艺简单、操作方便。当采用自落式搅拌机时常用的加料顺序是先倒石子，再加水泥，最后加砂。这种加料顺序的优点是水泥位于砂、石之间，进入拌筒时可减少水泥飞扬，同时砂和水泥先进入拌筒形成砂浆，可缩短包裹石子的时间，也避免了水向石子表面聚集产生的不良影响，可提高搅拌质量。

（2）两次投料法

两次投料法又可分为预拌水泥砂浆和预拌水泥净浆法。预拌水泥砂浆法是指先将水泥、砂和水投入拌筒搅拌1～1.5min后，加入石子再搅拌1～1.5min。预拌水泥净浆法是指先将水和水泥投入拌筒搅拌至规定时间，再加入砂石搅拌到规定时间。试验表明，由于预拌水泥砂浆或水泥净浆对水泥有一种活化作用，因而搅拌质量明显高于一次投料法。若水泥用量不变，混凝土强度可提高15%左右，或在混凝土强度相同的情况下，可减少水泥用量约15%～20%。

3）混凝土搅拌

从原材料全部投入搅拌筒时起到开始卸料时止，所经历的时间称为搅拌时间。为获得混合均匀、强度和工作性都能满足要求的混凝土所需的最低限度的搅拌时间称为最短搅拌时间。这个时间随搅拌机的类型与容量、骨料的品种、粒径及对混凝土坍落度等因素的不同而异。一般情况下，混凝土的匀质性随着搅拌时间的延迟而提高，但搅拌时间超过某一限度后，混凝土的匀质性便无明显改善了。搅拌时间过长，不但影响搅拌机的生产率，而且对混凝土的强度提高也无益处，甚至由于水分的蒸发和较软骨料颗粒被长时间的研磨而破碎变细，还会引起混凝土工作性的降低，影响混凝土的质量。

（1）混凝土拌合物应搅拌均匀，颜色一致，不得有离析和泌水现象，对在施工现场集中拌制的混凝土，应检测其拌合物的均匀性。检测时，应在搅拌机的卸料过程中，从卸料流的 1/4～3/4 之间部位取试样进行试验，试验结果应符合下列规定：

① 混凝土中砂浆密度两次测值的相对误差应不大于 0.8%。

② 单位体积混凝土中粗集料含量两次测值的相对误差应不大于 5%。

（2）混凝土搅拌完毕后，应按下列要求检测混凝土拌合物的各项性能：

① 混凝土拌合物的坍落度及其损失，宜在搅拌地点和浇筑地点分别取样检测，每一工作班或每一单元结构物不应少于两次，评定时应以浇筑地点的测值为准。当混凝土拌合物从搅拌机出料至其浇筑入模时间不超过 15min 时，其坍落度可仅在搅拌地点取样检测。

② 必要时，尚宜对工作性能、泌水率及含气量等混凝土拌合物的其他指标进行检查。

### 3. 混凝土运输

1）混凝土运输能力应与混凝土的凝结速度和浇筑速度相匹配，应使浇筑工作不间断且混凝土运到浇筑地点时仍能保持其均匀性及适宜浇筑的坍落度。混凝土的运输宜采用搅拌运输车，或在条件允许时采用泵送方式输送，对寒冷、严寒或炎热的天气情况，搅拌运输车的搅拌罐和泵送管应有保温或隔热措施；采用吊斗或其他方式运输时，运距不宜超过 100m 且不得使混凝土产生离析。

2）采用搅拌运输车运输混凝土时，途中应以 2～4r/min 的慢速进行搅动，卸料前应采用快速挡旋转搅拌罐不少于 20s。混凝土运至浇筑地点后发生离析、泌水或坍落度不符合要求时，应进行第二次搅拌，二次搅拌时不宜加水，确有必要时，可同时加水、相应的胶凝材料和外加剂并保持其原水胶比不变；二次搅拌仍不符合要求时，则不得使用。

3）混凝土采用泵送方式时应符合下列规定：

（1）混凝土的供应宜使输送混凝土的泵能连续工作，泵送间歇时间宜不超过 15min。在泵送过程中，受料斗内应有足够的混凝土，以防止吸入空气产生阻塞。

（2）输送管应顺直，转弯处应圆缓，接头应严密、不漏气。

（3）向低处泵送混凝土时，应采取必要措施，防止混凝土离析或堵塞输送管。

## 3.3.2 混凝土浇筑与养护

混凝土的浇筑对于混凝土的密实性、结构的整体性和构件的尺寸准确，都起着决定性的作用，故在混凝土浇筑过程中，需要采取一系列技术措施来保证混凝土工程的质量。

### 1. 浇筑前的准备工作

1）应根据待浇筑结构物的情况、环境条件及浇筑量等制订合理的浇筑工艺方案，工艺方案应对施工缝设置、浇筑顺序、浇筑工具、防裂措施、保护层的控制等作出明确规定。

2）应对支架、模板、钢筋和预埋件等进行检查，模板内的杂物、积水及钢筋上的污物应清理干净。模板如有缝隙或孔洞时，应堵塞严密且不漏浆。

3）应对混凝土的均匀性和坍落度等性能进行检测。

### 2. 混凝土浇筑

浇筑基本要求：

（1）自高处向模板内倾卸混凝土时，应防止混凝土离析。直接倾卸时，其自由倾落高度不宜超过 2m；超过 2m 时，应通过串筒、溜管（槽）或振动溜管（槽）等设施下落；倾落高度超过 10m 时，应设置减速装置。图 3.3-1 为用金属串筒浇筑混凝土；图 3.3-2 为倾斜卸落混凝土示意图。图 3.3-2（a）为正确的卸落方式，而图 3.3-2（b）、（c）均为错误的卸落方式。

（2）浇筑竖向结构混凝土前，底部宜先浇筑 50～100mm 厚与混凝土成分相同的水泥砂浆，以避免出现蜂窝、麻面现象。

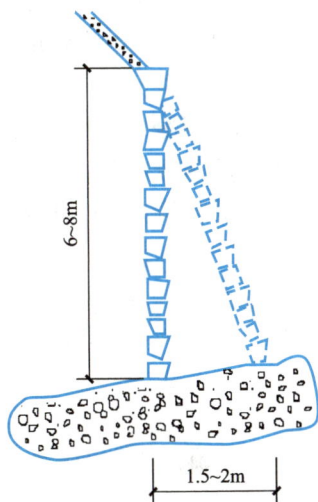

图 3.3-1　金属串筒浇筑混凝土

（3）混凝土应按一定的厚度、顺序和方向分层浇筑，且应在下层混凝土初凝或能重塑前浇筑完成上层混凝土；上下层同时浇筑时，上层与下层的前后浇筑距离应保持在 1.5m 以上；在倾斜面上浇筑混凝土时，应从低处开始逐层扩展升高，并保持水平分层。混凝土分层浇筑厚度不宜超过表 3.3-2 的规定。

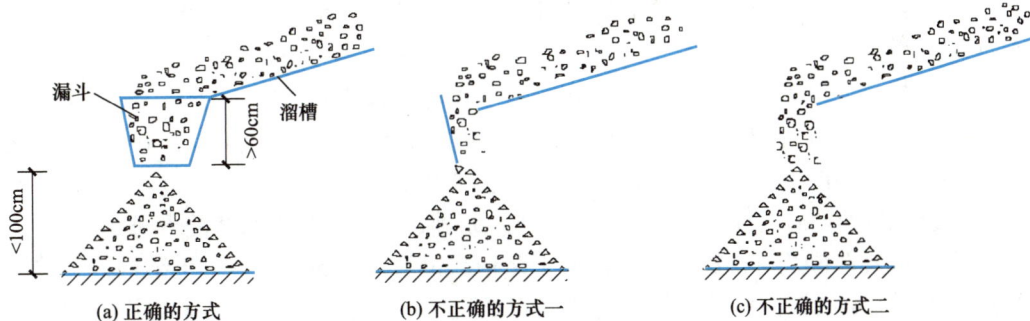

图 3.3-2　倾斜卸落混凝土示意图

混凝土分层浇筑厚度　　　　　　　　　　　　　表 3.3-2

| 振捣方式 | | 浇筑层厚度（mm） |
| --- | --- | --- |
| 采用插入式振动器 | | 300 |
| 采用附着式振动器 | | 300 |
| 采用表面振动器 | 无筋或配筋稀疏时 | 250 |
| | 配筋较密时 | 150 |

（4）采用振动器振捣混凝土时，应符合下列规定：

① 插入式振动器的移位间距应不超过振动器作用半径的 1.5 倍，与侧模应保持 50～100mm 的距离，且插入下层混凝土中的深度宜为 50～100mm。

② 表面振动器的移位间距应使振动器平板能覆盖已振实部分不小于 100mm。

③ 附着式振动器的布置距离，应根据结构物形式和振动器的性能通过试验确定。

④ 每一振点的振捣延续时间宜为 20～30s，以使混凝土停止下沉、不出现气泡、表面呈现浮浆为度。

（5）混凝土的浇筑宜连续进行，因故中断间歇时，其间歇时间应小于前层混凝土的初凝或重塑时间。混凝土的运输、浇筑及间歇的全部时间不宜超出表 3.3-3 的规定；当超出时应按浇筑中断处理，并应留置施工缝，同时应记录。

混凝土的运输、浇筑及间歇的全部允许时间（min）　　　　表 3.3-3

| 混凝土强度等级 | 气温不高于 25℃ | 气温高于 25℃ |
| --- | --- | --- |
| ≤C30 | 210 | 180 |
| ＞C30 | 180 | 150 |

注：当混凝土中掺有促凝或缓凝剂时，其允许时间应根据试验结果确定。

（6）正确留置施工缝。所谓施工缝是指在混凝土浇筑过程中，因设计要求或施工需要分段浇筑而在先、后浇筑的混凝土之间形成的接缝。对组合桥梁、刚构桥、用挂篮分段浇筑的梁等须分段浇筑的混凝土结构，以及多跨连续梁或截面尺寸较大的桥梁墩台等受浇筑能力和结构外形的限制，不能连续浇筑的混凝土结构，必须在浇筑终端处设置施工缝。施工缝的位置应在混凝土浇筑之前确定，且宜留置在结构受剪力和弯矩较小并便于施工的部位，施工缝宜设置成水平面或垂直面。对施工缝的处理应符合下列规定：

① 施工缝处混凝土表面的光滑表层、松弱层应予以凿除，凿毛的最小深度应不小于 8mm。对施工缝处混凝土的强度，采用水冲洗凿毛时，应达到 0.5MPa；人工凿除时，应达到 2.5MPa；采用风动机凿毛时，应达到 10MPa。

② 经凿毛处理后的混凝土面，新混凝土浇筑前，应采用洁净水冲洗干净。

③ 对重要部位及有抗震要求的混凝土结构或钢筋稀疏的钢筋混凝土结构，宜在施工缝处补插适量的锚固钢筋，补插的锚固钢筋直径可比结构主筋小一个规格，间距宜不小于 150mm，插入和外露的长度均不宜小于 300mm；有抗渗要求的混凝土，其施工缝宜做成凹形、凸形或设置止水带；施工缝为斜面时宜浇筑或凿成台阶状。

### 3. 大体积混凝土浇筑

所谓大体积混凝土，一般是指现场浇筑的最小边尺寸大于或等于 1m，且必须采取措施，以避免因水化热引起的内表温差过大而导致裂缝的混凝土。

1）大体积混凝土在选用原材料和进行配合比设计时，应按照降低水化热温升的原则进行，并应符合下列规定：

（1）宜选用低水化热和凝结时间长的水泥品种。粗集料宜采用连续级配，细集料宜采用中砂。宜掺用可降低混凝土早期水化热的外加剂和掺合料，外加剂宜采用缓凝剂、减水剂；掺合料宜采用粉煤灰、粒化高炉矿渣粉等。

（2）进行配合比设计时，在保证混凝土强度、和易性及坍落度要求的前提下，宜采取改善粗集料级配、提高掺合料和粗集料的含量、降低水胶比等措施，减少单方混凝土的水泥用量。

（3）大体积混凝土进行配合比设计及质量评定时，可按60d龄期的抗压强度控制。

2）大体积混凝土的施工应提前制定专项施工技术方案，并应对混凝土采取温度控制措施。大体积混凝土的浇筑、养护和温度控制应符合下列规定：

（1）施工前应根据原材料、配合比、环境条件、施工方案和施工工艺等因素，进行温控设计和温控监测设计，并应在浇筑后按该设计要求对混凝土内部和表面的温度实施监测和控制。对大体积混凝土进行温度控制时，应使其内部最高温度不大于75℃、内表温差不大于25℃，混凝土表面与大气温差不大于20℃。

（2）大体积混凝土可分层、分块浇筑，分层、分块的尺寸宜根据温控设计的要求及浇筑能力合理确定；当结构尺寸相对较小或能满足温控要求时，可全断面一次浇筑。

（3）分层浇筑时，在上层混凝土浇筑之前应对下层混凝土的顶面作凿毛处理，且新浇筑混凝土与下层已浇筑混凝土的温差宜小于20℃，并应采取措施将各层间的浇筑间歇期控制在7d以内。

（4）分块浇筑时，块与块之间的竖向接缝面应平行于结构物的短边，并应在浇筑完成拆模后按照施工缝的要求进行凿毛处理。分块施工所形成的后浇段，应在对大体积混凝土实施温控且其温度场趋于稳定后方可浇筑；后浇段宜采用微膨胀混凝土，并应一次浇筑完成。

（5）大体积混凝土的浇筑宜在气温较低时进行，但混凝土的入模温度应不低于5℃；热期施工时，宜采取措施降低混凝土的入模温度，且其入模温度宜不高于28℃。

（6）大体积混凝土的温度控制宜按照"内降外保"的原则，对混凝土内部采取设置冷却水管通循环水冷却，对混凝土外部采取覆盖蓄热或蓄水保温等措施进行。在混凝土内部通水降温时，进出口水的温差宜小于或等于10℃，且水温与内部混凝土的温差宜不大于20℃，降温速率宜不大于2℃/d；利用冷却水管中排出的降温用水在混凝土顶面蓄水保温养护时，养护水温度与混凝土表面温度的差值应不大于15℃。

（7）大体积混凝土采用硅酸盐水泥或普通硅酸盐水泥时，其浇筑后的养护时间宜不少于14d，采用其他品种水泥时宜不少于21d。在寒冷天气或遇气温骤降天气时浇筑的混凝土，除应对其外部加强覆盖保温外，尚宜适当延长养护时间。

### 4. 混凝土振捣

混凝土浇筑入模板后，呈疏松状态，其中含有占混凝土体积5%～20%的空隙和气泡。因此，必须经过振捣，才能使浇筑的混凝土强度达到设计要求。振捣混凝土有人工和机械振捣两种方式。人工只能将坍落度较大的塑性混凝土捣实，但密实度远不如机械振捣，故仅在缺乏或不能用振动器时才用人工捣实。

振动器的类型有：插入式振动器、附着式振动器、平板振动器以及振动台。如图3.3-3所示。

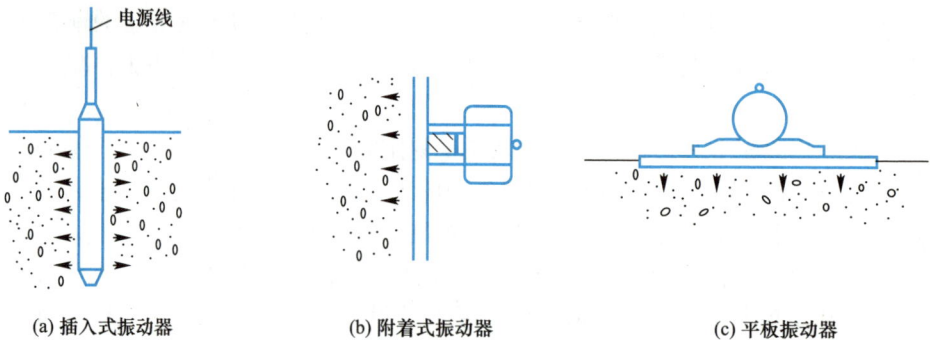

(a) 插入式振动器　　　　　(b) 附着式振动器　　　　　(c) 平板振动器

图 3.3-3　振动器类型

1）插入式振动器

采用插入式振动器进行混凝土内部振捣。振动棒插入混凝土时应垂直，不可触及模板和钢筋，与侧模应保持 5～10cm 的距离。插点要均匀，可按行列式或交错式进行，防止漏振或过振。两点间距离以 1.5 倍作用半径为宜，如图 3.3-5 所示。

插入式振动器的振捣深度，一般不应超过振动棒长度的 2/3～3/4 倍。振捣时应不断上下移动振动棒，以便捣实均匀；当分层浇筑时，振动棒应插入到下层混凝土中 5～10cm，并应在下层混凝土初凝前振捣完成其相应部位的上层混凝土，以使上下层混凝土紧密地连接，振动棒插入深度见图 3.3-4。

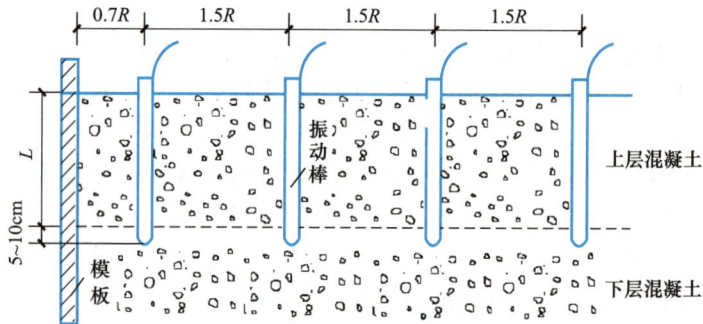

图 3.3-4　振动棒插入深度

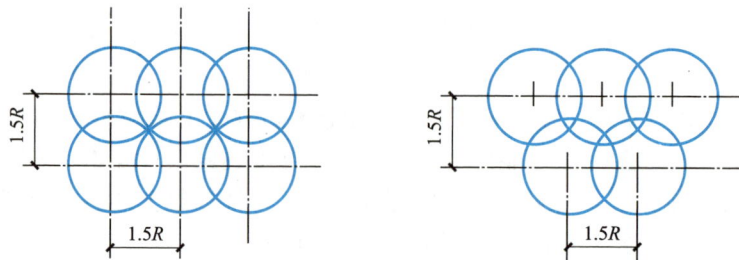

图 3.3-5　插入式振动器位移方法图

2）附着式振动器

附着式振动器安装在模板外部振动，适用于薄壁构件，如 T 形梁和横隔板。附着式振动器的布置与构件厚度有关，当厚度不超过 15cm 时，可两面交错布置；当厚度大于15cm时，应两面对称布置。附着式振动器布置的间距不应大于它的作用半径。这种方法系借助振动模板以捣实混凝土，效果并不理想，且对模板要求较高，故一般只有在钢筋过密而无法使用插入式振动器时采用。

3）平板振动器

放在浇筑层的表面振捣，通过平板振动力传给混凝土，使混凝土密实，适用于振捣面积较大的混凝土，如矩形板、空心板的底板和顶板。振捣时，振动器每次振捣的有效面积应与已振部分重叠。

振动器在每一振捣位置的振捣时间，应依据振动器的振捣频率和混凝土的流动度而异，可通过试验确定，一般可借肉眼观察，以混凝土停止下沉、不出现气泡、表面呈现浮浆为度。过久地振捣所造成的危害比振捣不足更大。

**5. 混凝土养护**

混凝土浇筑后，如气候炎热、空气干燥，不及时进行养护，混凝土中水分会蒸发过快，形成脱水现象，会使已形成凝胶体的水泥颗粒不能充分水化，不能转化为稳定的结晶，缺乏足够的粘结力，从而会在混凝土表面出现片状或粉状脱落。此外，在混凝土尚未具备足够的强度时，水分过早的蒸发还会产生较大的收缩变形，出现干缩裂纹，影响混凝土的耐久性和整体性。所以混凝土浇筑后初期阶段的养护非常重要，混凝土终凝后应立即进行养护，干硬性混凝土应于浇筑完毕后立即进行养护。混凝土的养护可分为自然养护和蒸汽养护两种。

1）自然养护

在施工现场，对混凝土进行自然养护时，根据所采取的保湿措施不同，可分为覆盖浇水养护和塑料薄膜保温养护两类。

（1）覆盖浇水养护

一般情况下，对塑性混凝土应在浇筑后12h以内，干硬性混凝土应在浇筑后1～2h内，用湿麻袋、草帘或湿砂遮盖，并经常洒水，混凝土的洒水保湿养护时间应不少于7d，对重要工程或有特殊要求的混凝土，酌情延长养护时间。养护期间，包覆物应完好无损，彼此搭接完整，内表面应具有凝结水珠。有条件地段应尽量延长混凝土的包覆保湿养护时间。每日浇水次数视具体情况而定，并应使混凝土表面始终保持湿润状态。当气温低于5℃时，应采取保温措施，不得向混凝土表面洒水。

（2）塑料薄膜保湿养护

塑料薄膜保湿养护是用防蒸发材料将混凝土表面予以密封，阻止混凝土中的水分蒸发使混凝土保持或接近饱水状态，保证水泥水化反应正常进行的养护方法。它与保湿养护法相比，可改善施工条件，节省人工，节约用水，保证混凝土的养护质量。根据所用密封材料的不同，保湿养护又可分为塑料布养护和薄膜养护剂养护。

喷涂薄膜养生液养护适用于不易洒水养护的高大桥梁墩台等大面积混凝土结构。它将过氯乙烯树脂料溶液用喷枪喷涂在混凝土表面上，溶液挥发后在混凝土表面形成一层塑料薄膜，将混凝土与空气隔绝，阻止其中水分的蒸发以保证水化作用的正常进行。

自然养护法经济，但混凝土强度增长较慢、模板及预制台座占用时间长。为了加速模板及台座的周转和施工进度，可采用蒸汽养护法。

2）蒸汽养护

蒸汽养护法是热养护方法中最常用的一种。在冬期施工或需要混凝土强度快速增长时，常采用蒸汽养护。蒸汽养护一般分为四阶段：静停、升温、恒温和降温。静停是指混凝土浇筑完毕后在常温下凝固一段时间（约3～4h）。升温速度与结构表面系数有关，一般不得超过10～15℃/h。恒温时间视养护温度和要达到的强度而定，一般在8～12h。降温速度与升温速度相同。养护最高温度与水泥种类有关。《公路桥涵施工技术规范》JTG/T 3650—2020规定，当采用普通硅酸盐水泥时，养护温度宜不超过80℃；当采用矿渣硅酸盐水泥时，养护温度可提高到85℃。采用蒸汽养护时，混凝土的升温、降温速度不得超过表3.3-4的规定。

加热养护混凝土的升温、降温速度　　　　　　　　表3.3-4

| 表面系数（m⁻¹） | 升温速度（℃/h） | 降温速度（℃/h） |
|---|---|---|
| ≥6 | 15 | 10 |
| <6 | 10 | 5 |

注：1. 大体积混凝土应根据实际情况确定。

2. 表面系数系指结构冷却面积（m²）与结构体积（m³）的比值。

### 6. 混凝土质量检验与缺陷修补

1）质量检验

混凝土的质量检验宜分为施工前检验、施工过程中检验和施工后检验三个阶段进行。施工前检验的项目应全部合格后方可进行施工；施工过程中检验的项目不合格时，应分析原因，采取措施调整，待合格后方可继续施工；施工后检验应与施工前、施工过程中检验共同作为混凝土质量评定和验收的依据。

（1）混凝土施工前的检验项目应包括下列内容：

① 施工设备和场地；

② 混凝土的原材料和各种组成材料的质量；

③ 混凝土配合比及其拌合物的工作性能、力学性能及抗裂性能等，对耐久性混凝土，尚应包括耐久性能；

④ 基础、钢筋、预埋件等隐蔽工程及支架、模板；

⑤ 混凝土的运输、浇筑和养护方法及设施，安全设施。

（2）混凝土施工过程的检验项目应包括下列内容：

① 混凝土组成材料的外观及配料、拌制，每一工作班至少2次，必要时随时抽样试验；

② 混凝土的和易性、坍落度及扩展度等工作性能，每工作班至少2次；

③ 砂石材料的含水率，每日开工前检测1次，气候有较大变化时应随时检测，当含水率变化较大并将使配料偏差超过规定时，应及时调整；

④ 钢筋、预应力管道、模板、支架等的安装位置和稳固性；

⑤ 混凝土的浇筑质量；

⑥ 外加剂使用效果。

（3）混凝土拆模且养护结束后应对实体混凝土进行下列检验：

① 养护情况；

② 混凝土强度、拆模时间；

③ 混凝土外露面质量；

④ 结构的外形尺寸、位置、裂缝、变形和沉降等。

（4）对混凝土应制取试件检验其在标准养护条件 28d 龄期的抗压强度。不同强度等级及不同配合比的混凝土应分别制取试件，试件应在浇筑地点从同一盘混凝土或同一车运送的混凝土中随机抽取。试件制取组数应符合下列规定：

① 浇筑一般体积的结构物（如基础、墩台等）时，每一单元结构物应制取不少于 2 组。

② 连续浇筑大体积混凝土结构物时，每 200m³ 或每一工作班应制取不少于 2 组。

③ 每片梁（板），长 16m 以下的应制取 1 组，16～30m 应制取 2 组，31～50m 应制取 3 组，50m 以上者不少于 5 组。

④ 就地浇筑混凝土的小桥涵，每一座或每一工作班制取不少于 2 组；当原材料和配合比相同，并由同一拌合站拌制时，可几座合并制取不少于 2 组。

⑤ 根据施工需要，制取与结构物同条件养护的试件，作为判断混凝土在拆模、出池、吊装、预施应力、承受载荷等阶段强度的依据。

2）混凝土缺陷修补

混凝土结构拆模后，应从其外观上检查其表面有无麻面、蜂窝、漏筋、孔洞等缺陷，预留孔道是否畅通、无堵塞，如有上述问题应加以修正。

（1）麻面：结构表面密布小凹坑。主要原因为模板表面不光、模板不够湿润、混凝土表面水分被吸走或模板隔离剂涂抹不均匀、混凝土表面水泥浆被粘掉等。

（2）蜂窝：结构表面呈现蜂窝状态窟窿。主要原因为混凝土分层下料和振捣不密实，水泥砂浆分布不均匀，模板接缝不严密，水泥浆流失，混凝土入模时投料方法不当，石子和砂浆分离或混凝土坍落度过小，分布不均匀等。

（3）露筋：钢筋局部裸露在结构表面。主要原因为混凝土漏振，振捣不密实，钢筋密集处粗集料在其外部，混凝土或砂浆分布不均匀，钢筋骨架发生移动，保护层厚度不足等。

（4）空洞：结构中有较大空洞。主要为在钢筋较密的部位，由于振捣不够或结构断面复杂、模板内空气排不出去，以致混凝土没有填充进去。

（5）表面裂纹：结构表面出现网状裂纹。主要为混凝土浇筑完成后未及时覆盖和养护，受日晒和风吹后表面急剧收缩所造成。

（6）深裂纹：主要原因为混凝土用量过大、施工接缝处不良或支架有不均匀沉降。

对于面积较小且数量不多的蜂窝、露筋、露石的混凝土表面，可在表面进行修补。具体办法是先用钢丝刷或压力水洗刷基层，再用 1∶2～1∶2.5 的水泥砂浆抹平即可。

对于较大面积的蜂窝、露筋、露石应按其全部深度凿去薄弱的混凝土层和个别突出的混凝土颗粒，然后用钢丝刷或压力水将表面冲洗干净，再用比原混凝土强度高一级的细集料混凝土堵塞，并仔细振捣密实。

表面裂纹，可用水泥浆或环氧树脂胶粘剂压注或将表面封闭。较深的裂纹一般须压注环氧树脂胶粘剂或水泥浆。

### 3.3.3 混凝土冬期、雨期施工

#### 1. 一般规定

冬期、雨期的桥涵施工，应根据不同的季节特点制订相应的施工技术方案，并应采取有针对性的措施，保证工程质量和施工安全。

施工前应及时掌握气温、雨雪、风暴、汛情等预报，制订应急预案，做好安全防范工作，避免发生事故。施工操作人员应按劳动保护的规定，采取必要的防护措施。

#### 2. 冬期施工

《公路桥涵施工技术规范》JTG/T 3650—2020规定，根据当地多年气温资料，室外昼夜日平均气温连续5d稳定低于5℃时，钢筋、预应力、混凝土及砌体等工程应采取冬期施工的措施。严寒期不宜进行施工。冬期施工除应满足相应工程的规定外，还应满足：

（1）冬期施工的工程，应预先做好冬期施工组织计划及技术准备工作，对各项设施和材料，应提前采取防雪、防冻、防火及防煤气中毒等措施；对钢筋的冷拉和预应力筋的张拉，应制订专门的施工工艺及安全技术方案；对处于结冰水域的结构物，应采取必要的防护措施，防止其在施工期间和完工后遭受冻胀、流冰撞击等危害。

（2）冬期施工期间，除永冻地区外，地基在基础施工和养护时均不得受冻。

#### 2. 处理措施

1）钢筋的焊接、冷拉及预应力筋的张拉应符合下列规定：

（1）焊接钢筋宜在室内进行；当必须在室外进行时，最低温度不宜低于−20℃，并应采取防雪、挡风等措施，以减小焊件温度差。焊接后的接头严禁立刻接触冰雪。

（2）冷拉钢筋时环境温度宜不低于−15℃，当采取可靠的安全措施时可不低于−20℃；当采用控制应力或冷拉率方法冷拉时，冷拉控制应力宜较常温时酌情提高，提高值应经试验确定。

（3）张拉预应力筋时的环境温度应不低于−15℃。

（4）钢筋冷拉设备、预应力筋张拉设备以及仪表工作油液，应根据实际使用时的环境温度选用，并应在使用时的环境温度条件下进行配套校验。

2）混凝土的配制和搅拌应符合下列规定：

（1）配制混凝土时，宜选用硅酸盐水泥或普通硅酸盐水泥，水泥的强度等级不宜低于42.5级，水胶比宜不大于0.5；采用蒸汽养护时，宜选用矿渣硅酸盐水泥；采用加热法养护掺加外加剂的混凝土时，严禁使用高铝水泥；使用其他品种的水泥时，应考虑其掺合材料对混凝土强度、抗冻、抗渗等性能的影响。

（2）搅拌设备宜设在气温不低于10℃的厂房或暖棚内。拌制混凝土前及停止拌制后，应采用热水冲洗搅拌机的拌盘或鼓筒。集料宜堆放在棚房内或采用保温材料进行覆盖，防止出现冻块。

（3）拌制混凝土时各种材料的温度，应满足混凝土拌合物拌合后所需的温度。当材料原有温度不能满足需要时，应首先考虑对拌合用水加热；仍不能满足要求时，再考虑对集料加热；水泥仅能保温，不得加热。各项材料需要加热的温度应根据冬期施工热工计算确定，但不得超过表 3.3-5 的规定。

**拌合用水及集料最高温度（℃）**　　　　　　　　　　表 3.3-5

| 项目 | 拌合用水 | 集料 |
| --- | --- | --- |
| 强度等级小于 42.5 级的普通硅酸盐水泥、矿渣硅酸盐水泥 | 80 | 60 |
| 强度等级大于或等于 42.5 级的普通硅酸盐水泥、矿渣硅酸盐水泥 | 60 | 40 |

注：当集料不加热时，水可加热到 100℃，但水泥不应与 80℃以上的水直接接触。

（4）冬期搅拌混凝土时，应严格控制混凝土的配合比和坍落度，集料不得带有冰雪和冻结团块。投料前，应先用热水或蒸汽冲洗搅拌机，投料顺序应先为集料、水，稍加搅拌后再加入水泥，且搅拌时间应比常温时延长 50%。混凝土拌合物的出机温度不宜低于 10℃。

3）混凝土的运输和浇筑应符合下列规定：

（1）混凝土的运输时间应最大限度地缩短，运输混凝土的容器应有保温措施。

（2）混凝土在浇筑前应清除模板、钢筋上的冰雪和污垢。浇筑完成后开始养护时的温度，采用蓄热法养护时不得低于 10℃，采用蒸汽法养护时不得低于 5℃，细薄结构不得低于 8℃。

（3）冬期施工在浇筑混凝土时，应在新混凝土浇筑前对接合面加热，其温度应保持在 5℃以上。浇筑完成后，应采取措施使混凝土接合面继续保持正温，直至新混凝土达到规定的抗冻强度。浇筑预应力混凝土构件的湿接缝时，应适当降低水胶比。浇筑完成后应加热或连续保温养护，直至接缝混凝土或水泥砂浆抗压强度达到设计强度的 75%。

（4）应采取有效措施，防止水进入结构或梁板的孔道内，使其产生冻胀。

（5）喷射混凝土作业区的环境温度和进入喷射机的材料温度应不低于 5℃。已喷射混凝土的强度达到 5MPa 前，不得受冻。

4）混凝土的养护应符合下列规定：

（1）冬期施工期间，采用硅酸盐水泥或普通硅酸盐水泥配制的混凝土，在其抗压强度达到设计强度的 40% 前；采用矿渣硅酸盐水泥配制的混凝土，在其抗压强度达到设计强度的 50% 前，均不得受冻。

（2）混凝土的养护时间宜较常温下的养护时间延长 3～5d。

（3）混凝土的养护方法，宜根据技术、经济比较和热工计算确定。当室外最低温度不低于 −15℃时，地面以下的工程或结构表面系数不大于 $15m^{-1}$ 的结构，宜采用蓄热法养护；当蓄热法不能适应强度增长速度要求时，可根据具体情况，选用蒸汽加热、暖棚加热等方法进行养护。其中，蓄热法是混凝土冬期施工养护的主要方法，当满足要求时应优先采用。用蓄热法养护混凝土时，应符合下列规定：

① 应根据环境条件，在经计算能确保结构物不受冻害的情况下方可采用蓄热法。

② 混凝土应采用较小的水胶比，养护过程中应采取加速混凝土硬化和降低混凝土冻结温度的措施。对容易冷却的结构部位，应特别加强保温，且不应往混凝土和覆盖物上洒水。

（4）采用暖棚加热法养护混凝土时，暖棚应坚固、不透风，内墙宜采用非易燃性材料，且暖棚内应有防火、防煤气中毒的安全防护措施。暖棚内的温度不得低于 5℃，且宜保持一定的湿度；湿度不足时，应向混凝土表面及模板洒水。

（5）采用蓄热法和加热法养护的混凝土结构，其模板的拆除应符合以下规定：

① 应根据与结构同条件养护试件的试验，证明混凝土已达到要求的抗冻强度及拆模强度方可拆除。

② 加热养护的结构模板和保温层，在混凝土表面冷却至 5℃以后，方可拆除。拆除后当混凝土表面温度与环境温度相差大于 20℃时，仍应对混凝土表面加以覆盖保温，使其缓慢冷却。

（6）掺用防冻剂的混凝土养护应符合下列规定：

① 在负温度条件下严禁烧水，外露表面应采用塑料薄膜及保温材料双层覆盖养护。养护温度不得低于防冻剂规定的温度。当达不到规定温度时，应采取加热保温的措施。

② 当拆模后混凝土的表面温度与环境温度差大于 15℃时，仍应对混凝土表面采取覆盖保温措施。

### 3. 雨期施工

雨期施工应通过当地气象部门提前获取气象预报资料，制定切实可行的施工组织计划、施工技术方案及应急预案，做好防范各种自然灾害的准备工作。雨期施工应提前准备必要的防洪抢险器材、机具及遮盖材料，对水泥、钢材等工程材料应有防雨防潮、对施工机械应有防止洪水淹没等措施；施工场地和生活区应设置排水设施；同时应制定安全用电规程，严防漏电、触电；雷区应有防雷措施。

雨期施工的工作面不宜过大，宜逐段、分片、分期施工。雨期施工应避开大风大雨天气，遇暴风雨或受洪水危害时应停止施工作业。

结构混凝土的雨期施工应符合下列规定：

（1）模板支架的地基和基础应满足强度和稳定性的要求，应采取必要的安全技术措施，防止因地面软化而引起地基沉降及支架失稳。

（2）钢筋、钢绞线等材料的存放应支垫覆盖，并应防水、防潮。钢筋的加工和焊接应在防雨棚中进行。结构外露的钢筋、钢绞线和预埋钢件等应采取覆盖和缠裹等防护措施。

（3）水泥的储存应防雨、防潮，已受潮有结块的水泥不得用于工程中。雨期施工应增加砂、石集料含水率的检测次数，及时调整混凝土配合比，保证拌合质量；砂、石集料的含水率检测，每个台班应不少于 1 次，雨后拌制混凝土应先检测后拌合。

（4）雨后模板和钢筋上的淤泥、杂物等，应在浇筑混凝土前清除干净。除非有良好的防护措施，否则不宜在大雨天浇筑结构混凝土。新浇筑的混凝土在终凝前，不得被雨淋。

（5）桥面防水层不宜在雨天进行铺设施工。

# 习　　题

一、单项选择题

1. 钢筋分批检验时，可由同一牌号、同一炉罐号、同一尺寸的钢筋进行组批，每批的质量不宜大于（　　）t。

A. 50　　　　　　　B. 60　　　　　　　C. 100　　　　　　D. 120

2. 电弧焊接头的焊缝长度，对单面焊不应小于（　　）$d$（$d$ 为钢筋直径）。

A. 2　　　　　　　B. 3　　　　　　　C. 5　　　　　　　D. 10

3. 自高处向模板内倾卸混凝土时，应防止混凝土离析。直接倾卸时，其自由倾落高度不宜超过（　　）m。

A. 1.0　　　　　　B. 2.0　　　　　　C. 3.0　　　　　　D. 4.0

4. 对大体积混凝土进行温度控制时，应使混凝土表面与大气温差不大于（　　）℃。

A. 15　　　　　　　B. 20　　　　　　　C. 25　　　　　　　D. 30

5. 混凝土采用蒸汽养护时，升温速度与结构表面系数有关，一般不得超过（　　）℃/h。

A. 5～10　　　　　B. 10～15　　　　　C. 15～20　　　　　D. 20～25

二、判断题

1. 电渣压力焊仅可用于竖向钢筋的连接，不得用作水平钢筋和斜筋的连接。
（　　）

2. 简支梁、连续梁结构的模板宜从支座向跨中方向依次循环卸落。　（　　）

3. 平板振动器的移位间距应使振动器平板能覆盖已振实部分不小于100mm。
（　　）

4. 施工缝的位置应在混凝土浇筑之前确定，且宜留置在结构受剪力和弯矩较小并便于施工的部位。
（　　）

5. 大体积混凝土的浇筑宜在气温较低时进行，但混凝土的入模温度应不低于5℃。
（　　）

三、简答题

1. 什么是冷拉？什么是时效处理？经过冷拉和时效处理后的钢筋，性能有何变化？

2. 桥梁施工中，对模板及支架有何要求？

3. 按施工方法分，模板有哪些类型？各有何特点？

4. 确定施工预拱度时需考虑哪些因素？

5. 混凝土浇筑有何基本要求？

6. 混凝土施工中，如何设置施工缝？对施工缝应如何处理？

7. 大体积混凝土施工中，如何采取措施控制水化热？

8. 混凝土振动器有哪几种？各有何特点？

9. 混凝土养护方法有哪几种？简述其特点。

# 教学单元 4

## 桥梁基础施工

## 【知识目标】

1. 了解桥梁基础的分类；

2. 熟悉管柱基础、地下连续墙基础的特点、适用条件及主要施工工序；

3. 掌握浅基础、钻孔灌注桩基础、沉入桩基础、沉井基础的特点、适用条件、施工工艺流程、质量控制要点及常见质量通病的防治。

## 【能力目标】

1. 能够熟练查阅现行施工技术规范，编制浅基础、钻孔灌注桩基础、沉入桩基础、沉井基础的施工作业指导书并能够进行技术交底；

2. 能够编制浅基础、钻孔灌注桩基础、沉入桩基础、沉井基础的施工方案，合理选择施工方法及机具设备，指导现场施工并进行质量控制；

3. 能够依据现行规范，编写施工内业资料。

## 【素质目标】

1. 通过苏通长江大桥最大钻孔灌注桩群桩基础的施工，培养学生科技报国的使命担当和精益求精的大国工匠精神；

2. 通过编写桥梁基础施工技术交底，培养学生熟练使用规范的能力；

3. 通过工程案例的讲解，培养学生严谨的工作作风和善于沟通、协作的职业素养。

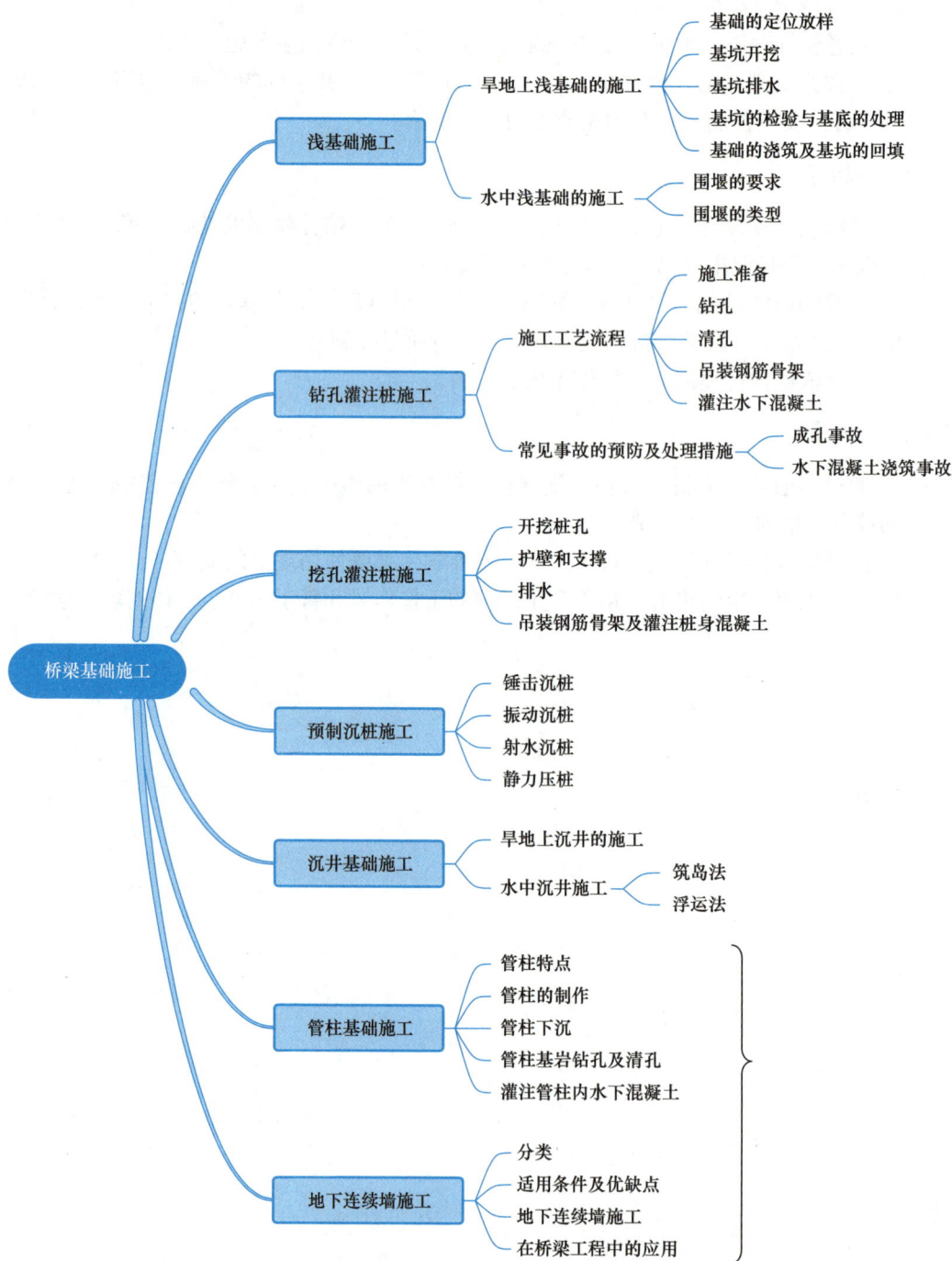

## 【思维导图】

桥梁基础施工

- 浅基础施工
  - 旱地上浅基础的施工
    - 基础的定位放样
    - 基坑开挖
    - 基坑排水
    - 基坑的检验与基底的处理
    - 基础的浇筑及基坑的回填
  - 水中浅基础的施工
    - 围堰的要求
    - 围堰的类型

- 钻孔灌注桩施工
  - 施工工艺流程
    - 施工准备
    - 钻孔
    - 清孔
    - 吊装钢筋骨架
    - 灌注水下混凝土
  - 常见事故的预防及处理措施
    - 成孔事故
    - 水下混凝土浇筑事故

- 挖孔灌注桩施工
  - 开挖桩孔
  - 护壁和支撑
  - 排水
  - 吊装钢筋骨架及灌注桩身混凝土

- 预制沉桩施工
  - 锤击沉桩
  - 振动沉桩
  - 射水沉桩
  - 静力压桩

- 沉井基础施工
  - 旱地上沉井的施工
  - 水中沉井施工
    - 筑岛法
    - 浮运法

- 管柱基础施工
  - 管柱特点
  - 管柱的制作
  - 管柱下沉
  - 管柱基岩钻孔及清孔
  - 灌注管柱内水下混凝土

- 地下连续墙施工
  - 分类
  - 适用条件及优缺点
  - 地下连续墙施工
  - 在桥梁工程中的应用

## 4.1　浅基础施工

浅基础也称为扩大基础，系由块石或混凝土砌筑而成的大块实体基础，其埋置深度可较其他类型基础浅，故称为浅基础。由于所用材料不能承受较大的拉应力，故基础的宽厚比要足够大，为节省材料，这类基础的立面往往做成台阶形，因此，一般又称为刚性扩大基础，多采用明挖方法施工，将基础底板设在直接承载地基上，来自上部结构的荷载通过基础底板直接传递给地基。构造简单、施工方便、造价低，在工程地质条件和水文条件允许的情况下，应优先选用浅基础。

刚性扩大浅基础施工多采用明挖方法施工，其施工主要工序包括基础定位放样、基坑开挖、坑壁支撑、基坑排水、基坑检验和基底的处理、基础砌筑或浇筑及基坑的回填。下面分别按旱地上浅基础施工和水中浅基础施工分别阐述其主要施工工序。

### 1.　旱地上浅基础的施工

1）基础的定位放样

基础的定位放样就是将设计图纸上的基础位置准确的设置到桥址上。定位可分为垂直定位和水平定位。垂直定位是定出基础各部分的标高，可借助施工现场的水准基点进行；水平定位是定出基础在平面上的位置。如图 4.1-1 所示，一般可先定出桥梁的主轴线I-I，然后定出墩台轴线 1-1、2-2、3-3、4-4，最后详细定位，确定基础各部分尺寸。由于定位桩随着基坑的开挖，必将被挖去，因此还必须在基坑位置以外不受施工影响的地点钉立定位桩的保护桩，以备在施工中能随时校验基坑和基础的位置是否正确。而基坑外围通常可用龙门板固定（见图 4.1-2），或在地面上以石灰线标出。

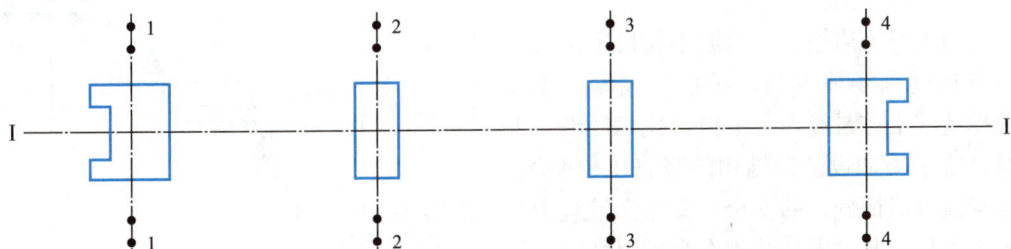

图 4.1-1　基础放样

2）基坑开挖

为建造基础而开挖的基坑，其形状和开挖面的大小可根据墩台基础及下部结构的形式、施工要求，开挖成方形、矩形或长条形的坑槽。基坑的深度视基础埋置深度而定。基坑开挖时是否设置坑壁围护结构，可视土的类别、性质、基坑暴露时间长短、地下水位的高低等因素而定。开挖基坑时常采用机械开挖与人工开挖相结合的施工方法，技术条件较简单，易操作。常用施工机械多为挖掘机和自卸汽车等。基坑开挖应尽量防止对地基土的扰动，当用人工挖土，基坑挖好后不能立即进行下道工序时，应

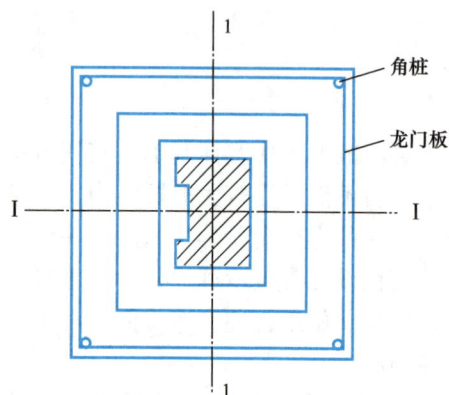

图 4.1-2　基础放样

预留 15～30cm 的一层土不挖，待下道工序开始再挖至设计标高。采用机械开挖基坑时，为避免破坏基底土，应在基底标高以上预留一层由人工挖掘修整。使用铲运机、推土机时，保留土层厚度为 15～20cm；使用正铲、反铲或拉铲挖土时，为 20～30cm。

（1）不设围护的基坑

对于在干涸无水河滩、河沟中，地下水位低于基底或渗透量很少，不影响坑壁稳定以及基础埋置不深（一般在 5m 以内），施工期较短，基坑开挖时不影响临近建筑安全的场所，基坑开挖时可以不设围护。当坑壁不设围护时，可将坑壁挖成竖直或斜坡形。竖直坑壁一般只有在岩石地基或基坑不深又无地下水的黏性土地基中采用。在一般土质条件下开挖基坑时，应采用放坡开挖的方法。

基坑开挖施工时，应注意以下事项：

① 基坑底面应满足基础施工的要求，对渗水的土质基坑，一般按基底的平面尺寸，每边增宽 0.5～1.0m，以便在基底外设置排水沟、集水坑和基础模板。

② 坑顶边缘应留有护道，静荷载距坑顶边缘的距离不得小于 0.5m，动荷载距坑顶边缘的距离不得小于 1.0m。

③ 基坑开挖应尽量安排在枯水或少雨季节施工，且基坑顶面应提前做好地面防、排水设施。

④ 为了保证坑壁边坡的稳定，当基坑深度较大时，应在边坡中段加设宽度为 0.5～1.0m 的平台，如图 4.1-3 所示。

（2）设有围护的基坑

当坑壁土质松软、边坡不易稳定，或放坡开挖受到场地限制，或基坑较深、放坡开挖造成土方量过大，不符合技术经济要求时，宜采用加设围护结构的竖直坑壁基坑，这样既可保证施工的安全，又可大量减少开挖土方量。基坑围护结构作为加固坑壁的临时性措施，主要有以下几种。

① 挡板支撑。挡板支撑适用于开挖面

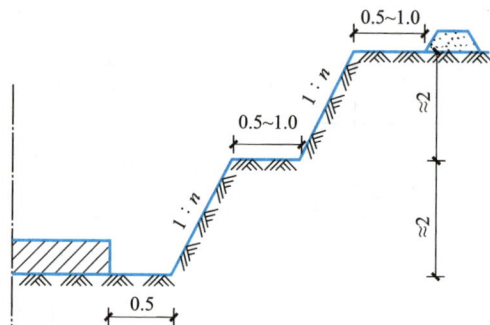

图 4.1-3　基坑放坡开挖（单位：m）

积不大、地下水位较低、挖基深度较浅的基坑。根据具体情况，挡板可垂直设置或水平横放，如图 4.1-4 所示。挡板支撑由立木、横枋、顶撑及衬板组成。衬板厚度为 4～6cm。为便于挖基运土，顶撑应设在同一垂直面内。基坑开挖时，若坑壁土质密实，不会随挖随坍，则可将基坑一次挖到设计标高；然后，沿着坑壁竖向撑以衬板（密排或间隔排），再在衬板上压以横木，中间用顶撑撑住，如图 4.1-4（a）所示；若坑壁土质较差，或所挖基坑较深，坑壁土有随挖随坍的可能时，则可用水平衬板支撑，分层开挖，随挖随撑，如图 4.1-4（b）所示。

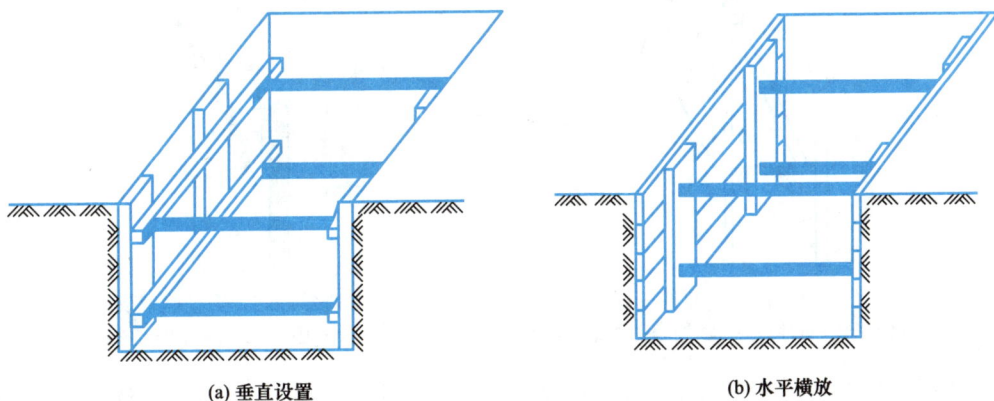

(a) 垂直设置　　　　　　　　　　(b) 水平横放

图 4.1-4　挡板支撑

② 钢木结合支撑，当基坑深度在 3m 以上，或因基坑过宽、支撑过多而影响基坑出土时，可沿基坑周围每隔 1.5m 左右打入一根工字钢或钢轨至基坑底面以下 1～1.5m，并用拉杆把型钢的上端锚固于锚桩上，随着基坑下挖设置水平衬板，并在型钢与衬板之间用木楔塞紧，如图 4.1-5 所示。

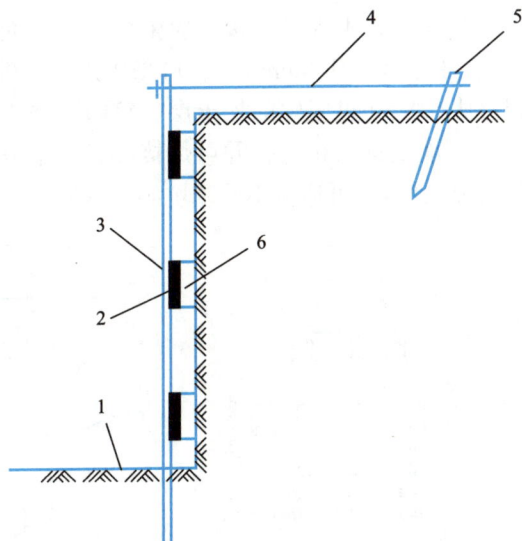

图 4.1-5　钢木结合支撑

1—基坑底；2—木楔；3—型钢；4—拉杆；5—锚栓；6—衬板

开挖较大基坑或使用机械化施工而采用锚固支撑有困难时，如近旁建筑物影响等，可采用斜柱支撑。如图 4.1-6 所示。

受施工场地限制，基坑开挖时部分放坡不足，或基坑周边土质软硬不均，为防止局部坡脚坍塌，可采用短桩间隔支撑，如图 4.1-7 所示。

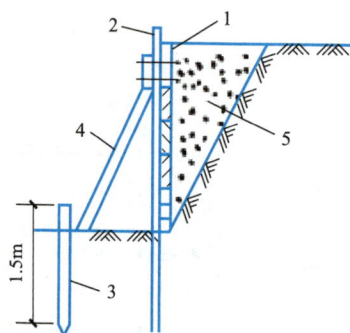

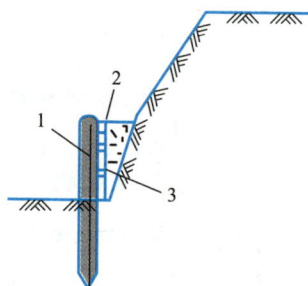

图 4.1-6　斜柱支撑
1—挡板；2—桩柱；3—撑柱；4—斜撑；5—回填土

图 4.1-7　短柱间隔支撑
1—短柱；2—回填土；3—挡板

③ 板桩支撑。当基坑的平面尺寸较大、基坑较深，或因土质、水文资料、场地的限制及开挖对邻近建筑物有影响时，可采用板桩支撑。板桩的设置方法与挡板支撑不同，其特点是先将板桩打入土中，待桩尖深入到基坑底以下一定深度时才开始开挖基坑。当基坑较深时，可待基坑挖至一定深度后，再在板桩上部加设横向支撑或设置锚桩，以增强板桩的稳定性。

常用板桩有木桩、钢板桩和钢筋混凝土桩。木板桩的成本较低，容易加工制作，但强度较低，故不适用于坚硬及含卵石的土层。同时受木材长度的限制，基坑深度为3～5m 时才可采用。为减少渗水，木板桩的接缝应密合。在断面形式上，当板厚大于80mm 时，应采用企口缝；小于或等于80mm 时，可采用人字形榫口，如图 4.1-8 所示。

钢板桩的优点是强度大，能穿过坚硬的松土层、碎卵石类土和风化岩层；具有锁口连接紧密、不易漏水且能承受锁口拉力，并可焊接接长、重复使用的优点。钢板桩的断面形式较多，如图 4.1-9 所示，可适应不同基坑的形状要求。

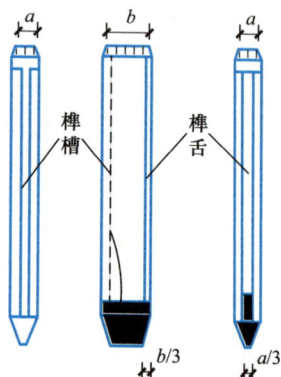

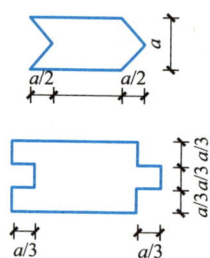

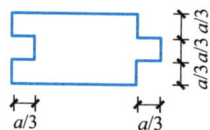

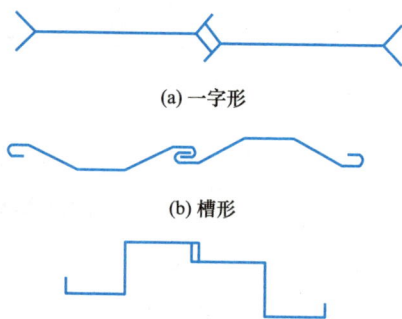

(a) 一字形

(b) 槽形

(c) Z形

图 4.1-8　木板桩

图 4.1-9　钢板桩的断面形式

钢筋混凝土板桩的优点是耐久性好，缺点是制作复杂、重量大、运输和施工不便。

④ 钢筋混凝土灌注桩支撑。在开挖的基坑周围，先施工钻孔灌注桩，待桩身混凝土强度达到要求后，在基坑中间用机械或人工挖土。

⑤ 喷射混凝土护壁。将欲开挖的墩址场地整平，测放基坑的开挖线，并在基坑的

开挖线外侧周围，就地灌注深1m、厚0.4m的混凝土护筒。筒口应高出地面0.1～0.2m，以加固坑口，并防止地表水和杂物掉入坑内。

混凝土护壁适用于深度较大的各种圆形、稳定性较好、渗水量少的基坑。采用掺有速凝剂的混凝土浆用喷射器向坑壁喷射，喷射的混凝土能早期与坑壁形成具有一定强度的支护层。喷射混凝土的厚度，主要取决于地质条件、渗水量、基坑直径及开挖深度等因素。可据表4.1-1选定。基坑较大和较深时取较大值，一般为5～8cm。开挖基坑与喷射混凝土均分节进行，每节高0.5～1.5m。若把护筒下的土全部挖除，会使护筒下沉，应采用跳槽法开挖，如图4.1-10所示。分层开挖时，先挖除1，开挖深度视土质而定，一般在0.5～1.5m之间。然后，立即喷射混凝土。待混凝土达到一定强度后，可挖除2，喷射2。这样，分层挖1喷1、挖2喷2，周而复始，直到设计标高。对极易坍塌的流砂、淤泥层，仅用喷护混凝土往往不足以稳定坑壁，遇此情况，可先在坑壁上打入木桩，或在已打好成排的木桩上编制竹篱，在有大量流砂处塞以草袋，然后喷射15～20cm厚的混凝土，即可防止坍塌。

喷层参考厚度（单位：cm）　　　　　　　　　表4.1-1

| 地质条件 | 渗水情况 | | |
|---|---|---|---|
| | 无水基坑 | 有少量渗水基坑 | 有大量渗水基坑 |
| 粉砂流砂淤泥 | 10～15 | 15（加少量木桩） | 15～20（加较多木桩及塞草袋竹片） |
| 砂黏土 | 5～8 | 8～10 | 15～20（加较多木桩及塞草袋竹片） |
| 黏砂土 | 3～5 | 5～8 | 15～20（加较多木桩及塞草袋竹片） |
| 卵碎石土 | 3～5 | 5～8 | 15～20（加较多木桩及塞草袋竹片） |
| 砂夹卵石 | 3～5 | 5～8 | 8～10（加较多木桩及塞草袋竹片） |

对于无水或少水的坑壁，在每节高度范围内，喷护混凝土应由下部向上部成环进行，这样对少量渗水的土层，一经喷护即能完全止水；对涌水的坑壁，喷护混凝土则应由上部向下部成环进行，以保证新喷的混凝土不致被水冲坏。一次可能喷射的厚度，主要取决于土层与混凝土的粘结力及渗水量的大小。如果一次喷射不能达到规定的厚度，则应等上一次喷层终凝后再行补喷，直到规定的厚度为止。

施工过程中应经常注意检查护壁，如有变形开裂或有空壳脱皮等现象应立即加厚补喷或凿除重喷，以确保坑内施工安全。

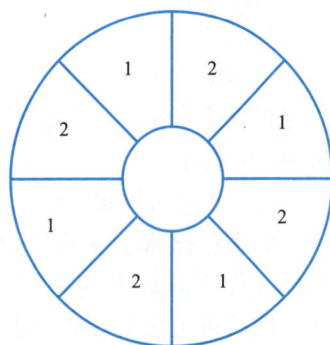

图4.1-10　工艺顺序

水泥应用硬化快，早期强度高、保水性能较好的硅酸盐水泥或普通硅酸盐水泥；粗骨料最大粒径要严格控制在喷射机允许范围内；细骨料宜用中砂，应严格控制其含水量在4%～6%之间。当含水量小于4%时混合料易胶结，堵塞管路，或使喷射效果显著降低。当含水量大于6%时混合料易在喷射过程中离析，从而降低混凝土强度。混凝土水灰比为 0.4～0.5，水泥与骨料比为 1:4～1:5，速凝剂掺量为水泥用量的 2%～4%，掺入后停放时间不应超过 20min。混凝土初凝时间不宜大于 5min，终凝时间不大于 10min。

⑥ 现浇混凝土护壁。喷射混凝土护壁要求有熟练的技术工人和专门设备，对混凝土用料要求也较严，因而有其局限性。现浇混凝土护壁则适应性较广，可以按一般混凝土施工，基坑深度可达 15～20m，除流砂及呈流塑状态黏土外，可适用于其他各种土类。

现浇混凝土护壁，也是用混凝土环形结构承受土压力，但其混凝土环壁是使用现场灌注的普通混凝土，壁厚较喷射混凝土大，一般为 15～30cm，也可按土压力作用下的环形结构计算。

采用现浇混凝土围圈护壁时，基本做法是将基坑自上而下分层垂直开挖，开挖一层后即灌注一层混凝土护壁。为防止已灌注的混凝土围圈在开挖时失去支撑而下沉，顶层混凝土应一次整体灌注，以下各层应如喷射混凝土的施工方法一样，均用跳槽式开挖和灌注。并将上下层混凝土纵向接缝错开。开挖面应均匀分布对称施工，及时灌注混凝土壁支护，每层坑壁无混凝土支护总长度应不大于周长的一半。分层高度以垂直开挖面不坍塌为原则，一般顶层高 2m 左右，以下每层高 1～1.5m。

现浇混凝土护壁应紧贴坑壁灌注，不用外模，内模可做成圆形或多边形。施工时应注意使层、段间各接缝密贴，防止其间夹泥土和有浮浆等而影响围圈的整体性。围圈混凝土一般采用 C15 混凝土。为使基坑开挖和灌注工作连续不间断地进行，一般在围圈混凝土抗压强度达到 2.5MPa 时，即可拆除模板。

目前也有采用混凝土预制块分层砌筑来代替就地灌注的混凝土围圈，它的好处是省去现场混凝土灌注和养护的时间，使开挖与支护不间断进行，且围圈混凝土质量容易得到保证。

3）基坑排水

当基坑坑底位于地下水位以下时，开挖基坑时坑内便有积水，为了便于基础施工，并保证施工质量，必须进行排水。桥梁基础施工中常用的排水方法一般有集水坑排水法与井点排水法。

（1）集水坑排水法

集水坑排水法又称为表面排水法，是施工中应用最普遍的排水方法。在开挖基坑时，先在坑底四周挖好边沟，并挖 1～2 个集水井，使坑内积水由边沟流至集水井，然后再由集水井通过水泵向外排水。施工中，要求集水坑底应始终低于基坑底面 0.8～1.0m，边沟底应低于基坑底面 0.3～0.5m。且水泵的排水能力必须为经验估算涌水量的 1.5～2 倍。同时，应考虑备用水泵。当排水能力为 1.5 倍涌水量时，水泵数应在 3 台以上；当排水能力为 2 倍涌水量时，水泵数应在 2 台以上。

但当地基土为饱和粉细砂地层时，抽水会引起流砂进而导致坑壁坍塌，此时不宜采用集水坑排水法，宜采用井点排水法。

（2）井点排水法

井点排水法适用于透水性较大的砂性土（透水系数 $k$=0.1～80m/d），对于淤泥或软黏土地基效果较差。由于用这种方法降低地下水位，可以避免井管范围内的地下水从基坑四周边坡和底面流出，而是以相反的方向流向井管，因此，可避免发生流沙和边坡坍塌现象。这种方法又称为人工降低地下水位法，如图 4.1-11 所示。

① 井点法的工作原理

井点法的计算理论是以水井理论公式为基础推导的。它的假设是：水井都布置在水平而均质的含水层中，这些含水层在天然状态下都有水平的水压面或潜水面；井中抽水时，水位开始下降，周围含水层的水就流向该水位的降低处（即管井处）。抽水到一定时间后，周围的水位由水平变成弯曲，最后曲

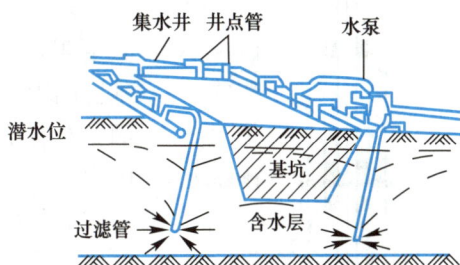

图 4.1-11　井点法示意图

线渐趋稳定，成为向管井倾斜的水位降落漏斗，即喇叭口状漏斗，这个曲线即所谓浸润曲线，要求水位降低值即井群中心的降低值。

② 井点法的类型及适用范围

井点法的类型有轻型井点、管井井点、深井井点、电渗井点等类型，应根据土层的渗透系数，如表 4.1-2 所示，要求降低地下水位的深度及工程特点，选择适宜的井点类型和所需设备，如表 4.1-3 所示。

土层的渗透系数参考值表　　　　　　　　　表 4.1-2

| 名称 | $K$（m/d） | 名称 | $K$（m/d） |
|---|---|---|---|
| 黏土 | <0.005 | 均质中砂 | 35～50 |
| 粉质黏土 | 0.005～0.1 | 粗砂 | 20～50 |
| 轻粉质黏土 | 0.1～0.15 | 园砾 | 50～100 |
| 黄土 | 0.25～0.5 | 卵石 | 100～500 |
| 粉砂 | 0.5～1.0 | 稍有裂缝的岩石 | 20～60 |
| 细砂 | 1.0～5.0 | 裂隙多的岩石 | >60 |
| 中砂 | 5.0～20.0 | | |

井点法降水的适用范围　　　　　　　　　表 4.1-3

| 井点法类别 | 土层渗透系数（m/d） | 降低水位深度（m） |
|---|---|---|
| 单层轻型井点 | 0.1～50 | 3～6 |
| 多层轻型井点 | 0.1～50 | 6～12（由井点层数而定） |
| 喷射井点 | 0.1～2 | 8～20 |
| 电渗井点 | <0.1 | 根据选用的井点确定 |
| 管井井点 | 20～200 | 3～5 |
| 深井井点 | 10～250 | >15 |

井管的构造如图 4.1-12 所示，井管四周用砾砂填充，井管下部有滤管，滤管上布

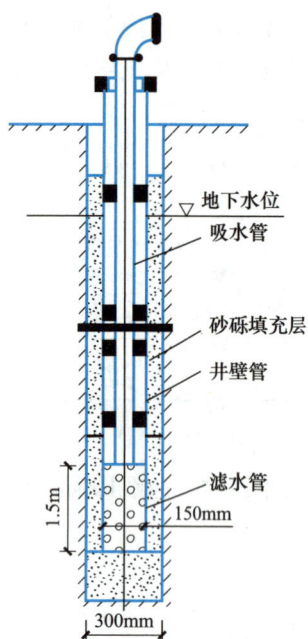

图 4.1-12　井管构造

满直径为 2mm 的孔，外面包有过滤网，以防止泥砂进入井管。砾砂填充层厚约为 5～6cm，用来过滤地下水中的细土，以防将进水管堵塞，影响正常抽水。

其中，轻型井点法在桥梁工程施工中得到了广泛应用，其主要是利用"下降漏斗"降低地下水位，开挖基坑前在基坑四周打入若干根井管，井管下端 1.5m 左右为滤管，上面钻有若干直径约为 2mm 的滤水孔，各个井管两侧一定范围内的水位逐渐下降，形成了向井管附近弯曲的下降曲线，即"下降漏斗"。地下水位逐渐降低到坑底设计标高以下，以保证施工能在干燥无水的情况下进行，如图 4.1-13 所示。

轻型井点系统的主要设备包括：

a. 井点管。井点管一般采用钢管，其下端头为长 1～2m 的滤管，滤管上布满直径为 2mm 的孔。

b. 集水管。集水管用直径为 102～127mm 的钢管分段连接，间隔 1～2m 设一个与井点管连接的短接头。

c. 连接管。连接管用直径为 40～50mm 的胶皮管或塑料管，连接管上宜装阀门。

d. 抽水装备。抽水装备主要由真空泵（常用的有 V-5 或 V-6 型）、离心水泵和集水箱组成。离心水泵与真空泵分开，用两个电动机带动。

井点的布置。如图 4.1-14 所示，应根据基坑的大小、平面尺寸和降水深度的要求，以及土层的渗透性和地下水流向等因素，对井点进行布置。若要求降水深度为 4～5m，可用单排井点；若降水深度要求大于 6m，则可采用两级或多级井点。如基坑宽度小于 5m，则可在地下水流的上游设置单排井点。当基坑面积较大时，可设置不封闭井点或封闭井点（如环形、U 形），井点管距基坑壁应不小于 1m，井点管的间距宜为 1.0～1.8m，最大不超过 3m。

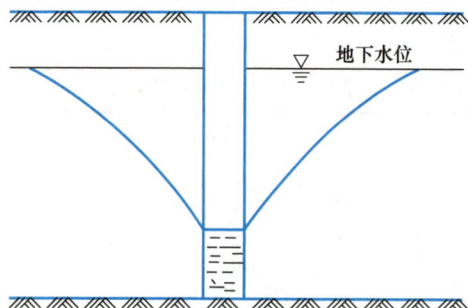

图 4.1-13　从井中抽水时的"下降漏斗"

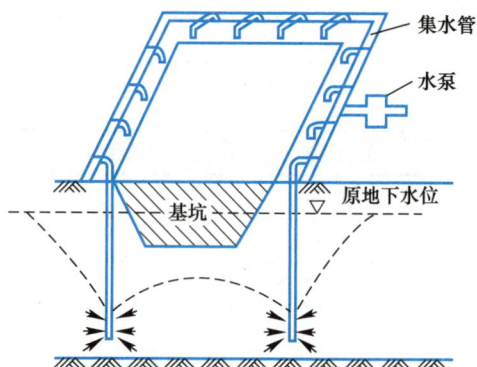

图 4.1-14　井点的布置

③ 使用注意事项

降水系统接通后，进行试抽水。若无漏水、漏气和淤塞等现象，即可使用。同时还应注意控制真空度。在系统中装真空表，一般真空度应不低于55.3kPa。若管路井点有漏气，则会造成真空度达不到要求。为了保证能够连续抽水，应配置双套电源。待基础浇筑回填后，才能拆除井点。冬期施工时，还应对集水管作保温处理。

4）基坑的检验与基底的处理

基坑挖至基底设计高程，在基础浇筑前应按规定进行检验，检验的主要内容包括：

（1）基坑的平面位置、尺寸及底面标高是否符合设计要求。

（2）检验基底土质及其均匀性、稳定性、容许承载力等与设计资料是否相符；如有出入，由施工单位及时会同有关部门共同研究处理办法。

（3）当坑底暴露的地质特别复杂，属于下列情况之一时，应变更基础设计方案（变更基础埋深或基础类型）。

① 强烈风化的岩层。

② 松砂（$D_r \leq 0.33$）地基。

③ 软黏性土（$I_L > 1.0$）。

④ $e > 0.7$ 的粉质砂土、$e > 1.0$ 的粉质黏土及 $e > 1.1$ 的黏土。

⑤ 含有大量有机质的砂土、黏土。

⑥ 出现较发育的熔岩。

基底检验合格后，还应按不同地质情况做如下处理：

a. 未风化岩石基底

对未风化的岩层，应先将岩层面上松散石块、淤泥、苔藓等清除干净。若岩层倾斜，应将岩面凿平或凿成台阶。对基坑内岩面有部分破碎带时，应会同设计人员研究处理，采用混凝土封填或设混凝土拱等方法进行处理，以满足承载力要求。

b. 风化岩层基底

岩石的风化程度对其承载力影响很大。在开挖至风化岩层时，应会同设计人员认真观察其风化程度，检查基底是否符合设计承载力要求。按设计要求适当凿去风化表层，或清理到新鲜岩面，将基坑填满封闭，防止岩层继续风化。

c. 碎石土或砂土层

将基底修理平整并夯实后，在基础施工前应先铺一层2cm厚的水泥砂浆。

d. 黏土基底

基坑开挖时，先留20～30cm深度不挖，以防地面、地下水渗流至基面，浸泡基面，降低强度。砌筑前，再用铁锹铲平。如基底原状土含水量较大或在施工中浸水泡软，可向基坑中夯入10cm以上厚度的碎石，但碎石顶面不得高于基底的设计高程。对于基底土质不均匀、部分软土层厚度不大时，可挖出后换填砂土并分层夯实。

e. 湿陷性黄土

湿陷性黄土地基开挖时，必须保持基坑不受水浸泡，并尽量避免在雨期施工；否则，应有专门的防洪排降水设施，并应按设计要求采用重锤夯实、换填或挤密桩法进行加固。

f. 软土层

软土地基应按设计要求进行加固，可采用换土、砂井、砂桩或其他软基处理方法。

在软土地基上修建桥梁时，应按设计预留沉降量。

g. 泉眼

对于泉眼，应用堵塞或导流的方法处理。泉眼水流较小时，可用木塞、速凝水泥砂浆等堵塞泉眼。堵眼有困难时，可用竹管、塑料管或钢管引流，待基础圬工施工完毕后，向管内压浆将其封闭，也可在基底以下设置暗沟或盲沟，将水引至基础施工范围以外，施工完毕后用水泥砂浆封闭。

h. 溶洞

当溶洞埋深较浅时，可用高压射水清除溶洞内的淤泥，灌注混凝土进行填充；当溶洞较深且狭窄、洞内土不易清除时，可在洞内打入混凝土桩，若溶洞正好位于基础底面，可用钢筋混凝土板盖在溶洞上面，跨越溶洞；当溶洞埋藏较深，洞内有部分软黏土时，可用钻机钻孔，从孔中灌入砂石料，并压灌水泥砂浆封闭。

5）基础的浇筑及基坑的回填

基础的浇筑一般都是在干燥、无水的情况下进行。只有当渗水量很大、排水很困难时，才采用水下灌注混凝土的方法。排水浇筑时，应防止渗水浸泡圬工，以免降低混凝土的强度。

基础浇筑完成后，应检验各部位尺寸是否符合设计要求。如无问题，即可优先利用原土分层回填夯实基坑，回填层厚不宜大于 30cm。

## 2. 水中浅基础的施工

桥梁墩台基础往往位于地表水以下，而且有的河流水的流速还比较大，而施工时常常希望在无水条件下进行。为了解决这一矛盾，可变水中施工为旱地施工。其办法是首先在基坑外围设置一道封闭的临时性挡水结构物（围堰）。在围堰修筑好后，即可以排水开挖基坑，并继续下步工序施工。这些施工内容与旱地上的浅基础施工基本相同。

围堰所用的材料和形式应根据当地水文、地质条件，材料来源及基础形式而定。但不论采用何种材料和形式的围堰，均需要满足下列要求。

1）围堰的高度：一般情况下，围堰顶面应比施工期间出现的最高水位高出 0.7m，最低不应小于 0.5m，以免淹没基坑。因此，施工前应了解和掌握水位变化情况及有关水文资料。

2）围堰的布置：修建围堰的总体布置，应与河床的水流情况相适应，尽量减少压缩流水断面，必须考虑河流断面被围堰挤压缩小，因而使流速增大，引起河床的局部冲刷的可能性，故应分期分批地修建水中基础。除非确有把握，不可同时修筑几个围堰，也不要修筑大围堰把两个或两个以上基坑一起围起来，这样做会大大减少流水断面，抬高水位，加剧河床的冲刷，更重要的是会给抽水带来严重困难。

因此，应按施工季节，各墩台基础工作量大小和难易程度，需用工期的长短，现有的机具设备、材料、劳动力等，确定先做深水基础，还是由浅向深水推进，综合考虑，慎重选择。

3）围堰内侧轮廓尺寸与基坑的关系：围堰内侧工作面的大小，应满足基坑开挖、排水、砌筑圬工等施工需要；同时，为了确保围堰的稳定，其内侧坡脚至基坑边缘之间应保留不小于 1.0m 距离。如基坑较深、坑壁土质不良、渗水量大、坑壁容易坍塌，则这个距离还应增大。

4）围堰的断面与稳定性：围堰的断面，应以能满足滑动和倾覆的要求为基本条件。重力式围堰依靠本身自重来抗拒外侧水压力对它造成的滑动与倾覆；板桩围堰则由板桩打入土中部分的支撑来抗拒外侧压力。而外侧压力的大小取决于水深。所以重力式围堰的断面尺寸应按水位高低决定，板桩的入土深度及是否使用支撑，需通过检算来确定。

5）防渗漏：围堰的渗漏应尽量减少，否则小则增加抽水量；大则影响开挖，减缓工程进度。围堰漏水，主要是填料时夯填不密实，或是土中夹有杂质所造成，有时是围堰底部与河床覆盖层之间存在石块、树枝及其他杂物而不密贴，产生漏水，故应根据各种不同情况，拟定处理办法。通常是在确定漏水部位后，在围堰外侧抛撒锯木屑、煤屑、泥土等，使其随水流入渗漏的孔隙，将其堵塞，达到不漏水或少漏水的目的。

6）防冲刷：筑堰后流水断面减小，形成上游壅水。为了减缓急流直冲围堰，围堰上游应作分水尖，同时采取措施增强围堰抗拒外侧水流的冲刷能力。如在填土围堰的外侧坡面铺苫草袋、树枝等，以减轻直接冲刷。又如流速加大，有可能掏空围堰坡脚，危害围堰的稳定，此时可在围堰外侧抛填大卵石或用竹笼卵石进行防护。若无效时，可在上游适当地点做导流堤，将急流引开。

下面介绍几种常用围堰的构造、适用条件和施工要求。

（1）土围堰

土围堰适用于水深不超过 2m，流速不大于 0.3m/s，施工中无冲刷或冲刷很小，河床稳定，且河底土壤透水性较小的情况。因此，土围堰常用于河流两岸浅滩、河水较浅的地方。

土围堰的断面，根据使用的土质成分和渗水程度以及围堰本身在水压力作用下的稳定性而定。一般顶宽在 1.5m 以上，外侧边坡（靠水一面）不小于 1:2，内侧（靠基坑一面）边坡不小于 1:1，内侧坡脚至基坑顶边缘距离不小于 1.0m，如图 4.1-15 所示。

土围堰宜用黏土填筑，填土出水面后应进行夯实。填土前应先将堰底河床上的树枝、杂草、石块等清除，然后从上游填筑堰体至下游合拢，注意不要直接向水中倾卸填土，而应顺已出水面的填土坡面往下倒。为减少因冲刷使填土流失，应及时拍实和修整坡面。

为防止水流对围堰外侧的冲刷，可在外坡面用草皮、树枝、片石或内填砂土的草袋加以防护。

（2）草（麻）袋围堰

当水深不超过 3.5m、流速小于 2.0m/s 时，可采用草（麻）袋围堰。如图 4.1-16 所示，堰顶宽一般为 1～2m，有黏土心墙时为 2.0～2.5m；堰外坡的坡度视水深及流速而定，一般为 1:0.5～1:1，堰内坡的坡度一般为 1:0.2～1:0.5，内坡脚距基坑边缘不应小于 1.0m。对袋装松散黏土，其装土量应为袋容量的 1/2～2/3，袋口缝合。如用砂土装袋，则堰身中间必须夯填黏土心墙，以防围堰渗漏。

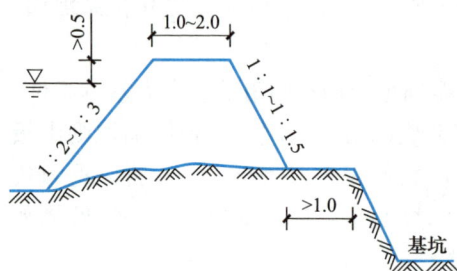

图 4.1-15 土围堰（单位：m）

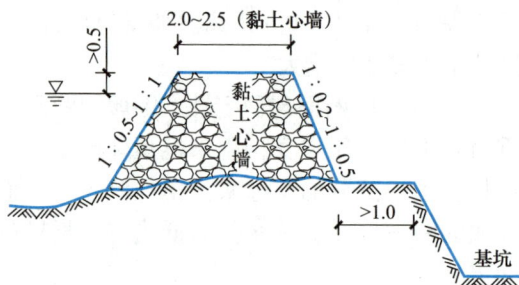

图 4.1-16 草（麻）袋围堰（单位：m）

以上两种围堰均是利用自重来维持自身稳定的，故又称为重力式围堰，它们的主要功能是挡地面水。如河床土质为粉砂或细砂，在排水开挖基坑时，可能会引起流沙现象，则不宜用这类围堰，而应考虑选用木板桩围堰。

（3）木板桩围堰

木板桩围堰适用于砂性土、黏性土和不含卵石的其他土质河床。

当水深为 2～4m 时，可采用单层木板桩围堰，必要时可在板桩外围加填土堰，但水的流速不宜超过 0.5m/s；当水深为 4～6m 时，可用中间填黏土的双层木板桩围堰。

木板桩的入土深度要视土质的密实程度而定，一般为基坑深度的 40%～50%，但不应小于 1m。双层木板桩间的宽度应不小于施工水位水深的 50%，也不小于基坑底至堰顶深度的 0.4～0.6 倍。当围堰高度较大时，为防止在水压力的作用下产生过大的变形，可在中间增设拉紧螺栓，以增强两层板桩之间的整体性。板桩间的黏土填筑应夯实以防漏水。

木板桩上端应锯平，使其与桩的纵轴线垂直并安装铁桩箍。木板桩沉桩一般用锤击法。施工程序如图 4.1-17 所示，首先沿基坑外侧打入导桩，然后在导桩上用螺栓固定两根水平导向木，作为固定板桩位置之用。板桩插在导向木之间按一定顺序，逐根将板桩锤击沉入土中。导桩的入土深度视基坑深度而定，桩尖至少沉入基坑底面以下 2～4m。插打板桩常从角上开始。要注意板桩榫舌和桩尖斜面应朝前进方向，使相邻板桩能在沉桩过程中相互挤紧。若斜面朝向搞错，则相邻板桩下端必将出现缝隙，而不能有效地堵水。

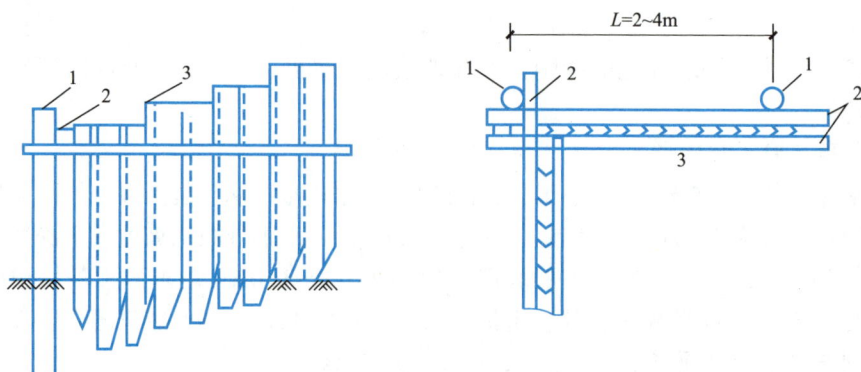

图 4.1-17 木板桩施工顺序
1—导木；2—水平导木；3—板桩图

开始打的前几根桩必须插正打直，否则肯定会影响后面的板桩定位。打歪斜的板桩必须拔掉重打，或者拔掉几根重打，否则会造成围堰上、下口大小不一，最后无法合拢。轻者会造成局部返工，重者可能造成整个板桩围堰废弃。

木板桩上端常用钢桩帽保护，以免打坏桩头。地基土中含有石块等硬物时，桩尖应穿上钢桩靴。

（4）钢板桩围堰

在河水较深或覆盖层较厚的情况下，木板桩已经不能适应，应采用钢板桩围堰。钢板桩围堰适用于砂类土、碎卵石类土、硬黏性土和风化岩等地层，它具有材料强度高、防水性能好、穿透土层能力强、堵水面积最小、可重复使用的优点。因此，当水深超过5m或土质较硬时，可选用这种围堰。

当钢板桩围堰较高且水深较大时，常用围檩（以钢或钢木构成的框架）作为板桩的定位和支撑。先在岸上或驳船上拼装好围檩，运至基础位置定位后，在围檩中插打定位桩，如图4.1-18所示，使围檩挂在定位桩上；然后，就可在围檩四周的导桩间插打钢板桩。插打时，应先从上游打起，以策安全。根据起吊能力，应尽可能将2~3块钢板桩预先焊在一起，逐组或逐块插打到稳定的深度（2~3m），待全部板桩插打完毕后再依次打至设计标高。

在深水处修筑围堰时，为确保围堰不渗水，或基坑范围大，不便设置支撑时，可采用双层钢板桩围堰，如图4.1-19所示。

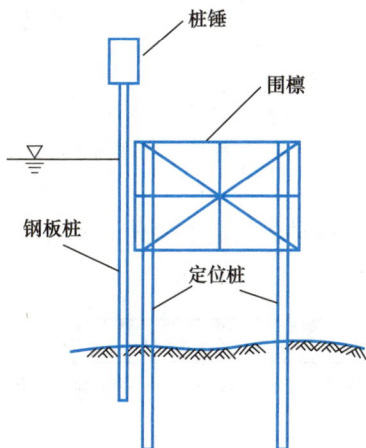

图 4.1-18　围檩法打钢板桩　　　　图 4.1-19　双层钢板桩围堰

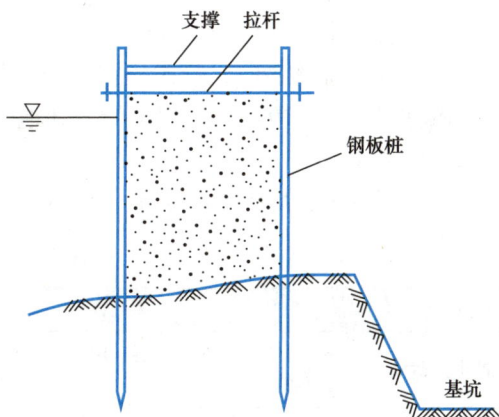

（5）套箱围堰

套箱围堰适用于无覆盖层或覆盖层较薄的水中基础。如图4.1-20所示，套箱为无底的围套，内部设木或钢支撑，组成支架，木板套箱在支架外面钉装两层企口木板，用油灰捻缝以防漏水；钢套箱则设焊接或铆合而成的钢板外壁。

木套箱采用浮运就位，然后加重下沉；钢套箱则利用船运将钢套箱起吊就位，然后下沉。在套箱下沉之前，应清除河床覆盖层并整平岩层。套箱沉至河底后，为维持套箱稳定，减少水流冲刷和堵截水向套箱内渗流，宜在箱脚外侧填以黏土或用装有黏土的草（麻）袋护脚。然后，则可在套箱内抽水进行施工。

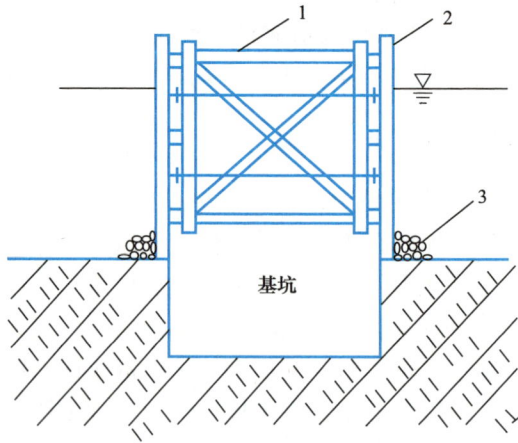

图 4.1-20　套箱围堰

1—套箱支架；2—套箱外壁；3—装有黏土的草（麻）袋护脚

## 4.2　桩基础施工

### 4.2.1　钻孔灌注桩的施工

钻孔灌注桩系指采用不同的钻孔方法，在土中形成一定直径的井孔，达到设计高程后将钢筋骨架吊入井孔中，灌注混凝土形成的桩。

钻孔灌注桩在施工时，应先根据土质、桩径大小、入土深度及机具设备等条件选用合适的钻具和钻孔方法，以保证能顺利地达到预计孔深，然后清孔，吊放钢筋骨架，灌注水下混凝土。

目前我国常用的钻具有旋转钻、冲击钻和冲抓钻，各种钻机的适用情况见表 4.2-1。

钻孔机具的适用范围　　　　　　　　　　　　　　　表 4.2-1

| 钻机类型 | 适用范围 |
| --- | --- |
| 冲击式钻机 | 适用于各类土层及岩层、坡积岩、漂砾、卵石等地层，在砂质黏土、黏质砂土地层钻进效率较低 |
| 旋转式钻机 | 适用于砂质黏土、黏质砂土及风化页岩等地层 |
| 冲抓式钻机 | 适用于黏质砂土、砂质黏土及砂夹卵（砾）石地层 |

#### 1. 钻孔灌注桩的施工工艺流程

钻孔灌注桩施工的主要工序包括：施工准备，包括场地准备、埋置护筒、制备泥浆，钻孔，清孔，钢筋笼制作及吊装，灌注混凝土等，工艺流程图如图 4.2-1 所示。

1）施工准备

（1）场地准备

钻孔前要准备场地，其内容包括：

① 场地为旱地时，应该清除杂物，换填软土，整平夯实。

② 场地为浅水时，宜采用筑岛法施工，筑岛面积应根据钻孔方法、钻机大小等要求确定。

③ 场地为深水或淤泥较厚时，可搭设工作平台，平台必须牢固、稳定，能承受工作时所有静荷载、动荷载，并考虑施工机械能安全进出。如水流平缓，全部工序也可在施工船舶上进行。

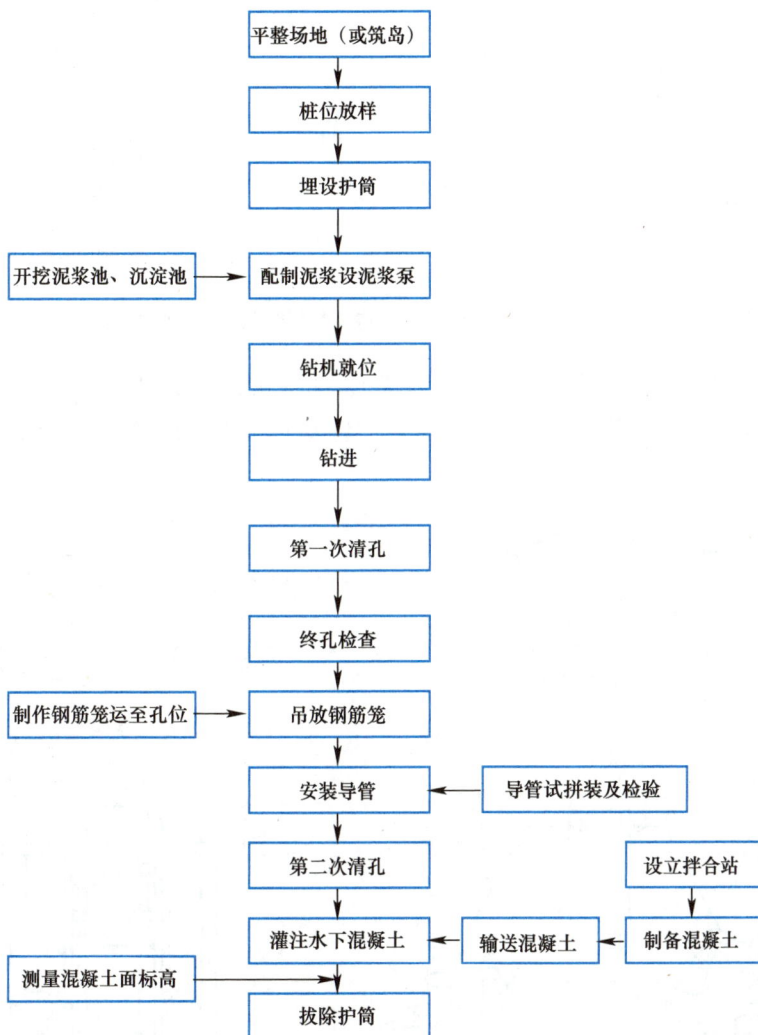

图 4.2-1　钻孔灌注桩的工艺流程图

（2）埋置护筒

护筒的主要作用包括：固定钻孔位置；开始钻孔时对钻头起导向作用；保护孔口地面，防止孔口土层坍塌；隔离地表水等。因此，埋置护筒时要求稳固、准确。

护筒制作要求坚固、耐用、不易变形、不漏水、装卸方便和能重复使用。护筒宜采用钢板卷制。在陆上或浅水区筑岛处的护筒，其内径应比桩径大至少 200mm，壁厚应能使护筒保持圆筒状且不变形。如图 4.2-2 所示。

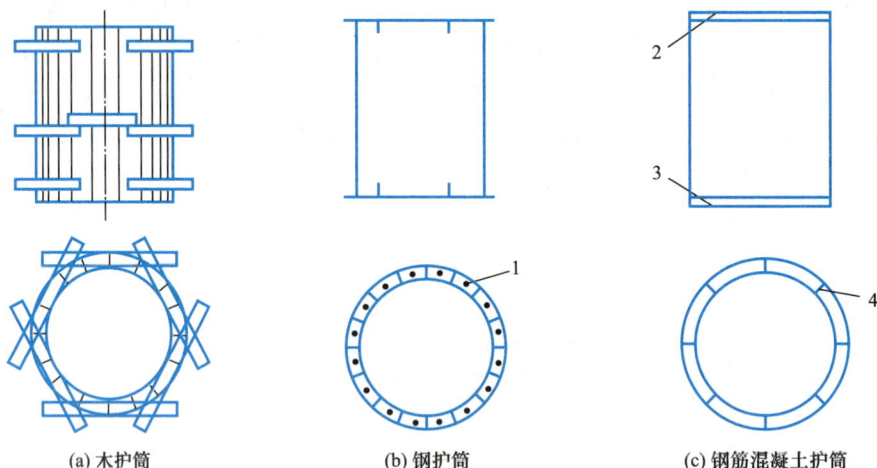

(a) 木护筒　　　　　(b) 钢护筒　　　　　(c) 钢筋混凝土护筒

4.2-2　护筒

1—连接螺栓孔；2—连接钢板；3—连接钢板或刃脚；4—加强钢筋图

护筒埋设可采用下埋式（适于旱地埋置），如图 4.2-3（a）所示；上埋式（适于旱地或浅水筑岛埋置），如图 4.2-3（b）、（c）、（d）所示。埋置护筒时，应注意下列几点：

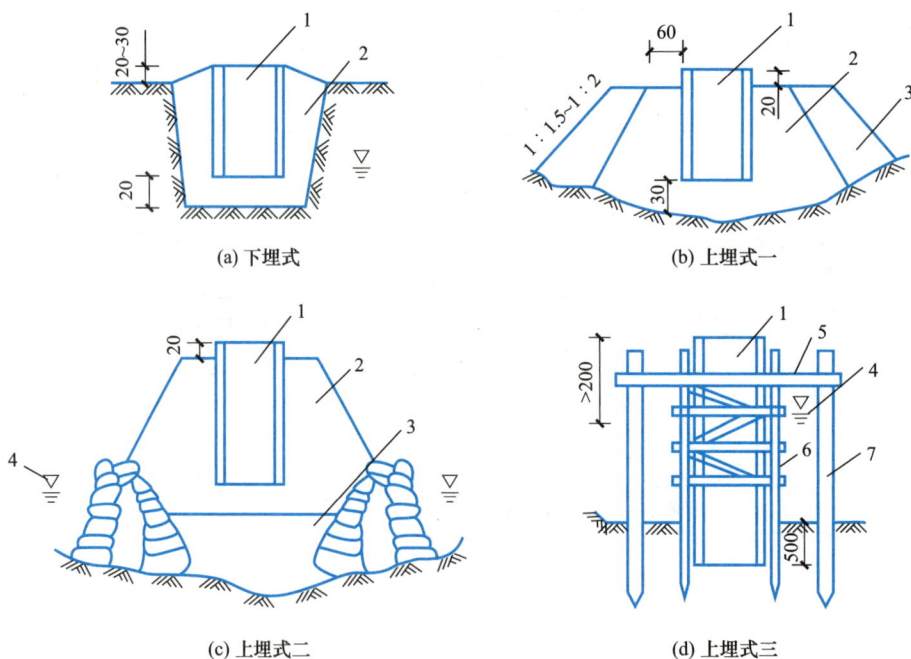

(a) 下埋式　　　　　　　　　　　(b) 上埋式一

(c) 上埋式二　　　　　　　　　　(d) 上埋式三

图 4.2-3　护筒的埋置（单位：cm）

1—护筒；2—夯实黏土；3—砂土；4—施工水位；5—工作平台；6—导向架；7—脚手桩

① 护筒的平面位置应埋设正确，护筒中心与桩中心的平面位置偏差应不大于 50mm，在竖直方向的倾斜度应不大于 1%；对深水基础中的护筒，平面位置的偏差不

应大于80mm。

② 护筒顶宜高于地面0.3m或水面1.0~2.0m；当处于潮水影响地区时，应高出最高施工水位1.5~2.0m，并应采取稳定护筒内水头的措施；当桩孔内有承压水时，护筒顶应高于稳定后的承压水位2.0m以上。

③ 护筒的埋置深度在旱地或筑岛处宜为2~4m，特殊情况应加深，以保证钻孔和灌注混凝土的顺利进行。有冲刷影响的河床，应沉入局部冲刷线以下不小于1.5m。

（3）制备泥浆

泥浆在钻孔中有以下几方面的作用：

① 在孔内产生较大的静水压力，平衡孔外地下水压力，并对孔壁形成一定的侧压力。同时，泥浆中胶质颗粒的分子，在泥浆的压力下渗入孔壁表层的孔隙中，形成一层泥膜，可隔断孔内外渗流，保护孔壁、防止坍孔。

② 泥浆循环流动时，还可以悬浮、携带钻渣，冷却钻头，润滑钻具，减小钻进阻力。

钻孔泥浆一般由水、黏土（或膨润土）和添加剂按适当配合比配制而成，其性能指标可参照表4.2-2选用。

钻孔泥浆的性能指标　　　　　　　　　　　　表4.2-2

| 钻孔方法 | 地层情况 | 泥浆性能指标 | | | | | | | |
|---|---|---|---|---|---|---|---|---|---|
| | | 相对密度 | 黏度（Pa·s） | 含砂率(%) | 胶体率(%) | 失水量[mL/（30min）] | 泥皮厚[mL/（30min）] | 静切力（Pa） | 酸碱度pH |
| 正循环 | 一般地层 | 1.05~1.20 | 16~22 | 8~4 | ≥96 | ≤25 | ≤2 | 1.0~2.5 | 8~10 |
| | 易塌地层 | 1.20~1.45 | 19~28 | 8~4 | ≥96 | ≤15 | ≤2 | 3~5 | 8~10 |
| 反循环 | 一般地层 | 1.02~1.06 | 16~20 | ≤4 | ≥95 | ≤20 | ≤3 | 1~2.5 | 8~10 |
| | 易塌地层 | 1.06~1.10 | 18~28 | ≤4 | ≥95 | ≤20 | ≤3 | 1~2.5 | 8~10 |
| | 卵石上 | 1.10~1.15 | 20~35 | ≤4 | ≥95 | ≤20 | ≤3 | 1~2.5 | 8~10 |
| 旋挖 | 一般地层 | 1.02~1.10 | 18~22 | ≤4 | ≥95 | ≤20 | ≤3 | 1~2.5 | 8~11 |
| 冲击 | 易塌地层 | 1.20~1.40 | 22~30 | ≤4 | ≥95 | ≤20 | ≤3 | 3~5 | 8~11 |

注：1. 地下水位高或其流速大时，指标取高限，反之取低限。

　　2. 地质状态较好时，孔径或孔深较小的取低限，反之取高限。

　　3. 黏度：是以500mL泥浆通过5mm漏斗孔所需的时间（s）来表示。

　　4. 含砂率：指泥浆中砂粒和黏土颗粒的体积百分比；胶体率：指泥浆静置一昼夜的沉淀率，可用100mL泥浆置入100mL量杯，测定静置后上部澄清液体体积，以总体积减去此体积的值除以总体积来表示胶体率。

（4）安装钻机或钻架

钻架是钻孔、吊放钢筋笼、灌注混凝土的支架。我国生产的定型旋转钻机和冲击钻机都附有定型钻架，其他还有木制的和钢制的四脚钻架，如图4.2-4所示，三脚钻架或人字扒杆。

在钻孔过程中，成孔中心必须对准桩位中心，钻机（架）必须保持平稳，不发生位移、倾斜和沉陷。钻机（架）安装就

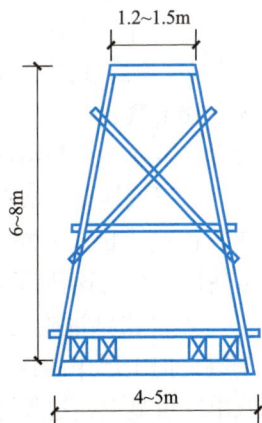

图4.2-4　四角钻架

位时，应详细测量，底座应用枕木垫实塞紧，顶端应用缆风绳固定平稳，并在钻进过程中经常检查。

2）钻孔

（1）钻孔方法和钻具

① 旋转钻进成孔。利用钻具的旋转切削土体钻进，并在钻进的同时采用循环泥浆的方法护壁排渣，继续钻进成孔。我国使用的旋转钻机按泥浆循环的程序不同，分为正循环与反循环两种。

所谓正循环，是在钻进的同时，泥浆泵将泥浆压进泥浆笼头，通过钻杆中心从钻头喷入钻孔内，泥浆挟带钻渣沿钻孔上升，从护筒顶部的排浆孔排出至沉淀池，钻渣在此沉淀而泥浆仍进入泥浆池循环使用，如图 4.2-5 所示。

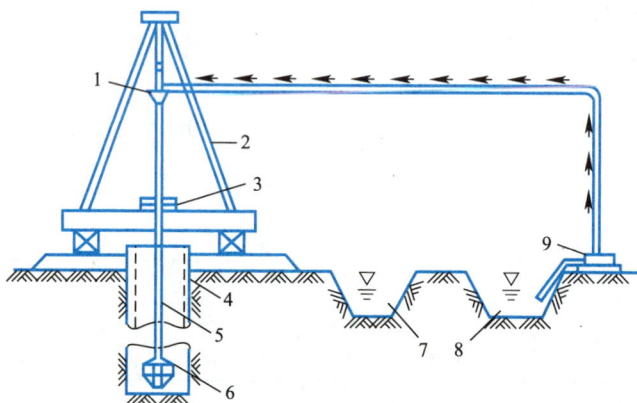

图 4.2-5　正循环旋转钻孔

1—泥浆笼头；2—钻架；3—钻机；4—护筒；5—钻杆；6—钻头；7—沉淀池；8—泥浆池；9—泥浆泵

反循环程序与正循环相反，将泥浆用泥浆泵送至钻孔内。然后从钻头的钻杆下口吸进，通过钻杆中心排出到沉淀池，泥浆沉淀后再循环使用。反循环钻机的钻进及排渣效率较高，但在接长钻杆时装卸较麻烦。若钻渣粒径超过钻杆内径（一般为120mm），则易堵塞管路。我国定型生产的旋转钻机在转盘、钻架、动力设备等方面均配套定型。钻头的构造根据土质的不同，采用不同的形式。

正循环旋转钻机有鱼尾锥、圆柱形钻头、刺猬钻头等；常用的反循环旋转钻头为三翼空心钻。此外，现在还采用更轻便、高效的潜水电钻，钻孔时钻头旋转刀刃切土，并在端部喷出高速水流冲刷土体，以水力排渣，钻头的旋转电动机及变速装置均经密封后安装在钻头与钻杆之间。

由于旋转钻进成孔的施工方法受到机具和动力的限制，故适用于较细、软的土层，如各种塑性状态的黏性土、砂土、夹少量粒径小于 11mm 的砂卵石土层，在软岩中也可使用。采用这种钻孔方法，钻进深度可达 100m 以上。

② 冲击钻进成孔。利用钻锥（重量为 10～35kN）不断地提锥、落锥反复冲击孔底土层，把土层中的泥沙、石块挤向四壁或打成碎渣，钻渣悬浮于泥浆中，利用掏渣筒取出，重复上述过程冲击钻进成孔。

钻头一般是用整体铸钢做成的实体钻锥，钻刃为十字形，采用高强度耐磨钢材做成，底刃最好不完全平直以加大单位长度上的压重，冲击钻锥如图 4.2-6 所示。冲击时钻头应有足够的重量、适当的冲程和冲击频率，以使它有足够的能量将岩块打碎。

钻锥每冲击一次旋转一个角度，才能得到圆形的钻孔。因此，在钻头和提升钢丝绳连接处应有转向装置，常用的有合金套或转向环，以保证冲锥的转动，也避免了钢丝绳打结扭断。

掏渣筒是用以掏取孔内钻渣的工具，如图 4.2-7 所示，用厚度约为 30mm 的钢板制成，其下面的碗形阀门应与掏渣筒密合，以防止漏水、漏浆。

冲击钻孔适用于含有漂卵石、大块石的土层及岩层，也能用于其他土层。成孔深度一般不宜大于 50m。

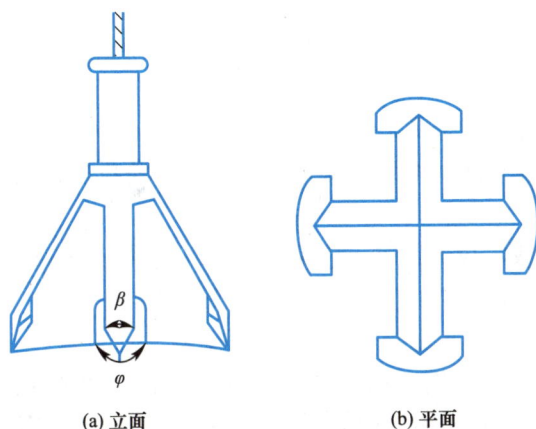

| (a) 立面 | (b) 平面 |
|---|---|

图 4.2-6　冲击钻锥

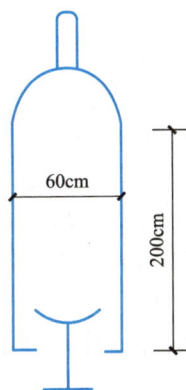

图 4.2-7　掏渣筒

③ 冲抓钻进成孔。用兼有冲击和抓土作用的抓土瓣，通过钻架，由带离合器的卷扬机操作，靠冲锥自重（重量为 10～20kN）冲下使抓土瓣锥尖张开插入土层，然后由卷扬机提升锥头收拢抓土瓣将土抓出，弃土后继续冲抓钻进而成孔。

冲抓钻锥常采用四瓣或六瓣冲抓锥，其构造如图 4.2-8 所示。当收紧外套钢丝绳、松内套钢丝绳时，内套将在自重作用下相对外套下坠，使锥瓣张开插入土中。

冲抓成孔适用于较松或紧密黏性土、砂性土及夹有碎卵石的砂砾土层，成孔深度一般小于 30m。

终孔后，孔深可采用专用测绳检测，孔深应符合下列规定：

a. 摩擦桩：孔深不小于设计规定；

b. 支承桩：比设计深度超深不小于 0.05m。

（2）钻孔注意事项

在钻孔过程中应防止坍孔、钻孔偏斜，

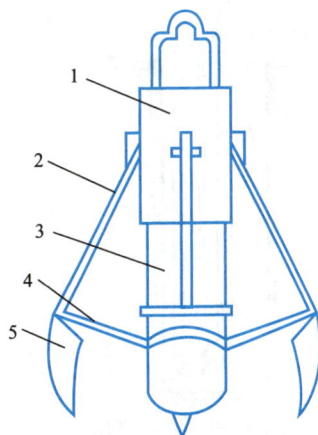

图 4.2-8　冲抓钻锥的构造

1—外套；2—连杆；3—内套；4—支撑杆；5—锥瓣

钻孔漏水，钻杆折断，甚至把钻头埋住或掉进孔内等事故的发生。因此，钻孔时应注意以下几点。

① 在钻孔过程中，始终要保持孔内外既定的水位差和泥浆稠度，以起到护壁固壁的作用，防止坍孔。若发现有漏水（漏浆）现象，应查找原因并及时处理。如为护筒本身漏水或因护筒埋置太浅而发生漏水，则应堵塞漏洞或用黏土在护筒周围夯实加固，或重埋护筒。若因孔壁土质松散，泥浆加固孔壁作用较差，则应在孔内重新回填黏土，待沉淀后再钻进，以加强泥浆的护壁作用。

② 在钻孔过程中，应根据土质等情况控制钻进速度、调整泥浆稠度，以防止坍孔及钻孔偏斜、卡钻和旋转钻机负荷超载等情况发生。

③ 钻孔作业应分班连续进行，填写钻孔施工记录。交接班时，应告知钻进情况及下一班应注意的事项。

④ 应经常对钻孔泥浆进行检测和试验。不符合要求时，随时调整。应经常注意地层变化，在地层变化处均应捞取渣样，判明后记入记录表并与地质剖面图核对。

⑤ 用全护筒法钻进时，为使钻机安装平正，压进的首节护筒必须竖直。钻孔开始后应随时检测护筒的平面位置和竖直线，如发现偏移，则应将护筒拔出，调整后重新压入钻进。

⑥ 当钻孔排渣、提钻头除土或因故停钻时，应保持孔内具有规定的水位和要求的泥浆相对密度及黏度。处理孔内事故或因故停钻时，必须将钻头提出孔外。

⑦ 要有专门的泥浆循环系统，以防止泥浆污染河流或农田。

⑧ 钻孔灌注桩在终孔后，应对桩孔的孔位、孔径、孔形、孔深和倾斜度进行检验。孔径、孔形、倾斜度和孔底沉淀厚度宜采用专用仪器检测，孔深可采用专用测绳检测。钢筋检孔器仅可用于对中、小桥梁工程桩孔的检测，检孔器的外径应不小于桩孔直径、长度宜为外径的4～6倍。合格后立即清孔，吊放钢筋笼，灌注混凝土。

3）清孔

清孔的目的是除去孔底沉淀的钻渣和泥浆，以保证灌注的钢筋混凝土的质量，保证桩的承载力。清孔的方法有以下几种。

（1）抽浆清孔

用空气吸泥机吸出含钻渣的泥浆而达到清孔的目的。由风管将压缩空气输进排泥管，使泥浆形成密度较小的泥浆空气混合物，在水柱压力下沿排泥管向外排出泥浆和孔底沉渣，同时用水泵向孔内注水，保持水位不变直至喷出清水或沉渣厚度达到设计要求为止。抽浆清孔适用于孔壁不易坍塌的各种钻孔方法的柱桩和摩擦桩，如图4.2-9所示。

（2）掏渣清孔

用掏渣筒掏清孔内粗粒钻渣。掏渣清孔适用于冲抓、冲击、旋转成孔的摩擦桩。

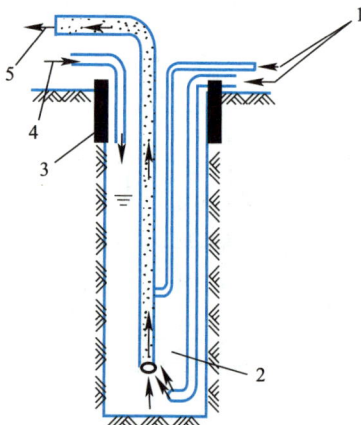

图 4.2-9 抽浆清孔

1—通入压缩空气；2—孔底沉积物；3—护筒；
4—注入清水；5—泥浆砂石渣喷出

（3）换浆清孔

正、反循环旋转钻机可在钻孔完成后不停钻、不进尺，继续循环换浆清渣，直至达到清理孔底沉渣的要求。换浆清孔适用于各类土层的摩擦桩。

无论采用何种清孔方法，在清孔排渣时，必须注意保持孔内水头，防止坍孔。不得用加深钻孔深度的方式代替清孔。

钻孔灌注桩在清孔后，应对孔底的沉淀厚度进行检验。孔底沉淀厚度宜采用专用仪器检测，孔深可采用专用测绳检测。清孔后孔底沉淀厚度应符合下列规定：

① 对于摩擦桩：符合设计规定。设计未规定时，对于直径≤1.5m的桩，≤200mm；对桩径＞1.5m或桩长＞40m或土质较差的桩，≤300mm。

② 对于支承桩：不大于设计规定；设计未规定时，≤50mm。

4）吊装钢筋骨架

钻孔桩的钢筋应按设计要求预先焊成钢筋骨架，整体或分段吊入钻孔。应在钢筋骨架外侧设置控制保护层厚度的垫块（定位钢筋），其间距竖向不应大于2m，横向圆周不得少于4处，骨架顶端应设置吊环。灌注桩钢筋骨架制作和安装质量应符合表4.2-3的规定。

灌注桩钢筋骨架制作和安装质量标准 表 4.2-3

| 项目 | 允许偏差 | 项目 | 允许偏差 |
|---|---|---|---|
| 主筋间距（mm） | ±10 | 保护层厚度（mm） | ±20 |
| 箍筋间距（mm） | ±20 | 中心平面位置（mm） | 20 |
| 外径（mm） | ±10 | 顶端高程（mm） | ±20 |
| 倾斜度（%） | 0.5 | 底面高程（mm） | ±50 |

钢筋骨架吊放前应检查孔深是否符合设计要求，孔壁有无妨碍骨架吊放和正确就位的情况。钢筋骨架的吊装可利用钻架或另立扒杆进行。吊放时应避免骨架碰撞孔壁，并保证骨架外混凝土保护层的厚度，应随时校正骨架位置。钢筋骨架达到设计标高后，即将骨架牢固定位于孔口，清孔符合要求后立即灌注混凝土。

5）灌注水下混凝土

目前，我国多采用直升导管法灌注水下混凝土。导管的内径宜为200～350mm，导管使用前应进行水密承压和接头抗拉试验，严禁采用压气试压。进行水密试验的水压应不小于孔内水深1.3倍的压力，亦不应小于导管壁和焊缝可能承受灌注混凝土时最大内压力 $p$ 的1.3倍，$p$ 按式（4.2-1）计算：

$$p = \gamma_c h_c - \gamma_w H_w \qquad (4.2\text{-}1)$$

式中　$p$——导管可能受到的最大内压力（kPa）；

　　　$\gamma_c$——混凝土拌合物的重度，取24kN/m³；

　　　$h_c$——导管内混凝土柱最大高度（m），以导管全长或预计的最大高度计；

　　　$\gamma_w$——桩孔内水或泥浆的重度（kN/m³）；

　　　$H_w$——桩孔内水或泥浆的深度（m）。

（1）灌注方法及有关器具

直升导管法灌注水下混凝土的施工过程如图 4.2-10 所示。将导管居中插入到距孔底 0.3～0.4m（不能插入孔底沉积的泥浆中），导管上口接漏斗，在接口处设隔水栓，以隔绝混凝土与导管内水或泥浆的接触。在漏斗中贮备足够数量的混凝土后，放开隔水栓，贮备的混凝土连同隔水栓向孔底猛落，这时孔内水位骤涨外溢，说明混凝土已灌入孔内。当落下的混凝土足够多时，导管内的水或泥浆会被全部压出，并使导管下口埋入孔内混凝土中 1.0m 以上，以保证钻孔内的水不可能重新流入导管。随着混凝土不断由漏斗、导管灌入钻孔，钻孔内初期灌注的混凝土及其上面的水或泥浆会不断被顶托升高，相应地不断提升和拆除导管。这时，应保持导管的埋入深度为 2～6m，并应随时探测桩孔内混凝土面的位置，及时调整导管埋深，直至钻孔灌注混凝土完毕。

导管是内径为 200～350mm 的钢管，壁厚为 3～4mm，每节长度 1～2m。最下面的一节导管应较长，一般为 3～4m。导管两端用法兰盘连接并垫橡皮圈，以保证接头不漏水。如图 4.2-11 所示，导管内壁应光滑，内径大小应一致，连接牢固，在压力下不漏水。

隔水栓常用直径较导管内径小 20～30mm 的木球、混凝土球、沙袋等，用粗铁丝悬挂在导管上口或近水面处。其中，木球隔水栓要求能在管内滑动自如不致卡管。木球隔水栓构造如图 4.2-11 所示。

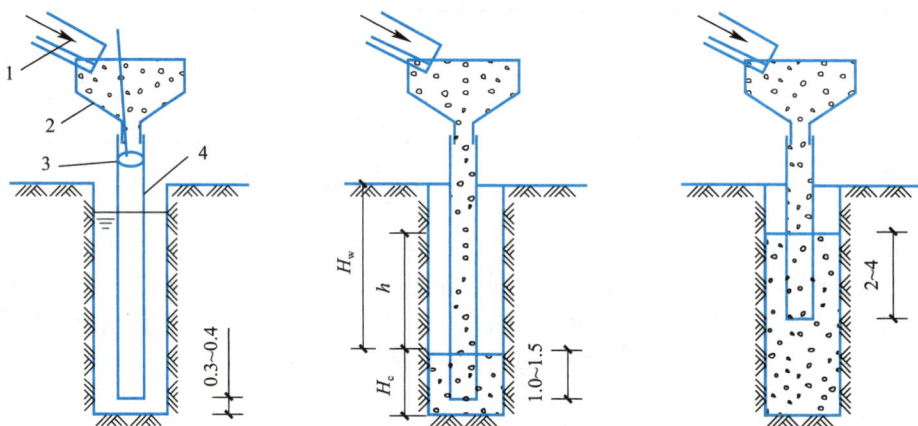

图 4.2-10　灌注水下混凝土（单位：m）

1—通混凝土贮料槽；2—漏斗；3—隔水栓；4—导管图

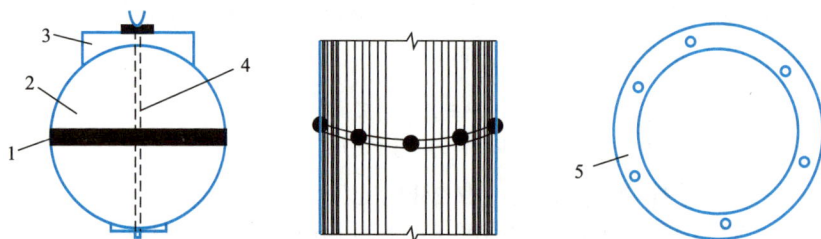

图 4.2-11　导管接头及木球

1—帆布或橡皮垫；2—木球；3—导向管；4—螺栓；5—法兰盘

为了保证首批灌注桩的混凝土数量能将导管内的水全部压出并满足导管初次埋入深度的需要，应计算漏斗应有的最小容量，从而确定漏斗的尺寸大小及储料槽的大小。首批混凝土灌注量（m³）可按式（4.2-2）计算：

$$V = \frac{\pi D^2}{4}(H_1 + H_2) + \frac{\pi d^2}{4}h_1 \qquad (4.2\text{-}2)$$

式中　$V$——灌注首批混凝土所需数量（m³）；

$\quad\ \ D$——桩孔直径（m）；

$\quad\ \ H_1$——桩孔底至导管底端间距，一般为 0.3～0.4m；

$\quad\ \ H_2$——导管初次埋置深度（m）；

$\quad\ \ d$——导管内径（m）；

$\quad\ \ h_1$——桩孔内混凝土达到埋置深度 $H_2$ 时，导管内混凝土柱平衡导管外（或泥浆）压力所需的高度（m），可按式（4.2-3）计算：

$$h_1 = H_w \gamma_w / \gamma_c \qquad (4.2\text{-}3)$$

（2）对混凝土的要求。

为了保证水下灌注混凝土的质量，混凝土拌合物应具有良好的和易性，灌注时应能保持足够的流动性，当桩孔直径 $D<1.5m$ 时，其坍落度宜为 180～220mm；$D \geqslant 1.5m$ 时，宜为 160～200mm，且应充分考虑气温、运距及施工时间的影响导致的坍落度损失。水泥可采用火山灰质硅酸盐水泥、粉煤灰硅酸盐水泥、普通硅酸盐水泥或硅酸盐水泥，采用矿渣硅酸盐水泥时应采取防离析的措施；粗集料宜选用卵石，如采用碎石宜适当提高混凝土配合比中的含砂率，粗集料的最大粒径不应大于导管内径的 1/8～1/6 和钢筋最小净距的 1/4，同时不应大于 37.5mm；细集料宜采用级配良好的中砂。

在混凝土浇筑过程中，为了随时掌握钻孔内混凝土顶面的实际高度，可用测绳和测深锤直接测定。测深锤一般用锥形锤，锤底直径为 15cm 左右，高为 20cm，质量为 5kg，外壳可用钢板焊制，内装铁砂配重后密封，如图 4.2-12 所示。为了保证灌注桩成桩后的质量，可用超声波法等进行无损检测。

（3）灌注水下混凝土时的注意事项

① 混凝土拌合必须均匀，尽可能缩短运输距离，防止混凝土离析而发生卡管事故。灌注混凝土必须连续作业，避免因任何原因中断灌注，因此混凝土的搅拌合运输设备应满足连续作业的要求。

② 灌注时应采取措施防止钢筋笼上浮。当灌注的混凝土顶面距钢筋笼底部 1m 左右时，宜降低灌注速度；混凝土顶面上升到骨架底部 4m 以上时，宜提升导管，使其底口高于骨架底部 2m 以上后再恢复正常灌注速度。

③ 在灌注过程中，要随时测量和记录孔内混凝土灌

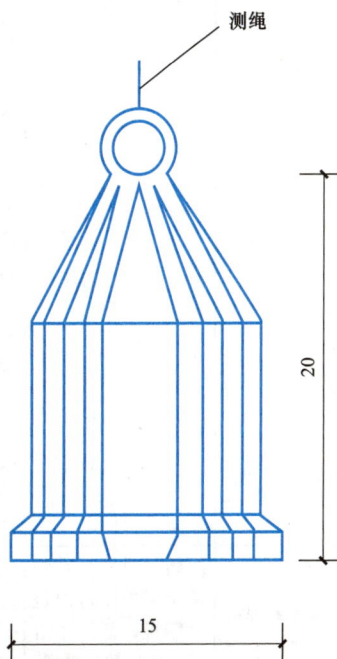

图 4.2-12　测深锤（单位：cm）

注标高和导管埋入混凝土内的长度，导管的埋置深度宜控制在 2～6m，防止导管提升过猛，管底提离混凝土面或埋入过浅而导管内进水造成断桩夹泥。另外，也要防止导管埋入过深，造成导管内混凝土灌注困难或导管被混凝土埋住而不能提升，导致浇灌中止而成断桩。

④ 灌注的桩顶高程应比设计高程高出不小于 0.5m。当存在地质较差、孔内泥浆相对密度过大、桩径较大等情况时，应适当提高其超灌高度；超灌部分在承台施工前或接桩前应凿除，凿除后的桩头应密实、无松散层。

**2. 灌注桩施工中常见事故的预防及处理措施**

由于工程地质构造的复杂性和施工期间钻孔工艺、护壁泥浆、混凝土灌注等各种因素的影响，钻孔灌注桩在施工中常会发生一些质量事故。事故发生后应及时确认事故原因，采取相应措施，减少损失，确保钻孔桩的施工质量。

1）常见成孔事故的预防和处理

在成孔阶段，可能造成如坍孔、糊钻和埋钻、钻孔漏浆、钻孔偏斜、掉钻落物、扩孔、缩孔、卡锥、钻杆折断、梅花孔、基桩中心偏位、地质不符、遇障碍物、涌砂等事故的发生，详见表 4.2-4。

常见钻孔事故的预防与处理措施 表 4.2-4

| 事故名称 | 现象 | 原因分析 | 预防与处理 |
|---|---|---|---|
| 坍孔 | 孔内水位突然下降，孔口冒细密的水泡，出渣量显著增加而不见进尺，钻机负荷显著增加等 | 1. 泥浆性能指标不符合要求；<br>2. 出渣后未及时补充泥浆（或水）等原因造成水头高度不够；<br>3. 护筒埋置太浅或钻机直接接触在护筒上，由于振动使孔口坍塌；<br>4. 在松软土层中钻进进尺太快；<br>5. 提出钻锥钻进，回转速度过快，空转时间太长；<br>6. 冲击（抓）锥或掏渣筒倾倒，撞击孔壁，或爆破处理孔内孤石、探头石，炸药量过大，造成过大振动；<br>7. 水头太高，使孔壁渗浆或护筒底形成反穿孔；<br>8. 清孔后泥浆指标降低；<br>9. 清孔操作不当，供水管嘴直接冲刷孔壁、清孔时间过久或清孔后停放时间过长；<br>10. 吊入钢筋骨架时碰撞孔壁 | 1. 在松散砂土或流沙中钻进时，应控制进尺速度，选用较大相对密度、黏度、胶体率的泥浆或高质量泥浆；<br>2. 汛期或潮汐地区水位变化过大时，采取升高护筒，增高水头，或用虹吸管、连通管等措施保证水头相对稳定；<br>3. 严格控制冲程高度和炸药用量；<br>4. 清孔时指定专人补浆（或水），保证孔内必要的水头高度。供浆（水）管最好不要直接插入钻孔中，应通过水槽或水池使水减速后流入钻孔中，可免冲刷孔壁。应扶正吸泥机，防止触刷孔壁；<br>5. 吊入钢筋骨架时应对准钻孔中心竖直插入，严防触及孔壁；<br>6. 发生孔口坍塌时，可立即拆除护筒并回填钻孔，重新埋设护筒再钻；<br>7. 发生孔内坍塌时，判明位置，回填砂或黏质土（或砂砾和黄土）混合物到坍孔处以上 1～2m；如坍孔严重时，应全部回填，待回填物沉积密实后再行钻进 |
| 糊钻和埋钻 | 回转钻进中，在细粒土层中钻进时进尺缓慢，甚至不进尺，出现憋泵缓慢 | 1. 泥浆黏度过高，相对密度过大；<br>2. 冲程太大，钻渣量大、钻杆内径过小； | 1. 选择泵最适宜、刮板齿小、出浆口大的钻锤；<br>2. 对钻杆内径、钻渣进出口和排渣设备的尺寸进行检查计算； |

续表

| 事故名称 | 现象 | 原因分析 | 预防与处理 |
|---------|------|---------|-----------|
| 糊钻和埋钻 | 现象；在黏土层中冲击成孔时，出浆口堵塞 | 3. 钻机泵量小，不适宜细粒土钻进 | 3. 清除泥包，调节泥浆的相对密度和黏度，向孔内投入适量砂石，解决泥包糊钻；<br>4. 若已严重糊钻，应停钻，清除钻渣；<br>5. 减少冲程适当控制进尺，以解决冲击成孔中的糊钻和埋钻 |
| 钻孔漏浆 | 在成孔过程中或成孔后，泥浆向孔外漏失 | 1. 遇强透水性或地下水流动的地层，泥浆外渗；<br>2. 护筒埋置太浅，致使刃脚漏浆；<br>3. 护筒接缝不严密，造成漏浆；<br>4. 水头过高，造成反穿孔 | 1. 加稠泥浆，灌入黏土，慢速转动，或在回填土内掺片石、卵石，反复冲击，增强护壁；<br>2. 在有护筒防护范围内，接缝处可由潜水员用棉絮堵塞，封闭接缝，稳住水头；<br>3. 如漏水严重，应挖出护筒，修理完善后重新埋设 |
| 钻孔偏斜 | 钻进过程中，孔径偏离设计位置，发生偏斜现象 | 1. 钻孔中遇有较大的孤石或探头石；<br>2. 在有倾斜的软硬地层交界处、岩面倾斜处钻进；或者粒径大小悬殊的砂卵石层中钻进，钻头受力不均；<br>3. 扩孔较大处，钻头摆动偏向一方；<br>4. 钻机底座未安置水平或产生不均匀沉陷、位移；<br>5. 钻杆弯曲，接头不正；<br>6. 护筒沉设垂直度不满足要求 | 1. 安装钻机时要使转盘、底座水平，起重滑轮边缘、固定钻杆的卡孔和护筒中心三者应在一条竖直线上，并经常检查核正；<br>2. 在钻架上增设导向架，控制提引水龙头的方向；<br>3. 钻杆接头应逐个检查，及时调正，当主动钻杆弯曲时，要用千斤顶及时调直；<br>4. 在有倾斜的软、硬地层钻进时，应吊着钻杆控制进尺，低速钻进，或回填片、卵石冲平后再钻进；<br>5. 用检孔器等查明钻孔偏斜的位置和偏斜的情况，在偏斜处吊住钻头上下反复扫孔；<br>6. 冲击钻进时，应回填砂砾石和黄土待沉积密实后再继续钻进；<br>7. 确保护筒的沉设垂直度 |
| 掉钻落物 | 钻头、钻杆或施工用具等落入钻孔内 | 1. 卡钻时强提强扭，操作不当，使钻杆或钢丝绳超负荷或疲劳断裂；<br>2. 钻杆接头不良或滑丝；<br>3. 电动机接线错误，钻机反向旋转，钻杆松脱；<br>4. 冲击钻头合金套灌注质量差致使钢丝绳拔出；<br>5. 转向环转向套等焊接处断开；<br>6. 钢丝绳与钻头连接处钢丝绳的绳卡数量不足或松弛；<br>7. 钢丝绳过于陈旧，断丝太多，未及时更换；<br>8. 操作不慎，落入扳手撬棍等物 | 1. 开钻前应清除孔内落物，然后在护筒上加盖；<br>2. 经常检查钻具、钻杆、钢丝绳和连接装置；<br>3. 为便于打捞落锤，可在冲击锥或其他类型的钻头上预先焊打捞环、打捞杠；<br>4. 掉钻后应及时摸清情况，若钻锥被沉淀物或坍孔土石埋住应先清孔，使打捞工具能接触钻杆和钻锥；<br>5. 对严重的坍孔埋锥，可采用比钻锥直径大的空心冲击锥或冲抓锥将坍在原锥上面的土、石清除掉，接触原锥后，再换用比原锥直径稍大的栅式圆柱形的空心锥，冲钻至原锥底部，使原锥与周围孔壁分离后，提出空心锥；再将前述的打捞钩入孔钩捞，先将原锥身扶正，再用卷扬机会同链滑车同时提拉 |
| 缩孔 | 当使用探孔器检查成孔时，探孔器下放到某一部位时，无法顺利检查到孔底 | 1. 地质构造中含有软弱层，在钻孔通过该层时，软弱层在土压力的作用下，向孔内挤压形成缩孔；<br>2. 地质构造中有塑性土层，遇水膨胀，形成缩孔；<br>3. 钻头磨损过快，未及时补焊，从而形成缩孔 | 1. 根据地质钻探资料及钻井中的土质变化，若发现含有软弱层是塑性土时，要注意经常扫孔；<br>2. 经常检查钻头，当出现磨损时要及时补焊，将磨损较多的钻头补焊后，再进行扩孔至设计桩径；<br>3. 当出现缩孔后，可用钻头反复扫孔，直到满足设计桩径为止 |

| 事故名称 | 现象 | 原因分析 | 预防与处理 |
|---|---|---|---|
| 扩孔 | 表现为水位降低，局部孔径过大 | 在地下水呈运动状态、土质松散地层或钻锥摆动过大，易于出现扩孔，扩孔原因同"本节坍孔"的原因，轻则为扩孔，重则为坍孔 | 1. 预防措施如上坍孔的方法；<br>2. 若钻孔内局部发生坍塌而扩孔，钻孔仍能达到设计深度而不必处理，只需混凝土灌注量大大增加；<br>3. 若因扩孔继续坍塌影响钻进，应按坍孔事故处理 |
| 卡锥 | 当以冲击锥钻进时，冲击锥在孔内提不起来，发生卡锥现象 | 1. 钻孔成梅花形，冲锥被狭窄处卡住；<br>2. 未及时焊补冲锥，钻孔直径逐补后的冲锥变大，又逐渐变小，而焊高冲程猛击，极易发生卡锥；<br>3. 伸入孔内不大的探头石未被打碎，卡住锥脚或锥顶；<br>4. 孔口掉下石块或其他物件，卡住冲锥；<br>5. 在黏土层中冲击的冲程太高，泥浆太稠，以致冲锥被吸住；<br>6. 大绳松放太多，冲锥倾倒，顶住孔壁 | 1. 及时补焊冲锥，以适应施工的正常进行；<br>2. 将泥浆调适当，且清除探头石时需用适当的冲锥，盖好井盖，避免落物发生；<br>3. 当为梅花孔卡钻时，若锥头向下有活动余地，可使钻头向下活动并转动至孔径较大方向提起钻头；<br>4. 卡钻不宜强提，以防坍孔、埋钻；宜用由下向上顶撞的办法，使钻头上下活动，脱离卡点；<br>5. 用较粗的钢丝绳带打捞钩或打捞绳放进孔内，将冲锥钩住后与大绳同时提动；<br>6. 在打捞过程中，要继续搅拌泥浆，防止沉淀埋钻；<br>7. 用小的冲锥、小掏渣筒等下到孔内冲击，将卡点的石块挤进孔壁，或碰撞冲推，使其脱离卡点；<br>8. 用压缩空气管或高压水管下入孔内，对准卡锥一侧适当冲射一段时间，使卡点松动后强行提出；<br>9. 使用专用的工具将顶住孔壁的钻头拨正；<br>10. 用以上方法提升卡锥无效时，可试用水下爆破提锥法 |
| 钻杆折断 | 在正、反循环回转钻进时，当钻机的负荷立即减轻，驱动机械的运转噪声减小，钻进速度接近于零，即使提钻后再钻进仍无效，则证明确系发生了折杆故障 | 1. 用水文地质或地质钻探小孔径钻的钻杆来作桥梁大孔径钻孔桩用，其强度、刚度太小，容易折断；<br>2. 钻进中选用的转速不当，使钻杆所受的扭转或弯曲等应力增大，因而折断；<br>3. 钻杆使用过久，连接处有损伤或接头磨损严重；<br>4. 地质坚硬，进尺太快，使钻杆超负荷工作；<br>5. 孔中出现异物，突然增加阻力而没有及时停钻 | 1. 选择钻杆直径和管壁厚度尺寸时，应按计算手册中提供的方法进行计算后，合理选用；<br>2. 不使用弯曲严重的钻杆，要求各节钻杆的连接和钻杆与钻头的连接丝扣完好，以螺套连接的钻杆接头要有防止反转松脱的固锁设施；<br>3. 钻进过程中应控制进尺速度。遇到坚硬、复杂的地质，应认真仔细操作；<br>4. 钻进过程中，要经常检查钻具各部分的磨损情况和接头强度是否足够；不合要求者，及时更换；<br>5. 在钻进中若遇异物，需经处理后再钻进；<br>6. 如已发生钻杆折断事故，采用本节中的打捞方法将掉落钻杆打捞上来；并且，检查原因，换用新钻杆或大钻杆继续钻进 |

| 事故名称 | 现象 | 原因分析 | 预防与处理 |
|---|---|---|---|
| 梅花孔十字孔 | 当以冲击锥钻进时，冲成的孔不圆，其断面为形似梅花的形状，称为梅花孔或十字孔 | 1. 锥顶转向装置失灵，冲锥不转动；<br>2. 泥浆相对密度和黏度过高，冲击转动阻力太大；<br>3. 操作时钢丝绳太松或冲程太小，冲锥刚提起即落下，钻头转动时间不充分或转动很小，改换不了冲击位置；<br>4. 有非均质地层，如卵石层、探头石等，造成局部孔壁凹进，钻孔不圆 | 1. 应经常检查转向装置的灵活性，及时修理或更换失灵的转向装置；<br>2. 选用适当黏度和相对密度的泥浆，并适时掏渣；<br>3. 用低冲程时，每冲击一段换用高一些的冲程，交替冲击修整孔形。出现梅花孔后，可用片、卵石混合黏土回填钻孔，重新冲击 |
| 护筒变形 | 护筒变形、倾斜 | 1. 护筒采用沉桩锤打设时，遇到坚硬地层，导致护筒底口变形；<br>2. 由于护筒下孔内大面积坍孔，导致地层发生变化，从而使钢护筒下沉并倾斜；<br>3. 由于地下障碍物或护筒内外压力差过大，使护筒局部变形、开裂、漏水，失去护筒作用 | 1. 护筒在加工时，对护筒刃口进行加强处理；<br>2. 当由于坍孔导致护筒下沉倾斜情况时，应将护筒拔除，然后回填重新埋设；<br>3. 如果变形的部位在钢护筒的底部，且长度不大，钢护筒不漏水，则可以让潜水员下水，用水下切割的办法把已变形的部位切掉提出；<br>4. 如果变形的部位在钢护筒的上部，且距表土的深度在1m以内，钢护筒不漏水，则可以在钢护筒内打米字撑，抽水至变形部位，用千斤顶调整已变形的钢护筒；<br>5. 如果变形的部位在钢护筒的中部且漏水，宜将整个钢护筒提出，查出原因，修补后重新埋设；<br>6. 当钢护筒破损失效后，为防止护筒范围内的孔壁坍塌，根据实际情况，在旧护筒内或外加套一个孔径或小或更大的新护筒，然后再对旧护筒进处理 |
| 桩基中心偏位 | 破除桩头后，经测量放样检查，钻孔桩中心与设计要求存在偏差 | 1. 桩位定位存在误差；<br>2. 护筒的形状不符合要求或埋设时出现偏差；<br>3. 钢筋笼定位不准确 | 1. 在桩位定位时要认真复核，做好骑马式控制桩并采取一定的保护措施，以便能够准确确定钻头中心，对钢筋笼进行准确定位；<br>2. 护筒的形状要符合要求，埋设时其四周的回填要密实，防止在钻进过程中发生移动；<br>3. 钢筋笼定位要准确、固定要牢固，经复核无误后方可灌注混凝土；<br>4. 当中心偏差在《公路桥涵施工技术规范》JTG/T F50—2011 允许范围之内时，可以通过调整截面钢筋使钢筋笼的中心达到设计要求；<br>5. 若偏差超过《公路桥涵施工技术规范》JTG/T 3650—2020 允许范围时，可视其偏位方向及偏差的大小由设计单位来决定处理方案 |

| 事故名称 | 现象 | 原因分析 | 预防与处理 |
|---|---|---|---|
| 地质不符 | 钻进速度比正常钻进时速度过快或过慢，出现异常事故，如卡钻、糊钻、坍孔等 | 1. 地质物探频率不够或有误；<br>2. 该段地质情况复杂 | 1. 掌握详尽的地质勘探资料；<br>2. 在地质情况变化大的地区进行勘探点加密，以详尽的地质资料，指导钻孔的正确施工；<br>3. 钻孔时如发现地质情况与设计单位提供的勘探资料不符时，应立即停止施工作业，并及时报告监理、设计代表及业主，根据现场实际情况做变更设计并确定施工方案（必要时应重新进行地质钻探），然后按照批准的施工设计图和新确定的施工方案进行施工 |
| 遇障碍物 | 1. 井架产生晃动，钻杆倾斜；<br>2. 进尺速度缓慢或不能进尺 | 在钻孔过程中，由于遇到较大孤石、障碍物或掉落物，致使钻头被挤向一侧，形成斜孔或进尺缓慢 | 1. 认真研究钻探资料，合理安排钻机，适时进行地下处理；<br>2. 在钻进过程中如遇到大孤石或障碍物后应改用冲击钻进行钻孔；<br>3. 用掏渣筒或磁铁打捞掉落物 |
| 涌沙 | 出渣量增大，进尺缓慢 | 1. 冲击锥的上下起落引起孔内水位波动；<br>2. 泥浆稠度不够；护筒内水头偏低 | 1. 根据地质情况调制适宜的泥浆，以保证孔壁的稳固；<br>2. 保持较高的水头，以制止流沙的涌进；<br>3. 发现涌沙现象后，多投入黏土并掺入一些片石、碎石、卵石，低锤稳进，同时提高护筒内的水位 |

2）水下混凝土浇筑事故的预防和处理

水下混凝土灌注施工是成桩的关键性工序，也是保证桩基质量的关键环节，施工过程应准备充分、明确分工、密切配合、统一指挥，做到快速、连续施工，避免质量事故的发生。

混凝土灌注过程中常见的事故有导管进水、卡管、坍孔、埋管、堵管、钢筋笼上浮、灌短桩头、桩身夹泥断桩、孔底沉渣超标、钢筋笼变形、保护层不够等。一旦出现事故，应仔细分析原因，采取合理的技术措施，及时设法补救。常见灌注事故的预防和处理见表 4.2-5。

**水下混凝土浇筑事故的预防与处理措施** 表 4.2-5

| 事故名称 | 现象 | 事故原因分析 | 预防与措施 |
|---|---|---|---|
| 导管进水 | 在首批混凝土的灌注或混凝土的灌注过程中，导管出现进水现象 | 1. 首盘混凝土总量计算不当，造成导管底口进水；<br>2. 导管拼装时接头不严，接头渗水；<br>3. 灌注混凝土时导管内形成高压气囊，导致接头密封被破坏而漏水；<br>4. 导管提升过猛，或测深时误判造成导管提升过量，致使导管底口脱离孔内混凝土液面，使泥水进入 | 1. 导管气密性试验合格后方能使用；<br>2. 导管口距孔底距离要精确测量，反复校核，灌注初期导管被混凝土埋入的深度尽可能大，在灌注过程中，要严格把握施工进度和时间，经常地略微提升导管，以使混凝土均匀注入；<br>3. 一旦发生首灌底口进水，应立即停止灌注，将导管提出，清孔，将孔底的混凝土清出，不得已时需要将钢筋笼提出，采取复钻清除。然后，重新下放骨架、导管并投入足够储量的首批混凝土，重新灌注 |

续表

| 事故名称 | 现象 | 事故原因分析 | 预防与措施 |
|---|---|---|---|
| 卡管 | 在灌注过程中，混凝土在导管中下不去，出现卡管现象 | 1. 由于各种原因使混凝土离析，粗集料集中而造成导管堵塞；<br>2. 由于灌注时间持续过长，最初灌注的混凝土已初凝，增大了管内混凝土下落的阻力，使混凝土堵管；<br>3. 突然灌注大量的混凝土，导管内空气不能立即排出混凝土灌注导管内含空气，形成压力差，可能导致堵管；<br>4. 灌注混凝土过程中未按程序要求及时拔管，导管埋入混凝土过深 | 1. 桩基混凝土灌注前做好施工组织，保证桩基混凝土的质量和及时性，确保混凝土连续灌注；<br>2. 混凝土灌注前对导管进行上下提放，将导管内的空气排放干净，控制混凝土流量和下放速度，保持均匀的流量和流速；<br>3. 导管不宜埋置过深，拆除导管应迅速及时，控制导管埋深在2～6m；<br>4. 如灌注开始不久发生堵管时，可用长杆冲、捣或用振动器振动导管。若无效果，拔出导管，用空气吸泥机或抓斗将已灌入孔底的混凝土清除，换新导管，重新灌注；<br>5. 当灌注时间已久，孔内首批混凝土已初凝，导管内又堵塞有混凝土，此时应将导管拔出，重新安设钻机，利用较小钻头将钢筋笼以内的混凝土钻挖吸出，用冲抓锥将钢筋骨架逐一拔出；然后以黏土掺砂砾填塞井孔，待沉实后重新钻孔成桩 |
| 坍孔 | 灌注混凝土过程中，发现井孔护筒内水位忽然上升溢出护筒，随即骤降并冒出气泡 | 1. 灌注混凝土过程中，孔内外水头未能保持一定高差；在潮汐地区，没有采取措施来稳定孔内水位；<br>2. 护筒周边堆放重物或机械振动等；<br>3. 导管卡挂钢筋笼碰撞孔壁，即发生堵管，长时间停灌时，均易发生坍孔 | 1. 灌注混凝土过程中，要采取各种措施来稳定孔内水位，还要防止护筒及孔壁漏水；<br>2. 桩基清孔到灌注混凝土前，要保证桩内泥浆的相对密度，混凝土灌注应快速、连续；<br>3. 坍孔较严重或坍孔部位较深时，宜将导管、钢筋笼拔出，回填黏土，重新钻孔 |
| 埋管 | 在混凝土灌注过程中，导管无法上拔，产生埋管现象 | 1. 混凝土灌注过程中，导管拆除不及时，埋入混凝土过深；<br>2. 导管内外混凝土已初凝使导管与混凝土间摩阻力过大，提管过猛将导管拉断 | 1. 严格控制埋管深度，一般不得超过6～8m；<br>2. 在导管上端安装附着式振动器，拔管前或停灌时间较长时，均应适当振捣，使导管周围的混凝土不致过早地初凝；<br>3. 首批混凝土掺入缓凝剂，加速灌注速度，导管接头螺栓事先应检查是否稳妥，提升导管时不可猛拔；<br>4. 埋管初时可用链滑车、千斤顶试拔；如仍拔不出，可插入一直径稍小的护筒至已灌混凝土中，用吸泥机吸出混凝土表面泥渣；派潜水工下至混凝土表面，在水下将导管齐混凝土面切断；拔出小护筒，重新下导管灌注 |
| 堵管 | 灌注在导管中的混凝土不能涌翻上来 | 1. 混凝土发生离析，粗集料集中而造成导管堵塞；<br>2. 灌注时间持续过长，最初灌注的混凝土已初凝，加大了管内混凝土下落的阻力，使混凝土堵在管内 | 1. 灌注混凝土的坍落度宜为18～22cm，并保证具有良好的和易性，确保在运输和灌注过程中不发生显著离析和泌水现象；<br>2. 保证混凝土的连续灌注，灌注中断间隔时间不应超过30min |

| 事故名称 | 现象 | 事故原因分析 | 预防与措施 |
|---|---|---|---|
| 钢筋笼上浮 | 1. 在灌注混凝土时钢筋笼上浮;<br>2. 在提升导管时,钢筋笼上浮 | 1. 混凝土品质差,初凝时间短、坍落度损失大的混凝土,都会使混凝土面上升或至钢筋笼底端时,钢筋笼难以插入而造成顶托上浮;或者,有时混凝土面升至钢筋笼内一定高度,表层混凝土开始初凝,也会使其上浮;<br>2. 钢筋笼孔口固定不牢,稍受上冲力即引起上浮;或没有固定好钢筋笼,抗浮筋断裂;<br>3. 混凝土面到达钢筋笼底部时,导管埋深浅,灌注量大,混凝土对笼的上冲力过大;<br>4. 桩基灌注混凝土前,清孔不符合要求,泥浆相对密度过大或沉渣过多;当首灌混凝土下灌较快,导管内的泥浆冲击孔底沉渣,沉渣上翻对钢筋笼冲击较大,极易造成钢筋笼上浮;<br>5. 混凝土灌注速度太快,混凝土的上浮力大于钢筋的自重;<br>6. 灌注混凝土时,因导管不对中,提升导管时导管法兰盘挂钢筋笼而使钢筋笼上浮 | 1. 钢筋骨架上端在孔口处与护筒相接固定;<br>2. 桩基二次清孔孔底沉渣及泥浆指标必须符合规范要求,方能灌注水下混凝土;<br>3. 灌注中,当导管底口低于钢筋笼底部 3m 至高于钢筋笼底 1m(指非通常钢筋笼),且混凝土表面在钢筋笼底部上下 1m 之间时,应放慢混凝土灌注速度,并应使导管保持较大埋深,使导管底口与钢筋笼底端间保持较大距离;<br>4. 在施工半笼的桩基时,当浇筑的混凝土接触到钢筋时,要将浇筑混凝土的速度适当放缓待浇筑的混凝土高度高出钢筋笼底面 1~2m 时,再加快混凝土的浇筑速度;<br>5. 混凝土一定要搅拌好,当混凝土坍落度偏小或和易性差时钢筋笼易上浮,应严格控制混凝土配制、坍落度,坚决禁止使用不合格的混凝土;<br>6. 混凝土需要连续灌注,尽可能地缩短间隔,减少灌注时间,争取在最短的时间灌注完混凝土,防止混凝土表面形成硬壳,带动钢筋上浮;<br>7. 应考虑运输距离、气温影响;以至于在灌注时出现混凝土极易包裹导管,提导管时带动上浮,遇到这种情况应经常活动导管,加快灌注;<br>8. 导管的配置要好:导管的配置要使混凝土灌注到钢筋笼底部时不拆导管,导管口距离钢筋笼底较远,拆除导管后导管口进入钢筋笼底部以上;<br>9. 法兰盘导管注意挂笼子:法兰盘导管容易挂住笼子,当导管提升有困难时,应旋转导管,不可硬提;<br>10. 如果条件允许的情况下,采用在主筋上焊"倒刺"的方法,来防止钢筋笼上浮,效果很好。钢筋笼同一截面焊 3~4 个"倒刺",每个笼子设两道即可;<br>11. 加大吊筋直径,在井口加配重,并牢固地焊在护筒上 |
| 灌短桩头 | 灌注混凝土桩完毕,发现桩顶高程未达到设计高程,造成出现短桩现象 | 1. 混凝土灌注前孔底部沉积物未清理或清理不达标,沉渣厚度过厚;<br>2. 混凝土灌注后期,浆渣过稠,由于探测时,仪器不精确,或将过稠的浆渣、坍落土层误判为混凝土表面; | 1. 混凝土灌注前,必须精确测量孔底沉淀厚度,满足设计要求后方可进行灌注;<br>2. 尽量采用准确的水下混凝土表面测探仪,提高判断的精确度;当使用标准的测探锤检测时,可在灌注接近结束时,用取样盒等容器直接取样,鉴定良好混凝土面的位置; |

续表

| 事故名称 | 现象 | 事故原因分析 | 预防与措施 |
|---|---|---|---|
| 灌短桩头 | 灌注混凝土桩完毕，发现桩顶高程未达到设计高程，造成出现短桩现象 | 3. 灌注混凝土过程中，顶层混凝土从开始灌注到灌注完成，泥浆、钻渣等杂物混入，质量较差，必须在灌注后凿去，在凿除后桩顶低于设计高程 | 3. 为防止剔凿桩头造成桩头短浇事故，必须在设计桩顶高程之上，适当增加高度；<br>4. 灌注临近结束时，加清水稀释泥浆，并掏出部分沉淀土；<br>5. 当由于桩顶高程偏差导致短桩，无地下水时，可开挖后做接桩处理；有地下水时，接长护筒，沉至已灌注的混凝土面以下，然后抽水、清渣、按接桩处理；<br>6. 因钻孔桩底部沉积物未清理干净造成的桩全长小于设计现象处理的难度较大。一般可以在征得设计单位同意的前提下，采取钻孔桩底部压浆或者高压注浆处理 |
| 桩身夹泥断桩 | 1. 在灌注混凝土过程中由于导管拔脱，泥浆进入导管内，致使孔内泥浆突然迅速下降；<br>2. 导管接头处密封不好，致使泥浆进入导管，若继续灌注混凝土，则会在混凝土中出现泥浆夹层；<br>3. 在无破损检测中，桩的某一部分存在夹泥层 | 1. 混凝土的坍落度过小，集料级配不良，混凝土灌注中发生离析，或导管进水等使桩身混凝土产生中断；<br>2. 灌注中，发生堵塞导管又未能处理好，或灌注中发生导管卡挂钢筋笼，埋导管，严重坍孔，导管拔出混凝土面，而处理不良时，都会演变为桩身严重夹泥，混凝土桩身中断的严重事故；<br>3. 灌注时间过长，首批混凝土已初凝，而继续灌注的混凝土冲破顶层与泥浆相混；或导管进水，一般性灌注混凝土中坍孔，均会在两层混凝土中产生部分夹有泥浆渣土的截面；<br>4. 清孔不彻底，泥浆相对密度过大或孔内沉渣过多。该情况主要表现在破除桩头后，桩头周边夹泥或混凝土未完全包裹钢筋笼，钢筋笼与混凝土之间有泥夹层 | 1. 桩基混凝土灌注前，桩基清孔必须符合规范要求；<br>2. 选择和易性好的混凝土配合比，加缓凝剂，严格控制坍落度，并加强施工过程中混凝土的和易性控制；<br>3. 断桩或夹泥发生在桩顶部时，可将其剔除，然后接长护筒，并将护筒压至灌注好的混凝土面以下，抽水、除渣，进行接桩处理；<br>4. 对桩身用地质钻机钻芯取样，表明有蜂窝、松散、裹浆等情况（取芯率小于40%时），桩身混凝土有局部混凝土松散或夹泥、局部断桩时，应采用压浆补强的方法处理；<br>5. 对于夹层较严重的，在钻孔桩中心处钻一个直径75mm孔探明缺陷范围；然后，以钻孔桩中心为圆心，钻一直径为80~100cm的孔；最后，人工入孔清理，清理结束后灌注高强混凝土 |
| 混凝土浇筑前孔底沉渣超标 | 泥渣回淤深度过大，导管无法放到位 | 1. 清孔不彻底；<br>2. 清孔后放置时间较长，未及时灌注水下混凝土；<br>3. 钢筋笼下放时，刮、碰孔壁，致使孔壁土掉落 | 1. 进行二次清孔，尽量减少沉渣厚度，防止桩底沉渣过厚而降低桩的承载力；<br>2. 二次清孔须一次清到符合设计或规范要求；<br>3. 清孔后及时灌注混凝土；<br>4. 不可用加深孔底深度来代替清孔 |
| 钢筋笼变形 | 钢筋笼在吊装就位过程中、起吊后，钢筋发生过大的扭转或弯曲变形 | 1. 钢筋笼较长时，未加设临时固定杆；<br>2. 吊点位置不对；<br>3. 加劲箍筋间距大，或直径小，刚度不够； | 1. 钢筋笼上每隔2.0~3.0m增设一道加强筋，加强筋上加做十字钢筋来提高钢筋笼的刚度，以增强抗变形能力，钢筋笼下放时再将十字交叉钢筋割除；<br>2. 钢筋笼尽量减少分段，以减少入孔时间； |

续表

| 事故名称 | 现象 | 事故原因分析 | 预防与措施 |
|---|---|---|---|
| 钢筋笼变形 | 钢筋笼在吊装就位过程中、起吊后，钢筋发生过大的扭转或弯曲变形 | 4. 吊点处未设置加强筋 | 分段的钢筋笼也要设临时固定杆，两钢筋笼对接时，上下节中心线保持一致；<br>3. 吊点位置应选好，钢筋笼较短时可采用一个吊点，较长时可采用两个吊点，吊点处钢筋宜加强；<br>4. 重新整形，达到设计标准后，采取有效措施后，重新吊入孔内；<br>5. 若钢筋笼发生严重扭曲变形后，则必须将钢筋笼拆开重新制作，方可使用 |
| 钢筋笼下沉或偏移 | 1. 钢筋笼就位后突然下沉；<br>2. 钢筋笼中心偏移 | 1. 钢筋笼固定不牢或固定措施不得当（如固定在护筒上，钢筋笼自重大于护筒与土的摩擦力时，钢筋笼就会沉）；<br>2. 测量定位出现误差或在灌注混凝土过程中，导管碰撞钢筋笼；<br>3. 在施工过程中，桩位控制点未采取保护措施，出现人为转移 | 1. 在钢筋笼定位后，将钢筋笼牢固地固定在位于护筒之上的垫木上；<br>2. 护筒周围的回填土要夯实，防止护筒移位；<br>3. 测量定位要准确，并做好控制桩（要做明显标志，以便保护），钢筋笼中心定位时，要用控制桩进行复核，复核无误后方可进行水下混凝土的灌注；<br>4. 对于下沉或偏位的钢筋笼，在浇筑混凝土前或未浇筑至钢筋笼时，可用吊车将其吊起进行复位 |
| 钢筋笼保护层不够 | 钢筋笼入孔后，保护层厚度不足或根本没有保护层 | 1. 局部出现缩孔；<br>2. 钢筋笼就位后偏位，中心靠向侧；<br>3. 控制保护层厚度的钢筋或混凝土块设置不当 | 1. 钢筋笼外侧均匀地设置保护层垫块；<br>2. 下钢筋笼前，要用检孔器进行检孔；若出现缩径，应用钻头反复扫孔，直至符合要求；<br>3. 钢筋笼就位要准确，不可偏位；<br>4. 利用辅助杆件调整钢筋笼位置，如不能起作用，则必须利用起重机吊起落架，采取措施后重新下钢筋笼，保证钢筋笼的保护层厚度 |

4-2 灌注桩施工

## 4.2.2　挖孔灌注桩的施工

挖孔灌注桩适用于无地下水或有少量地下水的较密实的各类土层中，或无法采用机械成孔或机械成孔非常困难且水文、地质条件允许的地区。桩的直径（或最小边宽度）不宜小于 1.2m，孔深一般不宜超过 15m。挖孔桩的施工必须在保证安全的前提下，不间断地快速进行。对每个桩孔的开挖、提升出土、支撑、排水、立模板、吊装钢筋骨架、灌注混凝土等作业，都应事先准备好，紧密配合。

### 1. 开挖桩孔

开挖桩孔时一般采用人工开挖，开挖前应清除现场四周及山坡上的悬石、浮土等，排除一切不安全因素，做好孔口四周的临时维护和排水设施。孔口应采取措施防止土石掉入孔内，并安排好排土提升设备（卷扬机或木绞车等），布置好弃土通道。必要时，应在孔口处搭设雨棚。挖孔过程中，要随时检查桩孔尺寸和平面位置，以防止出现误差。注意施工安全，下孔人员必须佩戴安全帽和安全绳，提取土渣的机具必须经常检查。当孔深超过 10m 时，应经常检查孔内二氧化碳的浓度。如达到 0.3%，则必须采取机械通风的措施。孔内如用爆破施工，宜采用浅眼松动爆破法；并且，在炮眼附近加强支护，以防振坍孔壁。孔深大于 5m 时，必须采用电雷管引爆。爆破后应先通风排烟 15min，并经检查孔内无有害气体后，施工人员才可下孔继续开挖。

### 2. 护壁和支撑

在挖孔桩的开挖过程中，开挖和护壁两个工序必须连续作业，以确保孔壁不坍塌。施工中应根据地质、水文条件、材料来源等情况，因地制宜地选择支撑及护壁方法。当桩孔较深、土质较差、出水量较大或遇流沙等情况时，宜采用就地灌注混凝土护壁的方法，每下挖 1～2m 灌注一次，随挖随支。护壁厚度一般采用 0.15～0.20m，混凝土强度等级为 C15～C20，必要时可配置少量的钢筋，也可采用下沉预制钢筋混凝土圆管护壁的方法。当土质较松散而渗水量不大时，可考虑用木料做框架式支撑或在木框架后面铺架木板做支撑。木框架与木板间应用扒钉钉牢，木板后面也应与土面塞紧。当土质情况尚好、渗水不大时，也可用荆条、竹笆做护壁，随挖随护壁，以保证挖土的安全进行。

### 3. 排水

孔内如渗水量不大，可采用人工排水（手摇木绞车或小卷扬机配合提升）；若渗水量较大，可用高扬程抽水机或将抽水机吊入孔内抽水。若同一墩台有几个桩孔同时施工，可以安排一孔超前开挖，使地下水集中在一孔排除。

### 4. 吊装钢筋骨架及灌注桩身混凝土

在孔挖到设计深度后，应检查和处理孔壁、孔底。清除孔壁及孔底的浮土，孔底必须平整，符合设计要求，以保证桩身混凝土与孔壁及孔底密贴，受力均匀。吊装钢筋骨架及灌注混凝土的有关方法及注意事项与钻孔灌注桩基本相同。

挖孔桩在挖孔过深（超过 15m），或孔壁土质易于坍塌，或渗水量较大的情况下，应慎重选用，避免发生安全事故。

## 4.2.3　预制沉桩的施工

### 1. 预制桩的构造

1）钢筋混凝土桩

钢筋混凝土桩又分为普通钢筋混凝土桩和预应力混凝土桩，其中普通钢筋混凝土桩又有空心管桩和实心方桩之分，而预应力混凝土桩则多为管桩。空心管桩制作工艺较复杂，一般采用离心成型法在预制厂制造。实心桩可在预制厂制造，但当工地附近没有预制厂时，从远处工厂将桩运往工地往往不经济，宜在工地选择合适的场地进行预制。

2）钢桩

钢桩有钢管桩、H 型钢桩、钢轨桩、螺旋钢桩等。由于钢材昂贵，用钢量多，而且防锈措施较复杂，故钢桩在我国桥梁中应用较少。

### 2. 预制桩施工

1）沉桩设备

将桩沉入土中所需的机具设备主要有桩锤和桩架。此外，还有射水装置、桩帽和送桩等辅助设备。

（1）打桩锤

目前，常用的打桩锤有蒸汽锤、柴油锤和振动锤等。各类桩锤的适用条件见表4.2-6。

① 单动汽锤：如图4.2-13（a）所示，主要由汽缸和活塞组成。汽缸提升靠蒸汽或压缩空气，控制配合阀便能使汽缸提升或下落，靠汽缸的自重打桩。单动汽锤构造较简单，施工中很少出故障，但锤击频率不高，15～30次/min，至多40～60次/min。冲击部分质量一般有15～60kN多种规格，重型者60～150kN。

② 双动汽锤：如图4.2-13（b）所示，打桩时，其外壳（汽缸）固定于桩头上，汽缸里的活塞连同冲击锤才是锤击部分。由于构造上使得锤的下落不仅靠自重，同时，还有蒸汽作用，故称双动汽锤，锤的下降速度比单动汽锤快，锤击频率较高，重型锤90次/min，轻型锤可达300次/min。但其锤击能量不大，故宜用于轻型桩。如果将双动汽锤倒装于桩上，则可用于拔桩，故常用其来沉、拔钢板桩围堰的钢板桩。

各类桩锤的适用情况　　　　　　　　　　　　　　　　　　表4.2-6

| 桩锤种类 | 工作原理 | 适用范围 | 优缺点 |
|---|---|---|---|
| 落锤 | 用人力或卷扬机拉起桩锤，然后自由落下，利用锤力夯击桩顶，使桩入土 | 1. 适宜于打木桩及细长尺寸的钢筋混凝土预制桩；<br>2. 在一般土层和含有砾石的土层均可使用 | 装置简单，使用方便，费用低，调整锤重和落距能简便地改变打击能力，冲击力大；锤击速度慢（6～20次/min），桩顶部易打坏，因自由下落桩的尺寸受限值，精确管理落距较难，效率低 |
| 蒸汽锤 | 冲击体依靠外供蒸汽（压缩空气）的压力将其托升至一定高度后通过气阀释放出蒸汽（压缩空气），即按自由落体方式锤击打桩 | 1. 适宜于打各种桩；<br>2. 尤其适宜于套管法打灌注桩；<br>3. 适宜于海底石油开发中打斜桩和水中打桩作业；<br>4. 适应各种土层 | 结构简单，工作可靠，精度高，能适应各种地层土质，桩头不宜损坏，能打斜桩，可在水中作业，也可用于拔桩，操作维修较容易；打桩的辅助设备多，运输费用较高，落距不能调节，效率一般 |
| 筒式柴油锤 | 锤的冲击体在圆筒形的汽缸内，根据二冲程柴油发动机的原理，以轻质柴油为燃料，利用冲击部分的冲击力和燃后压力为驱动力，引起锤头跳动夯击桩顶 | 1. 适宜于打各种桩；<br>2. 适宜于一般土层中打桩；<br>3. 也可打斜桩（最大倾斜角度为45°），是各种桩锤中使用最为广泛的一种 | 质量轻，体积小，打击能量大，施工性能好，单位时间内打击次数多，机动性强，桩顶不易打坏，运输费用低，燃料消耗少；但振动大，噪声高，润滑油飞散，在软土中打设效率低 |
| 振动锤 | 利用锤高频振动，以高速度振动桩身，使桩身周围的土体产生液化，减小桩侧与土体间的摩阻力，然后靠锤与桩体的自重将桩沉入土层中。拔桩时，边振动用起重设备将桩拔起 | 1. 适宜于围堰工程中钢板桩施工；<br>2. 适于施打一定长度的钢管桩、H型钢桩、钢筋混凝土预制桩和灌注桩；<br>3. 适用于黏质粉土、黄土和软土；<br>4. 不宜用于岩石、砾石和密实的黏性土层 | 施工速度快，使用方便，施工费用低，施工时噪声低，没有其他公害污染，结构简单，维修保养方便，可兼用作沉桩和拔桩作业，启动、停止容易，但不适于打斜桩。在硬质土层中打桩，有时不宜贯入，需要大容量电力 |

续表

| 桩锤种类 | 工作原理 | 适用范围 | 优缺点 |
|---|---|---|---|
| 液压锤 | 单作用液压锤是冲击块通过液压装置提升到预定的高度后快速释放，冲击块以自由落体方式打击桩体。双作用锤是冲击块通过液压装置提升到预定高度后，再次从液压系统获得加速度能量来提高冲击速度而打击桩体 | 适于复杂地质条件下的施工要求，尤其适应城市内施工 | 无烟气污染，噪声较低，软土地区施工启动性能好，打击力峰值小，桩顶不宜损坏，冲击块行程调节平整，斜桩角度大，可用于水下打桩。但结构复杂，保养与维修工作量大，价格高，冲击频率小，作业效率较筒式柴油锤低 |

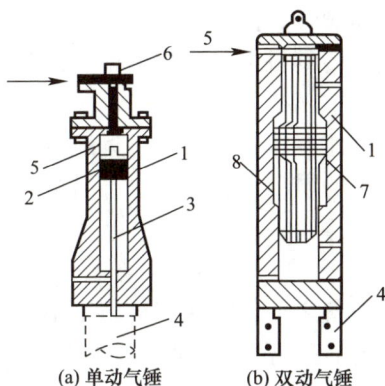

图 4.2-13　汽锤

1—汽缸；2—活塞；3—活塞杆；4—桩；5—活塞上部；6—换向阀门；7—锤的垫座；8—冲击部分

③柴油锤：其构造与前述桩锤截然不同，它本身既是桩锤又是动力发生器，柴油锤实际上是一个柴油汽缸，其工作原理同柴油机，利用柴油在汽缸内压缩、发热、点燃而爆炸将汽缸沿导向杆顶起，下落时锤击桩顶。柴油锤不需要汽锤那样笨重的桩架和动力设备，但冲击能量较小。国内常用的锤重为 6～35kN，冲击 50～60 次 /min，冲程为 1m 左右，常用来打较轻型钢筋混凝土桩。国内少数工程采用重型柴油锤，其锤重达 70kN，可打钢桩或钢筋混凝土桩。

从能准确地获得桩的承载力看，锤击法是一种较为优越的施工方法，但因噪声高而很难在市区内采用。市区内施工应考虑使用防声罩，用防声罩将整个柴油锤包裹起来，以达到防止噪声扩散和油烟发散的目的。

锤击沉桩施工时，应适当选择桩锤的重量。若桩锤过轻则桩难以打下，效率低，还可能将桩头打坏；若桩锤过重，则各机具设备都需加大，不经济。因此，锤重与桩重的比值一般不宜小于表 4.2-7 的参考数值。

重锤与桩重比值的参考数值　　　　　　　　　表 4.2-7

| 桩类别 | 锤类及土的状态 | | | | | | | |
|---|---|---|---|---|---|---|---|---|
|  | 单动汽锤 | | 双动汽锤 | | 柴油锤 | | 坠锤 | |
|  | 硬土 | 软土 | 硬土 | 软土 | 硬土 | 软土 | 硬土 | 软土 |
| 钢筋混凝土桩 | 1.4 | 0.4 | 1.8 | 0.6 | 1.5 | 1.0 | 1.5 | 0.35 |

| 桩类别 | 锤类及土的状态 | | | | | | | |
|---|---|---|---|---|---|---|---|---|
| | 单动汽锤 | | 双动汽锤 | | 柴油锤 | | 坠锤 | |
| | 硬土 | 软土 | 硬土 | 软土 | 硬土 | 软土 | 硬土 | 软土 |
| 木桩 | 3.0 | 2.0 | 2.5 | 1.5 | 3.5 | 2.5 | 4.0 | 2.0 |
| 钢桩 | 2.0 | 0.7 | 2.5 | 1.5 | 2.5 | 2.0 | 2.0 | 1.0 |

④ 振动锤：主要是由电动机、传动齿轮或链条以及振动箱所组成。振动箱下的支座是刚性地连接在桩头上。箱中装有成对负荷轴，轴上带有偏心轮，由电动机通过齿轮或链条带动朝相反方向等速旋转，使各对偏心轮转动一周，即产生一周正弦型上下振动力，并通过刚性连接直接传到桩上，再加上锤、桩等重量的作用，桩便会快速地打入土中。

振动锤最大的优点是沉桩速度快，尤其穿过近地表处砂性土或软黏土层，几分钟内就下沉 10m，既不需要笨重的辅助设备，桩也不易被打坏，但耗电量很大，必须有相应的动力电源。

（2）打桩架

打桩架也是沉桩的主要设备之一，它在沉桩施工中除起导向作用外（控制桩锤沿着导杆的方向运动），还起到吊锤、吊桩、吊插射水管等作用（相当于起重机）。桩架可分为自动移动式桩架和非自动移动式桩架，通常多采用前者。

自动移动式打桩架按其走行部分的特征，可分为导轨式、履带式和轮胎式三种。图 4.2-14 为履带式桩架，图 4.2-15 为 DD18 型柴油锤桩架。由于它们能在水平面内做 360° 旋转；能后倾成各种角度以便打斜桩，最大后倾可达 1:3；导向杆可延伸到底盘以下等，它们也被称为万能打桩架，其机械化程度高，生产效率也高，适于打大量重型桩的桩基工程。

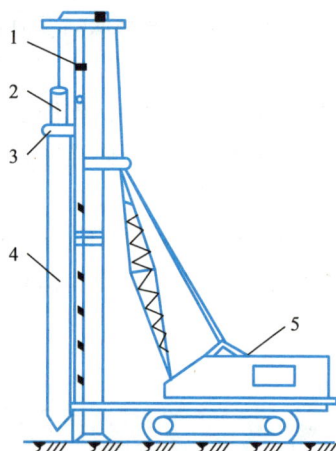

图 4.2-14　履带式桩架

1—导架；2—桩锤；3—桩帽；4—桩；5—起重机

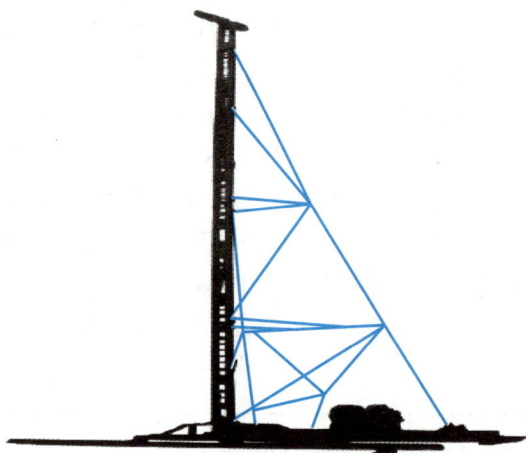

图 4.2-15　DD18 型柴油打桩架

（3）桩帽

打桩时，要在桩锤与桩之间设置桩帽。桩帽的作用是直接承受锤击，保护桩顶，并保证锤击力作用于桩的断面中心。因此，要求桩帽构造坚固，桩帽尺寸与锤底、桩顶及导向杆相吻合，顶面与底面均平整且与中轴线垂直，还应设耳环以便起吊。桩帽上部为由硬木制成的垫木，下部套在桩顶上，桩帽与桩顶间填麻袋或草垫等，以起缓冲作用。

（4）送桩

当桩顶位于地面或水面以下，或打桩机位置较高时，可用一定长度的送桩套连在桩顶上，使桩顶沉到设计标高。送桩的长度为桩锤可能达到的最低高程与设计桩顶高程之差，再加上适当的富余量。沉桩施工时，送桩的中心线需与桩轴线吻合一致，送桩的深度一般不宜超过 2m。送桩通常用钢材焊制而成。如图 4.2-16 所示。

（5）射水装置

在锤击沉桩过程中，如下沉遇到困难，可用射水方法助沉，利用高压水流通过射水管冲刷桩尖或桩侧的土，可减小桩的下沉阻力，从而提高桩的下沉效率。图 4.2-17 所示为设置于管桩中的射水装置，高压水流由高压水泵提供。

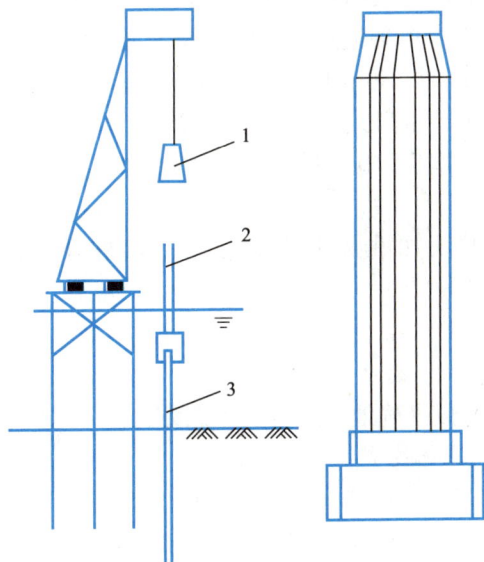

图 4.2-16　送桩的构造

1—桩锤；2—送桩；3—桩图

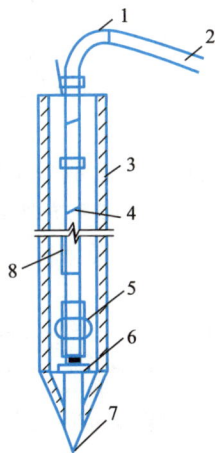

图 4.2-17　管桩中的射水装置

1—弯管；2—胶管；3—管桩；4—射水管；5—导向环；6—挡沙板；7—射水嘴；8—保险钢丝绳

2）主要工序及沉桩方法

预制沉桩施工的主要工序有：桩位放样，沉桩设备架立和就位，将桩沉入土中等。沉桩的方法主要有：锤击沉桩、振动沉桩、射水沉桩、静力压桩等。

（1）锤击沉桩

锤击沉桩是靠桩锤的冲击能量将桩打入土中，因此桩径不能太大（在一般土质中桩径不应大于 0.6m），桩的入土深度也不宜太深（在一般土质中不应超过 40m）；否则，会造成对打桩设备要求较高，而打桩效率很差。锤击沉桩所用的基桩主要为预制的钢筋混凝土桩或预应力混凝土桩。

（2）振动沉桩

振动沉桩是用振动打桩机（振动桩锤）将桩打入土中的施工方法。其原理是由振动打桩机使桩产生上下方向的振动，在克服桩与周围土层间摩擦力的同时使桩尖地基松动，从而使桩贯入或拔出。

当桥梁基础采用管柱基础时，因其直径大、质量也大，故特别适宜振动法沉桩。振动法沉桩的主要设备是振动打桩机，它是由苏联在20世纪40年代首创的。1954年，我国武汉长江大桥首次应用，在建造南京长江大桥时已经发展有激振力为500t振动打桩机。

振动法施工不仅可以有效地用于打桩，也可以用于拔桩；虽然是利用振动下沉进行施工，但噪声较小；在砂性土中最有效，施工速度快；在坚硬地基中难以打进；不会损坏桩头；不用导向架也能打进；移位操作方便；需要的电源功率大。

振动桩锤的重量（或振动力）与桩打进能力的关系：桩的断面大和桩身长的，桩锤重量也大；随地基硬度的增加，桩锤的重量也应增大；振动力大则桩的贯入速度快。

（3）射水沉桩

射水沉桩是利用小孔喷嘴以300～500kPa的压力喷射水，使桩尖和桩周围土松动的同时，桩受自重作用而下沉的方法。该方法极少单独使用，而常与锤击或振动法联合使用。当射水沉桩到距设计标高还差1.0～1.5m时，停止射水，用锤击或振动恢复其承载力。这种施工方法对黏性土、砂性土都适用，在细砂土层中特别有效。

射水沉桩的特点是对较小尺寸的桩不会产生损坏，施工时噪声和振动极小。

（4）静力压桩

静力压桩是在软土地基中用液压千斤顶或桩头加重物以施加顶进力，将桩压入土层中的施工方法。该施工方法具有以下几个特点。

① 施工时产生的噪声和振动较小；

② 桩头不易损坏；

③ 桩在贯入时相当于给桩做静载试验，故可以准确地知道桩的承载力；

④ 不仅可用于竖直桩，而且可用于斜桩和水平桩；

⑤ 机械的拼装移动等，均需要较多的时间。

3）沉桩工艺要点

（1）合理确定沉桩顺序

沉桩顺序宜由一端向另一端进行，当基础尺寸较大时，宜由中间向两端或四周进行；如桩埋置有深浅，宜先沉深的，后沉浅的；在斜坡地带，应先沉坡顶的，后沉坡脚的。在桩的沉入过程中，应始终保持锤、桩帽和桩身在同一轴线上。

（2）合理布置桩的吊点

桩在吊运和吊立时的受力情况和一般受弯构件相同，应按正负弯矩相等的原则确定吊点位置，吊运时一般采用2个吊点，而将桩吊立到打桩机的导向架时则多采用一个吊点。采用两个吊点和一个吊点的位置和桩截面最大弯矩的计算公式如图4.2-18所示。图中，$q$为桩单位长度的重量。

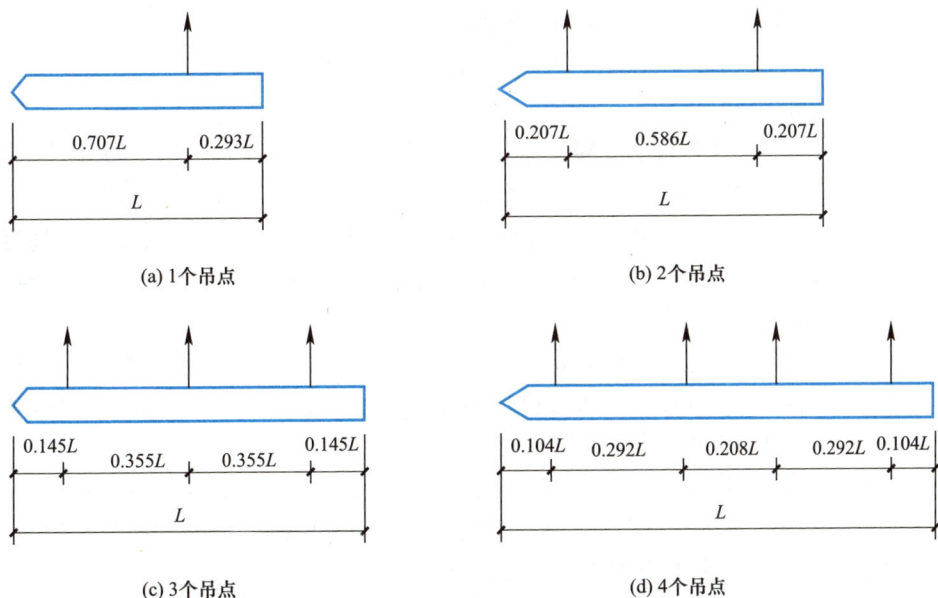

(a) 1个吊点

(b) 2个吊点

(c) 3个吊点

(d) 4个吊点

图 4.2-18　吊点的合理位置

### 3. 沉桩注意事项

1）锤击沉桩

（1）开始阶段应做好桩位及方向的控制。打桩前，应检查桩锤、桩帽和桩轴线是否一致，检查桩位和倾斜度。开始打桩时，宜采用较低落距，严格控制桩锤动能，其目的是防止桩在入土初期沉入过快而造成桩位及方向偏差；在锤击过程中，应采用重锤低击，既充分发挥了锤的打桩效率，又可避免将桩打坏。重锤低击是通过选取锤与桩重的比值来实现的。

（2）接桩宜在桩顶露出 1m 时进行，接桩时，应保持各节桩的轴线在同一直线上。锤击沉桩接桩可采用焊接或法兰盘连接。

（3）沉桩过程中，若遇到贯入度剧变，桩身突然发生倾斜、移位或有严重回弹，桩顶出现严重裂缝、破碎，桩身开裂等情况时，应暂停沉桩，查明原因，采取有效措施后方可继续沉桩。

（4）锤击沉桩控制，应根据地质情况、设计承载力、锤型、桩型和桩长综合考虑，并应符合下列规定：

① 设计桩尖土层为一般黏性土时，应以高程控制。桩沉入后，桩顶高程的允许偏差为 +100mm，−0。

② 设计桩尖土层为砾石、密实砂土或风化岩时，应以贯入度控制。当沉桩贯入度已达到控制贯入度，而桩端未达到设计高程时，应继续锤击贯入 100mm 或锤击 30～50 击，其平均贯入度应不大于控制贯入度，且桩端距设计高程不宜超过 1～3m（硬土层顶面高程相差不大时取小值）。超过上述规定，应会同监理和设计单位研究处理。

③ 设计桩尖土层为硬塑状黏性土或粉细砂时，应以高程控制为主，贯入度作为校核。当桩尖已达到设计高程而贯入度仍较大时，应继续锤击使其贯入度接近控制贯入

度，但继续下沉时，应考虑施工水位的影响。

（5）对发生"假极限""吸入""上浮"现象的桩，应进行复打。

2）振动沉桩

（1）振动沉桩适用于钢筋混凝土管柱及钢板桩等。振动沉桩一般在砂土中效果最佳。在砂夹卵石或黏性土中，则应与射水配合。

（2）开始沉桩时，宜利用桩自重或射水下沉，待桩身入土达一定深度确认稳定后，再采用振动下沉。每一根桩的沉桩作业，宜一次完成，不宜中途停顿过久，避免土的阻力恢复，使继续下沉变得很困难。

（3）振动沉桩时，应以设计规定的或通过试桩验证的桩尖高程控制为主，以最终贯入度（mm/min）作为校核。当桩尖已达到设计高程，而与最终的贯入度相差较大时，应查明原因，会同监理和设计单位研究处理。

（4）在沉桩过程中，若遇到贯入度剧变，桩身突然发生倾斜、移位或有严重回弹，桩顶出现严重裂缝、破碎、桩身开裂等情况，或振动沉桩机的振幅有异常现象时，应暂停沉桩，查明原因，采取有效措施后方可继续沉桩。

3）射水沉桩

（1）在砂类、碎石类土层中，锤击沉桩困难时，可采用射水锤击沉桩，以射水为主锤击配合；在黏性土、粉土中，采用射水锤击沉桩时，应以锤击为主；在湿陷性黄土中采用射水沉桩时，应按设计要求进行。

（2）射水锤击沉桩时，应根据土质情况随时调整射水压力，控制沉桩速度。当桩尖接近设计高程时，应停止射水，改用锤击，保证桩的承载力。停止射水的桩尖高程，可根据沉桩试验确定的数据及施工情况决定；当缺乏资料时，距设计高程不得小于2m。

（3）钢筋混凝土桩或预应力混凝土桩采用射水配合锤击沉桩时，宜采用较低落距锤击。

（4）采用中心射水法沉桩时，应在桩垫和桩帽上留有排水通道；采用侧面射水沉桩时，射水管应对称布置。

（5）采用射水锤击沉桩后，应及时将其与邻桩或稳定结构夹紧固定，防止桩发生倾斜位移。

4. 沉桩质量标准

打入桩（预制混凝土方桩、预应力混凝土空心桩、钢桩）的施工质量应符合表4.2-8的规定。

沉桩施工质量标准 表4.2-8

| 检查项目 | | | 允许偏差 |
|---|---|---|---|
| 桩位（mm） | 群桩 | 中间桩 | $d/2$，且不大于250 |
| | | 外缘桩 | $d/4$ |
| | 单排桩 | 顺桥方向 | 40 |
| | | 垂直桥轴方向 | 50 |
| 倾斜度 | | 竖直桩 | 1% |

| 检查项目 | | 允许偏差 |
|---|---|---|
| 倾斜度 | 斜桩 | $\pm 0.15\tan\theta$ |

注：1. $d$ 为桩的直径或短边长度。

　　2. $\theta$ 为斜桩轴线与垂线间的夹角。

　　3. 深水中采用打桩船沉桩时，其允许偏差应符合设计文件或现行行业标准的规定。

### 5. 桩的起吊、运输和堆存

1）钢筋混凝土桩和预应力混凝土桩的吊运、存放和运输应符合下列规定：

（1）桩在厂（场）内吊运时，桩身混凝土强度应符合设计规定。吊桩时吊点位置距设计规定位置的允许偏差不应超过 $\pm 20mm$，并应使各吊点同时均匀受力；吊点处应采取适当措施进行保护，避免绳扣或桩角的损伤。

（2）桩的存放场地应平整、坚实，不应有不均匀沉降，而且场地应有防排水设施。堆放时应设置垫木，支垫位置宜按设计吊点位置确定，其偏差不宜超过 200mm；多层堆放时，各层垫木应位于同一垂直面上，且层数不宜超过 3 层。

2）钢管桩的吊运、存放和运输应符合下列规定：

（1）吊运时吊点的位置应符合设计规定。

（2）钢管桩应按不同规格分别堆放，堆放的形式和层数应安全、可靠，并应避免产生纵向变形和局部压曲变形；长期存放时，应采取防腐蚀等保护措施。

### 6. 混凝土预制桩的接桩

混凝土预制桩的连接方法主要有焊接、法兰连接及硫磺胶泥锚接三种。分别如图 4.2-19、图 4.2-20 所示。前两种可用于各种土层；硫磺胶锚接适用于黄土层，且对重要建筑桩基或承受上拔力的桩宜慎重选用。焊接接桩的钢板宜用低碳钢，焊条宜用 E43；法兰接桩的钢板和螺栓宜用低碳钢；硫磺胶泥锚接桩的硫磺胶泥配合比应通过试验确定，其物理力学性能指标应符合规范要求；采用焊接接桩时，应先将四角点固定，然后对称焊接，并确保焊缝质量和设计尺寸。

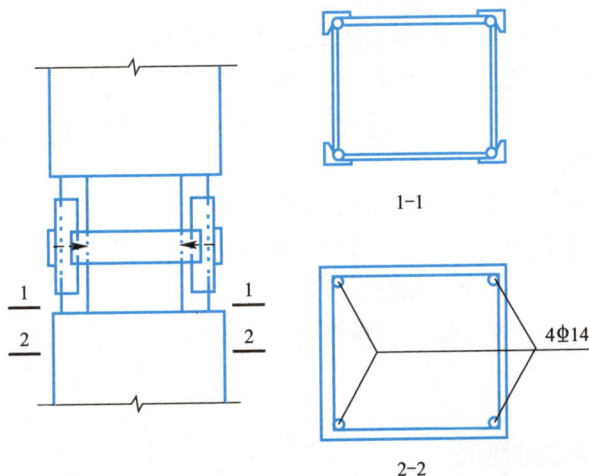

图 4.2-19　焊接法接桩节点构造

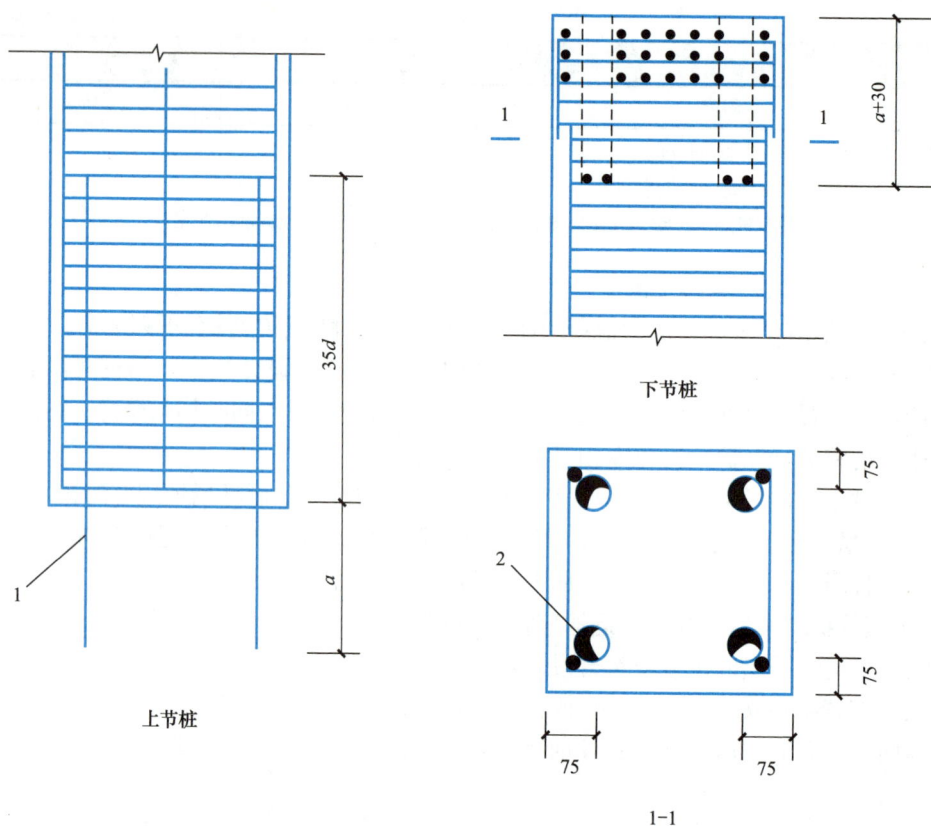

图 4.2-20 硫磺胶泥锚接法接桩节点构造

1—锚筋；2—锚筋孔

### 7. 预制桩施工中常见事故的预防及处理措施

1）桩顶破损

（1）原因分析。

① 桩顶部分混凝土质量差、强度低。

② 锤击偏心，即桩顶面与桩轴线不垂直，锤与桩面不垂直。

③ 未安置桩帽或帽内无缓冲垫或缓冲垫损坏没有及时调换。

④ 遇坚硬土层或中途停歇后土质恢复阻力增大，用重锤猛打所致。

（2）预防及处理措施

① 加强对桩的预制、装、运的管理，确保桩的质量要求。

② 施工中及时纠正桩位，使锤击力顺桩轴方向。

③ 采用合适的桩帽，并及时调换缓冲垫。

④ 选用合适的桩锤，并且施工时每桩都要一气呵成。

2）桩身破裂

（1）原因分析。

① 桩质量不符合设计要求。

② 装卸中吊装时吊点或支点不符合规定，悬臂过长或中跨过多。

③打桩时，桩的自由长度过大，产生较大的纵向挠曲和振动。

④锤击或振动过度。

（2）预防及措施处理。

①加强对桩的预制、装、运、卸的管理。

②木桩可用8号镀锌钢丝捆绑加强。

③对于混凝土桩，当其破裂的地方位于水上部位时，可用钢夹箍加螺栓拉紧焊接补强加固；位于水中部位时，可用套筒横板浇筑混凝土加固补强。

④适当减小桩锤的落距或降低锤击频率。

3）桩身扭转或位移

（1）原因分析。桩尖制造不对称，或桩身有弯曲。

（2）预防及处理措施。用棍撬、慢锤低击纠正；若偏心不大，可不做处理。

4）桩身倾斜或位移

（1）原因分析。

①桩头不平，桩尖倾斜过大。

②桩接头破坏。

③一侧遇石块等障碍物，土层有陡的倾斜角。

④桩帽和桩身不在一条直线上。

（2）预防及措施处理。

①偏差过大时，应拔出，移位再打。

②当入土深度小于1m且偏差不大时，可利用木架顶正，再慢锤打入。

③障碍物如不深时，可将其挖除后回填再继续沉桩。

5）桩涌起

（1）原因分析：遇软土或流沙。

（2）预防及处理措施：应选择涌起量较大的桩做静载试验，如合格可不再复打；如不合格，则应进行复打或重打。

6）桩急剧下沉（有时伴随着发生倾斜或移位）

（1）原因分析。

①遇软土层、土洞。

②接头破裂或桩尖劈裂。

③桩身弯曲或有严重的横向裂缝。

④落锤过高，接桩不垂直。

（2）预防及处理措施

①应暂停沉桩，查明情况，再决定处理措施。

②如不能查明时，可将桩拔起，检查改正后重打，或在靠近原桩位处做补桩处理。

7）桩的贯入度突然减小

（1）原因分析。

①桩由软土层进入硬土层。

②桩尖遇到石块等障碍物。

（2）预防及处理措施

① 查明原因，不能硬打。

② 改用能量较大的桩锤。

③ 配合射水沉桩。

8）桩不易沉入或达不到设计标高

（1）原因分析。

① 遇旧埋设物、坚硬土夹层或砂夹层。

② 打桩间歇时间过长，摩阻力增大。

③ 定错桩位。

（2）预防及处理措施。

① 遇障碍或硬土层时，用钻孔机钻透后再复打。

② 根据地质资料正确确定桩长，如确实已达要求，可将桩头截除。

9）桩身跳动，桩锤回弹

（1）原因分析。

① 桩尖遇障碍物，如树根或坚硬土层。

② 桩身过曲，接桩过长。

③ 落锤过高。

④ 冻土地区沉桩困难。

（2）预防及处理措施。

① 检查原因，穿过或避开障碍物。

② 如入土不深，应将桩拔起避开或换桩重打。

③ 应先将冻土挖除或解冻后进行。如用电热解冻，则应在切断电源后沉桩。

# 4.3 沉井基础施工

沉井施工方法与墩台基础所在地点的地质和水文情况有关。在水中修筑沉井时，应对河流汛期、通航、河床冲刷进行调查研究，并制订施工计划，尽量利用枯水季节进行施工。如施工须经过汛期时，则应采取相应措施，以确保安全。

## 4.3.1 旱地上沉井的施工

旱地上沉井施工的顺序如图 4.3-1 所示，具体施工要点如下：

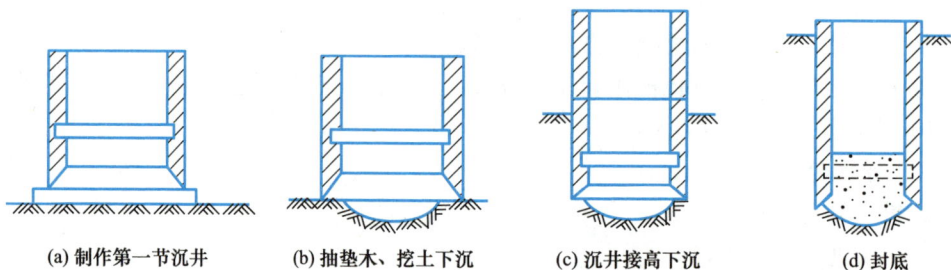

(a) 制作第一节沉井    (b) 抽垫木、挖土下沉    (c) 沉井接高下沉    (d) 封底

图 4.3-1 旱地上沉井施工

### 1. 整平场地，定位放样

在旱地上进行沉井施工时，应首先根据设计图纸进行定位放样，即在地面上定出沉井的纵横两方向的中心轴线、基坑的轮廓线及水准点等作为施工的依据。若天然地面土质较好，则只需将地面杂物清除、整平地面，就可在其上制作沉井。如为了减小沉井下降深度，也可以在基础位置开挖基坑，在坑底制作沉井下沉。基坑的平面尺寸比沉井的平面尺寸大一些，即在沉井四周各加宽大于一根垫木的长度，以确保垫木在必要时能向外伸出，同时还应考虑支模，搭设脚手架和排水等工作的需要。基坑底应高出地下水位 0.5～1.0m。如土质松软，则应整平夯实或换土夯实。在一般情况下，应在整平场地上铺设不小于 0.5m 厚的砂或砂砾层。目的是便于整平、支模及抽出垫木。同时，可使沉井的荷载通过砂垫层向下扩散。

### 2. 制作第一节沉井

由于沉井自重较大，刃脚踏面尺寸较小，应力集中，场地往往承受不了这样大的压力，因此，在整平的场地上应在刃脚踏面位置处对称铺满一层垫木以加大支承面积，垫木一般为方木，规格为 16cm×22cm×250cm。其数量应使沉井重量在垫木上产生的压应力不大于 100kPa。垫木在平面布置上应均匀对称，每根垫木的长度中心应与刃脚踏面中线相重合，以便把沉井重量较均匀地传到砂垫层上。垫木可单根或几根编组铺设，但组与组之间最少应留出 20～30cm 的间隙，以便工具能伸入间隙把垫木抽出。为了便于抽出垫木，还需设置一定数量的定位垫木，确定定位垫木位置时，以沉井井壁在抽出垫木时产生的正、负弯矩的大小接近相等为原则。然后在刃脚位置处放置刃脚角钢，支立内模，绑扎钢筋，立外模，最后浇筑第一节沉井混凝土，如图 4.3-2（a）所示。模板应有较大的刚度，以免发生挠曲变形。钢模板较木模板刚度大，周转次数多，也易于安装。在场地土质较好处，也可采用土模，如图 4.3-2（b）所示。

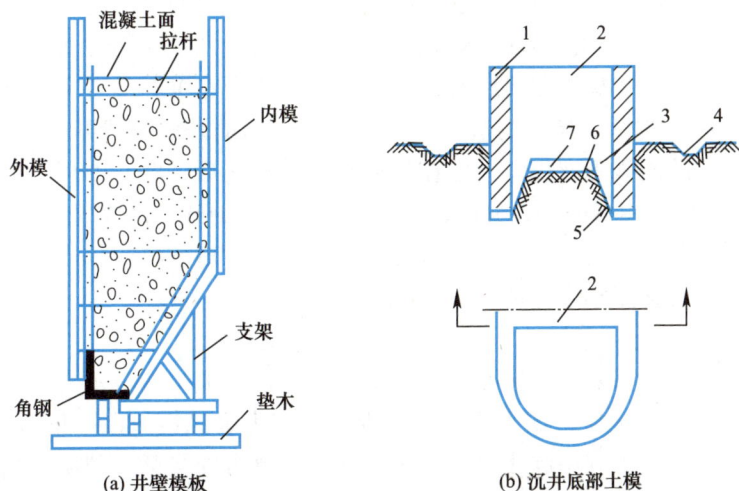

(a) 井壁模板　　　(b) 沉井底部土模

图 4.3-2　沉井刃脚立模

1—井壁；2—隔墙；3—隔墙梗肋；4—木板；5—黏土土模；6—排水坑；7—水泥砂浆

### 3. 拆模及抽垫

当混凝土达到设计强度的 25% 时，可拆除内外侧模；达到设计强度的 75% 时，可拆除隔墙底面和刃脚斜面模板。混凝土强度达到设计强度后，才能抽撤垫木。抽撤垫木应按一定的顺序进行，以免引起沉井开裂、移动或倾斜。其顺序如下。

1）撤除内隔墙下的垫木。

2）撤除沉井短边下的垫木。

3）撤除长边下的垫木。拆长边下的垫木时，以定位垫木（最后抽撤的垫木）为中心，对称地由远到近进行拆除，最后拆除定位垫木。

### 4. 挖土下沉

拆除完垫木后，可在井内挖土消除刃脚下的阻力，使沉井在自重作用下逐渐下沉。沉井下沉可分为排水下沉和不排水下沉。

1）排水下沉

当沉井穿过的土层较稳定，不会因排水而产生大量流沙时，可采用排水下沉。土的挖除可采用人工挖土或机械除土，排水下沉常采用人工挖土，它适用于土层渗水量不大且排水时不会产生涌土或流沙的情况。人工挖土可使沉井均匀下沉并能清除井下障碍物，但应采取相应措施，确保施工安全。排水下沉时，有时也用机械除土。

对开挖总的要求是：必须有规律、分层、对称地开挖，使沉井均匀下沉，开挖程序是先将拆垫木时回填的护土分层挖去。每层挖土的顺序，原则上是与拆除垫木的顺序相同，定位垫木处的土最后挖除。一层挖完后再挖第二层，切不可盲目乱挖而造成沉井严重倾斜，发生事故。在井底挖土的办法依土层情况而异。

（1）遇松软土层时，应由中央向四周分层开挖，均匀扩大。每层厚度不宜超过50cm，一般挖到距离刃脚1m左右时沉井开始下沉，随即再挖中央部分。如沉井不下沉，可再由中央向四周挖一层。必要时，可继续向刃脚挖进，但以距离刃脚0.5m为限，不可掏挖刃脚。

（2）遇到砂夹卵石时，与松软土层相似，仍从中央向四周分层均匀开挖，但要挖得深一些，并要向刃脚多挖一些，这样沉井才能下沉。一般情况下，也不可掏挖刃脚。

（3）遇坚硬黏土和凝固卵石层时，刃脚下的土不会在沉井的自重下自行坍落。在这种情况下，可以掏挖刃脚，掏挖时应参照拆除垫木的顺序分段开挖，切不可乱挖，每段挖完后应立即用砂砾回填。一般在最后几段掏挖之后，沉井即可下沉。如不下沉或下沉很少时，则可由内向外，分层、均匀地开挖回填的砂粒，使沉井下沉。

（4）遇到岩石时，沉井下沉至最后阶段到达岩层。对风化或软质岩层，可用风镐或风铲开挖；对较硬岩石层，则应打眼爆破。

2）不排水下沉

不排水下沉一般都采用机械除土，挖土工具可以是抓土斗或水力吸泥机。抓土斗适用于砂卵石等松散地层，如土质较硬，则需用水力吸泥机配以水枪射水将土冲松。抓土斗起吊出土时，可利用起重机或吊船。这样，既方便灵活，效率又高。采用抓土斗挖土时，应注意以下事项。

（1）为防止沉井突然下沉，造成偏斜，锅底不宜挖得过深。从刃脚底面算起，不得大于1.5m。因此，抓土时应经常以测绳沿井壁探测挖掘深度。一般情况下，沉井应均匀地随挖随沉。如果发现锅底的深度超过刃脚过多，而沉井仍不下沉时，应查明原因进行处理。不得盲目下挖，防止产生过大的倾斜。

（2）沉井如有两个以上的取土井时，应注意均匀挖土，各个井孔内的高差不得超过 0.5m。

（3）井孔抓土时，要经常转动抓土斗的开口方向，使挖土均匀。

（4）在砂夹卵石较多时，为避免斗口夹石露土，应适当降低起斗速度。

（5）从井内挖出的土石应及时运走，不可在沉井外侧堆积，以免因土压力增加而引起坍塌，应经常检查。如发现土层开裂后，起重机台发生变形，应及时处理。

吸泥机适用于砂、砂夹卵石及黏砂土等。在黏土层、胶结层或岩石层中，可用高压射水冲碎土层后用吸泥机吸出碎块。吸泥机有空气吸泥机、水力吸泥机和水力吸石筒等。其中，空气吸泥机适应性最强，能吸砂、黏砂土和砂夹卵石。管径为 250mm 的吸泥机可吸出 20kg 的大卵石。当吸泥机吸泥时，沉井内大量的水会被吸走，造成井内水位下降。为避免发生涌土或流沙现象，需要经常向井内加水维持井内水位高出井外水位 1～2m。水力吸泥机适用于淤泥及沙质土。水力吸石筒则专用于卵石含量在 60% 以上、粒径小于 300mm 的卵石地层。

**5. 接高沉井**

当沉井顶面下沉至距地面还剩 1～2m 时，应停止挖土，接筑第二节沉井。接筑前，应使第一节沉井位置正直。为防止沉井在接高时突然下沉或倾斜，必要时应回填刃脚下的土。在接高过程中，应尽量均匀加重。接缝处凿毛顶面，然后立模浇筑混凝土。待强度达到设计要求后，再拆模继续挖土下沉。

**6. 筑井顶围堰**

如沉井顶面低于地面或水面，则应在沉井上接筑围堰。围堰的平面尺寸应略小于沉井，其下端应与井顶上的预埋锚杆相连。围堰是临时性的，待墩台身出水后即可拆除。

**7. 地基检验与处理**

沉井下沉至设计标高后，应检查地基土质是否与设计相符、地基是否平整，同时对地基进行必要的处理，校验承载力。如果是排水下沉的沉井，应由潜水工进行检查或钻取土样鉴定。若地基为砂土或黏土，则可以在其上铺一层砾石或碎石至刃脚底面以上 200mm。若地基是风化岩石，则应将风化岩层凿掉。当岩层倾斜时，应凿成阶梯形。当岩层与刃脚间局部有不大的孔洞时，应由潜水工清除软层并用水泥砂浆封住，待砂浆有一定强度后再抽水清基。在不排水的情况下，可以由潜水工或用水枪、吸泥机等清基。总之，要保证井底地基平整，浮土及软土清除干净，并保证封底混凝土、沉井和地基紧密相连。

**8. 封底、填充井孔及浇筑顶盖**

地基经检验、处理合格以后，应立即进行封底。如果封底在不排水的情况下进行，则可以用导管法灌注水下混凝土。待混凝土达到设计要求后，抽干井孔中的水，填筑井内圬工。如果井孔中不填料或仅填砾石，则井顶面应先浇筑钢筋混凝土顶盖，然后砌筑墩身，墩身出土（或水面）后可以拆除临时性的井顶围堰。

### 4.3.2 水中沉井施工

当基础处于水下时，沉井施工可以采用筑岛法或浮运法，一般根据水深、流速、施工设备及施工技术等条件确定。

#### 1. 筑岛法

当水流流速不大，水深在3m以内时，可以采用水中筑岛的方法进行沉井施工。如图4.3-3所示，先修筑人工砂岛，再在岛上进行沉井的制作和挖土下沉。筑岛法与围堰法相比，不需要抽水，对岛体无防渗要求，构造简单同时还可就地取材，降低工程造价，方便施工。筑岛前，应清理河床上的淤泥和软土，筑岛的材料一般使用砾石、中砂或粗砂，不可以使用粉砂、黏土、淤泥、黄土等。除用作护面材料外，筑岛材料也不宜用大粒径材料。筑岛的施工期应尽可能选择在河流枯水季节，这样不仅可以减少筑岛的填方量，降低工程造价，而且施工也较为安全。如果筑岛的施工期必须经过汛期，则可采取分期建造、允许岛面汛期暂时过水等措施，以降低岛面标高，节约人力和物力。但是，应确保在汛期后岛体不会被洪水冲塌而造成事故。

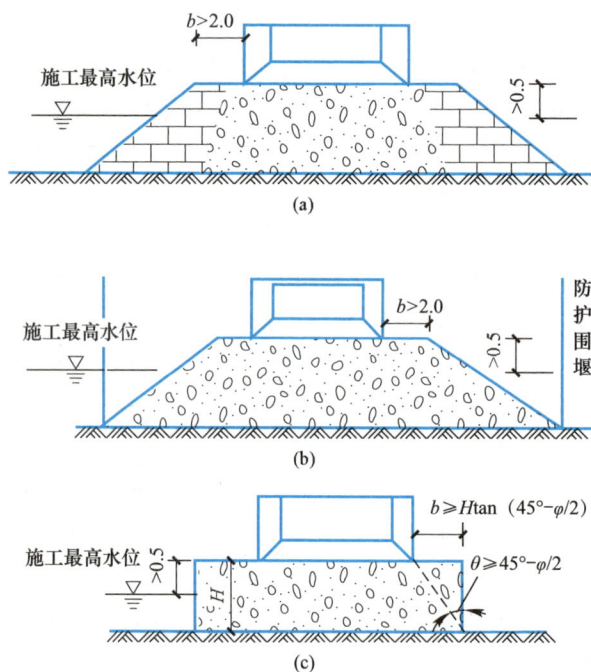

图4.3-3 水中筑岛下沉沉井（单位：m）

常用的筑岛法有土岛、草袋围堰筑岛、板桩围堰筑岛等。

1）土岛

不用围堰填筑的土岛，一般宜在水深较浅且流速不大时采用。由于流速、水深及筑岛土质的不同，筑岛材料与容许流速可参考表4.3-1。如边坡用其他方法加固时，容许流速可不受此表值的限制。

筑岛材料与容许流速　表 4.3-1

| 筑岛土料 | 容许流速（m/s） | |
| --- | --- | --- |
| | 土表面处 | 平均流速 |
| 细砂 | 0.25 | 0.30 |
| 粗砂 | 0.65 | 0.80 |
| 中等砾石 | 1.00 | 1.20 |
| 粗砾石 | 1.20 | 1.50 |

土岛施工时，水中土岛应由中央向四周均匀扩大，靠近河边的半岛可从岸边平行向前填筑。土岛投土料前，可在其上游修筑小型丁坝，或先抛块石做成护脚菱体，以形成静水区。当岛体露出水面时，因未压实还在继续下沉，故应继续加高。但水面以上部分应分层夯实，直至岛体沉降稳定，并达到设计标高时为止。岛面宽度应比沉井周围宽出 2m 以上，岛面高度应高出施工期最高水位 0.5m 以上。

2）草袋围堰筑岛

草袋围堰筑岛是先用草袋填装砂或土筑围堰，然后再在围堰内填砂筑岛。这种岛比土岛减小了阻水面积和填方数量，一般在水深小于 3.5m、流速为 1～2m/s 的情况下采用，但河床应为砂、砂夹卵石或硬黏土等不易沉陷的基底。对于淤泥或沉陷性的基底，应采取其他加固措施或加大围堰边坡。用草袋填装松散的黏土，有心墙时也可装砂土，但不宜装得太满。装至草袋容量的 1/2 或 1/3 即可，袋口用麻线或细钢丝封口。施工时，要求草袋上下左右相互错开，草袋分层之间应用土填实，并堆放整齐。当流速较大时，外圈草袋宜改装小卵石或粗砂，以免流失，必要时还可以抛块石防护。

3）板桩围堰筑岛

在水深流急的河道中，因直接填筑土岛或草袋围堰有困难或因修建断面较大的土岛，使河道阻水面积过大时，可采用板桩围堰筑岛。但是，河床土质应为能打入板桩。板桩有木板桩、混凝土板桩、钢板桩等。由于沉井围堰主要采用钢板桩，制作沉井时需人工筑岛，围堰与砂岛要同时使用，对防水要求不高，故也可用槽钢代替钢板桩。钢板桩的构造：当水深较浅、板桩所受外力较小，或围堰为圆形并采用拉条加固时，可采用单排板桩加固；当围堰为矩形，因设置支撑和拉杆而影响沉井下沉时，应采用双排板桩围堰。两排板桩之间可以填砂或填土，并且由于围堰与筑岛是同时使用的，内板桩不起挡土作用，而只起锚固作用。因此，为了节约材料，内板桩可间隔施打。沉井筑岛时的钢板桩围堰计算包括钢板桩或槽钢的断面尺寸、最小入土深度、拉杆的间距和截面面积，以及整体的稳定性核算等。板桩一般都在水上用打桩船施打，也可以将陆上打桩机置于平底的铁方驳上，或采用其他悬吊式导向架的起重船进行施打。当沉井施工完毕后，在拆除板桩围堰前，一般应先拆除一部分支撑和拉杆。拆除时应采取适当措施，特别是要确保人身安全。有时，因桩尖打卷、锁口变形、水下板桩锈蚀和摩阻力恢复等原因，使拔桩工作极为困难。此时，可采用拔前略微锤击的方法，或用振动拔桩机将其拔出。必要时，还需要配合水下切割等措施。

如筑岛压缩水面较大，可以用钢板围堰筑岛，但要考虑沉井重力对其产生的侧向压力，围堰距离井壁外缘 $b \geqslant H\tan(45° - \phi/2)$。式中，$H$ 为筑岛高度（m）；$\phi$ 为砂在水中的内摩擦角（°）。

### 2. 浮运法

采用浮运法时，沉井在岸边制成。利用在岸边铺成的滑道滑入水中，然后用绳索引到设计墩位。沉井井壁可做成空体形式，或采取其他措施（如带木底或装上钢气筒）使沉井浮于水上，也可以在船坞内制成用浮船定位和吊放下沉或利用潮汐，水位上涨浮起，再浮运至设计位置。沉井就位后，用水或混凝土灌入空体，徐徐下沉直至河底；或者，在悬浮状态下接长沉井及填充混凝土使其逐步下沉，此时的每个步骤均需要保证沉井本身有足够的稳定性。待沉井刃脚切入河床一定深度后，可按前述下沉方法施工。沉井基础施工质量应符合表 4.3-2 的规定。

沉井基础施工质量 表 4.3-2

| 项目 | | 规定值或允许偏差 |
|---|---|---|
| 沉井混凝土强度（MPa） | | 在合格标准内 |
| 沉井平面尺寸（mm） | 长度，宽度 | ±0.5% 边长，大于 24m 时 ±120 |
| | 曲线部分的半径 | ±0.5% 半径，大于 12m 时 ±60 |
| | 两对角线的差异 | 对角线长度的 %，且不大于 180 |
| 沉井井壁厚度（mm） | 混凝土 | +40，−30 |
| | 钢壳和钢筋混凝土 | ±15 |
| 沉井刃脚高程（mm） | | 符合设计要求 |
| 中心偏位（纵、横向）（mm） | 就地制作沉井 | 井高的 1/100 |
| | 水中下沉 | 井高的 1/100+250 |
| 最大倾斜度（纵向、横向） | | 井高的 1/100 |
| 平面扭转角（°） | 就地制作沉井 | 1 |
| | 水中下沉 | 2 |

注：1. 对于钢沉井及结构构造、拼装等方面有特殊要求的沉井，其平面尺寸允许偏差值应按照设计要求确定。
　　2. 井壁的表面应平滑、不外凸，并且不得向外倾斜。

## 4.3.3　沉井下沉过程中的常见问题及处理措施

### 1. 沉井发生倾斜和偏移

下沉中的沉井常常由于以下原因，造成倾斜或偏转：

1）人工筑岛被水流冲坏，或沉井一侧的土被水流冲走。

2）沉井刃脚下的土层软硬不均。

3）没有对称地抽出垫木，或没有及时地回填夯实。

4）没有均匀地除土下沉，使井孔内土面的高度相差很多。

5）刃脚下掏空过多，沉井突然下沉，对产生的倾斜没有及时发现和处理。

6）刃脚一角或一侧被障碍物搁住，没有及时发现和处理。

7）井外弃土或其他原因造成对沉井井壁的偏压。

8）排水下沉时，井内产生大量的流沙等。

沉井开始下沉阶段，井体入土不深，下沉阻力较小；并且，由于沉井大部分还在地面以上，侧向土体的约束作用很小，因此沉井最容易产生偏移和倾斜。在这一阶段，应严格控制挖土的程序和深度，注意挖土要均匀。实际上，沉井不可能始终是理想的竖直均匀下沉的。每沉一次，难免有些倾斜。因此，继续挖土时，可在沉得少的一边多挖一些。所以，在开始阶段，要经常检查沉井的平面位置，随时注意防止较大的倾斜。

在下沉过程中，应随时观测沉井的位置和方向。当发现与设计位置有偏差时，应及时纠正。有时，也可能因沉井底部的一部分遇到了障碍物，致使沉井倾斜。这时，应立即停止挖土，查清情况。在不排水挖土的情况下，甚至可派潜水工下去观察。然后，根据具体情况采取不同的措施排除障碍。当遇到较小的孤石时，可将障碍四周的土挖掉取出；如为较大孤石或旧建筑物的残破圬工体，则可用小型爆破方法，使其变为碎块取出，但不能把炸药放在孤石表面临空爆破。对刃脚下的孤石，应避免使炮眼的最小抵抗线朝向刃脚，装药量应控制在 0.2kg 以内。并且，在其上压放土袋，以防炸损刃脚和井壁。遇到成层的大块卵石时，可先清除覆盖的泥沙，然后找松动或薄弱处，用挖、铲、撬的办法将其挖掉。对较大的卵石，在不排水的情况下，也可用于直径大于卵石的吸泥机将其吸出。

当沉井的下沉深度较大时，纠正沉井偏斜的关键在于破坏土层的被动土压力。高压射水管沿沉井高的一侧井壁外插入土中，破坏土层结构，使土层的被动土压力大大降低。这时，再采用上述方法，即可使沉井倾斜逐步得到纠正。

### 2. 沉井下沉困难

在沉井下沉的中间阶段，可能会开始出现下沉困难的现象。但是，接高沉井后，下沉又会变得顺利。当下沉到后面阶段时，面临的主要问题仍是下沉困难，而发生偏斜的可能性已经很小。沉井下沉困难的主要原因是沉井自身重量克服不了井壁摩阻力。通常，可采取以下几种助沉措施。

1）加重法

首先在沉井顶面铺设平台，然后在平台上放置重物，如钢轨、铁块或沙袋等，但应防止重物倒塌，故垒置高度不宜太高。此法多在平面面积不大的沉井中使用。

2）抽水法

对不排水下沉的沉井，从井孔中抽出一部分水，以减小浮力，增加向下压力而使沉井下沉。此法对渗水性大的砂、卵石层效果不大，对易发生流沙现象的土也不宜采用。

3）射水法

在井壁腔内的不同高度处对称地预埋几组高压射水管，在井壁外侧留有喇叭口朝上方的射水嘴，用高压水将井壁附近的土冲松。因为水沿井壁上升，起到润滑作用，可以减小井壁的摩阻力，从而有助于沉井下沉。此法对砂性土较有效。采用射水法时，应加强下沉观测，掌握各孔的出水量，防止因射水不均匀而造成沉井偏斜。

4）炮振法

沉井下沉至一定深度后，如下沉有困难，则可采用炮振法强迫沉井下沉。即在井孔的底部埋置适量的炸药，其被引爆后所产生的振动力，一方面可以减小刃脚下土的反力和井壁土的摩阻力，另一方面可以增加沉井向下的冲击力，迫使沉井下沉。但是，要注意炸药量过大，有可能会炸坏沉井，因此一般每个爆炸点的用药量以 0.2kg 左右为宜，大而深的沉井可增至 0.3kg。不排水下沉时，炸药应放至水底；水较浅或无水时，应将炸药埋入井底数十厘米处。这样，既不会炸坏沉井，效果也较好。如沉井有几个井孔，则应在几个井孔内同时起爆；否则，有可能震裂隔墙，甚至使沉井产生偏斜。对有可能采用炮振法的沉井，结构上应适当加强，以免被炸坏。对下沉深度不大的沉井，最好不采用此法。

5）泥浆润滑套

用触变性较大的泥浆在沉井外侧形成一个具有润滑作用的泥浆套，它可以大大减小沉井在下沉时作用于井壁上的摩阻力。这种泥浆在静止时处于凝胶状态，具有一定的强度。当沉井下沉时，泥浆因受到机械扰动而变成流动的溶胶，从而可以减小井壁的摩阻力，使沉井顺利下沉。这种泥浆的主要成分为黏土、水及适量的化学处理剂。一般的重量配合比为黏土 35%～45%，水 55%～65%，碳酸钠（$Na_2CO_3$）化学处理剂 0.4%～0.6%。黏土要选择颗粒细、分散性高，并具有一定触变性的微晶高岭土（塑性指数不小于 15，含砂率小于 6%）。下沉时，采用的泥浆具有以下三个特点：

（1）泥浆本身是稳定的，在长时间静置下没有水分的离析，可保持泥浆适量的稠度，不会发生土颗粒的沉淀。

（2）泥浆和土壁接触时不会大量失去水分，也不会被地下水稀释。泥浆和土壁接触，失去少量水分后，能形成一层不透水的固体颗粒胶结物（泥皮），以维持内部泥浆的稳定。

（3）泥浆具有触变性，静止时流动性很小，在泥沟槽中能防止土体坍塌；搅动时具有足够的流动性，便于工程使用。

泥浆润滑套的构造主要包括射口挡板、地表围圈和压浆管。射口挡板可用角钢或钢板弯制，置于每个泥浆射口处并固定在井壁台阶上。它的作用是防止泥浆管射出的泥浆直冲土壁，防止因土壁局部坍落而堵塞射浆口；地表围圈是埋设在沉井周围保护泥浆的围壁，如图 4.3-4 所示。它的作用是沉井下沉时防止土壁坍落；保持一定数量的泥浆储存量以保证在沉井下沉过程中泥浆补充到新造成的空隙内；通过泥浆在围圈内的流动，调整各压浆管出浆的不均衡。地表围圈的宽度即沉井台阶的宽度，其高度一般为 1.5～2.0m，顶面高出地面或岛面约 0.5m，圈顶面宜加盖，可用

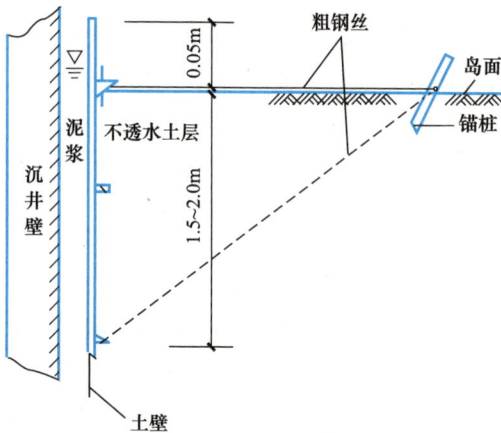

图 4.3-4　地表围圈

木板或钢板制作。压浆管根据井壁的厚度有内管法和外管法，如图 4.3-5 所示。薄壁沉井宜采用外管法。

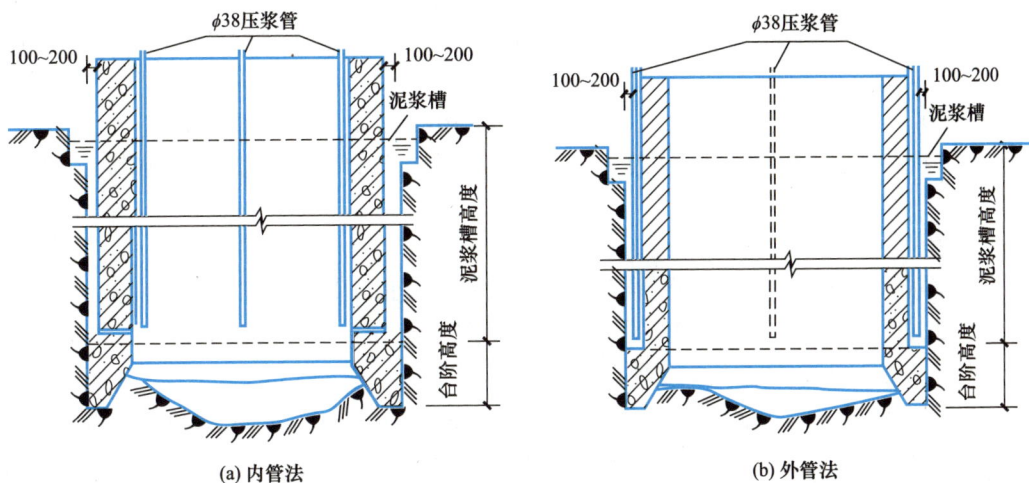

图 4.3-5　井内外压浆管的布置（单位：mm）

沉井下沉过程中要勤补浆、勤观测，发现倾斜、漏浆等问题时要及时纠正。当沉井沉到设计标高时，若基底为一般土质，因井壁摩阻力较小，会形成清基边下沉的现象。为此，应压入水泥砂浆置换泥浆，以增大井壁的摩擦力。另外，在卵石、砾石层中采用泥浆润滑套的效果一般都较差。

6）气幕法

气幕法也是减少沉井下沉时井壁摩阻力的有效方法。它是通过对沿井壁内周围预埋的气管中喷射高压气流，气流沿喷气孔射出再沿沉井外壁上升，形成一圈压气层（空气幕），使沉井顺利下沉。

施工时压气管分层设置，竖管可用塑料管或钢管，水平环管则采用直径为 25mm 的硬质聚氯乙烯管，沿井壁外缘埋设。每层水平环管按四角分为四个区，以便分别压气调整沉井倾斜。压气沉井所需的气压可取静水压力的 2.5 倍。

与泥浆润滑套相比，气幕法在停气后即可恢复土对井壁的摩阻力，下沉量易于控制，且所需施工设备简单，可以水下施工，经济效果好。气幕法适用于细、粉砂类土和黏性土，但在设计方法和施工措施方面还需要更多的资料。

# 习　　题

一、单项选择题

1. 基坑开挖施工时，坑顶边缘应留有护道，静荷载距坑顶边缘的距离不得小于（　　）m。

　　A. 0.5　　　　　　　　B. 1.0　　　　　　　　C. 1.2　　　　　　　　D. 1.5

2. 基础浇筑完成后，即可利用原土回填基坑，并应分层夯实，回填层厚不宜大于（　　）cm。

　　A. 20　　　　　　　　B. 25　　　　　　　　C. 30　　　　　　　　D. 50

3. 水中浅基础施工时，一般情况下，围堰顶面应比施工期间可能出现的最高水位高出（　　　）m。

A. 0.5　　　　　　　　B. 0.6　　　　　　　　C. 0.7　　　　　　　　D. 0.8

4. 护筒的平面位置应埋设正确，护筒中心与桩中心的平面位置偏差应不大于（　　　）mm。

A. 20　　　　　　　　B. 30　　　　　　　　C. 50　　　　　　　　D. 100

5. 清孔后孔底沉淀厚度，对于支承桩，应不大于设计规定；设计未规定时，应小于等于（　　　）mm。

A. 30　　　　　　　　B. 50　　　　　　　　C. 70　　　　　　　　D. 100

6. 首批混凝土灌筑完应确保导管下口埋入混凝土面以下不小于（　　　）m。

A. 0.3　　　　　　　　B. 0.5　　　　　　　　C. 1.0　　　　　　　　D. 1.2

7. 混凝土预制桩的连接方法不包括（　　　）。

A. 机械连接　　　　B. 焊接　　　　　　C.法兰连接　　　　　　D. 硫磺胶泥锚接

8. 射水锤击沉桩时，一般停止射水的桩尖高程，距设计高程不得小于（　　　）m。

A. 0.5　　　　　　　　B. 1.0　　　　　　　　C. 1.5　　　　　　　　D. 2.0

9. 灌注桩的桩顶施工高程应比设计高程高出不小于（　　　）m。

A. 0.3　　　　　　　　B. 0.5　　　　　　　　C. 0.8　　　　　　　　D. 1.0

10. 人工挖孔桩的直径（或边长）不宜小于1.2m，孔深一般不宜超过（　　　）m。

A. 10　　　　　　　　B. 15　　　　　　　　C. 20　　　　　　　　D. 25

二、判断题

1. 集水坑排水法作为最普遍的排水方法适用于各种地层。　　　　　　　　　　（　　　）

2. 我国使用的旋转钻机按泥浆循环的程序不同，分为正循环与反循环两种。

（　　　）

3. 静力压桩仅可用于竖直桩，不可用于斜桩和水平桩。　　　　　　　　　　（　　　）

4. 如桩埋置有深浅，宜先沉浅的，后沉深的；在斜坡地带，应先沉坡顶的，后沉坡脚的。

（　　　）

5. 地下连续墙槽段接头可分为柔性接头和刚性接头两类。　　　　　　　　　（　　　）

三、简答题

1. 基坑施工前的测量工作都包括哪些内容？如何做好这些工作？

2. 旱地基础的开挖方式有哪些？怎样选择？

3. 基坑开挖时有哪些支护形式？都适合在什么条件下采用？

4. 防水围堰有几种形式？各自的适用条件和特点是什么？

5. 基底检验的内容是什么？发现问题怎样处理？举例说明。

6. 基坑常用的排水方法有哪几种？

7. 轻型井点法的适用条件是什么？轻型井点法的施工注意事项是什么？

8. 钻孔灌注桩施工时护筒的作用是什么？埋置护筒时的注意事项有哪些？

9. 钻孔灌注桩成孔时，泥浆起什么作用？制备泥浆应控制哪些主要指标？

10. 钻孔灌注桩有哪些成孔方法？各适用什么条件？

11. 简述正循环与反循环的泥浆循环程序。

12. 钻孔灌注桩浇筑水下混凝土前清孔的目的是什么？清孔的方法有哪几种？

13. 如何确定灌注桩首批混凝土的数量？

14. 在什么情况下可采用挖孔桩？挖孔时的注意事项有哪些？

15. 预制钢筋混凝土桩吊点位置的设计原则是什么？

16. 简述旱地上沉井的施工工艺。

17. 在沉井下沉过程中常遇到的问题有哪些？试分析原因并提出处理措施。

# 教学单元 5

## 桥梁墩台施工

## 【知识目标】

1. 掌握混凝土墩台及石砌墩台施工控制要点；
2. 了解装配式墩台施工工艺流程及施工要点；
3. 了解高桥墩滑模、爬模、翻模施工工艺流程及施工控制要点；
4. 了解桥台附属结构施工内容及做法。

## 【能力目标】

1. 能够编制桥梁墩台施工作业指导书并对作业班组进行技术交底；
2. 能够进行桥梁墩台施工现场技术及质量控制。

## 【素质目标】

1. 通过编制桥梁墩台施工作业指导书及现场技术交底，培养学生严谨、认真的工作态度及熟练查阅施工技术规范的能力；
2. 通过墩台施工实训操作，培养学生团队协作、重视质量、安全及文明施工的职业素养。

## 【思维导图】

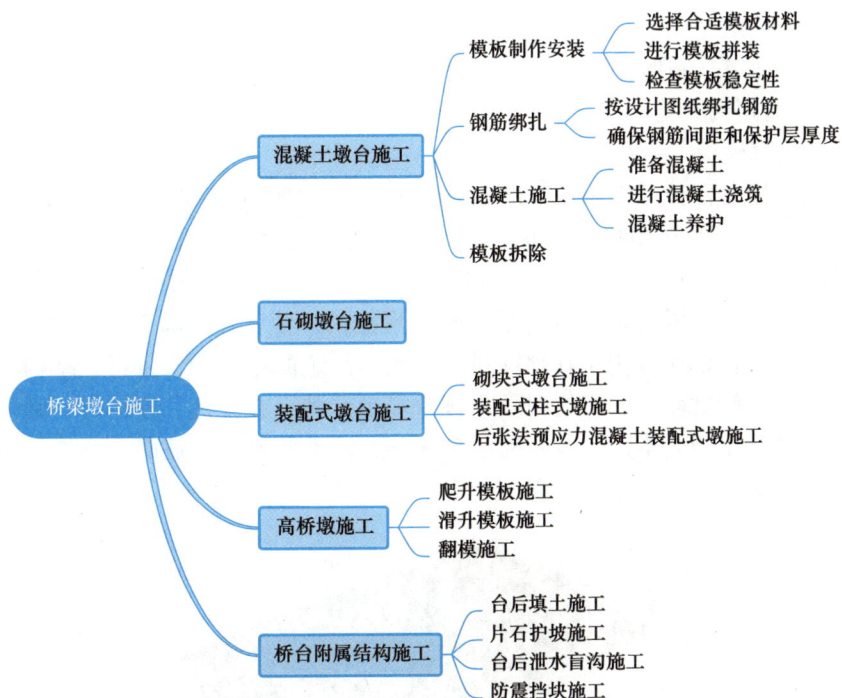

桥梁墩台施工是桥梁工程施工中的一个重要部分，其施工质量的优劣，不仅关系到桥梁上部结构的制作与安装质量，而且对桥梁的使用功能也关系重大。桥梁墩台施工方法通常分为两大类：一类是现场就地浇筑与砌筑；另一类是拼装预制的钢筋混凝

土或预应力钢筋混凝土构件。实际工程中前者居多，其优点是：工序简单，机具设备较少，技术操作难度小；缺点是：施工期限较长，需耗费较多的人力与物力。近年来，我国基础设施建设发展迅速，施工机械也随之有了很大进步，采用预制装配式构件建造桥梁墩台的施工方法也有了新的进展，其特点是：既可确保施工质量、减轻劳动强度，又可加快工程进度、提高工程效益。尤其是在一些跨海、跨江大桥的施工中，这种方法得到了日益广泛的应用。

# 5.1 混凝土墩台与石砌墩台施工

## 5.1.1 混凝土墩台施工

就地浇筑的混凝土墩台施工有两个主要程序：一是制作与安装墩台模板，二是浇筑混凝土。

### 1. 墩台模板的制作与安装

1）模板的设计原则

（1）宜优先使用钢模板和胶合板。

（2）在计算荷载的作用下，对模板结构按受力，分别验算其强度、刚度及稳定性。

（3）模板板面之间应平整，接缝严密，不漏浆。为保证结构物外露面的美观及线条流畅，可设倒角。

（4）结构简单，制作、拆装方便。

2）常见的模板类型

（1）组合钢模板

组合钢模板由各种标准长度（1500mm、900mm、600mm）、宽度（300mm、200mm、100mm）的钢模板及转角模板组成，用定型的连接件将模板组拼成形。它具有体积小、质量轻、运输方便、装拆简单、接缝紧密等优点，如图5.1-1所示。尤其是组合模板的连接件，不是用螺栓而采用U形卡及L形插销，使安装拆除工作简化，大大加快了施工进度。组合钢模可用于在地面拼装、整体吊装的结构中，也可在结构上分片安装。组合钢模板精度较高，组拼时要求预拼场地平整。在使用、搬运时，必须轻拿轻放，不得抛摔。使用完毕后，要及时清理修整，涂油防锈。存放时，要按规格分类堆放。如存放在现场，应用篷布遮盖。

图 5.1-1　组合钢模板

（2）整体吊装模板

整体吊装模板是指将墩台模板水平分成若干段，每段模板组成一个整体，在地面拼装后吊装就位的模板，如图5.1-2所示。其分段高度可视起吊能力而定，一般可为2～4m，整体吊装模板具有以下优点：

① 安装时间短，无须设施工接缝，故加快了施工进度，提高了施工质量。

② 将拼装模板的高空作业改为平地操作，有利于施工安全。

③ 模板刚度较大，可少设拉筋或不设拉筋，节约钢材。

④ 可利用模外框架作为简易脚手架，不需要另搭施工脚手架。

⑤ 结构简单、装拆方便，对建造较高的桥墩较为经济。

图 5.1-2　整体吊装模板

安装模板前，应对模板尺寸进行检查。安装时，要坚实、牢固，以免振捣混凝土时引起跑模、漏浆；安装位置要符合结构设计要求。

### 2. 混凝土浇筑施工

墩台身混凝土施工前，应将基础顶面冲洗干净，凿除表面浮浆，整修连接钢筋。灌注混凝土时，应经常检查模板、钢筋及预埋件的位置和保护层的尺寸，确保位置正确，不发生变形。混凝土施工中，应切实保证混凝土的配合比、水灰比和坍落度等技术性能指标满足规范要求。

1）大体积圬工墩台施工要点

有些桥梁墩台是大体积圬工，为避免水化热过高，导致混凝土因内外温差过大引起裂缝，可采取如下措施：

（1）用改善集料级配、降低水灰比、掺加混合材料与外加剂、掺入片石等方法减少水泥用量。

（2）采用$C_3A$和$C_3S$含量小、水化热低的水泥，如大坝水泥、矿渣水泥、粉煤灰水泥等。

（3）减小浇筑层厚度，加快混凝土的散热速度。

（4）混凝土用料应避免日光暴晒，以防止初始温度的升高。

（5）在混凝土内埋设冷却管，通水冷却。

当浇筑的平面面积过大，不能在下层混凝土初凝或重塑前浇筑完成上层混凝土时，为保证结构的整体性，宜分块浇筑。分块时应注意：各分块面积不得小于 50m²；每块高度不得超过 2m；块与块之间的竖向接缝面应与墩台身或基础截面短边平行，与截面长边垂直；上下邻层间的竖向接缝应错开位置做成企口，并应按施工接缝处理。

2）混凝土养护与拆模

混凝土养护直接影响其质量。混凝土灌注完成后应在一段时间内保持适当的温度和湿润状态，以维持良好的硬化条件，防止不正常的收缩。当日平均气温低于 5℃时，应采取保温养护措施，并不得对混凝土洒水养护。洒水次数应以混凝土表面保持湿润状态为度。养护用水应与拌制用水相同。

当新浇筑的混凝土与流动的地表水或地下水相接触时，应采取临时防护措施，直至混凝土达到 50% 以上的设计强度为止，并不得小于 7d；当环境水具有侵蚀作用时，临时防护措施应延续到混凝土达到 75% 以上的设计强度为止，并不得小于 10d。

## 5.1.2　石砌墩台施工

石砌墩台具有就地取材和经久耐用等优点。在石料丰富地区建造墩台时，在施工期限允许的条件下，为降低工程造价，应优先考虑石砌墩台方案。

### 1.　墩台砌筑的定位放样

垂线法：

当墩台身和基础较低时，可依平面轮廓线砌筑圬工。对于直坡墩台，可用吊垂球的方法来控制定位石的位置。为了方便吊垂球，吊点与轮廓线间应留 1～2cm 的距离，如图 5.1-3（a）所示。对于斜坡墩台，可用规板控制定位石的位置，如图 5.1-3（b）所示。规板的构造如图 5.1-4 所示。使用时，将斜边靠近墩台面。悬垂线若与所画墨线重合，则表示所砌墩台的斜度符合要求。

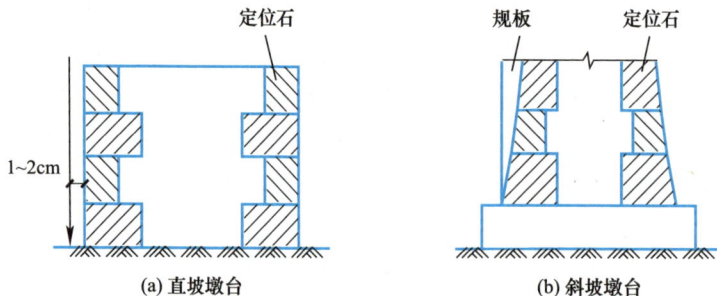

(a) 直坡墩台　　(b) 斜坡墩台

图 5.1-3　垂线法定位

### 2.　墩台砌筑的施工要点

1）基本要求

墩台砌筑的基本要求有：

（1）砌块在使用前必须浇水润湿，表面如有泥土、水锈等，必须清洗干净。

（2）当砌筑基础的第一层砌块时，如基底为岩层或混凝土基础，应先将基底表面清洗、润湿后再坐浆砌筑；如基底为土质，则可直接坐浆砌筑。

（3）应分层砌筑，但两相邻工作断面的砌筑差一般不宜超过 1.2m。分段位置宜尽量设在沉降缝或伸缩缝处，各段的水平砌缝应一致。

（4）各砌层应先砌外圈定位行列，后砌筑里层，外圈砌块应与里层砌块交错连成一体。砌体外露面的镶面种类应符合设计规定，应对砌体外露面进行勾缝，并应在砌筑时靠外露面预留深约 20mm 的空缝，以作勾缝之用。砌体隐蔽面的砌缝可随砌随刮平，不另勾缝。

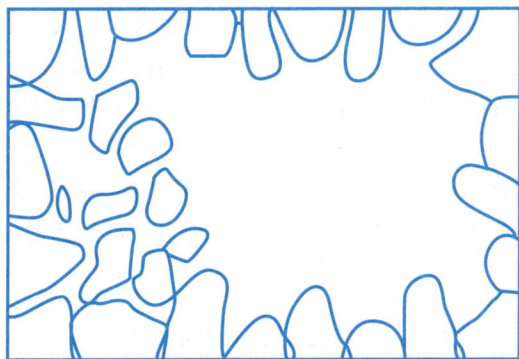

图 5.1-4　规板

（5）各砌层的砌块应安放稳固，砌块间应砂浆饱满、粘结牢固，不得直接贴靠或脱空。

（6）当砌筑上层块时，应避免振动下层块。当砌筑工作中断后恢复砌筑时，应对已砌筑的砌层表面进行清扫和润湿。

2）墩台砌筑的程序和方法

（1）基础砌筑。当基坑开挖完毕并处理后，即可砌筑基础。砌筑时，应自最外边缘开始（定位行列），砌好外圈后填砌腹部。

基础一般采用片石砌筑。当基底为土质时，基础底层石块应直接干铺于地基土上；当基底为岩石时，则应先铺座灰浆再砌石块。第一层砌筑的石块应尽可能挑选大块的，平放铺砌，且交替丁放和顺放，并用小石块填塞空隙，灌以砂浆，然后开始一层一层平砌。每砌 2～3 层就要大致找平后再砌。片石砌体的定位排列和填腹，如图 5.1-5 所示。

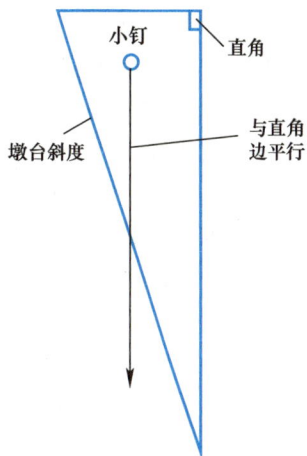

图 5.1-5　片石砌体的定位排列和填腹

（2）墩台身砌筑。当基础砌筑完毕，并检查平面位置和标高均符合设计要求后，即可砌筑墩台身。砌筑前，应将基础顶面洗刷干净。

　　为了美观和更好地防水，墩台表面砌缝，靠外露面需要另外勾缝，靠隐蔽面随砌随刮平。勾缝的形式一般采用凸缝或平缝，浆砌规则块材时也可采用凹缝。勾缝砂浆的强度等级应按设计文件规定，一般主体工程用M10，附属工程用M7.5。砌筑时，外层砂浆留出距石面1～2cm的空隙，以备勾缝。勾缝最好在整个墩台砌筑完成后自上而下进行，以保证勾缝整齐、干净。

　　对形状比较复杂的工程，应先做出配料大样图，如图5.1-6所示，注明块石尺寸；对形状比较简单的工程，也要根据砌体高度、尺寸和错缝等，先行放样配好料石再砌。

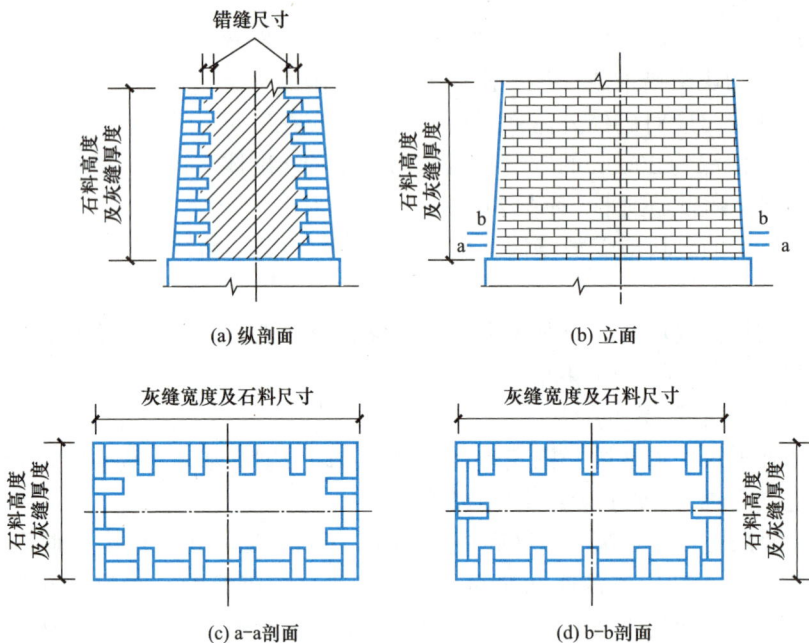

(a) 纵剖面　　　　　　　　　　　(b) 立面

(c) a-a剖面　　　　　　　　　　(d) b-b剖面

图 5.1-6　桥墩配料大样图

　　同一层石料及水平灰缝的厚度要均匀一致，每层按水平砌筑，丁顺相间，灰缝的宽度和错缝距离应按表5.1-1的规定执行。砌石顺序为先角石，再镶面，后填腹。填腹石的分层厚度应与镶面相同。圆端、尖端及转角形砌体的砌石顺序应自顶点开始，按丁顺排列接砌镶面石。桥墩的砌筑如图5.1-7所示，圆端形桥墩的圆端顶点不得有垂直灰缝，砌石应从顶端开始先砌中心石块，如图5.1-7（a）所示，然后按丁顺相间排列，安砌四周的镶面石；尖端形桥墩的尖端及转角处不得有垂直灰缝，砌石应从两端开始，先砌石块①，再砌侧面转角②，如图5.1-7（b）所示，然后丁顺相同排列，安砌四周的镶面石。

浆砌镶面石灰缝的规定　　　　　　　　　　　　　　　表 5.1-1

| 种类 | 灰缝宽度 | 错缝（层间或行列间） | 三块石料相接处的空隙大小 | 砌筑行列高度 |
|---|---|---|---|---|
| 粗料石 | 1.5～2.0 | ≥10 | 1.5～2.0 | 每层石料厚度一致 |
| 半细料石 | 1.0～1.5 | ≥10 | 1.0～1.5 | 每层石料厚度一致 |

续表

| 种类 | 灰缝宽度 | 错缝（层间或行列间） | 三块石料相接处的空隙大小 | 砌筑行列高度 |
|---|---|---|---|---|
| 细料石 | 0.8～1.0 | ≥10 | 0.8～1.0 | 每层石料厚度一致 |

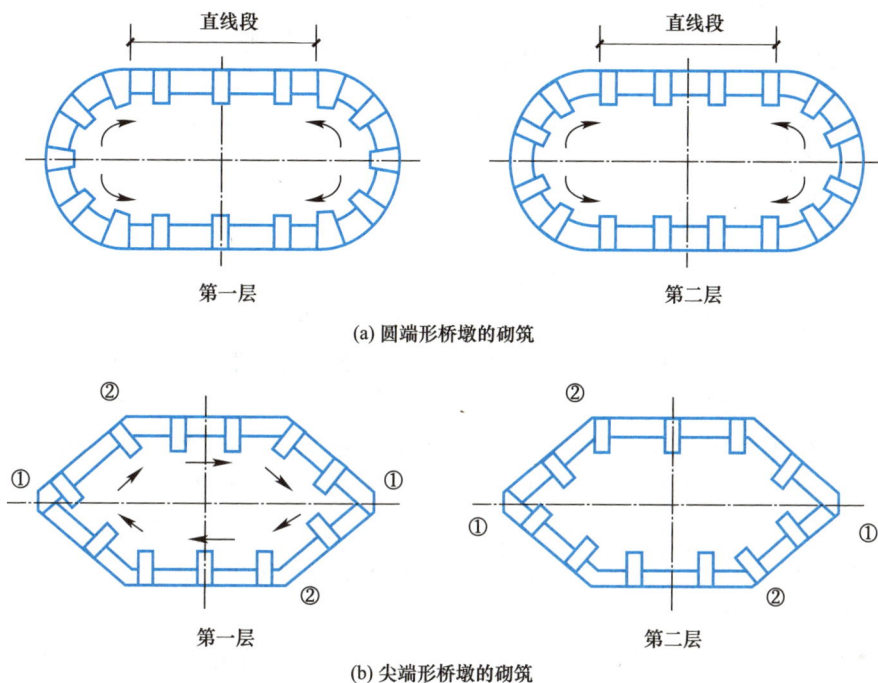

(a) 圆端形桥墩的砌筑

(b) 尖端形桥墩的砌筑

图 5.1-7　桥墩的砌筑

### 3. 砌筑施工质量标准

砌体施工质量应符合以下规定：

1）砌体所用各项材料类别、规格及质量符合要求。

2）砌缝砂浆或小石子混凝土铺填饱满，强度符合要求。

3）砌缝宽度和错缝距离符合规定，勾缝坚固、整齐，深度和形式符合要求。

4）砌筑方法正确，砌体位置、尺寸不超过允许偏差。

墩台砌体位置及外形尺寸允许偏差见表 5.1-2。

墩台砌体位置及外形尺寸允许偏差　　　　　　表 5.1-2

| 序号 | 检查项目 | 砌体类别 | 允许偏差（mm） |
|---|---|---|---|
| 1 | 跨径 $L_0$ | $L_0 \leqslant 60m$ | ±20 |
|  |  | $L_0 > 60m$ | $\pm L_0/3000$ |
| 2 | 墩台宽度及长度 | 片石镶面砌体 | +40，－10 |
|  |  | 块石镶面砌体 | +30，－10 |
|  |  | 粗料石镶面砌体 | +20，－10 |

续表

| 序号 | 检查项目 | 砌体类别 | 允许偏差（mm） |
|---|---|---|---|
| 3 | 大面平整度（2m直尺检查） | 片石镶面 | 50 |
| | | 块石镶面 | 20 |
| | | 粗料石镶面 | 10 |
| 4 | 竖直度或坡度 | 片石镶面 | 0.5%H |
| | | 块石、粗料石镶面 | 0.3%H |
| 5 | | 墩台顶面高程 | ±10 |
| 6 | | 轴线偏位 | 10 |

注：H 为结构高度。

5-3 盖梁施工

5-4 桥台侧墙

### 5.1.3 墩（台）帽施工

墩（台）帽是用来支承桥跨结构的，其位置、高程及垫石表面平整度等均应符合设计要求，以免桥跨结构安装困难，或使墩台帽、垫石等出现破裂或裂缝，影响墩台正常使用功能的发挥和墩台的耐久性。墩（台）帽施工的主要工序如下：

#### 1. 墩（台）帽放样

墩台混凝土（或砌石）灌注至离墩（台）帽底下 30～50cm 高度时，即需要测出墩台纵横中心线，并开始支立墩（台）帽模板、安装锚栓孔或安装预埋支座垫板、绑扎钢筋等。台帽放样时，应注意不要以基础中心线作为台帽背墙线，浇筑前应反复核实，以确保墩（台）帽中心、支座垫石等位置方向与水平高程等不出差错。

#### 2. 墩（台）帽模板

墩（台）帽是支撑上部结构的重要部分，其对尺寸、位置和水平高程的准确度要求较高，浇筑混凝土应从墩台帽下 30～50cm 处至墩（台）帽顶面一次浇筑成型，以确保墩（台）帽底有足够厚度的密实混凝土。图 5.1-8 所示为混凝土桥墩墩帽模板。对于台帽背墙模板，应特别注意纵向支撑或拉条的刚度，防止浇筑混凝土时发生位移，侵占梁端空隙。

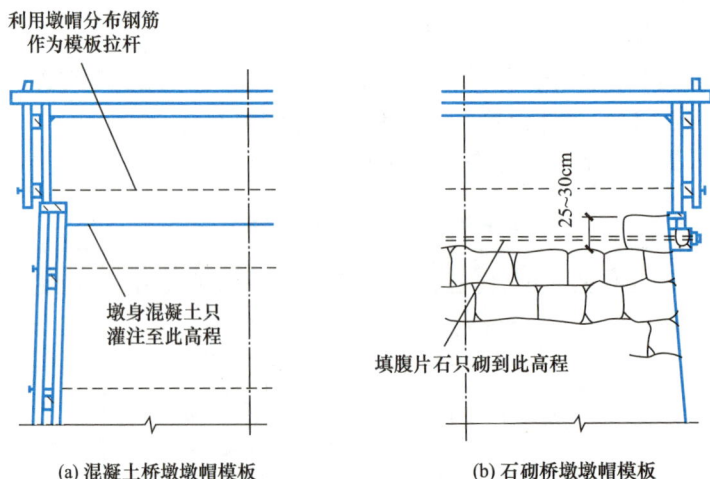

(a) 混凝土桥墩墩帽模板　　　　(b) 石砌桥墩墩帽模板

图 5.1-8　混凝土桥墩墩帽模板

### 3. 钢筋和支座垫板的安设

墩（台）帽钢筋绑扎应按照《公路桥涵施工技术规范》JTG/T 3650—2020 中有关钢筋工程的规定执行。墩（台）帽上支座垫板的安设一般采用预埋支座垫板和预留锚栓孔的方法。前者须在绑扎墩（台）帽和支座垫石钢筋时，将焊有锚固钢筋的钢垫板安设在支座的准确位置上，即将锚固钢筋和墩（台）帽骨架钢筋焊接固定；同时，将钢垫板固定在墩（台）帽模板上。此法在施工时垫板位置经常发生错动，需要经常进行校正。后者须在安装墩（台）帽模板时，安装好预留孔模板，在绑扎钢筋时注意将锚栓孔位置留出。采用此法安装支座时施工方便，支座垫板位置准确。

## 5.2　装配式墩台施工

在跨越山谷、险沟、海洋的大桥建设中，由于施工场地狭窄，机械设备难以达到施工现场，或运输成本过高等原因，大桥的墩台常采用装配式墩台。装配式墩台的优点为结构形式轻便、安装速度快，不需要大型水上拌合船等大型设备，节省施工造价并能保证预制构件的质量。

### 5.2.1　砌块式墩台施工

砌块式墩台的施工大体上与石砌墩台相同，只是预制砌块的形式因墩台形状不同而有很多变化。砌块式墩台不仅节约木材、混凝土量和大量铁件，而且砌缝整齐，观感质量高，施工速度快。

### 5.2.2　装配式柱式墩施工

装配式柱式墩是将桥墩分解成若干轻型部件，在工厂或工地集中预制，再运送到现场装配成桥墩。装配式柱式墩形式有双柱式、排架式、板凳式和钢架式等。施工工序为预制构件、安装连接与混凝土填缝养护等。其中，拼接接头是关键工序，既要牢固、安全，又要结构简单、便于施工。常用的拼装接头有以下几种形式：

#### 1. 拼装接头形式

1）承插式接头。将预制构件插入相应的预留孔内，插入长度一般为 1.2～1.5 倍的构件宽度，底部铺设 2cm 厚砂浆，四周以半干硬性混凝土填充，常用于柱与基础的接头连接。

2）钢筋锚固接头。构件上预留钢筋或型钢，插入另一构件的预留槽内，或将钢筋互相焊接，再灌注半干硬性混凝土，多用于立柱与顶帽处的连接。

3）焊接接头。将预埋在构件中的铁件与另一构件的预埋铁件用电焊连接，外部再用混凝土封闭。这种接头易于调整误差，多用于水平连接杆与立柱的连接。

4）扣环式接头。相互连接的构件按预定位置预理环式钢筋，安装时柱脚先坐落在承台的柱芯上，上下环式钢筋互相错接，扣环间插入 U 形短钢筋焊牢，四周再绑扎钢筋一圈。立模浇筑外围接头混凝土，要求上下扣环的预埋位置正确，施工较为复杂。

5）法兰盘接头。在相互连接的构件两端安装法兰盘，连接时用法兰盘连接，要求法兰盘的预埋位置必须与构件垂直。接头处可不用混凝土封闭。

**2. 装配式柱式墩台施工要点**

1）对墩台柱构件与基础顶面预留的环形基座编号，并检查各个墩台高度是否符合设计要求；基杯口四周与柱边的空隙不得小于2cm。

2）墩台柱吊入基杯内就位时，应在纵横方向测量，使柱身的垂直度或倾斜度及平面位置均符合设计要求；对重大、细长的墩柱，需要用风缆或撑木固定后才可摘除吊钩。

3）在墩台柱顶安装盖梁前，应先检查盖梁口预留的槽眼位置是否符合设计要求，否则应先修凿。

4）柱身与盖梁（顶帽）安装完毕并检查符合要求后，可在基柱空隙与盖梁槽眼处灌注稀砂浆。待其硬化后，撤除楔、支撑或风缆，再在楔孔中灌填砂浆。在基础或承台上安装预制混凝土管节、环圈作墩台的外模时，为使混凝土基础与墩台连接牢固，应由基础或墩台中伸出钢筋插入管节、环圈中间的现浇混凝土内，插入钢筋的数量和锚固长度应按设计规定或通过计算决定。管节或环圈的安装、管节或环圈内的钢筋绑扎和混凝土浇筑，应按《公路桥涵施工技术规范》JTG/T 3650—2020的有关规定执行。

## 5.2.3 后张法预应力混凝土装配式墩施工

装配式预应力钢筋混凝土墩分为基础、装配墩身和实体墩身三大部分。其中，装配墩身由基本构件、隔板、顶板和顶帽四种不同形状的构件组成，用高强度钢丝穿入预留的上下贯通的孔道内，张拉锚固而成。实体墩身是装配墩身与基础的连接段，其作用是锚固预应力钢筋，调节装配墩身高度及抵御洪水时漂流物的冲击等。

施工工艺流程为施工准备、构件预制及墩身装配。施工的全过程中贯穿着质量检查工作。浇筑实体墩身时，要按装配构件孔道的相对位置预留张拉孔道和工作孔。

构件装配的水平拼装缝采用M5水泥砂浆，砂浆厚度为15mm，以便于调整构件水平高程，不使误差积累。安装构件时，要求确保"平、稳、准、实、通"五个关键，即起吊要平，构件顶面要平，内外壁砂浆接缝要抹平；起吊、降落、松钩要稳；构件尺寸要准，孔道位置要准，中线要准及预埋配件位置要准；接缝砂浆要密实；构件孔道要畅通。

预应力钢丝束的张拉位置既可以在墩帽上，也可以在实体墩下。墩帽上和实体墩下张拉利弊的比较见表5.2-1，实际工程中多在墩帽上张拉。

墩帽上和实体墩下张拉利弊的比较

表5.2-1

| 张拉位置 | 墩帽上张拉 | 实体墩下张拉 |
|---|---|---|
| 特点比较 | 1. 高空作业，张拉设备需起吊，人员需要在墩帽操作；<br>2. 在直线段张拉，不计算曲线管道摩阻损失；<br>3. 向下垂直安放千斤顶，对中容易；<br>4. 实体墩开孔小，削弱面积小，不必割断钢筋 | 1. 地面作业，机具设备搬运方便，但彼此看不见指挥，不如墩帽操作方便；<br>2. 必须计算曲线管道摩阻损失；<br>3. 向上斜向安装千斤顶，对中较困难；<br>4. 实体墩开孔大，削弱面积大，必须割断钢筋，增加了封锚的工作量 |

孔道压浆前应先用高压水冲洗。压浆时最好由下而上进行压注。压浆分初压与复压，初压后约停 1h，待砂浆初凝后即可进行复压，复压压力为 0.8～1.0MPa，初压压力可小一点。压浆时，若构件上的砂浆接缝全部润湿，说明接缝砂浆空隙中压入了水泥浆，起到了密实接缝的作用。实体墩身的封锚应采用与墩身同强度等级的混凝土，同时要采取防水措施。在顶帽上封锚时，应首先将钢筋网罩焊在垫板上（单个或多个连在一起），然后用混凝土封锚。

## 5.3  高桥墩施工技术

公路或铁路桥梁通过深沟宽谷或大型水库时采用高桥墩，能使桥梁更为经济、合理，不仅可以缩短路线，节省造价，而且可以提高运营效率，减少日常维护工作。高桥墩的特点为：墩高、圬工数量多而工作面积小，施工条件差，需要采用特殊的施工工艺，常用的有滑模施工法、爬升模板施工法和翻升模板施工法。这些施工方法的共同特点是：模板依附于浇筑完成的墩壁上，并随着墩身的逐步加高而向上升高。

### 5.3.1  爬升模板施工

#### 1. 爬模构造

爬模是在滑模的基础上研制的一种高墩施工模板系统。它克服了滑模的一些缺点，使高墩的施工质量更有保障。本节介绍一种"内爬外挂整体液压自升式爬模"，该爬模主要组成部分有：网架主工作平台、双悬臂双吊钩塔式起重机、内外套架、内爬支架结构、外挂 L 形支架、液压顶升控制系统、模板及支撑系统和配电设备等，如图 5.3-1 所示。各部分功能阐述如下：

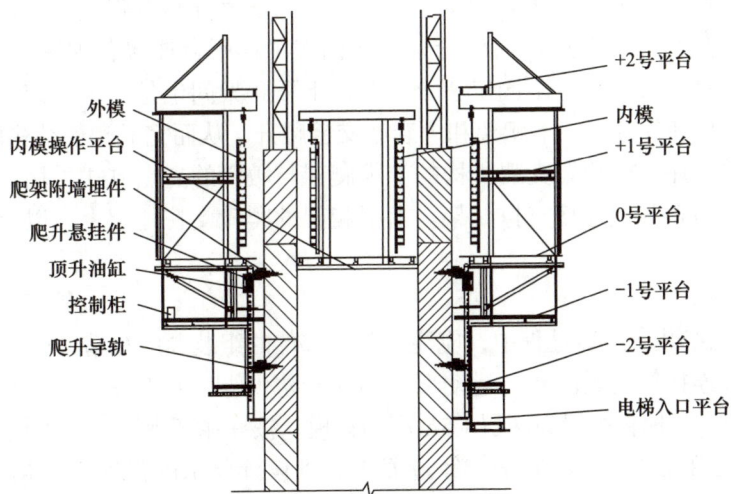

图 5.3-1  爬模构造示意图

1）网架主工作平台：它是整个爬模系统的工作平台，采用空间网架结构，重量轻，承载能力强，在其上面安装中心塔式起重机，下面安装顶升爬架，中间安装各种桥梁墩台与基础工程操作控制配电设备。它主要承担吊塔重量和运料时的冲击力，下面的液压缸通过外套架提供顶升力和四周 L 形支架的支撑反力。整个网架结构采用万能杆件和连接板用螺栓拼组而成，构件的运输、组装和拆卸方便。

2）中心塔式起重机：连接在网架平台中心处，随爬模一起上升，采用双悬臂双吊钩形式，以减少配重，可双向上料并能旋转，也可单向单斗上料，另一端挂配重。上料方便，效率较高，具有一般塔式起重机的性能。

3）L 形支架：上部连接于网架平台四周，下部与已经凝固的墩壁连接，以增加爬模的整体稳定性，并可作为墩身养护、表面整修及施工墩帽的脚手架。其结构采用型钢件和连接板拼组，拆卸方便。

4）内外套架：它是整个爬模体系的顶升传力机构。爬模的上升，靠内外套架间相对运动而实现。为保证升降平稳，在内外套架间设有导向轮。导向轮采用轴承，调整方便，滑动自如。采用型钢杆件拼装拆卸方便，工艺性能好。

5）内爬支腿机构：即上下爬架，是爬模的爬升机构，依靠上下爬架的交替上升，从而达到爬模的升高。采用箱形结构，受力状态好，可以调整，以适应各种不同的截面，操作方便。

6）液压顶升机构：它是整体爬模爬升的动力设备。采用单泵、双油缸并联、定量系统、体积小、总量轻，结构紧凑，起升平稳。既可实现提升作业，又可将整个内外套架和内爬腿沿内壁逐级爬下，以便在墩底解体，方便施工。

7）模板体系：采用专用大块钢模，以加快支、拆速度，提高墩身混凝土的表面质量。

## 2. 爬升原理

爬模的爬升原理是以空心桥墩已凝固的混凝土墩壁为承力主体，内爬支腿机构的上下爬架及液压顶升油缸为爬升设备主体，油缸的活塞杆与下爬架铰接，缸体与上爬架铰接，上爬架与外套架连接而外套架又与网架工作平台连接，支撑整个爬模结构。通过油缸活塞杆与缸体间一个固定一个上升，上下爬架间也是一个固定、一个相对运动，达到上爬架和外套架、下爬架和内套架交替爬升，从而完成爬模结构整体的爬升、就位、校正等工序。内爬架支腿机构的上下爬架与墩壁的支点方式采用在墩壁上预埋穿墙螺栓，然后在其上连接支撑托架。上下爬架的爬靴支在托架上，以此为支撑点向上爬升。

## 3. 爬模施工

1）爬模的组装：组装过程中，应注意各大部件的组装顺序和精度要求。

要保证各连接件的紧固和各运动部位的润滑防尘等，并设立安全保护设施，确保组装工作的安全。模板配置为两层 1.5m 高的钢模，按一循环灌注一节模板混凝土施工。当上一节模板内混凝土灌注完毕，经过养生达到设计要求的强度后，爬架开始爬升。就位后，拆下面一节模板，同时进行待灌注一节的钢筋绑扎，并把拆下的模板立在上节模板之上，再进行混凝土灌注、养生、爬架爬升等工序。如此往复循环，两节模板连续倒用，直至完成整个墩身的混凝土灌注。施工步骤见图 5.3-2。

```
┌─────────────────────────────────┐
│   埋设锚锥、浇筑第1节段混凝土      │
└─────────────────────────────────┘
                 ↓
┌─────────────────────────────────┐
│   拆模，以起始段锚锥为支点拼装爬架  │
└─────────────────────────────────┘
                 ↓
┌─────────────────────────────────┐
│ 调整模板位置、埋设锚锥及浇筑第2节段混凝土 │
└─────────────────────────────────┘
                 ↓
┌─────────────────────────────────┐
│   拆模、安装并爬升轨道使其上部挂在  │
│   描锥悬挂件上形成爬升轨道          │
└─────────────────────────────────┘
                 ↓
┌─────────────────────────────────┐
│          安装下吊架              │
└─────────────────────────────────┘
                 ↓
┌────────────────────────────┐      ┌──────────────┐
│ 主筋镦粗直螺纹快速接长、安装定位架 │ ←── │ 提升爬架并固定 │
└────────────────────────────┘      └──────────────┘
                 ↓                          ↑
┌─────────────────────────────────┐         │
│          钢筋绑扎               │         │
└─────────────────────────────────┘         │
                 ↓                          │
┌─────────────────────────────────┐         │
│   埋设锚锥、模板安装就位          │         │
└─────────────────────────────────┘         │
                 ↓                          │
┌─────────────────────────────────┐         │
│        浇筑节段混凝土            │         │
└─────────────────────────────────┘         │
                 ↓                          │
┌─────────────────────────────────┐         │
│   施工缝处理、混凝土养护          │─────────┘
└─────────────────────────────────┘
```

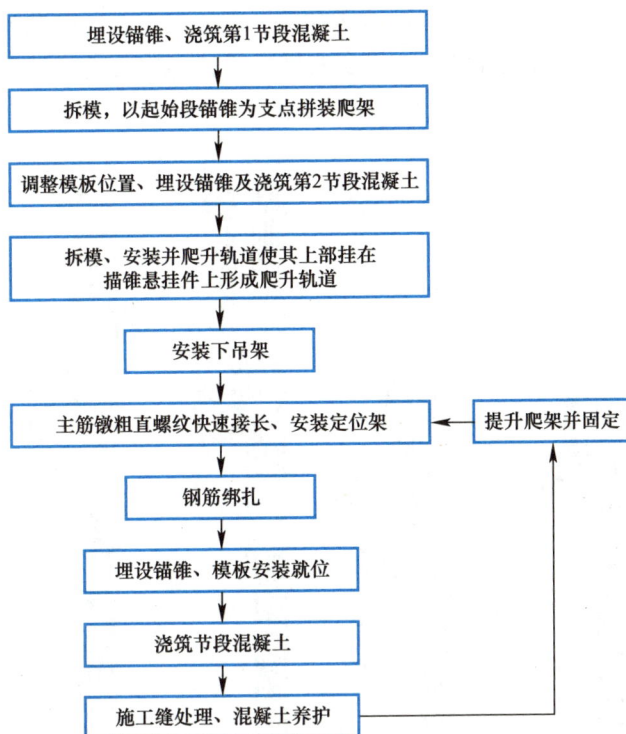

图 5.3-2 墩身爬模施工工艺流程图

2）绑扎钢筋：按设计要求布置墩身护壁钢筋，钢筋接长在前次混凝土顶面 1.6m 范围内进行；大于 1.6m 的钢筋暂不接长，每次接长 3m 左右。在竖直钢筋的接长和绑扎过程中不得损坏内外模板，并注意预埋穿墙螺栓和套筒位置。

3）拆立模板：在绑扎钢筋的同时，进行第二节模板的拆除和倒用，拆模时注意不要硬撬。拆模后要及时进行检查整修，清除模板表面的灰浆污垢并涂刷脱模剂；在安装新一层模板前，应将模板分成 3～4 块大模板，按照事先列出的模板收分表分别予以调整收分。

4）灌注混凝土：在爬模施工中，墩身通过穿墙螺栓承受全部施工荷载，所以一定要保证混凝土的质量。浇灌前，要先对模板的各部位特别是预埋穿墙螺栓的位置进行认真的检查，混凝土应严格执行对称分层浇灌、分层振捣、均匀浇圈的制度。混凝土入模时要均匀倒入模板内，注意不要冲击模板和平台杆件。

5）爬升：先将上爬架的 4 个支腿（爬靴）部分收缩，然后操纵液压控制两顶升油缸活塞杆支撑在下爬架上，两缸体同时向上顶升。并且，通过上爬架、外套架带动整个爬模结构向上爬升。待行程达 1.5m 时，停止爬升。调节专门丝杆，伸出 4 个支腿，使爬靴就位，支在爬升支架上（此处混凝土是 3～4d 前浇筑的）；然后，再操纵液压控制台，使活塞收回，带动下爬架、内套架上升就位，并把下爬架支腿支撑好。在爬升工序里，还包括接长外挂爬梯、放钢丝绳、拆穿墙螺栓及其倒用等。如图 5.3-3 所示。

6）墩帽施工：当爬模网架主工作平台下面高于墩顶设计标高 30cm 时，停止爬升。墩身混凝土灌注到空心段标高时停止，并在墩壁的适当位置预埋连接螺栓；将墩壁内模拆除，并把 L 形外挂支架顶部杆件连接在预埋螺栓上，以此搭设墩帽外模板。利用空心墩顶端内爬架及墩壁预埋螺栓支设实心墩底模，利用爬模本身的塔式起重机完成墩顶实心段和墩帽的施工。

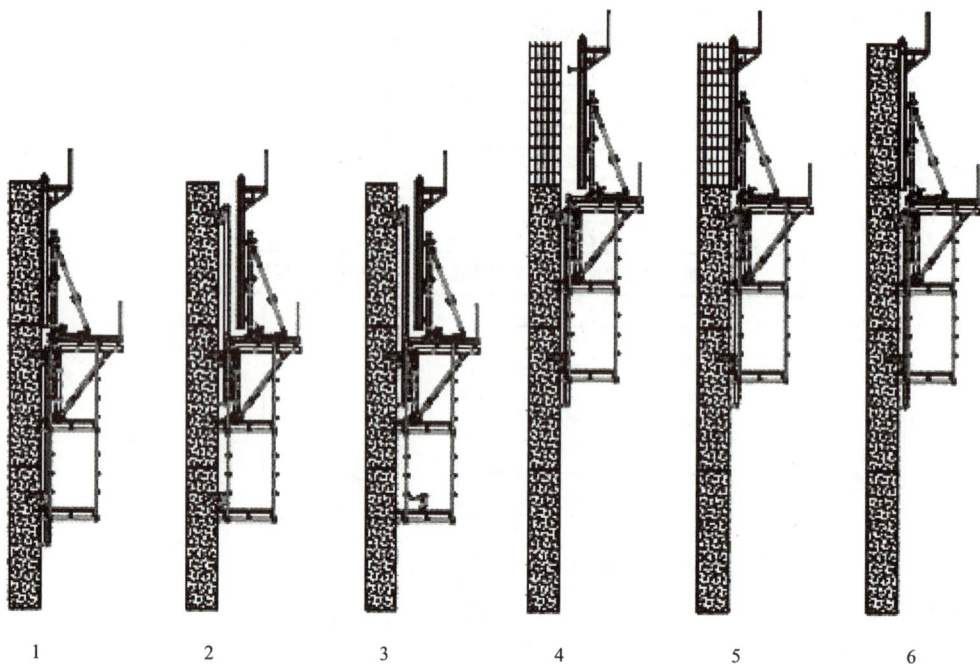

图 5.3-3　爬模爬升流程

1—浇筑混凝土，待达到要求强度后，拆除模板；2—安装埋件挂座，通过液压装置提升导轨；3—拆除下部埋件挂座，以备下一次周转，通过液压装置提升支架（一面为一组）；4—绑钢筋，裁模板，安装预埋件；5—支模，连接对拉螺杆；6—浇筑混凝土，待达到要求强度后拆除模板

7）爬模拆卸：爬模分两部分拆卸。第一部分是位于墩身内部的内爬升机构，包括内外套架、上下爬架、油缸等；第二部分包括网架工作平台、起重机机构、外挂架等所有外部结构。拆卸过程中必须设置安全保护措施，并按照拆卸顺序和高空作业安全规则进行，各部分的拆除必须严格对称，边拆边运。外部机构可利用爬模的塔式起重机拆除，此时应保证起重机井架底部与墩顶的连接必须牢固、可靠。塔式起重机用墩顶上临时安装的简易扒杆来拆除。对拆除的爬模零部件应进行检查、维修，妥善保管，分类存放，以备再用。

## 5.3.2　滑升模板施工

滑升模板是用一节模板，连同工作脚手架以整体形式安装在基础顶面。依靠自身的支承和提升系统，在灌注混凝土的同时，模板也慢慢向上滑升。这样，就可以连续不断地灌注混凝土。此法施工的优点是墩台整体性好，施工速度快，高空施工安全；缺点是由于使用了半干硬性混凝土，表面质量难以控制。

### 1. 构造

根据桥墩类型、墩身坡度、截面形状和提升方式的不同，可以设计成不同的形式。

这里介绍电动液压千斤顶提升的圆形空心墩滑升模板构造。

滑升模板主要有卸料平台、工作平台、内外模板、内外吊架和提升设备等组成，如图 5.3-4 所示。下面，对各个组成部件的功能加以介绍。

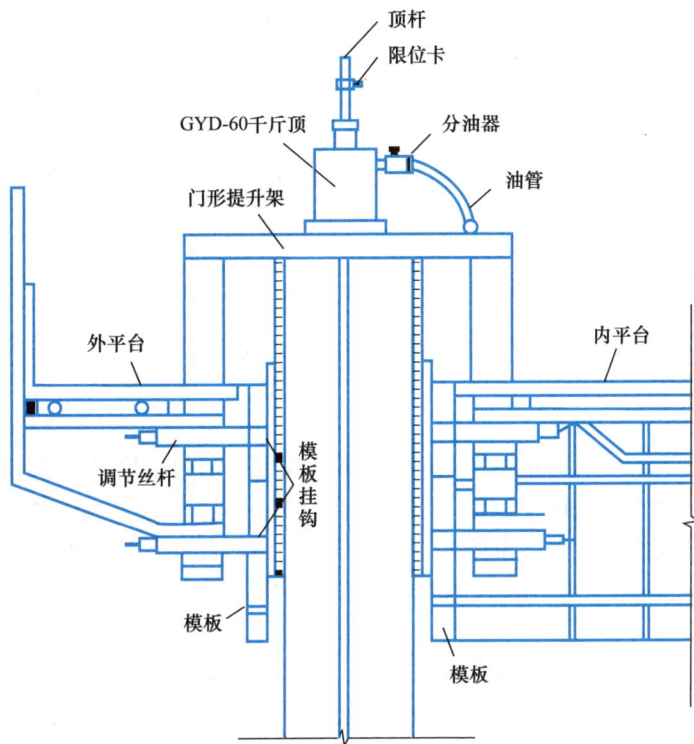

图 5.3-4　滑升模板构造

1）卸料平台：由钢环、横梁、立柱、栏杆、步板和串筒等组成，是堆放、灌注混凝土和起重指挥的作业台。

2）工作平台：由内外钢环、辐射梁、栏杆和步板等组成，是整个模板结构的骨架。它除了为捣固混凝土、绑扎钢筋、操作液压系统、测量纠偏、存放部分钢筋和顶杆等施工材料提供场地，还用它将与其他部分连接起来，并将整个滑板通过液压千斤顶支承到顶杆上。

3）内外模板：内外模板采用钢面板、角钢和槽钢制成，分固定模板和活动模板两种。固定模板为焊成整块的模板。每块活动模板由 5 块可拆卸的小模板组成，这些小模板的竖带上都焊有螺母，再用螺栓与横带组装在一起。活动模板安装在收坡丝杆上，收坡丝杆安装在立柱上，立柱固定在辐射梁上。活动模板则搭接在两块固定模板之间，支承在固定模板的横带上。

4）内外立柱和收坡丝杆：内外立柱安装在辐射梁上，是内外模板的支承。收坡丝杆为一根车有螺纹的螺杆。它穿入焊在立柱上的螺母中固定模板位置，又是控制模板收坡的构件。

5）内外吊架：吊架由竖杆、横杆、步板和安全网等组成。为抹面、养护和收坡作业的脚手架。

6）提升设备：提升设备由电动液压千斤顶、顶杆与套管、液压操作台和输油管等组成。顶杆是液压千斤顶的爬行杆，又是整个模板的支承杆。顶杆用 φ25 圆钢制成，每节长 2～3m，两端分别车有丝扣用来接长，顶杆接头应错开；套管内径应比顶杆稍大，长度应不小于 1.5m，套在顶杆的外面并连接在辐射梁上，随模板上升，其作用是防止混凝土与顶杆粘结。一边桥墩竣工后，回收顶杆；常用的 HQ 型液压千斤顶的特点是支承顶杆从千斤顶中心穿入，千斤顶只能上升、不能下降，故又称为穿心式单作用液压千斤顶。施工时，将千斤顶底座连接在工作平台辐射梁上，顶杆从上插入千斤顶中心孔内并抵到底，接通液压管路，千斤顶即可开始工作。

### 2. 模板提升

1）进油提升：利用油泵将油压入缸盖与活塞之间，在油压作用之初上卡头立即卡紧顶杆，使活塞不能向下移动。随着缸盖与活塞间进油量的增加，高压油使缸盖连接缸筒、底座及整个结构一起上升，直至上下卡头顶紧，提升暂停。此时，弹簧处于完全压缩状态。

2）排油归位：开通回油管路，解除油压，利用排油弹簧推动上下卡头使其与顶杆顶紧；同时，推动上卡头向上运动，将油排出缸筒。在千斤顶及整个滑模位置不变的情况下，使活塞回到进油位置。至此，完成一个提升过程。为了使各液压千斤顶协调一致工作，应使油泵与各千斤顶用高压油管连通，由操作台集中控制，如图 5.3-5 所示。

### 3. 收坡

收坡主要靠转动收坡丝杆模板，使内、外模板在提升的同时，根据墩内外半径缩小的情况，在辐射方向变更模板位置。在提升过程中，随着墩身直径的缩小，模板的周长也相应缩短；因此，固定模板之间的活动模板相互搭叠。随着墩身截面周长的缩短，模板搭叠范围将不断增大。待搭叠增大至一定限制时，可抽出部分活动模板，再继续提升收坡。

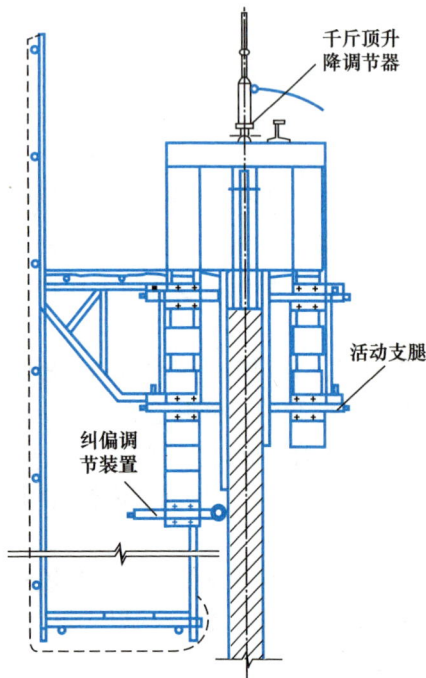

图 5.3-5　模板提升

### 4. 施工程序要点

1）组装，在墩位上就地进行组装。组装步骤大致如下，如图 5.3-6 所示：

（1）在基顶定出桥墩中心线，并用墨线弹出内外模板上下口的投影，搭设拼装枕木垛。

（2）在枕木垛上先安放内钢环并准确定位。再一次安装辐射梁、外钢环、立柱与收坡丝杆、模板、千斤顶、套管、安插顶杆及输油管路等。

（3）待模板提升 2m 后，再安装内吊架和安全网。

2）灌注混凝土

施工要求混凝土早强，所以常采用低流动性

或半干硬性混凝土，以便及早脱模，加快提升速度；要分层、分片对称灌注，并及时进行捣固，不得漏捣或重捣，不得碰顶杆、钢筋或模板；脱模时，混凝土应达到拆模强度。为缩短脱模时间，可根据气温掺用速凝剂，以便使混凝土早强；脱模后，立即对混凝土表面的缺陷进行修饰。

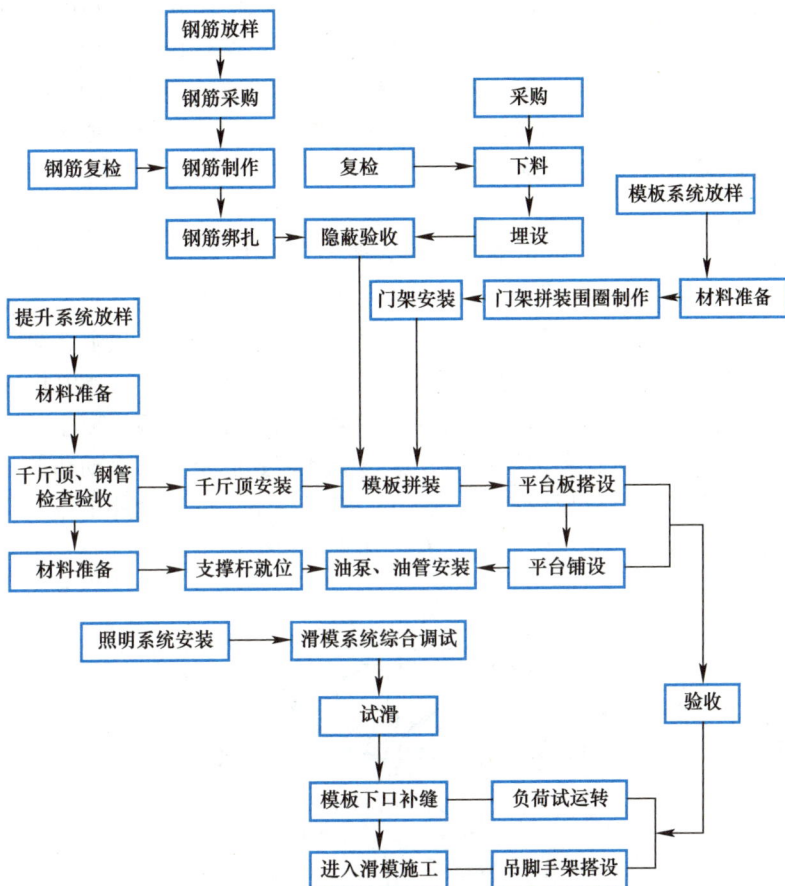

图 5.3-6　组装工序工艺流程图

3）提升与收坡：当组装好后，先灌注混凝土 50～70cm 左右，进行试提升（初升）2～5cm，以防止已灌注的混凝土与模板粘结。检查提升设备和模板各部分是否正常工作，发现问题及时处理，还应检查脱模混凝土强度增长是否正常。检查符合要求时，方可进入正常提升阶段。正常提升是每灌注一层混凝土，就提升一次模板。在正常情况下，前后两次提升模板时间不超过 1h。提升后，模板上口距离混凝土面不宜超过 50cm，以防模板走动。随着模板的提升，应转动收坡丝杆，调整墩壁曲面半径，使其符合设计要求的收坡坡度。

4）接长顶杆、绑扎钢筋：模板每提升一定高度后，就需要穿插进行接长顶杆、绑扎钢筋及按设计要求，做好预留孔和预埋构件等工作。

5）混凝土停工处理：在施工中，由于工序的改变或发生意外事故，使混凝土灌注工作停止较长时间。在此情况下，要注意进行停工处理，例如，每隔 30min 提升模板一次，一般提升 2～4 次即可，以免模板与混凝土粘结；同时，在混凝土表面插入短钢筋，以加强新老混凝土的连接。复工时，要将混凝土表面凿毛并清理干净。

### 5.3.3 翻模施工

翻模由滑模演变而来（在桥梁高墩施工中，存在顶杆回收率低、设备多等缺陷）。将翻模技术引进桥梁施工后，经实际使用，效果良好。翻模由上、中、下三节模板组成。随着混凝土的连续灌注，下层混凝土达到拆模强度后，由下向上地将模板拆除，连续支立。如此，循环往复，完成桥墩的灌注工作。翻模施工技术适用于圆形、圆锥形、矩形等各种截面形式的高墩施工。

#### 1. 翻模的构造

翻模主要由内外模板、三角支架、斜拉索具、卸料平台、拆模吊篮等组成。如图 5.3-7 所示，再配合塔式起重机、手动葫芦等起重提升设备共同完成高墩施工。施工时，第一节模板支立于墩身基顶上，第二节模板支立于第一节模板上，第三节模板支立于第二节模板上。当第三节模板内混凝土强度达到 3MPa，第一节模板内混凝土强度达到 10MPa 时，拆除第一节模板。此时，荷载由已硬化的墩身混凝土传至基顶。将第一节模板作少量调整后，利用模板内外固定架和塔式起重机、手动葫芦，将其翻升至第四层，依次循环向上，形成拆模、翻升、模板拼组、搭设内外工作平台、钢筋焊接绑扎、接长泵送管道、灌注混凝土、养生和测量定位的不间断作业，直至达到设计高度。

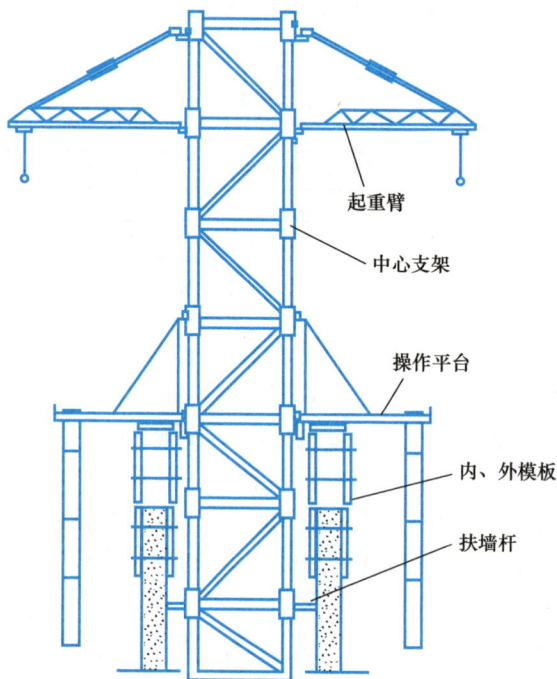

图 5.3-7　翻模构造图

**2. 施工工艺**

1）翻模施工过程示意见图 5.3-8。

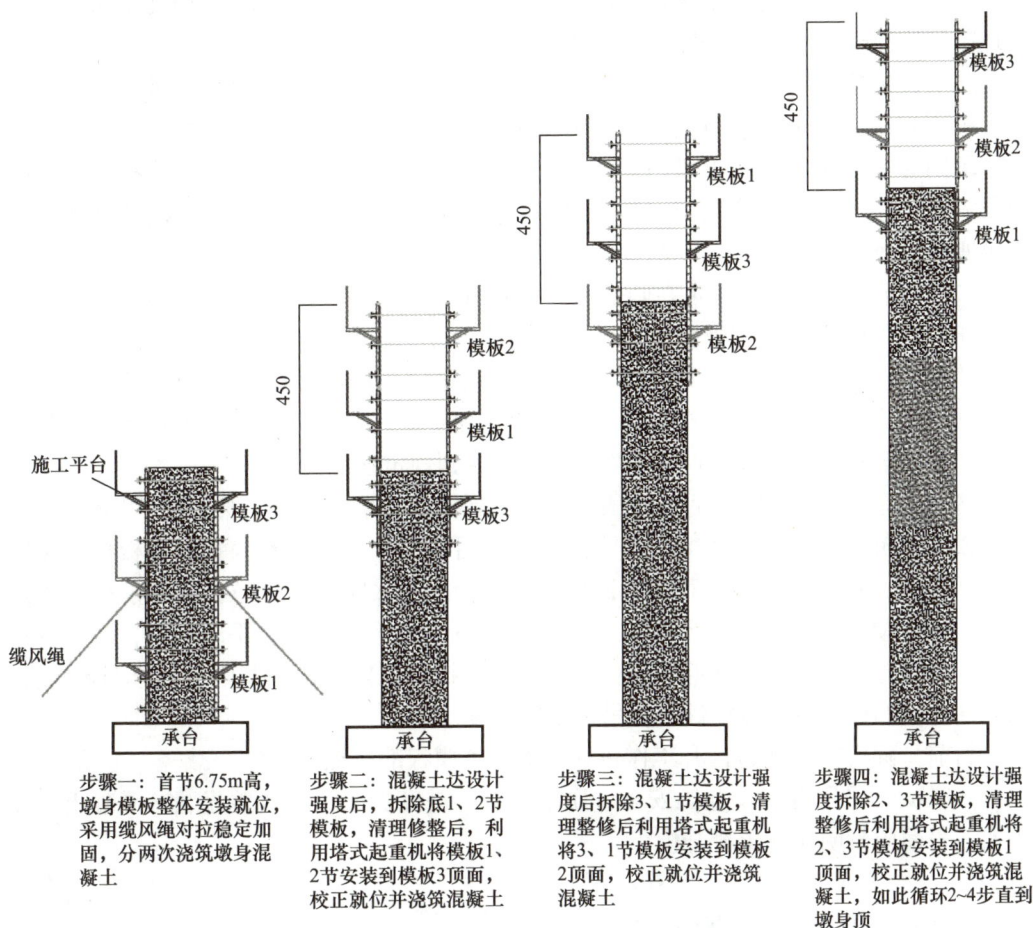

步骤一：首节6.75m高，墩身模板整体安装就位，采用缆风绳对拉稳定加固，分两次浇筑墩身混凝土

步骤二：混凝土达设计强度后，拆除底1、2节模板，清理修整后，利用塔式起重机将模板1、2节安装到模板3顶面，校正就位并浇筑混凝土

步骤三：混凝土达设计强度后拆除3、1节模板，清理整修后利用塔式起重机将3、1节模板安装到模板2顶面，校正就位并浇筑混凝土

步骤四：混凝土达设计强度拆除2、3节模板，清理整修后利用塔式起重机将2、3节模板安装到模板1顶面，校正就位并浇筑混凝土，如此循环2~4步直到墩身顶

图 5.3-8　翻模施工过程示意图

2）施工要点：

（1）立模准备：根据基顶中心放出立模边线，立模边线外用砂浆找平，找平层用水平尺分别抄平。待砂浆硬化后，由线中心向两边立模。

（2）模板安装：模板用塔式起重机吊装，人工辅助就位。首先，选择墩身一个面拼装外模；然后，一次性地将整个墩身第一节段外模板组装完毕；接着，吊装内模板，用螺栓将模板连成整体，再安装钮带和对拉螺栓。模板形成后检查各部分的安装尺寸，符合安装标准后吊装模板固定架。为保持已安装模板的整体性，模板固定架采用间隔安装；之后，搭设内外作业平台；最后，安装护栏和安全网。

（3）立模检查：第一节模板安装后，用水准仪和全站仪检查模板顶面标高和墩身中心及平面尺寸，符合标准后进行下一道工序。

（4）钢筋和混凝土作业：第一节模板安装后，绑扎钢筋经检查合格后，安装混凝土灌注漏斗。混凝土经输送泵送至漏斗入模，混凝土采用水平分层灌注，每层厚度一般为 40cm。灌注完的混凝土要及时养生强度达到 3MPa 以上时，清除浮浆，凿毛混凝土表面，用以上工艺进行第二、三段施工。

（5）第三节混凝土强度达到 3MPa 以上，第一节混凝土强度达到 10MPa 时，凿毛清理第三节混凝土，准备第四节墩身的施工。

（6）模板翻升作业：在第二节模板内外围或模板固定架上挂吊篮，拆除第一节内外木板固定架，用手动葫芦挂住第一节钢模板，松开内外木板之间对拉螺栓，卸下第一节段内外围带用塔式起重机吊运至第三节混凝土面平台上。将第一节段拆下的第四节段需要的模板吊运到第三节混凝土顶面，清理模板并涂刷脱模剂后安放线尺寸组装为第四节模板；然后，按第一节的安装次序安装其余部分。

（7）每节模板安装时，可在两节模板的缝隙间用薄钢板塞填，以便纠偏。

（8）墩顶封闭：当模板翻升至墩顶封闭段设计标高时，暂停施工。在内外侧模板上安装封闭段底模板，其支架采用焊接的钢架，模板用刨光的木板，拼缝要严密，刷脱模剂后绑定好钢筋安装外模板、围带、模板固定架、搭设外侧施工平台和安装防护栏，挂好安全网，灌注墩顶封闭混凝土，养护达到规定强度。

（9）拆除、施工至墩顶后，墩顶仍保留 3 节模板，墩身混凝土强度大于 10MPa 时，拆除模板。拆除时，按先底节、再中间节、最后顶节的顺序进行。每节模板拆除按安全网、栏杆、脚手板、平台和模板固定架、围带、连接螺栓、钢拉杆、钢模板的顺序进行。为方便拆除，在墩顶预埋吊装环。利用吊装环悬挂吊篮和手动葫芦，进行拆除吊运作业。施工电梯和塔式起重机由上至下进行拆除。拆除至底节段时，分别解体后，与先期拆下的模板及模板组件一并吊运至存放场，整修、存放。

目前，翻模亦发展为自升工作台式，提高了模板的机械化程度，减轻了劳动强度，但投入较大。采用翻模，施工安全，质量可靠，进度快，经济效益显著。混凝土外光内实，表面质量明显优于滑升模板。

## 5.4 桥台附属结构的施工

### 5.4.1 锥坡施工

桥台锥坡是为了保护桥台与引道路基的稳定，防止冲刷而在桥头两侧设置的锥体护坡。锥坡一般为椭圆形曲线，锥体坡面沿长轴方向与路基边坡相同，一般为 1:1.5，沿短轴方向为 1:1，锥体坡顶与路基外侧边沿同高。当台后填土高度大于 6m，路堤边坡采用变坡时，锥坡也应做相应的变坡处理。锥坡内部用砂土或卵砾石填筑夯实，表面用片石干砌或浆砌，一般砌筑厚度为 20～35cm。坡脚以下根据地基情况及流速大小设置基础，或将坡脚伸入地面以下一段，并适当加厚趾部。

在不受水流冲刷影响的地方，锥坡可以考虑采用铺盖草皮或干砌片石网格代替满铺的片石铺砌，也可以将锥坡的下段用片石满铺。但是，上段铺草皮，以节约圬工数量。

#### 1. 桥台锥体护坡施工要点

1）在大孔土地区，应检查护坡基底及护坡附近有无陷穴，并彻底进行处理，保证护坡稳定。

2）锥体填土应按高程及坡度填足。砌筑片石厚度不足时，再将土挖去，不允许填土不足。临时边砌石，边补填土。护坡拉线时，坡顶应预先放高 20~40mm，使护坡随锥体填土沉陷后，坡度仍符合规定。

3）护坡基础与坡脚的连接面与护坡坡度垂直，以防坡脚滑移。

4）砌石时拉线要张紧，表面要平顺，护坡片石背后应按规定做碎石倒滤层，防止锥坡土方被水侵蚀变形。

5）护坡与路肩或地面的连接必须平顺，以利排水，并避免砌体背后冲刷或渗透而导致坍塌。

### 2. 台后填土要求

1）桥涵台背、锥坡、护坡及拱上各种填料，宜采用天然砂砾、二灰土、水泥稳定土或粉煤灰等轻质材料，不得采用含有泥草、腐殖质或冻土块的土。

2）台背填土应顺路线方向。自台身起，其填土的长度在顶面应不小于桥台高度加 2m，在底面应不小于 2m，拱桥台背填土的长度不应小于台高的 3~4 倍。锥坡填土应与台背填土同时进行，并应按设计宽度一次填足。

3）台背回填应严格控制分层厚度和密实度，应设专人负责监督检查。检查频率应为每 50m2 检验 1 点，不足 50m$^2$ 时应至少检验 1 点。每点都应合格，且宜采用小型机械压实。桥涵台背填土的压实度不应小于 96%。

4）台背填土的顺序应符合设计规定。设计未规定时，拱桥台背填土宜在主拱圈安装或砌筑以前完成；梁式桥轻型桥台的台背填土，宜在梁体安装完成以后，在两端桥台平衡地进行；埋置式桥台的台背填土，宜在柱侧对称、平衡地进行。

5）对位于软土地基处的桥台，可采取先填筑再进行基础和台身施工的方式。

### 3. 台后泄水盲沟施工

1）地下水较少时，泄水盲沟以片石、碎石或卵石等透水材料砌筑，并按坡度设置。沟底用黏土夯实。盲沟应建在下游方向，出口处应高出一般水位 0.2m。平时无水的干河应高出地面 0.3m。

2）桥台在挖方内横向无法排水时，泄水盲沟在平面上可在下游方向的锥体填土内折向桥台前端排出，在平面上呈 L 形。

### 4. 防震挡块施工

防震挡块是设置于盖梁和台帽上且置于梁端两侧的防震构造，其目的是防止上部结构在纵横桥向产生过大的位移，甚至落梁。防震挡块为桥梁结构的重要构件，当大地震发生时，防震挡块是第一道防护，保护上部构造和墩台安全，因此，挡块的施工质量应严格控制。施工时，在盖梁上按设计图纸预埋挡块钢筋，并设置钢筋网，然后浇筑混凝土。

## 习　　题

一、单项选择题

1. 当日平均气温低于（　　　）℃时，应采取保温养护措施，并不得对混凝土洒水养护。

    A. −5             B. 0             C. 5             D. 10

    2. 台背填土应顺路线方向，自台身起，其填土的长度在顶面应不小于桥台高度加（　　　）m。

    A. 0.5          B. 1.0          C. 1.5          D. 2.0

    3. 台后泄水盲沟应建在下游方向，出口处应高出一般水位（　　　）m。

    A. 0.1          B. 0.2          C. 0.3          D. 0.5

二、判断题

1. 预应力混凝土装配式墩压浆时，一般由上而下地进行压注。　　　　　　　　（　　）

2. 滑升模板法施工的优点是墩台整体性好、施工速度快；缺点是混凝土表面质量难以控制。　　　　　　　　　　　　　　　　　　　　　　　　　　　　　（　　）

3. 高墩采用翻模施工，安全可靠、进度快、经济效益显著，并且混凝土表面质量明显优于滑升模板。　　　　　　　　　　　　　　　　　　　　　　　　　（　　）

三、简答题

1. 墩台模板设计的原则是什么？

2. 石砌墩台施工的基本要求是什么？

3. 砌体质量应符合哪些规定？

4. 简述液压千斤顶提升滑升模板的步骤。

5. 采用滑升模板浇筑墩台混凝土时应符合什么规定？

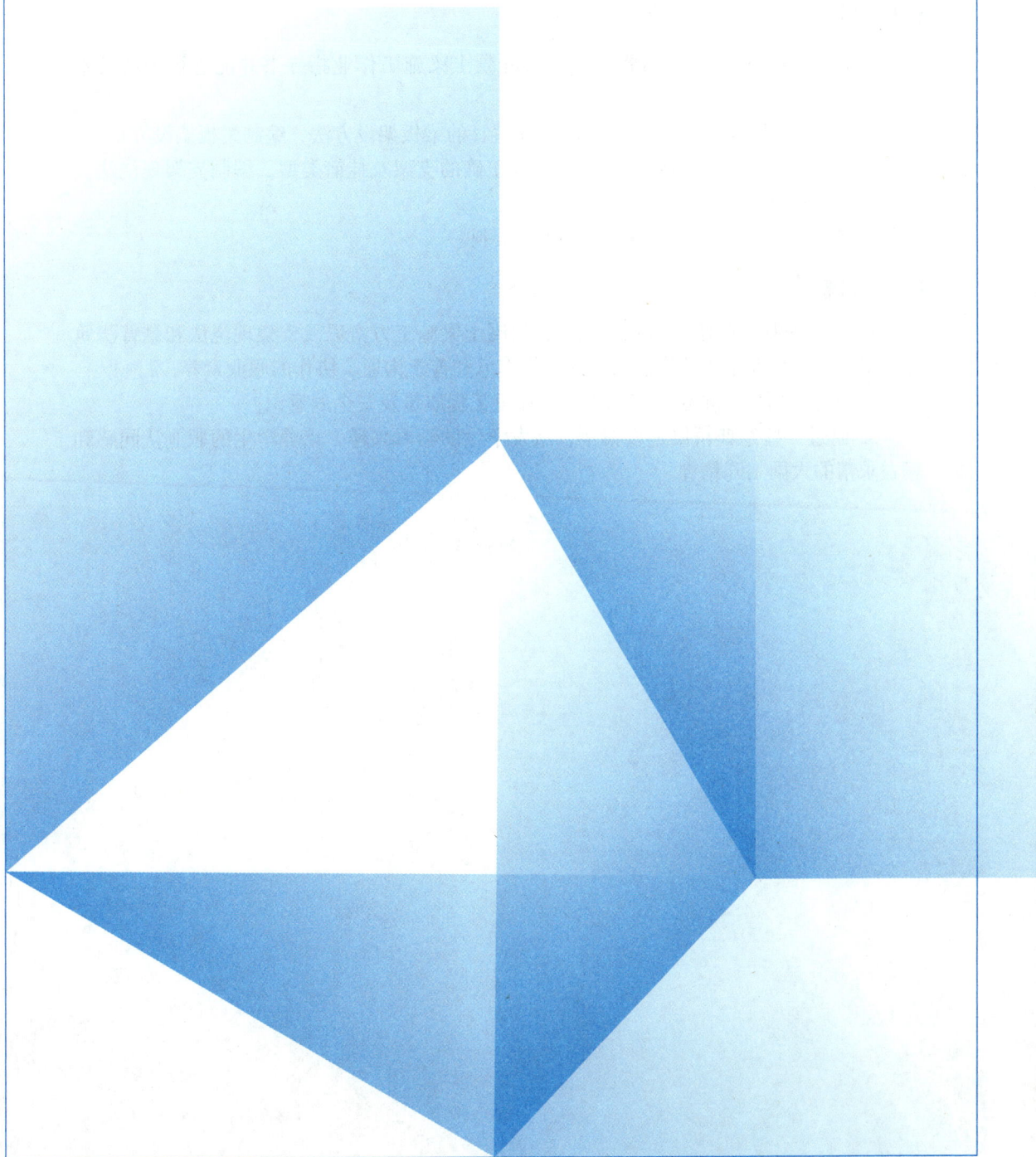

# 教学单元 6

## 梁式桥施工

## 【知识目标】

1. 掌握先张法、后张法预应力混凝土简支梁施工工艺及质量控制要点，了解预制梁板架设方法，掌握架桥机架梁的作业步骤；

2. 掌握梁式桥支架现浇法、悬臂施工法施工工艺及质量控制要点，了解顶推施工法、移动模架逐孔施工法、转体施工法施工工艺。

## 【能力目标】

1. 能够编制先张法、后张法预应力混凝土梁施工作业指导书并能进行现场技术交底；

2. 能够根据工程项目的实际情况选择适宜的梁板架设方法，编制梁板架设方案；

3. 能够根据工程项目的具体条件选择正确的支架及挂篮类型，编制支架现浇法及悬臂浇筑法的施工方案并进行质量控制；

4. 能够依据现行规范，编写施工内业资料。

## 【素质目标】

1. 通过编制先张法、后张法预应力混凝土梁施工方案以及支架现浇法和悬臂浇筑法施工方案，培养学生严谨、认真的工作作风和善于沟通、协作的职业素养；

2. 通过工程案例的讲解，培养学生注重工程质量及安全的意识；

3. 通过一些经典桥梁建设案例，激发学生的学习兴趣，培养学生的职业认同感和精益求精的大国工匠精神。

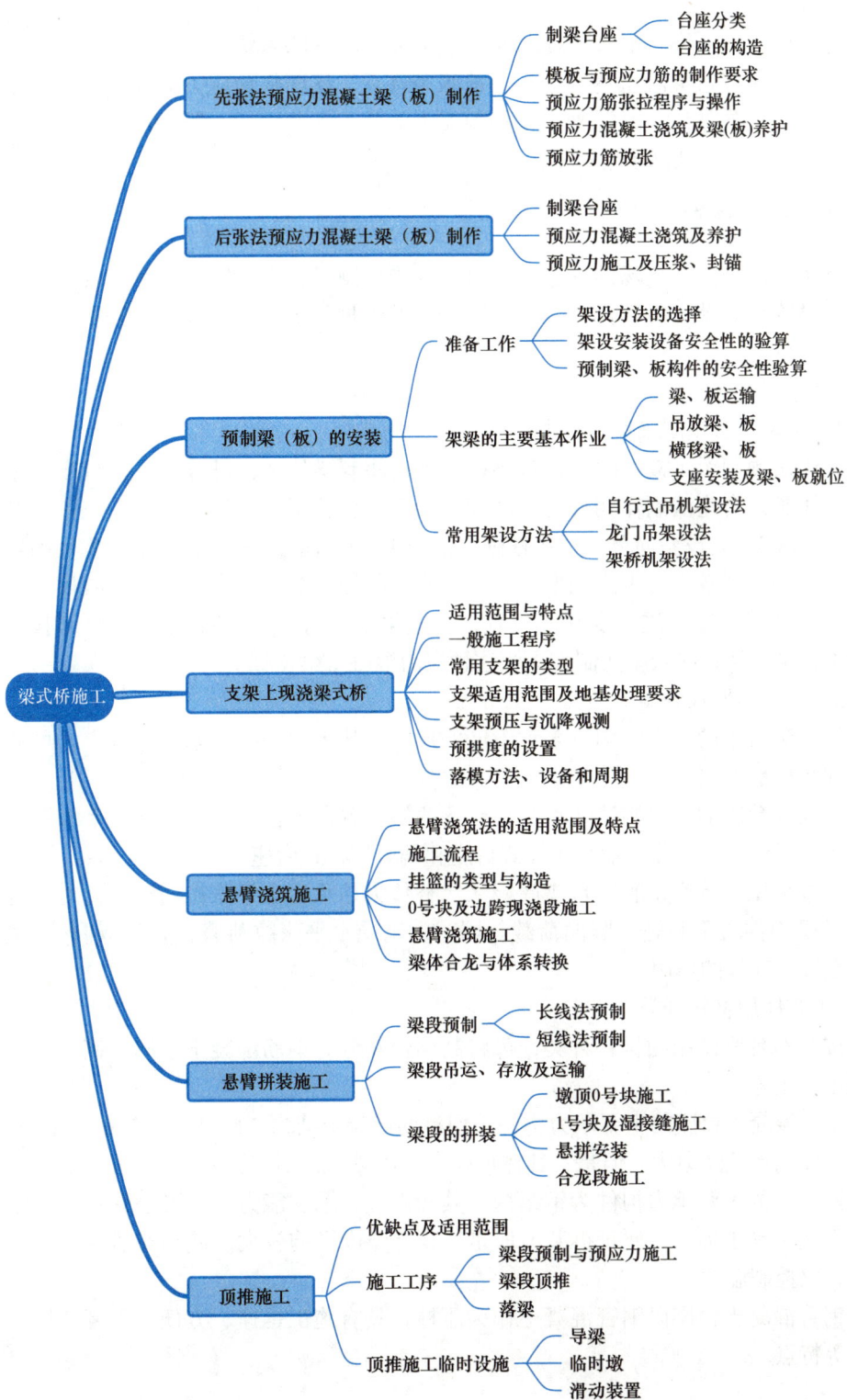

## 【思维导图】

梁式桥施工

- 先张法预应力混凝土梁（板）制作
  - 制梁台座
    - 台座分类
    - 台座的构造
  - 模板与预应力筋的制作要求
  - 预应力筋张拉程序与操作
  - 预应力混凝土浇筑及梁(板)养护
  - 预应力筋放张

- 后张法预应力混凝土梁（板）制作
  - 制梁台座
  - 预应力混凝土浇筑及养护
  - 预应力施工及压浆、封锚

- 预制梁（板）的安装
  - 准备工作
    - 架设方法的选择
    - 架设安装设备安全性的验算
    - 预制梁、板构件的安全性验算
  - 架梁的主要基本作业
    - 梁、板运输
    - 吊放梁、板
    - 横移梁、板
    - 支座安装及梁、板就位
  - 常用架设方法
    - 自行式吊机架设法
    - 龙门吊架设法
    - 架桥机架设法

- 支架上现浇梁式桥
  - 适用范围与特点
  - 一般施工程序
  - 常用支架的类型
  - 支架适用范围及地基处理要求
  - 支架预压与沉降观测
  - 预拱度的设置
  - 落模方法、设备和周期

- 悬臂浇筑施工
  - 悬臂浇筑法的适用范围及特点
  - 施工流程
  - 挂篮的类型与构造
  - 0号块及边跨现浇段施工
  - 悬臂浇筑施工
  - 梁体合龙与体系转换

- 悬臂拼装施工
  - 梁段预制
    - 长线法预制
    - 短线法预制
  - 梁段吊运、存放及运输
  - 梁段的拼装
    - 墩顶0号块施工
    - 1号块及湿接缝施工
    - 悬拼安装
    - 合龙段施工

- 顶推施工
  - 优缺点及适用范围
  - 施工工序
    - 梁段预制与预应力施工
    - 梁段顶推
    - 落梁
  - 顶推施工临时设施
    - 导梁
    - 临时墩
    - 滑动装置

## 6.1 先张法预应力混凝土梁（板）制作

先张法是指在浇筑混凝土前张拉预应力筋，将其临时锚固在张拉台座上，然后立模浇筑混凝土。待混凝土达到规定的放张条件后，逐渐将预应力筋放张，借助于混凝土与预应力筋的粘结，对混凝土施加预应力的施工工艺。其一般适用于生产中小型构件，而且在固定的预制场生产。

### 6.1.1 制梁台座

制梁台座是整个梁场的核心，所有设施均以制梁台座为中心展开布置。制梁台座不仅承载模板安装、拆卸作业及混凝土浇筑的重量，也承受着预应力筋在构件制作时的全部张拉力。

#### 1. 台座分类

1）按单个台座制梁片数分类

先张法预制梁（板）的张拉台座按单个台座制梁片数，可分为长线台座和短线台座。采用长线台座法制作构件时，底模自始至终保持不变，长线台座一般一次可生产多片梁（板），其设备简单、适应性强、投资少、效率高，是一种经济、实用的生产方式；但占用场地较大，生产周期长，模板周转较慢。短线台座法又称短线模板法，其底模需要随着工序的进行变动其位置，机械化水平高，生产周期短，模板周转率高。工程上，常采用长线台座法制作先张法预应力混凝土梁（板）。

2）按结构形式分类

先张法台座的承力结构有多种不同的形式，从承力结构的基本原理上，可分为压柱式和底板承压式。

压柱式台座的主要构造特点为在台座两侧设置传力柱，由传力柱承受水平张拉荷载。压柱式台座又可分为轴心压柱式台座和偏心压柱式台座。

底板承压式台座是利用台座底板来代替传力柱承受水平张拉荷载。此时，台座不仅要承受构件自重和施工竖向荷载。同时，承受水平张拉荷载，处于双向受压状态，充分发挥了底板的作用。

3）按使用材料分类

按制作台座使用的材料种类，可将制梁台座分为钢筋混凝土台座、钢台座和钢管混凝土台座等。

钢筋混凝土台座的主要承力构件采用钢筋混凝土结构，此种结构是最常用的结构。施工方便、承载能力大。但是，其体形较大、质量大，不宜制成拆装式的。

钢台座的主要承力构件为钢结构。其构件轻、承载能力大，可承受较大的张拉荷载；而且，易于加工，便于拆装。但是，其受温度影响较大，使用时需要采取一定的措施，以控制温度。

钢管混凝土台座以钢管混凝土作为压柱，具有施工迅速、方便、重复使用、节省造价等特点。

4）按构造形式分类

先张法台座按构造形式，可分为槽式台座和墩式台座。

槽式台座又称压杆式台座，由钢筋混凝土压杆、传力架及台面组成。槽式台座能承受的张拉力很大，台座变形较小，但建造时较墩式台座材料消耗多，需用时间长。为便于混凝土运输和蒸汽养护，槽式台座多低于地面。在施工现场还可利用已预制好的柱、桩等构件装配成简易槽式台座。槽式台座的形式如图 6.1-1 所示。

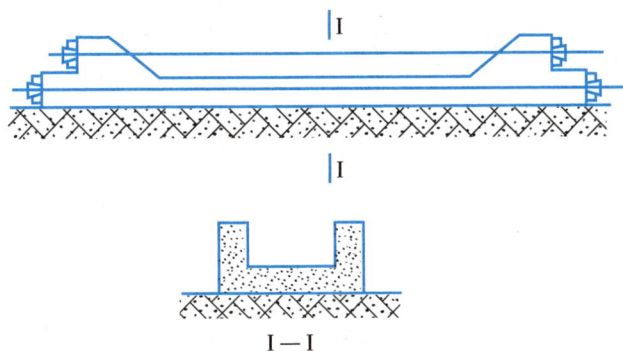

图 6.1-1 槽式台座

墩式台座一般分为重力式和桩式两类。此类台座横梁直接和墩或桩基连成整体共同承受张拉力。墩式台座构造简单、造价低，但稳定性差，变形较大。重力式台座须具有足够的强度和刚度，抗倾覆系数不应小于 1.5，抗滑系数不应小于 1.3。当预制板梁的数量较少、张拉吨位小时，可选用墩式台座。图 6.1-2 示出了两种墩式台座的结构形式。

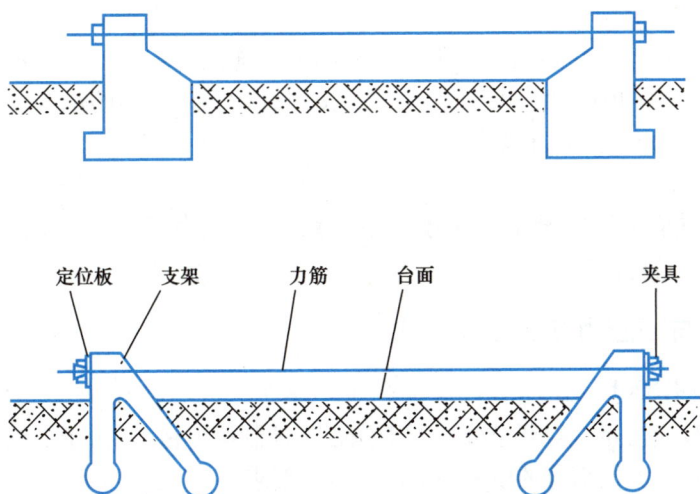

图 6.1-2 墩式台座

## 2. 台座的构造

台座主要由底板、承力架（支撑架）、横梁、定位板和固端装置组成，如图 6.1-3 所示。

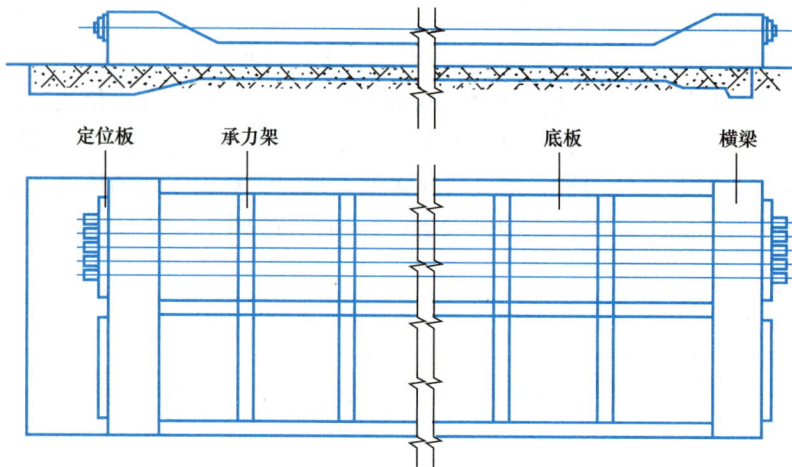

图 6.1-3　台座构造图

1）底板

有整体式混凝土台面和装配式台面两种，作为预制构件的底模，其宽度由预应力梁（板）的宽度确定。

2）承力架或支撑架

承力架是台座的主要受力结构。它要求承受全部张拉力，在制作时，要保证承力架变形小、经济、安全、便于操作等。其形式包括框架式、墩式、槽式等。

3）横梁

将预应力筋的张拉力传给承力架的横向构件，常用型钢或钢筋混凝土制作。其断面尺寸由横梁的跨径、张拉力的大小等因素决定。横梁应具有一定的刚度和稳定性。

4）定位板

用来固定预应力筋的位置，一般用钢板制成，连接在横梁上。它必须保证承受张拉力后，具有足够的强度和刚度。孔的位置按照梁体预应力筋的位置设置，孔径宜比预应力筋大 2～4mm，以便于穿孔。

5）固定端装置

用于固定预应力筋位置并在预制梁完成后放张预应力筋，设在非张拉端，仅用于一端张拉的先张台座。

## 6.1.2　模板与预应力筋的制作要求

### 1. 模板制作要求

模板制作除应满足一般要求外，对于先张法预制梁（板），由于长线台座施工及短线台座施工特点，不同部分的模板还应满足以下要求。

1）底模

预制构件的底模为张拉台座的底板，台座底板应设在坚实的基础上，要求地基不得产生不均匀沉降，底板制作必须平整光滑，在 2m 长度上平整度的允许偏差应不超过 2mm，且应保证底板的挠度不大于 2mm，同时应排水通畅。预应力筋放张时，梁体中段拱起，两端压力增大，梁位端部的底模应满足强度要求和重复使用的要求。

2）端模

端模安装时与侧模连接，其主要作用是固定预应力筋位置和支撑梁端混凝土。安装模板时，应先立端模，将端模固定在底模上，然后穿钢绞线。端模预应力筋预留孔道的位置要准确，安装后与定位板上对应的预应力筋孔要求均在一条中心线上。由于施工中偏差的存在，预应力筋张拉时筋位有移动，制作时端模预应力筋孔径一般可按预应力筋直径扩大2～4mm，预应力筋孔水平向还可做成椭圆形。

对于短线台座法施工梁（板），当端模作为锚定预应力筋的承力架时，还需要具有足够的强度和刚度。

3）侧模

侧模位于梁体两侧，一般情况下沿梁长度方向由若干个具有独立结构的模扇组成。两侧模扇之间采用拉杆固定，以起到拉紧和支撑梁（板）体混凝土的作用。浇筑在混凝土中的拉杆，应按拉杆拔出或不拔出的要求，采取相应措施。

由于预应力钢筋放张后板梁有一定的压缩量，为保证梁体外形尺寸，侧模制作要增加相应尺寸。

4）内模

使用胶囊作为内模时，使用前应对胶囊进行检查，不得漏气。使用时，采用定位箍筋、压块等将胶囊固定，以防止上浮或移位；同时，应避免被铁丝头或钢筋头划破。每小时对胶囊气压检查一次，如发现漏气，应缩短检查时间，并及时把降低的气压补上去。补气时，不宜猛加过量，以免混凝土产生裂缝。胶囊的抽拔时间应根据试验确定，以混凝土强度达到构件不变形为宜。

当采用钢模作为内模时，应满足刚度大、平整度好、周转使用次数多等要求。同时，应保证脱模顺利、方便，防止模板擦伤梁体，影响梁体外观。

## 2. 预应力筋制作要求

预应力筋制作时，除了满足表面光滑，不得有润滑剂和油渍、不得锈蚀、直径偏差不应过大、抽样检验必须合格等一般要求外，还需要满足以下要求：

1）预应力筋下料长度按计算长度、工作长度和原材料试验数据确定。计算时应考虑构件或台座长度、锚夹具长度、千斤顶长度、弹性回缩量、张拉伸长量和外露长度等因素。

2）采用钢绞线和粗钢筋时，在台座张拉端和锚固端尽量用拉杆和连接器代替预应力筋，以减少预应力工作长度。

3）采用钢丝作为预应力筋时，为了节省钢材、简化锚固方法，可将预应力钢筋端头做成镦粗头，镦粗头采用镦粗机进行冷镦，或用电焊机进行热镦（钢丝的镦粗头只能采用冷镦）。镦头锚的钢丝镦头强度不应低于钢丝标准抗拉强度的98%。

4）先张法梁钢绞线采用向前推的方法穿孔，采用由下向上、由里向外的穿束顺序。穿束前各孔眼应统一编号，对号入座，防止穿错孔眼。

5）当采用钢筋作为预应力筋时，为了提高钢筋的屈服强度，可对钢筋进行冷拉。

6）采用钢绞线作为预应力筋时，在预应力钢绞线张拉前，需要对钢绞线失效段进行处理，失效处理采用硬塑料管将失效范围内的预应力钢绞线套住，失效长度及位置以梁（板）跨中心线（斜向中心线）对称布置。硬塑管两头用胶带裹紧，以防止水泥浆漏入管中，影响失效长度。

### 6.1.3　预应力筋张拉程序与操作

#### 1. 张拉前的准备工作

预应力张拉前，应先安装定位板，检查定位板的钻孔位置和孔径大小是否符合设计要求，然后将定位板固定在横梁上。

定位板安装就位后，进行预应力筋的铺设。预应力筋铺设前，应在台面上涂抹脱模剂，脱模剂应有良好的隔离效果。如预应力筋遭受污染，应使用适当的溶剂清刷干净。脱模剂若被雨水冲掉，应进行补涂。长线生产时，应在预应力筋下面放置保护层垫块，以防止预应力筋垂直挠度过大，影响保护层厚度和预应力值。

预应力筋安装就位后安装锚具，检查外露的预应力筋是否整齐。如果两根之间外露的部分长度相差过大，则应拆开重新安装。

对于长线台座，当同槽预制的梁（板）较多时，钢绞线较长，伸长量也相应较长。千斤顶行程不够时，可分次张拉，应严格控制张拉力和伸长量；或者，先将预应力筋用连接器进行串连，且确保牢靠。在检查钢筋数量、位置和张拉设备后，即可对预应力筋进行张拉。先张法一般采用一端张拉，另一端在张拉前要设置好固定装置或安装好预应力筋的放张装置；也有采用两端张拉的方法。先张法张拉布置如图 6.1-4 所示。

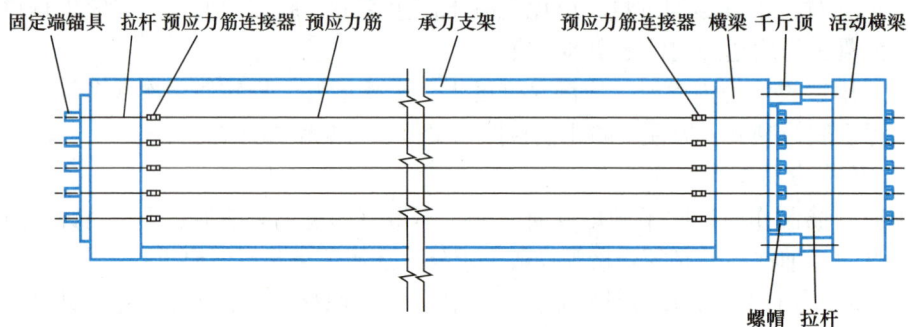

图 6.1-4　预应力张拉施工设施布置

#### 2. 张拉工艺

为了在张拉过程中台座各构件受力均匀，更为了使各预应力束受力均匀，不致使台座和构件产生过大的偏心力，张拉前应预先安排好张拉顺序。一般的张拉原则是：左右对称张拉，由两边向中间张拉。

先张法张拉预应力筋的方法，可分为单根张拉和多根张拉，又可分为单向张拉和双向张拉。单根张拉一般操作比较简单，张拉设备及吨位要求都不高，但张拉速度慢。多根张拉时，应预先调整其单根预应力筋的初应力，使相互之间的应力一致，再整体张拉。多根张拉时，必须使两个千斤顶首先与预应力筋对称布置，两个千斤顶油路串通，同步顶进。张拉过程中，应使活动横梁与固定横梁始终保持水平，以确保张拉后每根预应力筋的应力均匀。其偏差的绝对值不得大于按一个构件全部预应力筋预应力总值的5%。

1）张拉程序

不同的钢筋类型，张拉的程序不同。不同预应力筋，可按表6.1-1的规定进行张拉。

先张法预应力张拉程序 表6.1-1

| 预应力筋种类 | | 张拉程序 |
|---|---|---|
| 钢丝、钢绞线 | 夹片式等具有自锚性能的锚具 | 普通松弛预应力筋：$0 \to$ 初应力 $\to 1.03\sigma_{con}$（锚固）<br>低松弛预应力筋：$0 \to$ 初应力 $\to \sigma_{con}$（持荷5min锚固） |
| | 其他锚具 | $0 \to$ 初应力 $\to 1.05\sigma_{con}$（持荷5min锚固）$\to 0 \to \sigma_{con}$（锚固） |
| 螺纹钢筋 | | $0 \to$ 初应力 $\to 1.05\sigma_{con}$（持荷5min锚固）$\to 0.9\sigma_{con} \to \sigma_{con}$（锚固） |

表中，$\sigma_{con}$ 为张拉控制应力值（包括预应力损失在内）。张拉螺纹钢筋时，应在超张拉并持荷5min后放张至 $0.9\sigma_{con}$ 时，再安装模板、普通钢筋及预埋件等。

预应力筋张拉完毕后，其位置与设计位置的偏差不应大于5mm；同时，不应大于构件最短边长的4%，且宜在4h内浇筑混凝土。

2）断丝、断筋规定

张拉时，预应力筋的断丝、断筋数量，不得超过表6.1-2的规定。

先张法预应力筋断丝规定 表6.1-2

| 项目 | 类别 | 检查项目 | 控制数 |
|---|---|---|---|
| 1 | 钢丝、钢绞线 | 同一构件内断丝数不得超过钢丝总数的百分比 | 1% |
| 2 | 螺纹钢筋 | 断筋 | 不容许 |

3）伸长量的计算

预应力筋张拉时，一般采用双控，所以应对张拉时的实际伸长量与理论计算伸长值进行校核。实际伸长量与理论伸长量相差不应大于 ±6%，否则应暂停张拉，查明原因并采取措施后再继续张拉。理论伸长值的计算及实际伸长量的量测方法如下。

① 预应力筋理论伸长值的可按式（6.1-1）计算：

$$\Delta L_l = P_p \times L / (A_p \times E_p) \tag{6.1-1}$$

式中 $\Delta L_l$——预应力筋的理论伸长量（mm）；

$P_p$——预应力筋的平均张拉力（N），直线筋取张拉端的拉力；

$L$——预应力筋的长度（mm）；

$A_p$——预应力筋的截面面积（$mm^2$）；

$E_p$——预应力筋的弹性模量（$N/mm^2$）；

② 实际伸长量的量测及计算方法

预应力筋张拉前，应先调整到初应力 $\sigma_0$（该初始值宜为张拉控制应力的10%～25%）再开始张拉并量测伸长值。实际伸长量除张拉时量测的伸长值外，还应加上初应力时的推算伸长值。

预应力筋张拉的实际伸长值 $\Delta L_s$ 可按式（6.1-2）计算：

$$\Delta L_s = \Delta L_1 + \Delta L_2 \qquad\qquad（6.1-2）$$

式中　$\Delta L_s$——预应力张拉的实际伸长量（mm）；

　　　$\Delta L_1$——从初应力至最大张拉应力间的实际伸长量（mm）；

　　　$\Delta L_2$——初应力以下的推算伸长量（mm），可采用相邻级的伸长值。

### 3. 一般操作

预应力筋张拉的一般操作流程为：调整预应力筋长度→初始张拉→正式张拉→持荷→锚固。

1）调整预应力筋长度

通过拧动螺栓锚具的端头螺母，调整预应力筋长度，使每根预应力筋受力均匀。

2）初始张拉

施加 10% 左右张拉应力将预应力筋拉直，锚固端和连接段处拉紧，在预应力筋上选定适当位置刻画标记，作为测量延伸量的基点。

3）正式张拉

（1）一端固定，一端单根张拉。张拉时先中间，后两侧，并对称进行。若横梁、受力架安全，也可从一侧进行。张拉时，不可一次直接拉至超张拉应力。

（2）一端固定，一端多根张拉。千斤顶同步顶进，保持横梁平行移动，预应力筋受力均匀。分级加载，拉至超张拉应力。

4）持荷

持荷 5min，使预应力筋完成部分徐徐舒展，完成量约为全部量的 20%～25%，以减少预应力筋锚固后的应力损失。

5）锚固

补足或放张预应力筋的拉力至控制应力，同时控制预应力筋的伸长量。锚固时，预应力筋的张拉控制应力应处于稳定状态。锚固阶段张拉端锚具变形、预应力筋的内缩量和接缝压缩值，应不大于设计规定或基本作业规定的容许值。

## 6.1.4　预应力混凝土浇筑及梁（板）养护

### 1. 预应力混凝土浇筑

对于先张法混凝土梁（板），为了满足生产时场地的周转，一般设计为早强型混凝土。混凝土的浇筑应满足以下要求。

1）浇筑前准备工作

混凝土浇筑前除按操作规程检查外，对先张构件还应检查台座受力、夹具、预应力筋数量、位置及张拉吨位等是否符合要求。

2）浇筑注意事项

混凝土浇筑除按正常操作规程施工外，还应注意以下事项：

（1）浇筑混凝土时，根据混凝土结构尺寸、数量确定浇筑顺序。全面分层适于平面尺寸不大的结构，分段分层适于结构厚度不大而面积或长度较大的结构，斜面分层多用于长度较大的结构。

（2）振捣时宜从两侧同时用插入式振动器进行，以防芯模左右偏移。

（3）先张构件采用振动棒振捣时，应避免触及预应力筋，防止发生受振滑移和断筋伤人事故，并不得触及充气胶囊。

（4）在混凝土浇筑过程中，注意观察端模底层开口处、端模和侧模连接处、侧模和底模连接处是否漏浆。如有漏浆，需要及时封堵。

（5）当采用输送泵输送混凝土时，必须保证混凝土连续不断地输出；并且，在每次开始作业前先泵送一部分水泥砂浆，以润滑管道；每次增加管节，也应润滑后再连接。

**2. 梁（板）体养护**

先张法预应力混凝土梁（板）可采用自然养护或蒸汽养护。

### 6.1.5　预应力筋放张

当混凝土达到设计规定的放张要求之后，即可在台座上放松预应力筋（称为"放张"），对预制梁施加预应力。放张时，应注意以下事项：

1）放张时混凝土强度和弹性模量（或龄期）需要符合设计规定。若设计未规定时，混凝土强度应不低于设计强度等级的80%，弹性模量应不低于28d弹性模量的80%。

2）预应力筋的放张顺序应符合设计要求。设计未规定时，应分阶段、对称、相互交错地放张。在预应力筋放张前，应将限制位移的侧模、翼缘模板或内模拆除。

3）多根整批预应力筋的放张，当采用砂箱放张时，放砂速度应均匀一致；采用千斤顶放张时，放张应分数次完成；单根钢筋采用拧松螺母的方法放张时，宜先两侧后中间，并不得一次性地将一根预应力筋松完，以免最后放张的预应力筋自行崩断。

4）预应力筋放张后，对钢丝和钢绞线，应采用机械切割的方式进行切断；对螺纹钢筋，可采用乙炔—氧气切割，但应采取必要措施，防止高温对其产生不利影响。

5）长线台座上预应力筋的切断顺序，应由放张端开始，逐次切向另一端。

6）预应力筋放张时，放张速度不宜过快。

**1. 千斤顶放张法**

在放张预应力筋之前，在台座固定端的承力架与横梁之间分别设置一个千斤顶。待混凝土达到规定放张要求后，千斤顶同步回程，使拉紧的预应力筋慢慢回缩，将预应力筋放张。

**2. 张拉放张法**

张拉放张法的一般步骤为：张拉→放张螺母→回油，具体操作如下。

在张拉端利用连接器、拉杆、双螺母放张预应力筋。首先，采用顶在横梁上的千斤顶对预应力筋施加应力，施加应力不应超过原张拉时的控制应力；之后，将固定在横梁定位板前的双螺母慢慢松动，同一组放张的预应力螺母旋动的距离应相等，再将千斤顶回油，反复进行，最终放张预应力筋。

**3. 氧割法**

氧割法是采用氧炔焰，沿构件将固定在台座上的预应力筋切断。由于这种方法对预应力筋冲击很大，易产生裂缝或造成预应力损失，所以尽量少用这种方法进行预应力筋的放张。同时，由于预应力筋放张时，会产生很大的回弹力，所以操作时操作人员只准沿横向站立，严禁站在预应力筋上操作。

### 4. 砂箱放张法

放松的装置在预应力筋张拉前放置在非张拉端。张拉前，将砂箱（图 6.1-5）活塞全部拉出，箱内装满干砂，使其顶着横梁。张拉时，箱内砂被压实，承受横梁反力。放张预应力筋时，打开出砂口，让砂慢慢流出，活塞缩回，逐渐放张预应力筋。

预应力筋放张切割后的外露端头，应用砂浆封闭或涂刷防蚀材料，防止生锈。

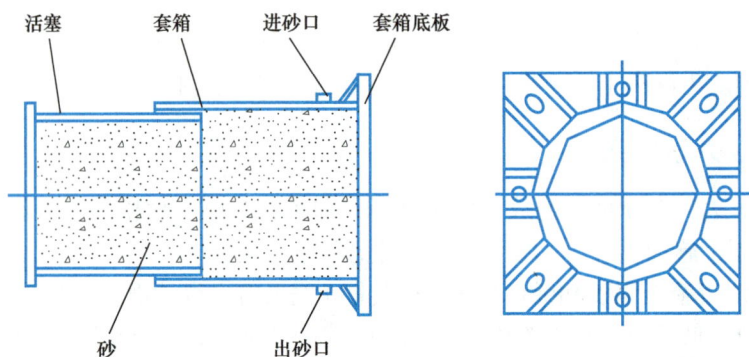

图 6.1-5　砂箱放张示意图

## 6.1.6　质量检验

### 1. 外观质量检验

先张法预应力混凝土构件外观质量检验的主要内容包括构件表面的漏筋、裂缝、蜂窝和麻面等缺陷，放张预应力钢筋时钢筋的内缩量，构件各部分尺寸的偏差等。除满足一般规定外，还需要满足下列要求：

1）混凝土表面应平整、密实，预应力部位不得有蜂窝、露筋现象。

2）如有蜂窝，麻面，其面积不得超过结构同侧面积的 0.5%；如有裂缝，其宽度不得超过设计、规范的有关规定。

3）当蜂窝、麻面、掉角等缺陷超过规定要求时，应对其进行及时处理。当情况较严重时，应分析情况，研究处理。

### 2. 预应力筋

预应力筋的检验内容主要包括：预应力筋的外观、等级、抗拉强度、伸长率以及预应力筋的数量、位置和张拉控制应力。

1）预应力筋采用的钢丝、钢绞线、螺纹钢筋等材料的性能和质量，应符合现行国家标准的规定。钢丝应符合《预应力混凝土用钢丝》GB/T 5223—2014 的规定；钢绞线应符合《预应力混凝土用钢绞线》GB/T 5224—2023 的规定；螺纹钢筋应符合《预应力混凝土用螺纹钢筋》GB/T 20065—2016 的规定。有涂层的预应力筋应符合相应的现行国家标准的规定。进口材料的性能和质量应符合合同规定标准的要求。

2）对预应力筋进行张拉时各根预应力筋应力应均匀一致；当采用应力控制法张拉时，应校核预应力筋的伸长量。当施工中需要对预应力筋实施超张拉或计入锚圈口预应力损失时，可比设计规定提高5%。但是，在任何情况下均不得超过设计规定的最大张拉控制应力。

3）预应力制作安装的允许偏差应符合表6.1-3的规定。

预应力筋制作安装允许偏差　　　　　　表6.1-3

| 项目 | | 允许偏差（mm） |
|---|---|---|
| 墩头钢丝同束长度相对差 | 束长>20m | L/5000 及 5 |
| | 束长 6～20m | L/3000 |
| | 束长<6m | 2 |
| 冷拉钢筋接头在同一平面的轴线偏位 | | 2 及 1/10 直径 |
| 预应力筋张拉后的位置与设计位置之间偏差 | | 4% 构件最短边长及 5 |

### 3. 混凝土

混凝土检验包括混凝土养护28d的强度、放张时构件出厂（场）时的强度。对混凝土强度的检验，应制取试件检验其在标准养护条件下28d龄期的抗压极限强度。试件制取组数应符合下列规定：

1）不同强度及不同配合比的混凝土应分别制取试件，试件应在浇筑地点或拌合地点随机制取。

2）试件应与梁（板）进行同条件养护，以此检验结构混凝土在拆模、出池、吊装、预施应力、承受荷载等阶段强度的依据。

### 4. 其他检验

对于设计要求需要做静载试验的，采用短期静力加载的方法对构件的强度、刚度、抗裂性或裂缝宽度等结构性能进行检验。除此之外，预应力筋张拉机具设备及仪表，也应定期维护和检验。水泥、砂、碎石及外加剂的质量检验，混凝土配合比设计，混凝土坍落度的测定值都应详细记录，整理存档备查。模板的偏差必须符合设计及规范规定的要求。预应力用的锚具、夹具和连接器的质量检验应满足要求。

6-1 梁板静荷载试验

## 6.2　后张法预应力混凝土梁（板）制作

后张法，是指先浇筑构件混凝土，待混凝土达到张拉强度后，再张拉预应力钢束的一种预加力方法。预制梁（板）时，需要先在梁（板）内设置穿入预应力筋的孔道，绑扎普通钢筋，浇筑混凝土。待混凝土达到要求的强度和龄期后，将制好的预应力筋穿入，用机械张拉，锚固完毕后压浆，使筋束与混凝土粘结成为整体，即完成后张法预应力施工。

后张法依靠工作锚具来传递和保持预加应力，可以曲线配筋，不需要永久性的张拉台座。张拉设备简单，便于现场施工，是生产大型预应力混凝土构件的重要方法。

6-2 预应力混凝土简支T梁后张法施工

### 6.2.1 制梁台座

根据上部结构的不同，可分为条形混凝土台座、格构式或墙式制梁台座；根据下部基础的不同，可分为桩基础或筏形基础制梁台座等。

**1. 设计原则**

台座设计是台座施工的前提和依据，应本着因地制宜、技术先进、经济合理和安全可靠的原则进行。

**2. 设计要求**

1）制梁台座应结合预制场总体规划、移梁设备的空间要求进行平面布置；同时，应满足钢筋绑扎，模板安拆，混凝土浇筑与养护，预应力筋穿束、张拉，橡胶棒抽拔等施工作业的空间要求。

2）制梁台座应满足预制场内所有预制混凝土梁的结构尺寸及其他构造要求，制梁台座的长度一般在最大梁长的基础上增加 0.2m 左右。宽度等于梁底宽度，台座横向间距应满足侧模拆装空间要求。

3）制梁台座基础及上部结构应预留与模板连接的预埋件，并应预留其他制梁设备所需的接地顶埋件。

4）台座表面应光滑、平整，在 2m 长度上平整度的允许偏差应不超过 2mm，且应保证底座或底模的挠度不大于 2mm。

5）根据设计提供的理论拱度值，结合施工实际情况，正确预计梁体拱度的变化情况，在预制台座上按梁、板构件跨径设置相应的预拱度。当预计的上拱度值较大时，可考虑在制梁台座上设置反拱。

6）由于制梁台座两端为张拉后集中受力区，应采用钢筋混凝土整体柔性基础，两端适当加强。在有技术保证的前提下，可采用分离式基础的形式。

### 6.2.2 预应力混凝土浇筑

**1. 准备工作**

模板安装完成后，绑扎钢筋骨架、安装预应力管道；然后，浇筑混凝土，根据待浇结构物的情况、环境条件及浇筑量等，制订合理的浇筑方案。混凝土拌制及运输要求参见本书第 2 章的相应内容。

**2. 混凝土浇筑及振捣**

1）混凝土浇筑

（1）浇筑方法

混凝土浇筑方法直接影响到混凝土的密实度，而密实度与混凝土的强度和耐久性有关。浇筑方法一般采用泵送和吊送，根据浇筑方法采用不同的混凝土配合比和坍落度等。浇筑方法主要从两方面来控制：一方面是浇筑层的厚度与浇筑顺序；另一方面是良好的振捣。这两方面互为影响。

混凝土的浇筑应采用连续浇筑法。对腹板底部为扩大断面的 T 形梁，应先浇筑扩大部分并振实后，再浇筑其上部腹板。一般采用水平分层和斜向分层浇筑。

对于梁高较高的 T 形或 I 形截面梁，如果下翼梁、腹板与上翼缘同时浇筑混凝土，则要注意在上翼缘与腹板的接触处容易产生水平裂缝。此时，浇筑腹板和上翼缘混凝土最好间隔一定的时间。

箱形截面梁通常先浇筑底板混凝土，接着顺次浇筑腹板、顶板混凝土。这是因为在底板布置有预应力钢束或数量较多的纵向钢筋，由腹板浇筑的混凝土不能很好地流到底板中去，或不易充分振捣。当箱形截面尺寸较小，底板与腹板同时浇筑时，应注意底板混凝土的浇筑方法，需要使混凝土流到底板中去。

（2）注意事项

① 混凝土浇筑前，应对钢筋骨架和模板采取临时固定措施，避免浇筑过程中钢筋移动、模板上浮，并设专人检查，发现问题及时纠正。

② 混凝土的浇筑宜连续进行，因故中断间歇时，其间歇时间应小于前层混凝土的初凝时间或能重塑时间。混凝土的运输、浇筑及间歇的全部时间，不宜超过表 6.2-1 的规定。

混凝土的运输、浇筑时间及间歇的全部允许时间（min）　　　　表 6.2-1

| 混凝土强度等级 | 气温≤25℃ | 气温>25℃ |
|---|---|---|
| ≤C30 | 210 | 180 |
| >C30 | 180 | 150 |

注：当混凝土中掺有促凝剂或缓凝剂时，其允许时间应通过试验确定。

③ 浇筑过程中，注意观测台座的整体和不均匀沉降量。

④ 当温度较低时，应采取措施进行混凝土冬期施工。

⑤ 对预制 T 梁和箱梁，应在模板倒角处采取措施，防止浇筑时倒角漏浆。

⑥ 对有马蹄的 T 梁，应加强浇筑过程中的振捣，防止其因振捣不实而影响梁体混凝土的强度。

⑦ 对箱梁，在浇筑时应采取措施防止内模上浮，一般在底板设置拉杆。

⑧ 预制梁混凝土宜连续浇筑，避免施工缝的出现。

⑨ 在环境相对湿度较小、风速较大的条件下浇筑混凝土时，应采取适当的措施防止混凝土表面失水过快。浇筑混凝土期间，应随时检查模板、钢筋、预应力管道和预埋件等的稳固情况，并应及时填写混凝土施工记录。在新浇筑混凝土的强度达到 2.5MPa 之前，不得使其承受荷载或遭受碰撞。

2）混凝土振捣

混凝土受振后，拌合物中的粗集料因重力作用而向下沉落，并相互滑动挤紧，充满模壳；同时，将混凝土内的气泡排出，达到密实的要求。混凝土浇筑与振捣要密切配合，分层浇筑及振捣。

3）混凝土养护与模板拆除

新浇筑的混凝土应及早养护，并减少暴露时间，防止表面水分的蒸发。终凝后，应立即开始对混凝土进行持续潮湿养护。混凝土养护的方法主要有：洒水养护法、喷淋养护法、塑料薄膜养护法和蒸汽养护法。

当气温低于5℃时，应采取保温养护的措施，不得向混凝土表面洒水。当采用喷洒养护剂对混凝土进行养护时，所使用的养护剂应确保不会对混凝土产生不利影响，且应通过试验验证其养护效果。

为了加速模板周转和施工进度或在冬期混凝土施工时，可采用蒸汽法养护混凝土。

### 6.2.3 预应力施工及压浆、封锚

#### 1. 预应力筋的张拉

当梁体混凝土的强度达到设计要求时，才可以进行穿束张拉。穿束前，可用空压机吹风等方法清理孔道内的污物和积水，以确保孔道的畅通。

预应力筋应按顺序对称进行张拉，以防过大偏心压力导致梁体出现较大的侧弯现象。

预应力筋的具体张拉程序和操作方法与所用的预应力筋形式、锚具类型和张拉机具有关。各种张拉程序可按表6.2-2的规定进行。

**后张法预应力筋张拉程序** 表 6.2-2

| 锚具和预应力筋类别 | | 张拉程序 |
|---|---|---|
| 夹片式等具有自锚性能的锚具 | 钢绞线束、钢丝束 | 普通松弛力筋：0→初应力→ $1.03\sigma_{con}$（锚固） |
| | | 低松弛力筋：0→初应力→ $\sigma_{con}$（持荷 5min 锚固） |
| 其他锚具 | 钢绞线束 | 0→初应力→ $1.05\sigma_{con}$（持荷 5min）→ $\sigma_{con}$（锚固） |
| | 钢丝束 | 0→初应力→ $1.05\sigma_{con}$（持荷 5min）→0→ $\sigma_{con}$（锚固） |
| 螺母锚固锚具 | 螺纹钢筋 | 0→初应力→ $\sigma_{con}$（持荷 5min）→0→ $\sigma_{con}$（锚固） |

注：1. 表中，$\sigma_{con}$ 为张拉时的控制应力值，包括预应力损失。
　　2. 两端同时张拉时，两端千斤顶升降压、画线、测伸长等工作应基本一致。

#### 2. 孔道压浆

孔道压浆的目的有两个：一个是用水泥浆保护预应力筋，避免预应力筋受腐蚀；另一个是使得预应力筋与其周围的混凝土共同工作，变形一致，并使力筋与混凝土梁体粘结成整体，从而既能减轻锚具的受力，又能提高梁的承载能力、抗裂性和耐久性。孔道压浆用专门的压浆泵进行，压浆时要求密实、饱满，并应在张拉后尽早完成。

孔道压浆应在预应力筋终张拉完成后48h内进行。压浆前，应清除孔道内杂物及积水；压浆过程中及压浆后3d内，梁体温度不应低于5℃。否则，应采取养护措施，使其满足规定温度。当环境温度高于35℃时，应在温度较低时段进行压浆。

1）准备工作

压浆前用压力水冲洗孔道，排除孔内粉渣杂物，确保孔道畅通，并除去孔内的积水。

2）水泥浆的制备

压注孔道所用的水泥浆，须不低于42.5级的低碱硅酸盐水泥或低碱普通硅酸盐水泥。水泥浆初凝时间不小于5h，终凝时间不大于24h。水泥浆的矿物掺合料宜为I级粉煤灰、磨细矿渣粉或硅灰。外加剂应采用与所用水泥具有良好适应性的高效减水剂，

减水率应不小于 20%。水泥浆中不得含有高碱膨胀剂（总碱含量不应超过 0.75%）或以铝粉为膨胀源的膨胀剂，严禁掺加氯盐类、亚硝酸盐类或其他对预应力筋有腐蚀作用的外加剂。氯离子含量不应超过胶凝材料总量的 0.06%。

水泥浆可用小型灰浆拌合机拌制，应随拌随用。每次拌量以不超过 40min 的使用量为宜。拌好的水泥浆在通过 3mm×3mm 的细筛后，方可压入孔道。

3）压浆程序和操作方法

压浆工艺有一次压注法和二次压注法两种，前者用于不太长的直线形孔道，曲线形孔道以后者为好。

压浆压力一般为 0.5～0.6MPa，压浆顺序应先下孔道后上孔道，以免上孔道漏浆堵塞下孔道。直线孔道压浆时，应从构件的一端压到另一端；曲线孔道压浆时，应从孔道最低处开始向两端进行。

二次压注法，第一次从甲端压入直至乙端流出浓浆时将乙端的阀关闭。待灰浆压力达到要求且各部再无漏浆现象时再将甲端的阀关闭。待第一次压浆完成后 30min 打开甲、乙端的阀，自乙端再进行第二次压浆，重复上述步骤，待第二次压浆完成经 30min 后，卸除压浆管，压浆工作便告完成。

压浆工作是防止钢丝锈蚀的重要环节。施工中，要求优先使用真空辅助压浆工艺。真空辅助压浆应符合下列规定：

（1）真空泵性能应能达到 0.1MP 的负压力。

（2）压浆前应用真空泵将孔道抽到真空度 −0.06～−0.1MP，并应在稳定后，立即开启进浆口阀门，以 0.6MPa 的压力进行连续压浆。待抽真空端透明胶管内流出的浆体稠度与压入端一致时，关闭抽真空阀门及真空泵，继续按 0.6MPa 的压力保压不少于 3min；然后，关闭压浆口阀门，使孔道内维持正压力，直至水泥浆凝固。

（3）水泥浆终凝后，方可卸拔压浆阀门。

（4）水泥浆试件应在压浆地点随机取样制作。每孔梁留置 3 组标准养护试件（40mm×40mm×160mm），进行抗压强度和抗折强度试验。对在压浆后 28d 内需要移动的桥梁，必要时应留置一组同条件养护试件。

**3. 封锚**

孔道压浆后应立即将梁端水泥浆冲洗干净，并将端面混凝土凿毛。在绑扎端部钢筋网，安装封锚模板时要妥善固定，以免在灌筑混凝土时因模板位移而影响梁长。封锚应采用与结构或构件同强度的混凝土。长期外露的锚具，应采取防锈措施。

# 6.3　预制梁（板）的安装

## 6.3.1　概述

装配式混凝土梁、板的架设安装，可根据不同的施工现场条件和机械设备，采用不同的方法进行，但应在实施前经过有关人员共同研究，制订出经济、合理的架设安装方案，并且应符合以下要求。

1）在全部架设安装阶段中，应采取可靠的固定措施使已安装好的梁、板稳定牢固。

2）当安装条件与设计所规定的条件不同时，应对构件在安装时所产生的内力加以复核并征得设计方同意。

3）在符合施工规范安全度要求的情况下，合理选择吊装设备，做到架设方案经济、合理。

4）正式架设安装前，应对所有的施工设施进行试运行和荷载试验；在架设安装过程中，应由专人进行定期或不定期的检查，以确保架设施工的安全。

5）梁、板构件在移运、存放和架设安装时，混凝土的强度不应低于设计对架设安装所要求的强度。若设计无规定时，应不低于设计强度的80%；对于预应力混凝土梁、板构件孔道压浆体的强度，亦应不低于设计强度的80%。

6）架设安装梁、板时，墩台基础的强度应符合安装构件时所要求的强度。支撑结构的尺寸、高程及平面位置，应符合设计要求。

7）构件安装前，必须对构件的外形尺寸、相互接触面进行检查校核。若其误差超过规范要求，则应采取相应措施进行修整；然后，准确画出构件轴线，以利于构件能顺利地安装就位。

8）安装在同一孔跨的梁、板，其预制施工的龄期差不宜超过10d。梁、板上有预留孔道的，其中心应在同一轴线上，偏差不应大于4mm。梁、板之间的横向湿接缝，应在同一孔跨的梁、板全部安装完成后方可进行施工；简支转连续施工的梁、板，应在一联梁全部安装完成后，方可进行湿接头混凝土的浇筑。

9）梁、板安装固定前，应仔细地进行测量校正。确认安装位置正确后，才可焊接湿接缝钢筋、灌注湿接缝混凝土。

10）对湿接头处的梁段，应按施工缝的要求进行凿毛处理。简支转连续梁、板的永久支座应在设置湿接头底模之前安装。湿接头处的模板应具有足够的强度和刚度，与梁体的接触面应密贴并具有一定的搭接长度，各接缝应严密、不漏浆。负弯矩区的预应力管道应连接平顺，与梁体预留管道的结合处应密封；预应力锚固区预留的张拉齿板应保证其外形尺寸准确且不被破坏。

11）湿接头的混凝土宜在一天中气温相对较低的时段浇筑，且一联中的全部湿接头应一次浇筑完成。湿接头混凝土的养护时间不应少于14d。

已安装完毕的梁、板，只有在混凝土强度达到设计强度后，才能承受全部计算荷载。

## 6.3.2 架设安装前的准备工作

### 1. 架设方法的选择

在选择架设方法时，应以安全可靠、经济实用、环保为原则，结合下列具体情况，选定最合理的方法。

1）架设安装施工条件

（1）梁下空间利用的可能性，地面下埋设物的障碍对架设安装的影响程度；

（2）架设地点上空安全高度有无保证；

（3）架设时外界噪声、振动等对安装的影响程度；

（4）供电情况；

（5）预制梁、板及施工机械的运输道路条件。

2）工程规模条件

工程规模条件主要包括：架设孔数和宽度，预制梁、板总数；预制梁、板的长度、高度和质量；桥的纵向坡度、平面线形等。

3）下部构造条件

下部构造条件主要包括：下部结构的形状、尺寸和施工状况等。

4）工期条件

工期条件主要包括：安装进度要求和架设时期、架设环境、时间长短有无限制等。

5）架设安装机械设备条件

架设安装机械设备条件主要包括：已有的架设机械设备完好的情况，能租赁到的机械设备情况，以及架设安装的机械操作人员配备情况等。

6）桥位周围的环保要求

环保要求主要指桥位周围场地、植被、水资源、居民生活环境等是否需要保护。

### 6.3.3　架梁的主要基本作业

#### 1. 梁、板运输

梁、板运输按运输设备的不同，可分为轨道平车法、轮胎平车法、大型运梁平车法、滑道法、船运法等。

1）轨道平车法

轨道平车法主要适用于 T 梁、小箱梁、空心板梁的运输，运输距离不宜过长。可在已架梁面或地面铺轨运输至待架位置，主要适用于架桥机架设法、自行式起重机架设法或龙门式起重机架设法。

运输前从预制场铺设纵移轨道至架桥机安装现场。运梁平车在预制场停放后，采用预制场龙门式起重机将梁、板吊或移至运梁平车上方。运梁车装梁时，梁、板重心应落在平车纵向中心线上，偏差不得超过 20mm。运梁平车运送梁片时，应在两台车上分别由专人护送，预防梁片支撑松动。

2）轮胎平车法

轮胎平车法主要适用于预制梁场与架桥工地较远、不适合铺轨或铺轨费用较高的场合。运梁车的刹车系统对纵坡有较大的适应性。轮胎与地面摩擦阻力比轨道式运梁车有显著的优势。轮胎平车较轨道平车底盘高，使梁板在运输过程中重心较高。运梁时应注意采取措施，保证梁、板的稳定性。具体适用的梁段及运输路线与轨道平车法相同。

3）大型运梁平车法

大型运梁平车法主要用于整孔箱梁的陆地运输。箱梁在预制场由专用大型提梁机吊装至运梁平车上方后，由运梁平车经便道运输至已架梁上方，并继续运输至架桥机后方完成喂梁施工；或利用平车运输至箱梁下水码头装船。

4）滑道法

该法主要适用于大型整孔箱梁的陆地短距离运输，主要用于场内移动，或将箱梁由预制场短距离移运至下水码头，等待浮式起重机装船。

**2. 吊放梁、板**

用各种起吊机具设备吊放梁、板时，应达到以下技术要求。

1）起吊混凝土梁、板时，捆绑吊点距离梁端悬出的长度不得超过设计规定。无设计规定时应进行验算，以防止捆绑吊点梁顶面超过容许应力而使梁开裂、破损。起吊钢桁梁时，千斤绳应捆在节点的部位，吊钢板梁的千斤绳应捆在靠近梁的横向连接处。吊 II 形梁的千斤绳应捆在梁的横隔板附近，否则应在梁腹板内加设横撑木或在梁底使用横托架。

2）起吊混凝土 T 形梁时，可用吊钩钩住预理的吊环吊放，也可用千斤绳捆绑吊放。

3）钢梁及小跨径的混凝土梁、板经过验算不会发生超容许应力时，可采用人字千斤绳起吊，或由一个吊点在梁的重心起吊。较大跨径的混凝土梁如用一个主钩起吊，必须配以纵向扁担。

4）各种起吊设备在每次组装后、初次使用前，应先进行试吊。试吊时，将梁吊离支承面约 2～3cm 后暂停，对各主要受力部位的作用情况作细致检查，确认受力良好，方可撤除支垫继续起吊。

**3. 横移梁、板**

1）龙门式起重机横移

用跨墩龙门式起重机或墩侧龙门式起重机横移，详见后面的"龙门式起重机架设法"。

2）荡移法横移

用小龙门荡移法逐步横移。本法步骤是在梁、板两端的两个龙门式起重机上各设两个吊点，连接这两个吊点和梁板的链条滑车 A、B 交替使用。

3）轻轨小车横移

用轻轨做横移轨道，轨道应小于 1/2 墩台顶面宽度，小平车轮距与轻轨的轨距相配合，轨道分节长度视施工现场需要而定，两轨之间应采取措施固定。

**4. 支座安装及梁、板就位**

1）临时支座施工

在先简支后连续的桥梁的施工中，梁、板安装前，需要在桥墩或桥台上方设置临时支座，作为梁、板在简支状态的临时支撑。待相邻跨梁、板完成湿接头浇筑并达到设计要求强度后，按顺序拆除临时支座，使梁、板落于永久支座上方，完成体系转换。临时支座顶高程一般较永久支座顶高出 5～10mm。

施工中常用的临时支座主要包括：硫磺砂浆临时支座、砂筒式临时支座、混凝土垫块临时支座、自锁式千斤顶、沙袋临时支座等。

（1）硫黄砂浆临时支座

硫黄砂浆临时支座是将工业用粉末状或小块状硫黄加热至 130～140℃，使其熔化；然后，加入纯净干中砂，边加热边搅拌至均匀（硫黄与中砂质量比由试验确定，一般初始比为1:1），于混凝土块件顶端装置模具；接着，在硫黄砂浆层安装串联的电阻丝，间距均匀地往复盘曲在模具内，电阻丝两端露出模具，浇筑硫黄砂浆，冷凝后则硫黄砂浆预埋电阻丝＋混凝土块件组合临时支座制作完成。使用时，混凝土块件一端向上、硫黄砂浆一端向下，待主梁负弯矩区混凝土强度达到允许落梁强度、拆除临时支座时，将露于临时支座外面的电阻丝端头按并连接于电路上。一般，通电2～3min，电阻丝便产生热量，硫黄砂浆熔化流淌，混凝土块件下落。至此，桥梁上部结构由简支变连续的体系转换完成。为防止硫黄燃烧温度过高而破坏永久支座，可在永久支座外围设置一圈临时的阻燃板，如图6.3-1所示。

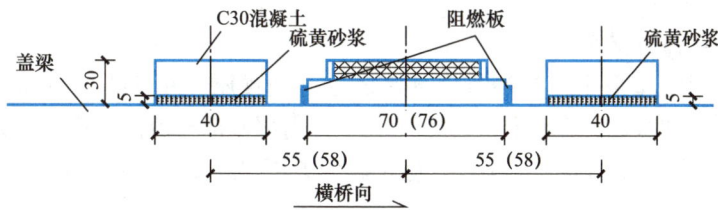

图6.3-1　硫黄砂浆临时支座

（2）砂筒临时支座

砂筒临时支座是由两个活塞式钢套筒与填充的砂子组成（顶层活塞式套筒内填充混凝土，底层套筒内填充砂），通过增加或减少砂筒内含砂量调整高程和拆除支座。根据梁体安装质量和填砂沉降系数（沉降系数可用压力机模拟测得），计算确定活塞套筒直径、高度、材质规格和填砂量。活塞式临时性支座安装使用前，首先，应彻底清除墩台盖梁顶面的杂物；其次，于砂筒下面铺垫一层油毡（形状可圆可方，但面积须大于套筒底面积30%）；第三，按计算高度填砂于套筒内并整平，将活塞置于填砂之上、套筒之内，保证活塞顶面水平。安装梁于活塞式临时支座上，安装过程中随时检查临时支座的稳定和活塞顶面水平情况。浇筑铰缝和湿接头混凝土并养护；待铰缝和湿接头混凝土强度满足设计要求后，同时放松套筒底部螺栓，填砂流出，活塞卸荷，整孔梁体平稳落下，永久性支座承重。体系转换完成；收集填砂处理后再用，活塞、套筒保管时应注意防潮，以免锈蚀影响使用。活塞式临时性支座，结构形式简单，制作容易，操作方便，且可一次投入多次使用；同时，避免了拆除传统临时性支座时废弃物污染环境的问题。砂筒临时支座见图6.3-2。

（3）混凝土垫块临时支座

混凝土垫块临时支座较多应用于重量较小的梁、板架设。混凝土垫块临时支座主要包括混凝土垫块、底层砂盒，砂盒在使用前需经过预压，并采用处理过的干砂。桥梁架设时，混凝土垫块置于预压过的砂盒上方，作为梁、板临时支座。落梁施工时，掏出砂

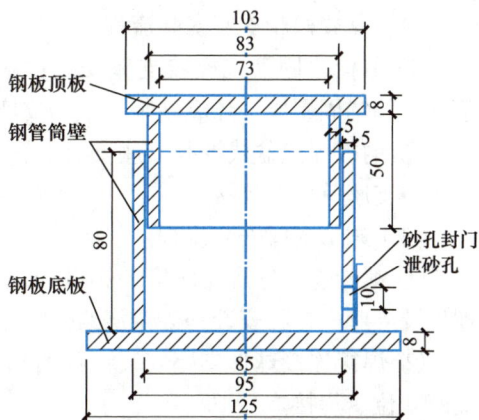

图6.3-2　砂筒临时支座

盒内部分砂，以降低混凝土垫块高程，使梁、板落于永久支座上方。

（4）自锁式千斤顶临时支座

与以上各类临时支座相比，千斤顶具有操作灵活、可控性好等优点，但作为临时支座的千斤顶必须具备自锁功能。该方法造价较高，通常应用于大型桥梁的架设。施工时，在千斤顶活塞顶部安装球铰，用以适应梁体纵坡和横坡；千斤顶底部安装不锈钢板和聚四氟乙烯滑板，用以调整梁体水平位置。为保证体系转换时落梁同步，同一墩顶的各千斤顶通过一台高压油泵集中控制，油泵通过附加安装的分流节流阀将各千斤顶的进油路和回油路分别并联，确保各千斤顶负载下的举升或回程工作同步，如图 6.3-3 所示。

（5）沙袋式临时支座

沙袋式临时支座采用帆布沙袋内部装满沙并经预压，在沙袋上方加垫钢板，作为桥梁临时支座。卸载时，在沙袋外侧开小孔，使内部沙部分流出。单个沙袋承收能力为 100t 左右，适合于小型的梁、板架设，施工较为方便，经济性较好，如图 6.3-4 所示。

图 6.3-3　自锁式千斤顶临时支座

图 6.3-4　沙袋式临时支座

2）永久支座施工

（1）板式橡胶支座安装流程

垫石顶凿毛清理→测量放线→找平修补→支座安装。

（2）盆式橡胶支座安装流程

① 螺栓锚固盆式橡胶支座安装：墩台顶及预留孔清理→测量放线→拌制环氧砂浆→安装锚固螺栓→环氧砂浆找平→支座安装。

② 钢板焊接盆式橡胶支座安装：预留槽凿毛清理→测量放线→钢板就位、混凝土浇筑→支座就位、焊接。

（3）球形支座安装流程

① 螺栓连接球形支座安装：墩台顶凿毛清理→预留孔清理→拌制砂浆→安装锚固螺栓及支座→模板安装→砂浆浇筑。

② 焊接连接球形支座安装：预留槽凿毛清理→测量放线→钢板预埋、混凝土浇筑支座就位、焊接。

（4）桥梁支座安装注意事项

① 在支座安装前，应对支座的安装位置进行测量检验，支座安装平面应和支座的滑动平面或滚动平面平行，其平行度的偏差不宜超过 2‰。

② 支座安装前应对活动支座顶、底板的相对位置进行检查。

③ 支座安装后，滚动和滑动平面应水平，其与理论平面的斜度不大于 2‰。支座上、下板中心应对中，其偏差不大于 2‰。

④ 为保证支座安装平整，一般应在支座底面与支撑垫石顶面之间，灌注 20mm 左右厚的无收缩砂浆垫层。

3）梁、板就位

（1）根据线路中心和墩台中心里程，在墩台上放出每片梁的纵向中心线、支座纵横中心线、梁板端头及支座底部轮廓线，在梁端横线上定出各片梁底部边缘的点。

（2）若墩台上布置有移梁滑道或枕木垛时，应再将边缘的线放至滑道或枕木垛顶面。

（3）坡桥上顺坡斜置的梁，放线时应考虑坡度对平面跨径尺寸的影响。

（4）在每片梁、板的两端应标出梁的竖向中线，梁的两个端面的竖向中线应互相平行。

（5）就位时，在梁（板）侧面的端部挂线坠，根据墩台顶面标出的梁端横线及该线上标出的梁侧边缘点来检查和控制梁的顺桥向和横桥向正位。

（6）在梁、板端的顶部中心挂线坠，根据梁端面上的竖向中线检查梁是否正直，并且不向两侧倾斜。

（7）梁、板的顺桥向位置，一般以固定端为准，横桥向位置应以梁的纵向中心为准。

（8）梁、板就位精度要求如表 6.3-1 所示。

梁、板就位精度要求　　　　　　　　　表 6.3-1

| 项次 | 检查项目 | | 规定值或允许偏差 |
| --- | --- | --- | --- |
| 1 | 支承中心偏位 | 梁 | 5 |
| | | 板 | 10 |
| 2 | 倾斜度（%） | | 1.2 |
| 3 | 梁、板顶面纵向高程（mm） | | +8, −5 |
| 4 | 相邻梁、板顶面高差（mm） | | 8 |

6-7　自行式吊车架梁施工

## 6.3.4　自行式吊机架设法

自行式吊机包括常用的履带起重机和汽车起重机等，由于自行式吊机本身有动力、机动性强、架设速度快，故一般中小跨径的预制梁的架设安装。只要吊装高度满足要求，施工场地条件适应，都可以采用自行式吊机进行架设。

目前国内架梁采用的自行式吊机通常包括汽车起重机与履带起重机，根据梁、板的安装质量，选用自行式吊机的吊装能力一般在 50～200t 之间。

### 1. 单台吊机架设

1）吊点设置

梁、板的吊点位置应符合设计允许悬出长度的规定。当设计未给出具体位置时，可将梁、板近似按以吊点为支点的梁单元进行计算。

2）吊绳

吊绳又称为千斤绳、绳套、拴绑绳等，用于将物件捆绑并连接钩挂于设备的吊钩或吊环上。

千斤绳分为尼龙绳、钢丝绳和链条制成三种。吊装较重的物件时，多用钢丝绳制的千斤绳。根据编插形式不同，可分为封闭式千斤绳和开口千斤绳。施工对千斤绳有如下要求：

（1）用作千斤绳的钢丝绳要求容易弯曲，挠性大。

（2）用于捆梁的钢丝绳其安全系数应不小于 10，吊梁钢丝绳的接头必须采取插接，插接长度不得小于钢丝绳直径的 40～50 倍，总长度不得小于 300mm。

（3）捆梁时应保持钢丝绳每次均向同一方向弯折，避免受反复应力。

（4）钢丝绳与梁体转角接触处必须安放护梁铁瓦。

（5）钢丝绳应经常检查；发现有扭结、变形、断丝或锈蚀等异常时，应按表 6.3-2 进行折减，并按折减结果进行降低等级使用或更换。当钢丝绳直径与公称直径相比减少 7% 或更多时，即使未断丝，亦应报废。

钢丝绳折减系数表　　　　　　　　　　　　　　　表 6.3-2

| 钢丝绳表面磨损或锈蚀量（%） | 10 | 15 | 20 | 25 | 30～40 | >40 |
|---|---|---|---|---|---|---|
| 折减系数（%） | 85 | 75 | 70 | 60 | 50 | 0 |

当钢丝绳与起吊梁、板夹角过小时（通常夹角为 60° 以上较为适宜，如图 6.3-5 所示），可采用吊具起吊。梁、板的吊具通常采用起重梁形式，也可采用桁架形式。

3）梁、板的架设

当预制梁质量较小，而吊机又有相当的起吊能力，河床坚实无水或少水，吊机能行驶和停搁时，可用一台吊机架设安装。对跨径不大的梁，吊机起重臂跨径 1m 以上且起重能力超过梁重 1.5 倍时，吊机可搁放在桥台后路基上架设安装，或搁放在先一孔安装好的桥面上架设安装次一孔的梁。

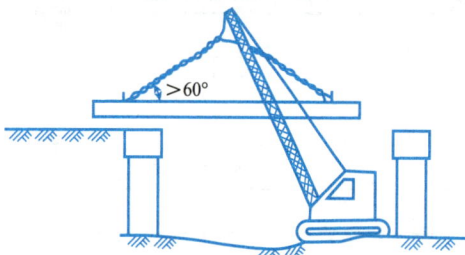

图 6.3-5　一台自行式吊机架设法

### 2. 两台吊机架设

用两台吊机各吊住梁的一端，同步提升将梁吊起架设安装，如图 6.3-6 所示。此法应注意两台吊机的互相配合。两台吊机架设应注意以下事项：

图 6.3-6　两台自行式吊机架设法

1）尽量选用同类型吊机。

2）根据吊机能力，对起吊点进行荷载分配。

3）各吊机的荷载不宜超过其相应起吊能力的 80%。

4）在操作过程中，两台吊机要互相配合，动作协调。采用扁担梁起吊，尽量使扁担保持平衡，倾斜角度小，以防一台吊机失重而使另一台吊机超载，造成安全事故。

5）信号指挥，分指挥必须听从总指挥。

## 6.3.5　龙门式起重机架设法

龙门式起重机架设法是以平板拖车或轨道平车将预制梁运送至桥孔，然后用跨墩龙门式起重机或墩侧高低腿龙门式起重机将梁架起，再横移到设计位置落梁安装。

搁置龙门腿的轨道基础应按承受最大压力时能保持安全的原则进行加固处理。河滩上如有浅水时，可在水中填筑临时路堤，水稍深时考虑修建临时便桥，在便桥上铺设运行轨道。此时，应根据施工现场情况与其他架设方法进行技术经济比较。

本法的优点是架设速度较快，河滩无水时较经济。架设时，不需要特别复杂的技术工艺，作业人员用得也较少，但龙门式起重机机的设备费在高桥墩施工中较高。

### 1. 跨墩龙门式起重机架设

将龙门架设置在安装跨两墩间的位置处，预制梁由平板拖车或轨道平车送至架设桥孔处。由两台龙吊将预制梁吊起横移，从一侧向另一侧逐片架设安装，如图 6.3-7 所示。当一跨安装完毕后，可通过轨道将龙门架拖拉至下一跨进行安装。

图 6.3-7　跨墩龙门式起重机架梁

### 2. 墩侧高低腿龙门架设

墩侧高低腿龙门式起重机，其架设程序与跨墩龙门式起重机基本相同。这种龙门式起重机较跨墩龙门式起重机减少一条轨道，墩上的一条腿高度也可降低。但此种龙门式起重机不能拖拉运行，为了保证预制梁的安装进度，一般要准备三台高低腿龙门式起重机，架设时设在 $N$、$N+1$、$N+2$ 号墩侧，待第一跨各梁安装完毕，即安装第二跨。与此同时，将 $N$ 号墩龙门式起重机拆除运至第 $N+4$ 号墩安装，如此重复进行。

## 6.3.6 架桥机架设法

架桥机架设法是将梁、板预制完成后，由专用运梁车通过路基或已架桥梁运送至专用架桥机后方，最后利用架桥机逐孔架设的方法。

该方法适用于桥跨较多、架梁工程量大的标准跨径桥梁，其特点是不受桥下通航（通车）和墩高影响，不影响桥下交通，架梁安全性高。

### 1. 架梁程序

1）准备

架梁准备工作主要包括架桥机的拼装、试运行和自检以及现场人员的操作培训等。

（1）架桥机拼装

对于从桥头开始架梁的工程，架桥机在桥台后方拼装；对于需从中跨开始架梁的工程，则需要在架梁起始位置首先安装提梁站，提梁站通常采用跨墩龙门式起重机形式。施工中，首先利用提梁站架设两跨梁，再在已架梁上完成架桥机拼装。

（2）试运行和自检

① 空载试验

a. 提升小车空载沿主梁轨道来回行走数次，车轮有无明显打滑现象，启动、制动是否正常、可靠；

b. 开动提升机构，升降数次，检查开关动作是否灵敏、准确；

c. 将两台提升小车开至跨中，整机在前后 5m 范围内行走数次，检查启动、制动是否正常、可靠，车轮有无明显的打滑现象。

② 静载试验

a. 提升额定荷载，检查架桥机变形及使用情况；

b. 提升 1.25 倍的额定荷载，离地面约为 0.1m，停留 10min 后卸去荷载。检查架桥机主梁是否有残余变形，反复数次，以主梁不再有残余变形来控制。

③ 动载试验

提升 1.1 倍的额定荷载，提升机构和提升小车在 5m 范围内慢速反复运转，各制动机构及电器控制应灵敏、准确、可靠，主梁振动正常，机构运转平稳。卸载后，各机构和主梁无损伤及永久变形。

2）过跨

由于不同架桥机自身构造存在差异，其具体的过跨流程也各有不同，但原理基本相同。现以国内某 30m 小箱梁架设工程所采用的架桥机为例，介绍架桥机过跨流程。

（1）上一跨箱梁拼装完成之后，检查各旋转机构转向是否正确。解除中托轮及后托轮的承重受力，由主梁前支腿和后支腿承重，利用起吊天车将中托轮和后托轮吊起向前移动。中托轮到达已架箱梁的梁端，后托轮距离中托轮24m处。

（2）通过调节千斤顶使中、后托轮承重，并使主梁纵向基本水平，然后插入承重销轴。打开后支腿油泵，使千斤顶处于不受力状态，并使后支腿与桥面脱离。前支腿横移轨道与前支腿固定牢固，收缩千斤顶使横移轨道底面高过盖梁顶约40cm，再插入前承重销轴。

（3）检查架桥机各机构的稳定性及受力情况，一切正常后启动中托上轮箱减速机。主梁向前行进10m左右，两台起吊天车同时向后运行至架桥机尾端。

（4）启动伸缩卷扬机使导梁伸出20m左右，使导梁副支腿到达下一个桥墩指定位置，调节副支腿高度并支垫抄实。

（5）启动中，托上轮箱减速机，使主梁前进约10m，后支腿接近后托轮时停止。

（6）后支腿油泵充油，承重并支垫牢固。后托轮千斤顶回油收缩后与主梁下弦杆脱离，前起吊天车吊起后托轮向前运行至距离中托12m左右时放下。后托轮千斤顶顶起至适当高度后，插入后托承重销轴。打开后支腿油泵保压阀门，使千斤顶处于不受力状态，收起后支腿与桥面分离。再启动中托上轮箱减速机，使主梁前进约10m，直至前支腿到达下一个桥墩指定位置。

（7）调整前支腿千斤顶，使主梁纵向基本水平，然后插入前承重销轴。打开副支腿保压阀门，使导梁副支腿处于不受力状态，启动伸缩卷扬机使导梁向前移动1m左右。后托轮千斤顶收缩，使后托轮与主梁下弦脱离，准备架梁。

3）运梁

（1）桥下运梁

对于在桥跨中设置提梁站的架设工程，需要将梁、板经预制场运抵提梁站，这个过程称为桥下运梁。

对于质量较小的梁、板，可采用普通轮胎运梁车，对于大型箱梁的运输，则需要专用运梁车。运梁便道由预制场通往提梁站，便道通常设置为混凝土路面，便道应能满足运梁车运梁荷载。

（2）桥上运梁

梁、板经提梁站提起，放置于已架梁上方的运梁车上，经运梁车沿桥面运输至架桥机后方喂梁。

对于简支变连续的桥梁，由于湿接头缝隙较宽，为保证湿接头浇筑前运梁车顺利通过接缝，保证梁体本身和运梁车都不受损害，需要在各接头缝隙处运梁车轮胎通过的位置安放加劲盖板，盖板可采用钢板与型钢组合形式。型钢及钢板与箱梁钢筋临时固定，钢板边缘打磨成坡脚，防止损坏运梁车的轮胎。

4）架梁

（1）直线桥与大半径曲线桥梁架梁流程

①运梁车运输梁段纵移，架桥机两台吊梁平车后移至架桥机尾端，由前吊梁平车吊起梁体前端，脱离运梁车后向前牵引；而后端由运梁车承托，向前缓慢移动。

②待箱梁后端送至后吊梁平车下放时，后吊梁平车将箱梁后端吊起。此时，箱梁

由前后两台吊梁平车悬吊。

③ 前后两台吊梁平车悬吊箱梁前移至孔位上方后，架桥机整机吊梁横移到位后落梁。落梁后应迅速将新架设梁与前一跨梁在端头采用钢筋焊接牢固，边梁就位时还要在两端加设牢固的临时支撑。第二片梁就位后，除设置临时支撑外，还应立即将两片梁之间的湿接缝钢筋进行焊接，以增强稳定性。

④ 一跨梁架设完成后移动架桥机架设下一跨梁。

一般架梁顺序为：边梁、次边梁、中梁。

安装边梁流程为：运梁平车配合前天车喂梁到架桥机内部→前、后天车起吊梁→将边梁纵向运移到前跨位→整机携梁横移至次边梁的位置→落梁至距支座 5～10cm，纵向调整到位（保持梁的稳定）→起吊天车横移→架桥机横移→在边梁位置处下落就位→完成边梁就位安装。

安装中梁流程为：运梁平车配合前天车喂梁到架桥机内部→前、后天车起吊梁→前、后天车将混凝土梁纵向运移到前跨预定位置→落梁至距支座 5～10cm（保持梁的稳定）→架桥机横向、提升下车纵向微调到位→完成中梁的就位安装。

（2）斜桥与小半径曲线桥架梁

架设斜桥与小半径曲线桥梁时，如果桥梁平曲线转角大于常规架桥机架梁的允许偏角，需要对架桥机构造进行特殊处理。架桥机天车与主梁之间可采用转向座连接，架桥机不但宽度可调整，还可使左右主梁拉斜成平行四边形，使架桥机架斜桥及小半径曲线桥更加方便、可靠。

**2. 施工注意事项**

1）架桥机作业必须分工明确，统一指挥，设专职人员进行操作。参与架梁的工作人员必须持证上岗。

2）梁架设前，必须按设计图纸和施工方案核对架桥机的临时工程情况。架梁使用的材料、工具、脚手板、梯子、安全带、安全帽和安全网等应配齐。

3）架梁人员进入工地时，均应按规定穿戴安全防护用品。非架梁人员严禁进入架梁作业区。

4）跨河吊装期间，必须配置足够数量的救生圈、救生衣和救生船只，专人日夜值班，以策安全。

5）架梁期间，有关防火、防漏电、防爆、防雷击等措施，均应符合国家现行规章的规定。6级风以上严禁作业，必须用缆绳稳固架桥机和起吊天车。架桥机停止工作时，要切断电源，以防发生意外。

6）如需夜间架梁，必须有足够的照明设施。

7）架桥机应制订定期保养和检定制度；保持良好状态，并应按规定进行试吊、试运和检查以及刹车试验，合格后方可使用。

8）架桥机纵向移动要做好一切准备工作，要求一次到位，不允许中途停顿。起吊天车提升作业与携梁行走严禁同时进行。提升结束后，必须待预制梁稳定后，再启动起吊天车行走机构，使天车携梁平稳前移。

9）每天工作结束后，必须夹紧夹轨器，并用手拉葫芦将架桥机固定。在有纵坡的情况下，天车应移至架桥机主梁后方，用木楔塞住，清理现场后方可下班。

## 6.4　支架上现浇梁式桥

### 6.4.1　适用范围与特点

支架上现浇梁式桥施工是在桥孔位置处安装支架、立模后就地施工钢筋混凝土的工艺，是一种最古老、最常用的施工方法，具有适用性强、受力均匀、施工容易、拆卸方便等优点，施工工艺成熟、应用广泛，几乎适用于所有的钢筋混凝土及预应力钢筋混凝土梁式桥的施工。

随着科技的发展及预应力技术的应用，梁式桥结构在跨径、线形、截面形式等多方面得到迅速发展，出现了一些变宽桥、弯桥等复杂的预应力混凝土结构。其施工技术也向挂篮悬臂浇筑、移动模架整孔浇筑、悬臂拼装及预制架设等多元化发展。

近年来，随着支架结构及支架构件标准化、单元化的发展，支架现浇施工凭借操作简单、适应能力强。对机具和起重能力要求不高、桥梁整体性好、施工中不出现体系转换等突出优点，打破了其以往多用于桥墩较低的中、小跨径梁式桥施工的限制，在长大跨径及变宽、弯桥等结构复杂的梁式桥中得到广泛应用。

### 6.4.2　一般施工程序

对支架现浇梁单个施工单元来讲，其施工工艺的一般程序为：地基处理→支架搭设→模板系统安装→支架加载预压→钢筋、预应力筋安装→内模安装→混凝土施工→混凝土养生→预应力张拉→压浆→落架→拆除支架、模板。

对于多跨梁式桥，宜首先根据设计要求、现场实际条件、混凝土的供应能力等因素，确定梁体的总体浇筑程序。即采取整联一次性浇筑还是逐跨浇筑；然后，根据梁体的浇筑顺序，确定投入的支架数量及周转顺序，以同时满足施工工效与经济性的要求。

支架现浇法施工主要工艺流程如下。

#### 1. 地基处理

地基处理的好坏是支架现浇法施工成败的关键，宜按照设计承载力及施工规范的要求进行地基处理。地基处理后，进行地基承载力试验，检验地基的沉降量；如存在不均匀沉降，应重新对地基进行处理，直到满足要求为止。

#### 2. 支架搭设、预压

支架是支架现浇法施工的主要支撑部分，其结构形式及搭设质量将直接影响到整个梁体的承受能力。在对支架进行设计时，需要考虑多方面的因素，确保支架具有足够的强度和刚度。支架的搭设在满足设计要求的基础上，还应满足桥涵施工技术规范中规定的构造要求，确保支架的整体稳定性。支架搭设完成后，按要求进行预压，以消除非弹性变形、测量弹性变形、检验支架的安全性，并通过预压，确定梁体施工时的预拱度设置值。

### 3. 模板安装

模板是确保现浇混凝土外观质量的关键结构。模板的设计除满足强度要求外，还应满足施工规范中刚度的要求。模板的加工在满足加工精度等技术标准的前提下，还应综合考虑经济、实用、方便、美观等要求。

### 4. 钢筋施工

根据现场实际的场地及交通运输情况，钢筋一般可采用桥位处现场绑扎方式或者后场预扎成型、现场整体吊装的安装方式。绑扎时，要按照钢筋的位置及操作的难易程度确定合理的绑扎顺序，关键是要处理好保护层厚度及与预应力之间的位置关系。

### 5. 混凝土浇筑

混凝土浇筑是支架现浇的关键工序。混凝土浇筑时，要安排好浇筑顺序。常用的浇筑顺序有两种：一种是水平分层法，可分为两层或多层，即先浇筑底板，待达到一定强度后进行腹板、顶板浇筑；另一种是纵向分段法，即全断面整体浇筑，根据混凝土的供应能力沿纵向分段浇筑。不管采取哪种浇筑顺序，均宜采用斜面推进法浇筑，其浇筑速度要确保下层混凝土初凝前覆盖上层混凝土，避免出现浇筑冷缝。另外，梁体浇筑时还应遵循对称布料的原则。

### 6. 预应力施工

预应力筋的制作与安装，与钢筋施工同步进行。安装时，要保证预应力筋的位置准确及安装质量。预应力筋张拉前，要对千斤顶、压力表和油泵进行校验，合格后组成配套设备，按照设计的张拉程序和顺序进行预应力筋的张拉。张拉宜采用双控方式，以应力控制为主，伸长值校核为辅。张拉完成后，及时进行管道压浆。

### 7. 落架

落架是支架现浇法施工的重要环节。常用的落架方法有：可调托座法、砂箱落架法、钢楔块及木楔等，落架顺序宜按照梁体的变形由"从大到小"的原则进行。落架时，宜分级循环进行，严格控制单次卸落量，且对称、均匀、有序地进行，避免因操作不当而造成卸落困难或对梁体的损害。

## 6.4.3  常用支架的类型

支架是用于支承结构物荷载、模板和其他施工荷载的临时结构。按照支撑和构造方式的不同，支架可分为满布式支架（或者称为支柱式支架）、梁式支架（或者称为梁柱式支架）、组合支架等。

### 1. 满布式支架

满布式支架俗称满堂支架，其特点是在桥跨下满布支架立柱，模板支承在立柱上的方木或型钢上。满布式支架由于构造简单、装拆方便、搭设灵活，因此得到广泛应用。随着研发的历程，先后出现了扣件式支架、碗扣式支架、轮扣式支架、盘扣式支架、门式支架、塔式支架等多种类型。但是，由于各种支架接头均采用形式灵活、操作方便的扣件连接，存在一定的自由空隙，在结构上属于铰接，导致自由度约束差、非弹性变形大。因此，满布式支架作为现浇箱梁施工支架时，许多地区对其搭设的高度、承受荷载及应用范围进行了限定。

1）扣件式支架

扣件式支架由钢管和专用扣件组成，除用来搭设各种形式的脚手架外，在桥梁工程施工中还用于搭设现浇梁的满布支架、模板支撑架、操作平台支撑架及其他用途。其具有承载力大、装拆方便、搭设灵活、经济适用、不受施工结构形体的限制等优点，适用范围比较广。

2）碗扣式支架

碗扣式支架是在吸取国外同类型脚手架的先进接头和配件工艺的基础上，结合我国实际情况而研制的一种新型承插锁固式钢管脚手架。碗扣式支架采用带齿的碗扣接头，在三维方向均具有较强的力学强度和自锁性能，而且组装快速、省力，避免了螺栓作业和零散扣件。在桥涵施工中，可根据所承受荷载的要求组装成各种类型的支撑架，如施工脚手架、现浇梁的满堂支架、操作平台等，是一种应用广泛的新型支架。

3）轮扣式支架

轮扣式支架是一种具有自锁功能的新型多功能支架，是支架施工技术的一种革新。其特点是支架接头通过焊接在钢管上的轮扣和横插头直插式连接，实现了钢管脚手架上无任何活动零件及无任何专门的锁紧零件，使得钢管支架的组拼更加方便、快捷。同扣件式、碗扣式支架一样，轮扣式支架在桥涵施工领域具有广泛的应用。

4）盘扣式支架

盘扣式支架是继扣件式脚手架、碗扣式脚手架之后的升级换代产品。其杆件的接头采用盘扣，接头和插销为连接件，即立杆采用套管承插连接，横杆和斜杆采用杆端和接头卡入连接盘，用楔形插销连接，形成结构几何不变体系的钢管支架。盘扣式支架可应用于桥涵施工脚手架、现浇梁的满堂支架、模板支撑架、操作平台支撑架及其他构筑物的搭设。

5）门式支架

门式支架是以门架、交叉支撑、连接棒、挂扣式脚手板或水平架、锁臂等基本结构，再设置水平加固杆、剪刀撑、扫地杆、封口杆、托座与底座等组成的一种标准化钢管支架。门式支架是建筑用脚手架中应用最广的脚手架之一，在桥涵施工中，可用于现浇梁施工的满堂支架、模板支架、脚手架及其他构筑物的支撑架。

6）塔式支架

塔式支架有方塔式支架及三角框塔式支架两种。塔式支架作为模板支撑架使用，应用十分广泛，在高架桥梁的现浇连续梁、立柱盖梁等施工中均取得了良好的使用效果。

**2. 梁式支架**

梁式支架主要采用各类钢材或装配式构件拼装而成，由设置在两端或跨中的立柱（或临时墩、墩旁托架）及上方承重梁组成。承重梁可根据跨径及上部施工荷载的大小，选用工字钢、H型钢、钢板拼装成的钢箱梁、钢桁梁或装配式贝雷梁、军梁、万能杆件等构件中的一种或几种组合而成。支撑承重梁的立柱或临时墩，可根据跨径的大小选择单点支撑或多点支撑。

1）承重梁

（1）贝雷梁

贝雷梁是指利用贝雷片拼装成的桁架梁，桁架梁之间用支撑架（花架）或剪刀撑等进行横向连接，以增加桁架梁的稳定性。目前，常用的贝雷片有 321 型和 HD200 型两种类型。

（2）型钢

型钢的分类有许多种方式：按照钢的冶炼质量不同，型钢分为普通型钢和优质型钢；按现行金属产品目录，又分为大型型钢、中型型钢、小型型钢；按其断面形状，又可分为工字钢、槽钢、角钢、H 型钢等。

（3）六四式军用梁

六四式军用梁是一种全焊构架、销接组装、单层或双层的多片式的拆装式上承钢桁梁，有标准型（代号 102-1）和加强型（代号 102-3）两种。

六四式军用梁具有杆件种类少、结构轻便、单元质量较小（一般在 100～500kg）、构造简单、架设迅速、承载力大等特点，主要适用于中等或大跨径的支架搭设。用六四式军用梁组拼的梁式支架跨径可达 48m，加强型六四式军用梁式支架跨径可达 53m。由于六四式军用梁采用销接的方式连接，其组成的支架变形较大，施工时应予注意。

（4）万能杆件

万能杆件是指用角钢、钢板、螺栓制作而成的标准杆件，其通用性强，可以组拼成桁架、墩架、塔架或龙门架等形式，以作为桥梁墩台、箱梁的施工脚手架或承重梁。

万能杆件的类型有铁道部门生产的甲型（又称 M 型）、乙型（又称 N 型）和中交西筑生产的乙型（又称西乙型）。三者在结构、拼装形式上基本相同，仅弦杆角钢尺寸、部分缀板的大小和螺栓直径稍有差异。

万能杆件具有通用性强、拆装容易、运输方便、利用率高、节省辅助结构材料等特点，可拼装成各种与杆件本身长度成倍数跨径和高度的桁架，其桁架的高度和跨径可分为 2m、4m、6m 及 2m 的倍数。当高度为 2m 时，腹杆拼为三角形；高度为 4m 时，腹杆拼为菱形；高度超过 6m 时，则拼成多斜杆的形式。但是，万能杆件之间采用螺栓连接，杆件之间存在一定间隙，用万能杆件拼装的支架，在荷载作用下变形较大，在施工过程中应给予充分重视。

2）立柱

（1）钢管桩

钢管桩是指由钢板卷制而成的筒形结构，可分为成品钢管或自制焊接钢管。

（2）墩旁托架

对于水域环境或者地基承载力差、现浇段较短或者墩身较高的梁桥，可采用搭设墩旁托架的形式用于支撑承重梁。墩旁托架主要由牛腿构件、斜支撑杆、纵向小横杆和横向大横杆组成。牛腿构件包括预埋部分和连接部分。预埋部分包含锚固钢筋、钢筋套筒、预埋钢板和预埋垫板；连接部分包含牛腿钢板、辅助板和连接板。牛腿预埋时，需要对牛腿中的螺栓孔进行必要的保护。

（3）轻型钢框架

桥下地面较平坦且地基具有一定承载力的梁桥，可采用轻型钢框架用于支撑承重梁。轻型钢框架的梁和柱可采用工字钢、槽钢制作。斜撑、连接系等可采用角钢制作。轻型钢支架的构件宜制作成统一规格和标准；钢框架宜预先拼装成片或组，并以木枕木或混凝土枕木作支承基底，并在基底周围设置排水沟，防止雨水冲刷浸泡。

（4）贝雷支墩

如地基承载力较高，可直接利用贝雷桁架拼成桁架支墩。按照拼装形式的不同，可分为方柱式支墩、排架式支墩和板式支墩三种类型。

### 3. 组合支架

梁式与满布式组合支架是指充分利用两类支架的优点将两种支架体系有机结合，通常下部采用大型钢管梁式支架，上部采用小钢管满布式支架。

1）支架的适用范围及应用

组合支架常应用于桥梁净空较大或桥高较高的现浇混凝土结构物，可利用搭设在梁式支架上的满布式支架调节高程和落模高度，不需要再设置专门的落模装置。当桥下为软土地基且较难处理不适宜搭设满堂支架时，也可采用此种组合支架。此外，跨线或跨越河流的桥梁上部结构施工也可考虑采用此种支架形式。

2）支架的特点及优缺点

梁式与满布式组合支架充分利用了梁式支架整体性好、整体强度及刚度较大的特点，又充分发挥了扣件式、碗扣式等满布式支架的安装方便、受力均匀的优点。当此种组合支架应用于桥下净空较低的桥梁上部结构施工时，需要考虑施工后钢管桩立柱的拆除问题。此外，组合支架应重点处理好梁式与满布式支架结合部位的节点设计及处理方式。

## 6.4.4　支架适用范围及地基处理要求

### 1. 适用范围

梁式支架和组合支架一般适用于深水和深软土基础环境或跨河、跨线施工环境，此种支架主要以桩（通常为打入桩）基础的承载力和抗水平推力为检验标准。因此，采用此种支架施工时，对原地基通常可不做处理。

满布式支架一般适用于常规陆域、浅软土地基和浅水（可采用填筑或者换填方式变为陆域）环境。此种支架主要以地基的承载力和沉降指标为检验标准，即需要稳定的基础支撑，对基础处理要求较高。

### 2. 地基处理要求

1）处理后，地基必须稳固，以免发生过量沉降，特别是不均匀沉降。

2）地基应整平、压实，通常做法是将表面进行硬化处理，可采用铺设碎石水稳层或低强度素混凝土。基础硬化时，应设置可靠的排水措施，防止地表水的渗入而影响地基承载力。地表应尽量避免采用砂垫层，以免混凝土养生水流至地面导致砂土流失，造成支架变形。

3）满布式支架基础检查的具体要求：坚实、平整，不积水，垫板不晃动，底座不滑动，支架起点基本一致，便于底座支垫，减小了沉降特别是不均匀沉降的安全隐患。

### 6.4.5　支架预压与沉降观测

支架预压的目的是为消除非弹性变形，测量支架弹性变形及基础的沉降量，并间接检验支架的安全性，以便更好地保证混凝土结构物在卸架后能获得满意的设计线形。支架预压应符合《钢管满堂支架预压技术规程》JGJ/T 194—2009 及其他技术标准的相关规定。

#### 1. 支架预压的方法

1）预压荷载及规定

预荷载可采取等代荷载法取值，等代荷载为梁体结构自重与施工荷载的总和。支架预压区域应按照梁体断面结构划分为若干预压单元。支架预压时，等代荷载可采用均布或集中荷载的形式按照梁体预压单元进行布置和模拟。

为取得更佳预压效果，支架预压荷载宜按支架需承受全部荷载的 1.05～1.1 倍控制。

2）加载与卸载

对于预压加载的方式，国内桥梁建设中已有相当成熟的经验。综合来看，主要有流体加载（水袋法）和固体加载（沙袋法等）两大类，具体加载形式应因地制宜地选用施工方便、周转快速、经济性高的预压方式，如采用沙袋法预压，应注重沙袋防水控制。

支架预压应分级进行加载，且不应少于 3 级。采用 3 级加载时，每级加载值宜为预压荷载值的 60%、80%、100%，最大预压超载不超过预压平均荷载的 1.1 倍。

每级加载完成后，应先停止下一级加载，并应每间隔 12h 对支架沉降量进行一次监测。当支架顶部监测点 12h 的沉降量平均值小于 2mm 时，方可进行下一级加载。

预压加载的顺序为：当纵向加载时，宜从混凝土结构端部向跨中对称布载；当横向加载时，应从混凝土结构中心线向两侧进行对称布载，确保整个加载过程对称、均衡、同步施加。

按照设计要求加载，同步进行支架的变形速率监测；当变形速率达到各监测点最初 24h 的沉降量平均值小于 1mm 要求后，表明支架预压合格。

支架预压达到设计要求后，方可进行卸载。按照与预压施加荷载相同的顺序对称、均衡、同步卸载，严禁施工中出现偏载现象。

3）预压监测

（1）监测内容

预压监测应包括以下内容：

① 加载前监测点高程；

② 每级加载后监测点高程；

③ 加载至 100% 后，每隔 24h 监测点高程；

④ 卸载 6h 后，监测点高程；

⑤ 预压监测应计算基础沉降量：支架弹性变形量和非弹性变形量。

（2）监测点布置

支架监测点的布置应符合以下几点要求：

① 当结构跨径不超过 40m 时，沿结构的纵向每隔 1/4 跨径应布置个观测断面；当结构跨径大于 40m 时，纵向相邻观测断面之间距离应不大于 10m；

② 每个监测断面上的监测点个数应根据监测要求布置，最少不宜少于 5 个，并应对称布置；

③ 支架沉降监测点应在支架顶部和底部对应位置上分别布置。

（3）监测记录

支架预压监测应采用水准仪，并且宜采用三等水准测量要求作业。监测记录应包括下列内容：

① 预压荷载施加前，记录各监测点初始高程；

② 全部预压荷载施加完毕后，记录各监测点高程；

③ 每间隔 24h 监测一次，记录各监测点高程，计算沉降量；

④ 卸载 6h 后，记录各监测点高程。

2. 成果分析

根据预压监测记录计算支架沉降量、弹性变形量、非弹性变形量。提交支架预压报告，支架预压报告应包括以下内容：

1）工程项目名称；

2）支架分类及支架代表性区域的选择；

3）支架监测点布置图、监测记录及计算；

4）支架预压的合格判定。

3. 支架预压注意事项

1）不同类型的支架应根据支架高度、支架基础情况等，选择具有代表性区域进行预压；

2）支架预压加载范围不应小于现浇混凝土结构物的实际投影面；

3）在全部加载完成后的支架预压监测过程中，当满足下列条件之一时，可判定支架预压合格；

（1）各监测点最初 24h 的沉降量平均值小于 1mm；

（2）各监测点最初 72h 的沉降量平均值小于 5mm。

4）预压施工前应进行安全技术交底，并应落实所有安全技术措施和人身防护用品，严禁人员进入试压区；

5）吊装作业前，应检查起重设备的可靠性和安全性，并且在吊装作业时应有专人统一指挥，参与吊装的人员应有明确分工；

6）加载时逐步加载，禁止加载物冲击承重平台；在吊装时，应防止压重物撞击支架；

7）发现异常情况，应立即停止作业，经检查分析处理后方可继续进行；

8）应根据加载顺序对称、均衡、同步进行，严禁出现偏载情况。

### 6.4.6 预拱度的设置

#### 1. 预拱度的定义

《公路桥涵施工技术规范》JTG/T 3650—2020 对预拱度的定义为：为抵消梁、拱、桁架等结构在荷载作用下产生的位移（挠度），而在施工或制造时所预留的与位移方向相反的校正量。预拱度设置包含两方面的内容：① 结构物本身在设计上需要设置的结构预拱度；② 由于临时结构自身的影响而设置的施工预拱度。下面，重点对施工预拱度进行介绍。

一般情况下，预拱度 $\Delta$ 可用式（6.4-1）表示：

$$\Delta=f_{q}+1/2f_{g} \tag{6.4-1}$$

式中　$f_q$——为结构自重产生的竖向挠度；

　　　$f_g$——为汽车荷载（不计冲击力）产生的竖向挠度。

#### 2. 预拱度的设置及考虑因素

1）预拱度的设置

支架法现浇梁式桥时，由于支架受荷载作用后将产生弹性和非弹性变形，桥梁上部结构在自重作用下也会产生挠度。为了消除施工时各种荷载对成桥线形的影响，以便获得设计上规定的线形，须在支架施工时设置一定数值的预拱度。

正确的设置预拱度对上部结构的线性控制非常重要，梁式桥上部结构各点的预拱度的设置可按照以梁跨中间点为最大值，以梁跨两端为零，按二次抛物线进行分配的原则进行设置。

2）预拱度设置应考虑的因素

影响梁体预拱度设置的因素较多，主要有以下几方面：

（1）结构本身设计上的预拱度，即由结构重力引起的梁的弹性挠度，以及 1/2 汽车荷载（不计冲击力）引起的梁的弹性挠度 $\delta_1$；

（2）支架承受施工荷载引起的弹性变形变 $\delta_2$；

（3）由于杆件接头的挤压和卸落设备的压缩而产生的非弹性变形 $\delta_3$；

（4）支架基础受载作用后的沉降 $\delta_4$；

（5）超静定结构由于混凝土收缩、徐变及温度变化而引起的挠度 $\delta_5$；

（6）预应力张拉时混凝土的龄期对预拱度的影响；

（7）预应力张拉时混凝土的强度对预拱度的影响；

（8）预施应力的准确性对预拱度的影响。

### 6.4.7 落模方法、设备和周期

落模是支架法现浇梁式桥施工中的重要环节，是对梁体成品保护、确保梁体受力符合设计要求的重要步骤。应针对不同的桥梁结构和支架形式，选用合理的落模顺序及控制措施。

#### 1. 落模方法

落模应对称、均匀和有序地进行，通常采用的落模顺序为：根据梁体变形"从大

到小"的原则分级循环进行，即先卸落变形较大的位置，后卸落变形较小的位置，单次卸落量控制在1～2cm；并且，横桥向应同步进行，严防梁体受扭。

对于不同的梁跨结构，应采用相应的卸落顺序。例如，对于单跨现浇梁，通常采用从跨中向两边的顺序进行；对于悬臂浇筑梁，通常先卸落悬臂部分，按照悬臂端至桥墩位置的顺序卸落，然后再按照先跨中后两边的顺序多次循环进行。单跨双悬臂的现浇梁卸落支架时，跨中的变形较大，如卸落量控制不当，容易造成临时墩支点处受力较大的情况，造成卸落困难；如采用强拖硬拽的方式容易对梁体产生冲击荷载，因此，应特别注意梁体的落模施工。

由于支架、模板结构本身的变形影响，当达到一定卸落量后，支架才能脱离梁体。卸落量$h$可按式（6.4-2）计算：

$$h=\delta_1+\delta_2+c \qquad (6.4\text{-}2)$$

式中　$\delta_1$——安放卸落设备处梁体在自重及恒载作用下的挠度；

　　　$\delta_2$——支架的弹性变形；

　　　$c$——从支架中取出卸落设备所需净空。

多人同时操作时，应明确分工，统一信号或行动，应具有足够的操作面。操作人员应站在安全处。高处拆除模板时，应符合有关高处作业的规定。严禁用大锤和撬棍，作业面上临时拆下的模板堆放不得超过3层。

### 2. 卸落设备

常用的落模设备有可调顶托、砂箱、钢楔块、木楔、千斤顶及制式器材配备的专用设备等。当采用不同的支架形式时，宜选用与之配备的卸落设备，且放在适当的位置。如采用满布式支架时，宜采用可调顶托，设置在支架顶部；如采用梁式支架时，宜采用砂箱落架，设置在支架立柱与梁的支点处。

### 3. 卸落模板期限

卸落模板期限应遵循以下原则：

1）为保证非承重侧模板拆模时混凝土表面及棱角不致因拆模而被损坏、断裂，混凝土本身不致因自重而变形、坍塌，要求拆模时混凝土的抗拉强度和抗剪强度应大于模板与混凝土间的脱模（粘结）力，其抗压强度则须足以支持其自重。一般情况下，应在混凝土抗压强度达到2.5MPa，且能保证其表面及棱角不致因拆模而受损坏时，方可拆除。

2）钢筋混凝土结构的承重模板、支架，应在混凝土的强度能承受自重及其他可能的叠加荷载时方可拆除。在一般荷载下，跨径等于及小于4.0m的板，混凝土强度达到设计强度标准值的50%时方可拆除；跨径大于4m的板、梁，混凝土强度达到设计强度标准值的75%时方能拆除。如设计对拆除承重模板、支架另有规定，应按照设计规定执行。

对于预应力混凝土结构，其侧模应在预应力钢束张拉前拆除，底模及支架应在结构建立预应力后方可拆除。钢筋混凝土结构的承重模板和其支架的拆除，原则上应以混凝土实际抗弯强度、抗剪强度能承受其自重及其可能的叠加荷载为准。

# 6.5 悬臂浇筑施工

## 6.5.1 悬臂浇筑法的适用范围及特点

悬臂浇筑施工法（简称悬浇）是将梁体沿桥梁轴线分成若干节段，在桥墩两侧设置工作平台，平衡地逐段向跨中悬臂浇筑混凝土梁体，并逐段施加预应力的施工方法。

### 1. 悬臂浇筑法工艺的发展与应用

自1950年前联邦德国Dychel-hoff & Widmann公司（Dywidag，迪维达克）开发、设计了世界首座悬臂浇筑施工预应力混凝土梁桥—跨莱茵河的Worms Bridge（主跨114.2m，1953年建成）以来，悬臂浇筑施工法经过不断改进、完善和推广应用，得到了世界各地工程界的广泛认可，成为修建大中跨径桥梁的主要施工方法之一。我国最早应用悬臂浇筑施工方法是20世纪60年代修建的主跨124m的预应力钢筋混凝土T形刚构——柳州大桥，虽起步比欧洲晚，但发展迅速。近年来，悬臂浇筑施工技术在黄石长江大桥、虎门大桥辅航道桥、苏通大桥辅航道桥等桥梁施工中都得到了应用。

### 2. 悬臂浇筑法适用范围

由于悬臂浇筑法受地形条件影响不大，对桥下交通影响小，广泛应用于公路桥梁建设中，特别是跨山谷、既有道路、江河和海域的大桥，适用于大中跨径的预应力混凝土悬臂梁桥、连续梁桥、T形刚构桥、连续刚构桥，拱桥及斜拉桥等桥型的施工。本书主要以梁桥为例，介绍悬臂浇筑施工。

### 3. 悬臂浇筑法施工特点

悬臂浇筑法施工的主要特点是施工设备及周转材料用量少，除墩顶现浇段与边跨现浇段外，无须搭设落地支架，无需大型起重与运输机具，主要设备是一对能行走的挂篮，有效地减少了周转材料投入，可实现周转循环作业。

## 6.5.2 施工流程

### 1. 梁体分段

悬臂浇筑施工时，梁体一般分为墩顶梁段、对称悬浇梁段、边跨现浇梁段和合龙梁段四大部分浇筑（图6.5-1）。墩顶梁段一般为0号块，如0号块顶空间不足以拼装挂篮，还包括1号块，对称悬浇梁段单个块段长度一般为2~5m，边跨现浇梁段一般为2~3个悬臂浇筑分段长，合龙梁段长度一般为1~3m。

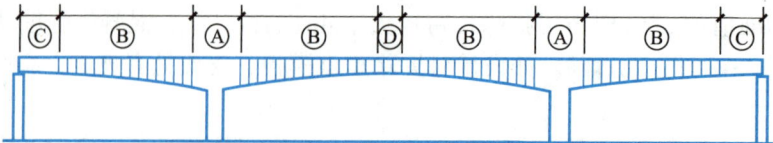

图 6.5-1 悬臂浇筑分段示意图

A—墩顶梁段；B—悬浇梁段；C—边跨现浇梁段；D—合龙梁段

### 2. 悬浇程序

图6.5-1中，A~D这四部分的施工程序一般如下：

1）首先，搭设支架原位浇筑 0 号块。

2）在墩顶梁段拼装挂篮，两侧对称分段浇筑悬浇梁段。

3）在悬浇梁段施工过程中，在支架或墩侧托架上同步施工边跨现浇梁段。

4）悬浇梁段与边跨现浇梁段施工完成后，进行合龙施工与体系转换。合龙顺序一般为先边跨，后次边跨，最后中跨；也有从一端向另一端逐跨合龙、多跨同时合龙等其他合龙顺序。体系转换时，梁体由合龙前呈 T 形刚构、悬臂梁逐步转变为连续刚构或连续梁。对于连续梁桥，根据梁体合龙顺序逐步解除临时锚固。

### 6.5.3　挂篮的类型与构造

挂篮是一种能沿梁顶移动的承重结构，其锚固悬挂在已施工并与墩身连成整体的梁段前端。在挂篮上可进行梁段的模板、钢筋、预应力管道安装，混凝土浇筑和预应力张拉、压浆等作业。完成一个节段的施工后，挂篮对称向前各移动一个节段并固定，进行下一对梁段的悬浇；如此循环，直至悬臂梁段浇筑完成。悬浇施工时，挂篮的功能、承载、能力尺寸和重量等，应与所施工的预应力混凝土连续梁桥的各项要求相适应。

挂篮通常由以下几个组成部分：主桁承重系统、底篮系统、模板系统、锚固系统、悬吊系统、行走系统、控制系统、工作平台和安全系统。

1）挂篮种类

挂篮的形式很多，构造上亦有差异，其常见分类方法有：

（1）按挂篮使用材料分类，由万能杆件、军用梁、贝雷梁等制式杆件组拼或由型钢加工制成；

（2）按主要承重结构形式分类，有桁架式（包括平弦无平衡重式、菱形、三角形、弓弦式等）、斜拉式（包括三角斜拉式和预应力斜拉式）及钢板梁式三种；

（3）按受力原理分类，分为垂直吊杆式、斜拉式和刚性模板三种；

（4）按其抗倾覆平衡方式分类，有压重式、锚固式和半压重半锚固式三种；

（5）按其移动方式分类，有滚动式、滑动式和组合式三种。

2）挂篮特点

（1）三角挂篮

三角挂篮是目前施工中较为常见的挂篮之一，其上部结构为三角形结构。由于其斜拉带的拉力作用，大大降低了主梁的弯矩，从而使主梁能采用单构件实体型钢。挂篮上部结构轻盈，尾部锚固采用自锚平衡式，其底篮及侧模支架等的承重均由前后吊杆垂直传至桁架节点和箱梁底板上。三角挂篮构造见图 6.5-2。

（2）菱形挂篮

菱形挂篮也是目前施工中较为常见的挂篮之一，其上部结构为菱形，前部伸出两伸臂小梁，作为挂篮底模平台和侧模前移的滑道，其菱形结构后端锚固于箱梁顶板上，无平衡压重。而且结构简单，故大大减轻自身静荷载，菱形挂篮构造见图 6.5-3。

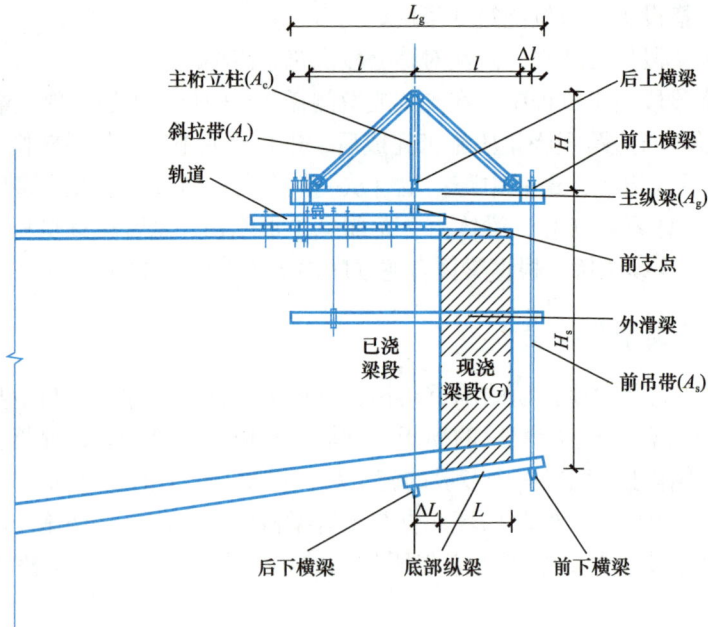

图 6.5-2　三角挂篮

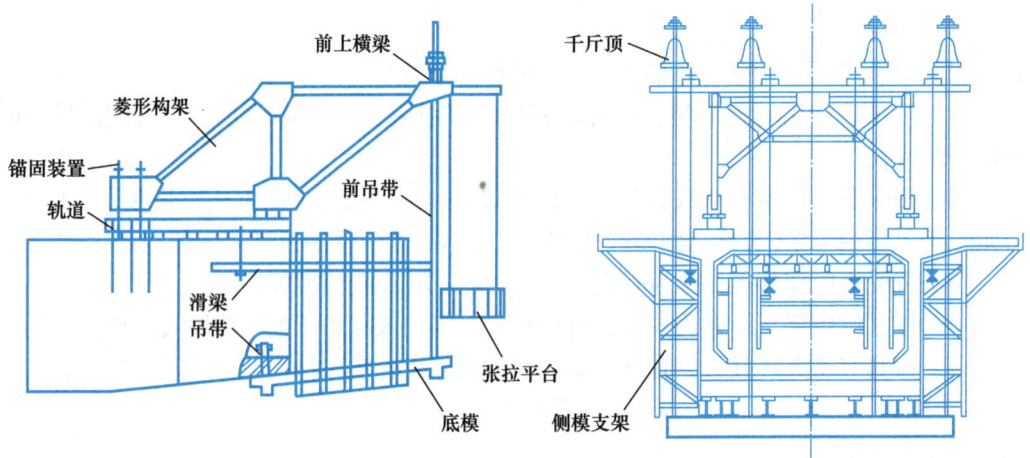

图 6.5-3　菱形挂篮

（3）平行桁架式挂篮与平弦无平衡重挂篮

平行桁架式挂篮（图 6.5-4）是较早出现的一种挂篮，在 20 世纪较为常用，其上部结构外形一般为等高桁梁，其受力特点是底篮及侧模架所承重量均由前后吊杆垂直传至桁架节点和箱梁底板上，故又称吊篮式机构。桁架在梁顶用压重或锚固的方法固定或两者兼之来解决倾覆稳定问题，桁架本身为受弯结构。平弦无平衡重挂篮也是较早出现的一种挂篮，是在平行桁架式挂篮的基础上，取消压重，在主桁架上部增设前后上横桁，主桁后端则通过梁体竖向预应力筋锚固于主梁顶板上。前后上横桁可沿主桁纵向滑移，在主桁前移时吊住底篮及侧模架并作为配重。主桁行走到位并锚固后，依托主桁推出底篮至下一块段，整个挂篮行走分两阶段完成。

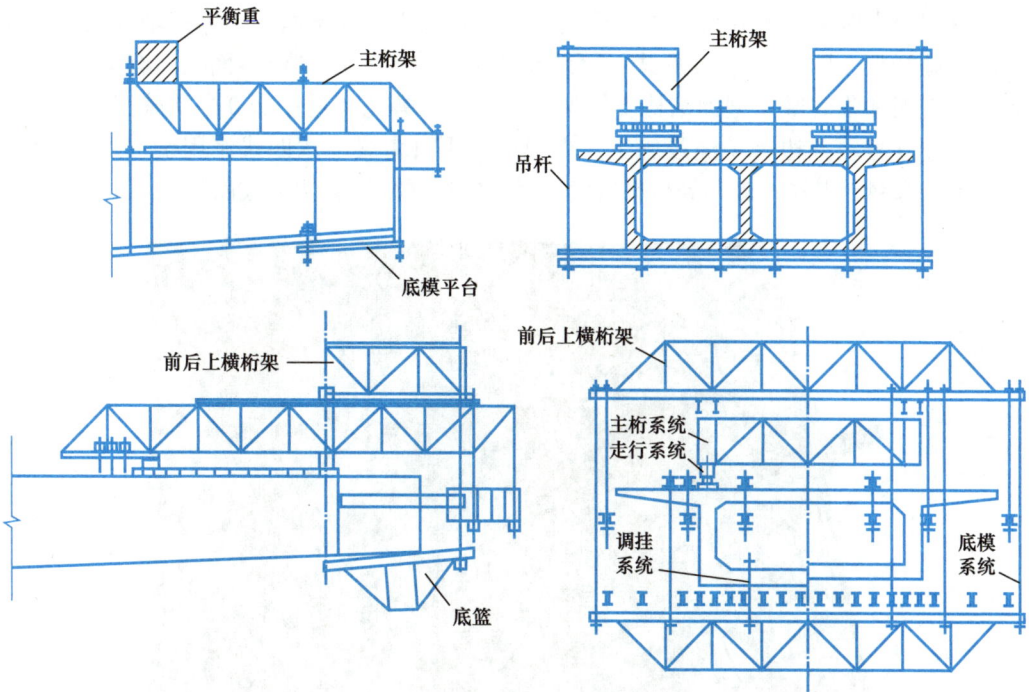

图 6.5-4 平行桁架式挂篮

（4）弓弦式挂篮

弓弦（又称曲弦）式挂篮的主桁外形似弓形，除具有桁高随弯矩大小变化、受力合理的特点外，还可在安装时在结构内部预施应力以消除非弹性变形，故也可取消平衡重，所以一般质量较轻。其构造见图 6.5-5。

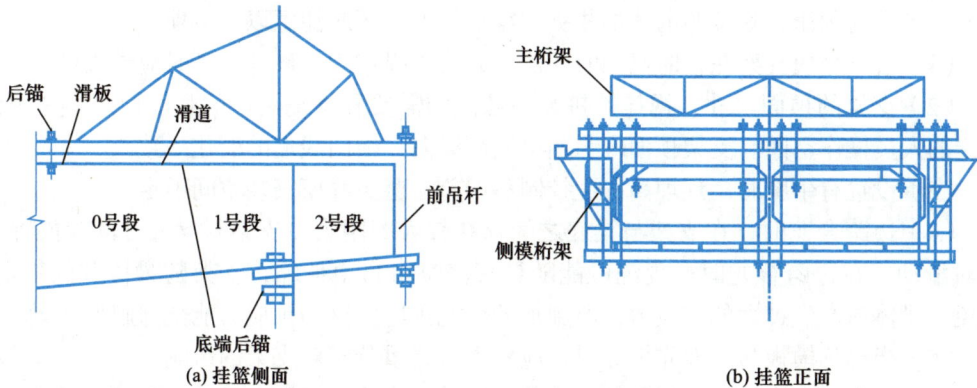

图 6.5-5 弓弦式挂篮

## 6.5.4 0号块及边跨现浇段施工

0号块及边跨现浇段通常采用临时支架或墩旁托架现浇施工。

1. 支架构造及施工

1）支架构造形式

181

支架分为墩旁托架和落地支架两类。墩旁托架支承在墩身上，有高墩托架，墩顶预埋牛腿托架（图6.5-6）等形式；落地支架直接支承在承台或地面上，有梁式支架、满布式支架和临时墩及型钢结构支撑架等形式。墩旁托架适用于0号块施工，落地支架适用于0号块及边跨现浇段施工。支架可采用贝雷梁、六四式军用梁、万能杆件、钢管桩、型钢、支柱式支架等材料搭设，材料的选择根据支架形式而定。

图6.5-6　墩旁牛腿托架

2）支架施工

无论采用何种形式的支架施工0号块或边跨现浇段，支架施工的设计验算、基础处理、搭设与预压，除按照前述的相关内容执行外，还应注意以下事项：

（1）若0号块支架在临时锚固时还需要起到支撑作用，设计计算时应予以考虑。

（2）支架的顶面尺寸，视挂篮拼装与悬浇的需要和待浇梁段的长度而定，并预留一定的人员操作空间。支架顶面应与箱梁底面纵向、横向线形的变化一致。

（3）设置有牛腿时，预埋高程应控制负误差，避免底模安装空间不足。

（4）边跨合龙时，在支架与梁底之间存在较大摩阻力，支架与梁底之间应能保持相对滑动。在边跨合龙时，现浇段能随悬臂浇筑段自由伸缩，支架随梁体共同变形，避免在梁体内产生过大的拉应力，所施加的合龙预应力钢筋预应力能全部施加在梁上。

（5）当部分模板与支架先拆除时，应考虑荷载重分布对支架的影响。

（6）在混凝土浇筑完成但还未合龙前，应采取措施，避免支架受到碰撞或扰动。

（7）边跨现浇段支架设计时，还应考虑边跨合龙时在温度效应下的附加作用。

## 2. 0号块施工

1）梁体施工

（1）支座安装

连续梁墩顶支座安装时，应根据梁体施时的温度和设计要求设置预偏量。

（2）模板安装

模板的强度与刚度验算及制作与安装质量应符合相关要求。

（3）钢筋安装

钢筋在加工场集中加工制作，现场绑扎或预先制作成钢筋网片或骨架运输至现场吊装入模进行拼装。钢筋制作与安装施工除参照前述规定外，还应注意以下事项：

① 当墩顶设置支座时，应先安装梁底楔形块钢筋网片再安装箱梁钢筋；

② 纵向水平筋外露长度应满足设计要求；

③ 钢筋安装过程中，注意预留、预埋挂篮施工或临时锚固孔洞与预埋件；

④ 当普通钢筋与预埋件、波纹管或预应力钢筋位置发生冲突时，适当移动普通钢筋的位置，确保预埋件及管道、预应力钢筋位置准确；

⑤ 钢筋焊接尽量在波纹管安装前完成，波纹管安装后进行焊接作业时，需要采取措施，防止波纹管损伤；

⑥ 顶板底层横桥向钢筋宜采用通长筋。

（4）混凝土施工

0号块混凝土通常采用全断面一次浇筑成型，如因梁高、混凝土数量大、操作困难、浇筑时间长，可分2~3层浇筑。分层次数和分层位置视结构形式及高度确定，每层间隔时间不宜超过7d。浇筑的总体顺序为由墩顶向两侧对称浇筑，由下而上，先底板、后腹板、最后顶板。

（5）预应力施工

0号块箱梁一般采用纵向、横向和竖向三向预应力体系。纵向与横向预应力筋一般采用钢绞线，竖向预应力筋采用螺纹钢筋（也称精轧螺纹钢筋）。预应力体系在钢筋安装过程中穿插进行，钢绞线既可以在混凝土浇筑前穿束，也可以在混凝土浇筑后穿束，精轧螺纹钢筋与管道同步安装。张拉时采用对称张拉，张拉顺序一般为先纵向、后竖向、再横向，先长束后短束，先中间后两边；若设置有横隔梁横向预应力，应优先张拉横隔梁横向预应力。

2）连续梁墩顶临时固接施工

悬臂浇筑施工时，两悬臂端不可避免地存在着对支座中心的不平衡弯矩。为保持稳定，梁体与桥墩固结。T形刚构、连续刚构墩梁固结，结构本身已具有一定的抗弯能力，不必进行临时固结。若墩身无法抵抗悬浇过程中的不平衡弯矩，可增设临时支撑加强。预应力混凝土悬臂梁桥、连续梁桥由于墩顶设置支座，墩梁为铰接状态，不能承受弯矩，需要将0号块与桥墩临时固结，以承受对称悬浇施工中的不平衡弯矩。临时固结的方式主要有设置临时锚固和临时支撑。

（1）临时锚固

临时锚固是指利用预埋在墩顶的普通钢筋或预应力筋将0号块梁体与墩身连接成整体，并在墩顶与梁底间设置临时支座。采用普通钢筋（图6.5-7）时，钢筋一般锚固在梁体内。采用预应力筋时，既可锚固在梁体内箱或顶板，也可锚固在梁体内（图6.5-8），并且需要进行张拉。锚固筋的数量通过计算不平衡弯矩确定。临时支座一般采用与梁体同强度等级的混凝土制作。当锚固筋为普通钢筋时，通常现场将其与锚固筋浇筑成整体。拆除时，可采用人工凿除或静态爆破等方法解除临时固结。为了便于拆除，可在临时支座中层或临时支座与梁底间设置夹有电阻丝的硫磺砂浆层。

（2）临时支撑

临时支撑一般直接利用0号块支架设置，0号块箱梁施工完成后支架不卸载，与临时锚固共同作用形成临时固结。

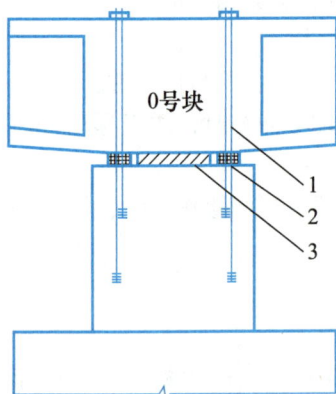

图 6.5-7　普通钢筋临时锚固
1—锚固钢筋；2—临时支座；3—永久支座

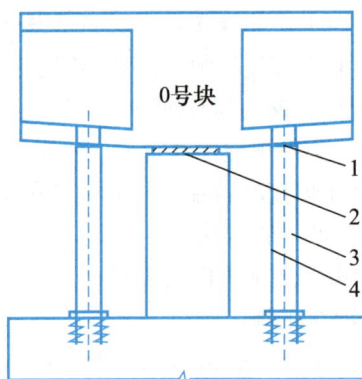

图 6.5-8　预应力钢绞线临时锚固
1—临时支座；2—永久支座；3—临时支撑；4—预应力钢绞线

### 3. 边跨现浇梁段施工

在支架搭设与预压完成后，根据预压结果调整外模及底模高程，然后开始箱梁钢筋安装，预应力体系在钢筋安装过程中穿插进行。在模板、钢筋与预应力体系均安装完成后，按照先端横梁、后底板、再腹板、最后顶板的顺序浇筑混凝土。若存在端横梁预应力，竖向预应力和梁体横向预应力，在混凝土强度、弹性模量（或龄期）均满足设计要求后，按照先端横梁、后竖向、再横向的顺序进行张拉施工。张拉完成后，应及时压浆。边跨现浇段无纵向预应力，仅为边跨合龙束预留管道。纵向束安装完成后，应及时用棉絮、海绵等填塞管口，包裹露出管道的钢绞线，防止水、杂物等进入管道和钢绞线受到锈蚀。在边跨合龙后，再进行支架拆除。各工序的施工工艺与0号块相同，不再赘述。

## 6.5.5　悬臂浇筑施工

### 1. 挂篮拼装及预压

1）挂篮拼装

挂篮各部分构件运达施工现场后，利用起重设备在已浇墩顶梁段顶面拼装挂篮，挂篮拼装顺序一般为：行走系统→主桁承重系统→悬吊系统→底篮系统→模板系统→工作平台→安装系统。

一般情况下，受墩顶梁体顶面空间限制，可将两支挂篮拼装成连体结构。带悬浇起始块段浇筑后，挂篮前移形成两个独立的承重结构，安装接长部分恢复正常长度。

2）挂篮预压

（1）预压目的

通过预压可以检验挂篮的实际承载能力和安全可靠性，消除体系的非弹性变形，掌握分级荷载作用下挂篮系统变形的规律，获得相应荷载下的弹性变形数据，为箱梁悬浇施工线形控制提供可靠依据。

（2）预压方法

挂篮现场拼装完成后，模拟最大重量梁段施工全部荷载的 1.05～1.10 倍，采用逐级加载和卸载方式进行试验。荷载的布置形式尽量与实际荷载分布时挂篮受力状态吻合，以保证试验的可靠性和准确性。对主要部件的应力测试，可采用电阻应变测试法进行实测监控。加载过程中，还需要按计算要求及实际工况需求增加偏载预压过程。每级荷载加载或卸载完成后持续观测，在挂篮稳定后再进行下一级荷载的加载或卸载。预压过程中，严格检查主桁架、横梁、吊带等主要受力构件的栓接、焊接的可靠性与变形情况，确认合格方可进行下一步作业。若变形过大，应立即停止加载，查明原因并加固处理后再继续进行。在预压 12h，观测变形稳定后，即可进行卸载。

预压试验常用的方法主要有堆载预压法、水箱预压法和反力架预装法三种。

**2. 悬臂浇筑施工工艺**

在挂篮安装就位且预压完成后，根据预压结果调整模板高程，然后进行钢筋绑扎、预应力筋安装、内模安装、混凝土浇筑与养护、预应力张拉和管道压浆等工序的施工。各工序的施工除应符合 0 号块施工中相应的要求外，还应注意以下事项：

1）模板安装应核准中心位置及高程，模板与前一段混凝土面应平整、密贴。如上一节段施工后出现中线或高程误差需要调整时，应在模板安装时予以调整。

2）顶板底层横桥向钢筋宜采用通长筋。

3）悬臂浇筑应两侧对称、平衡地进行，两端悬臂上荷载的实际不平衡偏差不得超过设计规定值；设计未规定时，不宜超过梁段重的 1/4；同时，应控制挂篮轴线两侧的不平衡荷载，防止挂篮偏载过大和内模移位。

4）浇筑顺序为从挂篮前端向后端浇筑，使挂篮的较大变形尽早发生，使箱梁交接面新旧混凝土结合得更好。

5）悬臂浇筑一般应全断面一次浇筑成型。如箱梁断面较大，需要分次浇筑时，除按相关要求处理好施工缝外，还应采取措施消除后浇混凝土的重力引起挂篮的变形，避免现浇混凝土开裂。

6）悬浇块段施工时，注意预留、预埋挂篮施工、合龙施工或临时锚固的孔洞与预埋件。

7）对纵向预应力长钢束的张拉，宜通过必要的试验确定其张拉程序和各项参数，张拉持荷时间宜延长 1 倍。

8）为了减少后吊带变形造成接缝的错台，应对其进行预紧。

9）应严格按照设计安装防崩钢筋和挂钩钢筋，以防止因漏装此类钢筋而造成预应力张拉时出现混凝土崩裂的现象。

### 6.5.6 梁体合龙与体系转换

#### 1. 梁体合龙

梁体从各墩顶段开始至单个 T 构完成后，再将各 T 构拼接而形成整体，这种 T 构的拼接即为合龙。通常，多跨连续梁、连续刚构合龙段施工的顺序为：先各边跨，再各次边跨，最后为中跨。次边跨和中跨合龙段施工的原则和要求类似边跨合龙施工，中跨合龙段因温差引起的变形变位大，由此产生的应力也大，对合龙临时约束的设施亦有更高要求。

1）合龙顺序

根据连续梁结构的不同，其合龙方式和顺序亦不同，由此引起的结构恒载内力不同，体系转换时由徐变引起的内力重分布也不相同。常用的合龙顺序为先边跨后中跨，也有采用由一端向另一端、先中跨后边跨、多跨一次合龙等顺序合龙。施工时，按照设计规定的合龙顺序进行施工。下面介绍几种合龙顺序。

（1）由桥梁一端向另一端顺序悬浇、合龙（图 6.5-9）

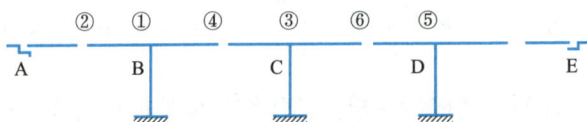

图 6.5-9　逐跨连续悬臂施工法

① 首先，从 B 墩开始将梁墩临时固结，进行悬臂施工。

② 岸跨边段合龙，B 墩临时固结释放后形成单悬臂梁。

③ 从 C 墩开始，梁墩临时固结，进行悬臂现浇施工。

④ BC 跨中间合龙，释放 C 墩临时固结，形成带悬臂的两跨连续梁。

⑤ 从 D 墩开始，D 墩进行梁墩固结进行悬臂施工。

⑥ CD 跨中间合龙，释放 D 墩临时固结，形成多跨一联连续梁。

上述逐跨连续梁悬臂法施工，从一端向另一端逐跨进行，逐跨经历了悬臂施工阶段，施工过程中进行了体系转换。施工机具、设备，材料通过已成梁面上运输到作业面，施工方便，但作业面少，工期长。此种方法在施工期间能够使单 T 构在浇筑完成后及时合龙，形成整体，其未成桥前结构的稳定性和刚度都较强。所以，逐跨连续悬臂法常在多跨连续梁及大跨长桥上采用。

（2）先边跨后中跨合龙（图 6.5-10）

① 首先，从 B 墩开始，梁墩固结，进行悬臂施工。

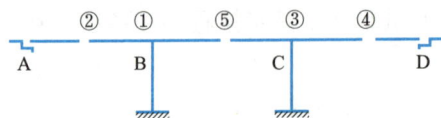

图 6.5-10　T 构—单悬臂梁—连续梁施工法

② 岸跨边段合龙，释放 B 墩临时固结，形成单悬臂梁。

③ C 墩进行施工，梁墩固结，进行悬臂施工。

④ 岸跨边段合龙，释放 C 墩临时固结，形成单悬臂梁。

⑤ BC 跨中段合龙，形成三跨连续梁结构。

本法也可以采用多增设两套挂篮设备，B、C墩同时悬臂浇筑施工，在两岸边跨段合龙，释放B、C墩临时固结，最后中间合龙，成三跨连续梁，达到缩短工期的目的。

多跨连续梁施工时，可以采取几个合龙段同时施工，以加速施工进度，也可以逐个进行，本法在3～5跨连续梁施工中是常用的施工方法。

（3）先中跨后边跨合龙（图6.5-11）

① 首先，从B墩开始，梁墩固结，进行悬臂施工。

② 再从C墩开始，梁墩固结后，进行悬臂施工。

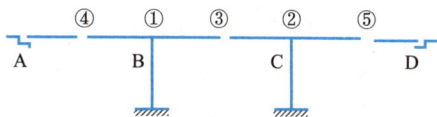

图6.5-11　T构—双悬臂梁—连续梁施工法

③ BC跨中间合龙，释放B、C墩的临时固结，形成双悬臂梁。

④ A端岸跨边段合龙。

⑤ D端岸跨边段合龙，完成三跨连续梁施工。

先中间T构合龙，后边跨或次边跨合龙，即先将各T构连成整体，最后施工边跨合龙。其优点是对于大跨和多跨连续梁桥施工，可以尽可能多地布置工作面，也可以对称地悬浇和合龙，对结构受力和分析较为有利，收缩、徐变尤其如此；其缺点是在结构总合龙前，单元呈悬臂状态的时间较长，稳定性较差，在风力较强的地区采用时应慎重考虑。

（4）多孔一次性合龙

多孔一次合龙从理论上分析受力合理，但由于各T构存在着不同龄期差，再加上混凝土的不均匀性、施工偏差和温差效应的影响，可能导致局部薄弱环节存在难以估计的隐患；而且，对施工要求较高，一次投入较大，一般不宜采用。

应当指出的是，不同的悬浇和合龙顺序，其引起的结构荷载内力不同，体系转换时由徐变引起的内力重分布也不相同。故采用不同的悬浇和合龙程序，将在结构中产生不同的最终恒载内力，对此在设计和施工中应予以充分考虑。

2）合龙施工要点

（1）合龙施工必须满足受力状态的设计要求和保持梁体线形，控制合龙的施工误差。在合龙以前，应对箱梁顶面高程及轴线进行联测，并连续观测气温变化及梁体相对高程的变化和轴线偏移量，观测合龙段在温度影响下的梁体长度变化。连续观测时间不少于48h，观测间隔根据温度变化和梁体构造而定，一般可间隔3h观测一次。

（2）合龙的顺序应按照设计要求进行；如设计无要求时，一般是先边跨，再次边跨，最后中跨。多跨一次合龙时，必须同时、均衡对称地合龙。合龙时，一切临时荷载均要根据设计要求确定。

（3）根据结构情况及梁温的可能变化情况，选定适宜的合龙方式并做力学试验。

（4）选择夜间或日气温较低、温度变化幅度较小时锁定合龙口并浇筑合龙段混凝土。浇筑完成后，时值气温开始上升为宜。注意加强混凝土在浇筑完成后的养护，以防产生早期裂缝。

（5）合龙段长度应按设计规定选择。如设计无明确规定，一般情况下，合龙段长度可在满足施工操作要求的前提下，应尽量缩短，一般采用1.5～2.0m。

（6）合龙口的锁定应迅速、对称地进行，先将劲性骨架一端与梁端预埋件焊接（或拴接），而后迅速将另一端与梁连接，临时预应力束也应随之快速张拉。对于连续梁，在合龙口锁定后，立即释放一侧的固结约束，使梁一端在合龙口锁定的连接下能沿支座左右伸缩。

（7）合龙口混凝土强度等级宜比梁体提高一级，宜采用微膨胀混凝土，并须作特殊配合比设计，也可采用纤维混凝土，增加混凝土的抗裂性。

（8）为保证浇筑混凝土过程中，合龙口始终处于稳定状态，必要时浇筑之前可根据设计要求在各悬臂端预加配重，加、卸载均应对称梁轴线进行。

（9）混凝土达到设计要求的强度后，先部分张拉预应力束，然后解除劲性骨架，最后按设计要求张拉全桥剩余预应力束；当利用永久束时，只需要按设计顺序将其补拉至设计张拉力即可。

（10）合龙预应力筋的张拉顺序应按照设计的规定，一般为先顶板后底板再腹板，先长束后短束，并对称实施张拉。

（11）为了消除合龙温差引起的水平位移和结构附加的温度应力，在必要时，可以在中跨合龙时对两侧的悬臂梁进行预顶推，顶推力根据设计要求施加。

### 2. 体系转换

悬臂浇筑过程中，随着各处于负弯矩受力状态的独立 T 构的依次合龙，梁体也依次转化为成桥状态的正负弯矩交替分布形式，梁的结构形式也由静定结构转换为超静定结构，这一转化就是结构连续的体系转换。因此，连续梁从悬浇施工到合龙的过程就是其应力体系转换的过程，也就是悬浇时实行墩梁临时固结、各 T 构的合龙、固结的适时解除、预应力的分配以及分批依次张拉的过程。连续梁合龙体系转换时，应注意以下事项：

1）悬臂梁桥和连续梁桥采用悬臂法施工时，为保证施工阶段的稳定，在进行结构体系转换时，一般应先边跨合龙，释放梁墩锚固，结构由双悬臂状态变成单悬臂状态，最后，再跨中合龙，成为连续梁受力状态。

2）结构由双悬臂状态转换成单悬臂受力状态时，梁体某些部位的弯矩方向发生转换，所以在拆除梁墩锚固前，应按设计要求，张拉一部分或全部布置在梁体下部的正弯矩预应力束。

3）正弯矩力筋张拉过程中，要有专人观察记录锯齿板后端梁段面的变化，检查是否出现裂纹。

4）连续预应力筋的张拉顺序应按照设计的规定进行，一般为先顶板后底板再腹板，先长束后短束的顺序，并应对称地实施张拉。

5）对活动支座需保证解除临时固结后的结构稳定，如有必要，需控制和采用措施限制单悬臂梁发生过大纵向水平位移。

6）在结构体系转换中，临时固结解除后，将梁落于永久支座上，注意观察永久支座的下沉量；同时，做好记录，并按高程调整支座高度及反力。支座反力的调整，应以高程控制为主、反力作为校核，检查转换效果。

7）梁墩临时锚固的放松，应均衡对称地进行，保证逐渐均匀地释放。在放松前，应测量各梁段的高程；在放松过程中，应注意各梁段的高程变化，以确保施工安全。

8）对于转换为超静定的结构，需要考虑钢束张拉、支座变形、温度变化等因素引起结构的次内力。若按设计要求，需要进行内力调整时，应以高程、反力等多因素控制，相互校核。

## 6.6　悬臂拼装施工

悬臂拼装法是悬臂施工法（包括悬拼和悬浇）的一种，它是国内外大跨径预应力混凝土悬臂梁，连续梁及刚构桥中最常用的施工方法之一。悬臂拼装法是利用架桥机或悬拼吊机逐步将预制梁段起吊就位，以胶粘剂作为接缝材料，再通过对预应力钢束的张拉，使各梁段连接成整体的一种梁桥施工方法。

悬臂拼装的分段，主要决定于吊装设备的起重能力，一般节段长度为2～5m。悬臂拼装法适用于具备水上运输条件、预制场地条件较好，特别是工程量大和工期较短的梁桥施工，如图6.6-1所示。

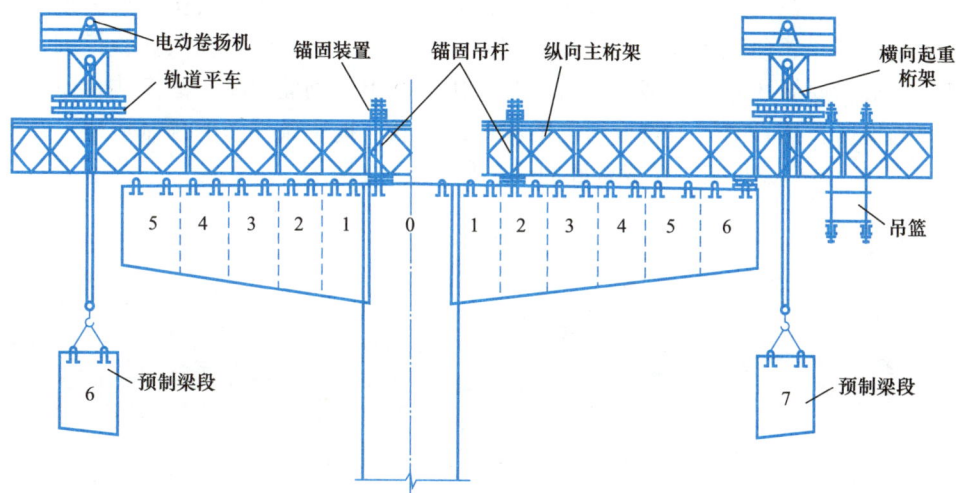

图6.6-1　悬臂拼装施工

悬拼按照起重吊装方式的不同，分为架桥机悬拼、悬拼吊机悬拼、浮吊悬拼、缆索起重机（缆吊）悬拼等。悬拼的核心是梁的吊运与拼装，梁段的预制是悬拼的基础。

与悬臂浇筑法相比，悬臂拼装法具有以下优点：

（1）悬臂拼装法梁体预制可与桥梁下部构造施工同时进行，且一个节段拼装时间仅1～1.5d，大大缩短了建桥工期。

（2）在张拉预应力时，悬拼梁段混凝土龄期比悬浇梁段的长，从而减少成梁后混凝土的收缩和徐变。

（3）预制场或工厂化的梁段预制生产有利于整体施工的质量控制。

同时，悬臂拼装也具有以下缺点：

（1）悬臂拼装法施工的梁体结构整体性相对差一些。

（2）悬臂拼装法施工时，因梁段已完成预制，能调整的余地相对较小，再加上施工中有许多不确定的因素，造成施工变形控制难度较大。

（3）悬臂拼装法需要起吊大块的预制梁段，对预制场地、设备等配置要求高，致使工程造价偏高。

### 6.6.1 梁段预制

悬拼梁段的预制质量直接关系着梁段悬拼的速度和质量，因此预制时应严格控制控制梁段断面及形体的精度，应充分注意场地的选择和布置、台座和模板的制作、工艺流程的拟定以及养护和储运的每一环节。

梁段预制方法可分为长线预制和短线预制两类，预制场地应平整、坚实，承载力应满足要求，并应有足够的平面及空间位置，以满足施工作业的要求。预制场地应采取必要的排水措施，防止场地沉陷。预制台座均应稳定、坚固，在荷载作用下，其顶面的沉降应控制在 2mm 以内。

#### 1. 长线法预制

长线预制是在预制场或施工现场按桥梁底缘曲线制成的固定底座上安装模板进行块件预制。各相邻预制节段的拼合面应相互贴合浇筑，缝面浇筑前涂抹脱模剂，以利脱模。形成梁底缘的底座有多种方法，多采用混凝土或钢筋混凝土固定式台座；山区有石料的地区可用石砌圬工筑成所需的梁底缘形状；地质条件差的预制场地，需采用打短桩基础，再搭设排架，形成梁底曲线。如图 6.6-2 所示。

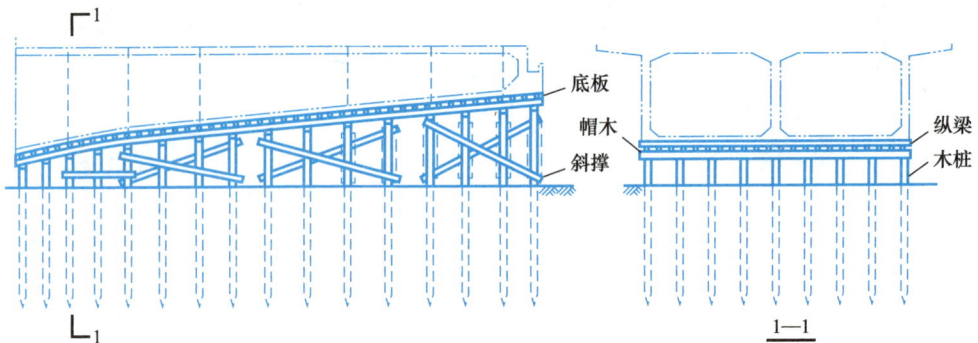

图 6.6-2 长线法台座

长线法在国内使用较多，工艺成熟，长线法预制施工具有以下特点：

1）预制是在一个半跨的台座上进行，台座顶面的线形完全按设计的梁底预制线性设置，每段梁在台座上预制的位置与架设成桥后的位置完全对应一致。

2）长线法预制通常采用分区连续浇筑法，即某段箱梁浇筑完成后，将其端面作为下一节段的端模，前一梁段出现的偏差可以通过后一梁段及时得到调整，不会积累偏差，因此可以很好地保证成桥线形。

#### 2. 短线法预制

短线预制箱梁块件的施工，是通过调整外部及内部模板的台车与端模架来完成。

第一节段混凝土浇筑完成后，在其相对位置上安装下一段模板，并利用第一节段的端面完成混凝土的浇筑工作；如此，周而复始，台座仅需 3 个梁段长。短线台座除基础部分外，多采用钢材加工制作，短线法台座如图 6.6-3 所示。

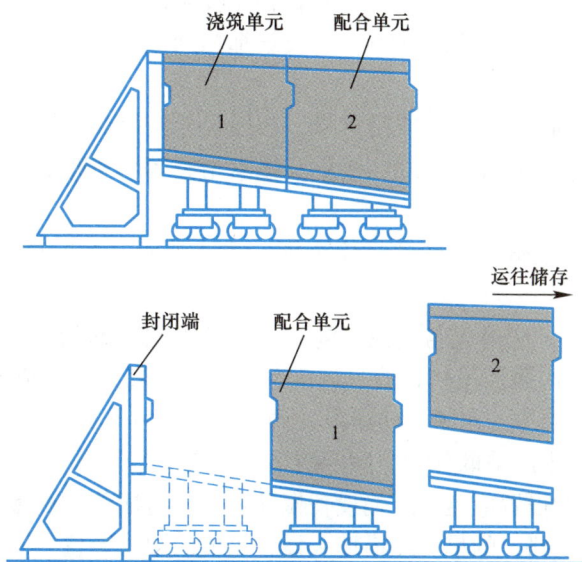

图 6.6-3　短线法台座

短线法预制施工特点如下：

1）作业流水化、标准化，适合于工厂化管理和作业，便于安全、质量、进度控制。

2）模板刚度大，尺寸精度高、机械化程度高、位置固定，施工效率高。模板易保养和维护。

3）每个预制台长度小，占地面积少。

4）梁段预制线形采用高精度测量仪器监控，误差动态调整，不积累。

5）梁段在厂区有较长存放周期，可最大限度减小混凝土收缩、徐变变形对成桥线形的影响。

6）模板系统、机械设备前期一次性投入较大，适合大规模建设。

## 6.6.2　梁段吊运、存放及运输

梁段混凝土强度达到规范要求后，用龙门式起重机吊梁，移梁至存梁台座。梁段吊运应满足《公路桥涵施工技术规范》JTG/T 3650—2020 及设计的有关要求外，还应满足悬拼施工的特殊要求。

### 1. 梁段存放

梁段存放的场地应平整，承载力满足要求，节段堆放应符合下列规定：

1）节段吊离预制台座移至存放场地后应及时进行养护；

2）节段在存放场地上宜采用枕木、橡胶板等弹性支撑物支承，支点位置应符合设计要求。

3）节段叠放的层数不宜超过两层，并应对梁段受力及地基承载力进行验算，层与层之间用枕木隔开，各层枕木的位置应放置在吊点位置，上下层枕木必须在一条垂直线上。

4）节段的存放时间应符合设计要求；设计未要求时，不宜少于28d。

5）箱梁应按吊运及安装顺序编号，并要设适当通道，避免越堆吊运。

### 2. 梁段运输

梁段运输应根据路线条件，节段重量，节段尺寸等因素，选择合适的运输方式及运输设备。梁段运输主要有水、陆、栈桥及缆索吊装等各种形式，相应的运输设备有车、船及缆索起重机等。

采用陆运时，对运输线路的选择应合理，线路上所经过的桥梁应满足运输要求，车辆行驶应缓慢匀速。

采用船舶运输时，应事先与气象、港监、水务等相关部门联系，选择合适的出航时期。梁段在预制场内采用吊机提放、运梁车运输，通过运梁轨道、栈桥滑至码头后，用吊机起吊至船舶正上方，水平旋转梁段，调整好位置后下放至驳船舱内。

节段在运输过程中应采取保护、固定措施，并应符合下列要求：

1）节段支承点的设置应避免运输设备振动对节段造成的不利影响；

2）应根据运输线路上的最大纵横坡，设置纵横向限位装置。

## 6.6.3 梁段的拼装

### 1. 墩顶0号块施工

0号块可采用现浇施工，方法同悬臂浇筑。采用现浇施工会导致在墩顶设立大量的模板、支架，影响施工进度，设备投入也较多。为克服这些缺点，在一些工程中也对0号块采用预制吊装进行施工。

0号块在预制场预制，质量有保证，拼装速度也较快，但0号块作为后期预制块拼装的基准块，相对于1号块，其安装精度要求更高，如果0号块两端四角高程、纵轴、横轴线出现偏差，将直接影响后期节段悬拼速度、质量。因此，0号块吊至墩顶后，采用三向调位千斤顶进行位置调整。0号块调整到要求位置后，对临时支座和永久支座的调平层进行灌浆，现浇0号块横隔梁，完成墩顶块安装。

### 2. 1号块及湿接缝施工

1号块是紧临0号块两侧的第一个箱梁节段，对于采用0号块现浇的工程来说1号块也是悬拼T构的基准梁段，是全跨安装质量的关键。一般，1号块与0号块以湿接缝相接。

1号块提升到设计高程进行初步定位后，应立即进行测量。调整1号块的纵轴线，使其与0号块的纵轴线延伸线重合，并使其横轴线与0号块的横轴线平行且两块件的间距符合设计要求。

1号块可通过移动托架或支架顶的双坐标千斤顶，对其进行精确对位。必要时，采用手拉葫芦进行微调，使其精确就位。

湿接缝波纹管的对接，是一项施工工艺很复杂的技术。在对接中往往不易处理，常会出现波纹管长度、直径与接缝宽度不符，预留管道位置不准确，管孔串浆等现象，施工时应特别注意。

管道接头对接好后，固定1号块，便可进行接缝的普通钢筋制作和模板安装、混凝土浇筑养护及预应力张拉等工序。为了使1号块与0号块紧密结合，浇筑前应对1号块与0号块的接触面进行凿毛处理并清洗干净。

### 3. 悬拼安装

箱梁悬臂节段的拼装是悬臂施工重要的一环。首先，将起吊设备移动就位，悬臂对称拼装2号节段，调整梁段各方向的位置，使梁段初对位，测量中线、高程符合设计要求后，移开梁段约40cm，涂胶、穿束、正式定位、张拉临时束；待强度达到设计要求后，按设计要求张拉永久预应力筋，先张拉2号段的纵向预应力钢束，再张拉2号段的竖向预应力粗钢筋；待全部预应力束张拉完毕，进行压浆后，移开托架，再拼装下一节段。

重复以上步骤，对称拼装余下节段，并张拉锚固箱梁相应各节段的纵向预应力钢束及张拉横向预应力钢束。直至全部节段拼装完毕。需要注意的是，应对称张拉两侧节段的预应力钢束。

水中桥施工，节段需要用船运至安装位置。悬拼的线形控制与现浇挂篮施工类似，施工过程中全程测量控制每一个节段的高程和轴线，且控制精度要求更高。

胶接缝施工通常采用在梁段接触面上涂2~3mm厚的环氧树脂胶粘剂。它在施工中使接缝密贴，在凝固后提高结构的抗剪能力、整体刚度和不透水性。

对于胶接缝拼装梁段，在涂胶前应就位试拼，其高程、平面位置经测量调整符合要求后，再将构件调开40cm左右，自上而下，快速均匀涂抹上胶，涂抹厚度宜薄，正式拼装前，应将挤入每个孔道内的胶液清除，防止孔道被堵塞。胶粘剂一般采用环氧树脂，其配合比应经过试验确定。配置时温度不宜超过30℃。稠度、固化时间要满足操作要求，强度要满足设计要求。块件涂料前应保持干燥，胶接缝如需承受拉力，拼接面应凿毛，涂抹时块件表面温度应不低于10℃。涂胶固化过程中，宜控制块件温度与胶浆固化温度之差不超过15℃，使环氧树脂胶浆在稳定的温度中固化。

除上述涂胶时的操作要点外，胶接缝还应符合下列规定：

（1）应根据地区的常年温度变化，使用环境等情况，通过试验选用合适的胶粘剂。胶粘剂进场后应进行力学性能及作业性能的抽检试验，其各项性能应满足结构设计与节段拼装施工的要求。

（2）胶粘剂的涂抹厚度不宜超过3mm，其有效工作时间应按成孔拼装要求确定，不宜小于1h。胶粘剂应采用机械拌合，涂抹方式应根据胶粘剂的产品特性确定。在冬季低温条件下使用胶粘剂时，应采取保温措施。

（3）胶粘剂应涂抹均匀，覆盖整个安装面。施加临时预应力时，挤压力宜不小于0.3MPa，胶粘剂应在梁体的全断面挤出，且胶接缝的挤压应在3h以内完成；当施工时间超过明露时间的70%时，在固化之前应清除被挤出的胶结料。应对孔道口做好防护、严禁胶粘剂进入预应力孔道。每个节段拼装完成后，应适时通孔。

（4）节段的拼装、临时预应力张拉、节段的固定及胶粘剂挤出后的清除工作，都应在胶粘剂失去和易性之前完成。

（5）当拼装涂抹作业下方开放交通时，必须在车道上方设置防止胶粘剂滴落的设施。

#### 4. 合龙段施工

在两相邻悬臂合龙前，检查、调整两悬臂端相对高差，在箱梁顶面和底板上用劲性骨架将两悬臂连接、固定。架桥机主天车将预制合龙梁段吊至桥面高度，沿桥纵向安装两根组合承重梁。在将预制合龙梁段平面位置及高程调整到位后，用型钢将其与两相邻悬臂梁段连接固定，架桥机脱钩后将其吊挂于承重梁上。

为使梁段就位精确，在吊杆上方安装液压千斤顶，逐个对各吊点进行竖向高程微调，并用型钢将合龙块顶、底板与两悬臂端连接固定。连接湿接缝处断开的永久结构预应力管道，安装湿接缝内、外模板，在完成合龙桥跨后将后跨墩顶块临时锚固解除，拆除临时支座，选择一天中最低温度时段浇筑湿接缝混凝土并养护。

湿接缝混凝土强度达到10MPa后，张拉首批体内永久结构合龙预应力，防止湿接缝混凝土收缩开裂。在湿接缝土强度达100%设计强度后，张拉其余永久结构合龙预应力，拆除劲性骨架和型钢连接装置，完成跨中合龙。

# 6.7 顶推施工

6-10 顶推施工

预应力混凝土连续梁桥顶推安装法是钢桥拖拉架设法在预应力混凝土桥型（钢箱梁桥型）中的运用和发展。

6-11 桥梁顶推法施工微课

顶推法是在被顶推梁体的后部，设置顶推平台，在平台上分节段预制混凝土梁体，并施加预应力连成整体后，经水平千斤顶施力，使梁体在各墩滑道上逐段向前滑动，直至全联连续梁安装就位。

## 6.7.1 顶推施工优点、缺点及适用范围

#### 1. 顶推施工优点

1）由于顶推力远比梁体自身小，所以顶推设备轻巧简便，不需大型吊运机具，也可以充分发挥机械的使用效率；

2）对桥下通航或行车影响小，寒冷地区施工，架设场地受限制等特殊条件下，其优点更为明显；

3）仅需一套模板周转，节省材料，工厂化生产，易于质量管理；

4）施工安全，干扰少，生产集中、工点集中，便于管理；

5）节约劳动力，减轻劳动强度，改善工作条件；

6）施工作业场地比较集中、固定，因此就有可能有较稳定的劳动力组合、较准确的作业程序时间，便于组织工厂化生产模式。

#### 2. 顶推施工缺点

1）由于顶推过程中梁体各截面正负弯矩交替变化，为满足受力要求，材料用量比

其他形式桥梁有所增加；

2）由于顶推悬臂弯矩不能太大，且施工阶段的内力与营运阶段的内力也不能相差太大，所以顶推只适用于较多跨（跨数少则不经济，跨数多则工期长），跨径不宜大于60m的桥型，以40m左右受力最佳；

3）仅适用于等截面的箱梁（单箱或多箱）、T形梁，若采用其他梁形顶推，其技术难度加大；较适用于等跨径连续梁顶推；不等跨顶推时，会增加设计、施工工作的难度；适用于单一坡度或单一半径的桥梁顶推。若在多坡度或多种曲线半径变化的桥梁上，仍用顶推法施工，将会增加施工困难，增加造价；

4）制梁场地及设备要求高，制梁台座基础应当无下沉无变形，底模刚度要求高且应平整，滑道设置要求也高。

### 3. 顶推施工的适用范围

1）顶推法可在深水、山谷和高桥墩上采用，也可在纵坡相同的坡桥及曲率相同的弯桥上采用；

2）顶推法宜在等截面梁上使用，以中等跨径的桥梁为宜。

## 6.7.2　顶推法施工工序

顶推法施工主要包括预制场准备、箱梁的预制和拼装、安装顶推装置和滑移装置、顶推梁体、落梁就位、施加预应力等工序。现择主要工序简述如下：

### 1. 梁段预制与预应力施工

1）梁段预制方案

梁段预制根据预制箱梁的位置与桥位的关系，可分为以下两种：

（1）在梁轴线的预制台座上分段预制，逐段顶推。预制可采用全截面一次浇筑，也可分次浇筑。分次浇筑可分为先浇底板后浇腹板、顶板以及先浇底板、腹板后浇顶板两种方式。

（2）在桥轴线两侧预制，然后将预制块件用龙门式起重机运送到桥位拼装台上拼装，再逐段顶推。这种方法必须根据现场地形决定，比在梁轴线上浇筑速度快；缺点是需大型运输和起吊设备，而且增加了接头工作。

2）梁段预应力施工

顶推法施工的预应力连续梁有三类预应力束：永久束、临时束和补充束。即连续梁从顶推开始到就位，都必须具有的永久钢束；顶推过程中必需的，但在连续梁顶推就位后须拆除的临时钢束；为了减小在顶推过程中产生过大反向弯矩，适当地减小张拉束数，待全梁就位后再按需要添加的补充束。预应力钢束的布置、张拉顺序、临时束的拆除次序等，应满足设计规定。

各种因顶推施工需要所设置的临时束，在顶推施工过程中应予以妥善保护，在顶推施工过程中不压浆。

对梁段间需连接的永久预应力钢束，可在两梁段间留出适当空间，且宜采用连接器连接。

其张拉方法与一般预应力混凝土的后张法相同，详见本书中"预应力混凝土预应力筋张拉"相关内容。

2. 梁段顶推

梁段顶推施工方法可根据多种方法进行分类。一般按照顶推力的施加位置和顶推装置的类型进行划分。按顶推力的施加位置可分为单点顶推、多点顶推。按照顶推装置的不同，可分为水平—竖直千斤顶法或水平千斤顶法。上述两种方式的组合又形成了多种顶推方式。本节主要按照顶推力的施加位置不同来进行介绍。

1）单点顶推

单点顶推水平力的施加位置一般集中于桥台或某一桥墩，其他墩台支点只设置滑道支撑，顶推力作用在梁体上的位置应由设计确定，通常设置在梁腹板底。

单点顶推通常有三种作业方式：

（1）用单点拉杆千斤顶顶推。根据顶推力的大小，安装一台或多台水平千斤顶，通过拉杆连接梁的底板或者两侧，牵引拉动梁体在滑道上前移。

（2）直接顶梁顶推，在预制台座的后面，设一个反力座，安装一台或多台千斤顶，直接顶梁向前滑动。

（3）单点（多点）水平—竖直千斤顶顶推方式。见图 6.7-1。即以桥台、墩为后座，预制梁座在桥台、墩顶垂直千斤顶上，垂直千斤顶与桥台、墩底间摆放四氟滑板。顶推时，以垂直千斤顶移动来带动梁向前移动。

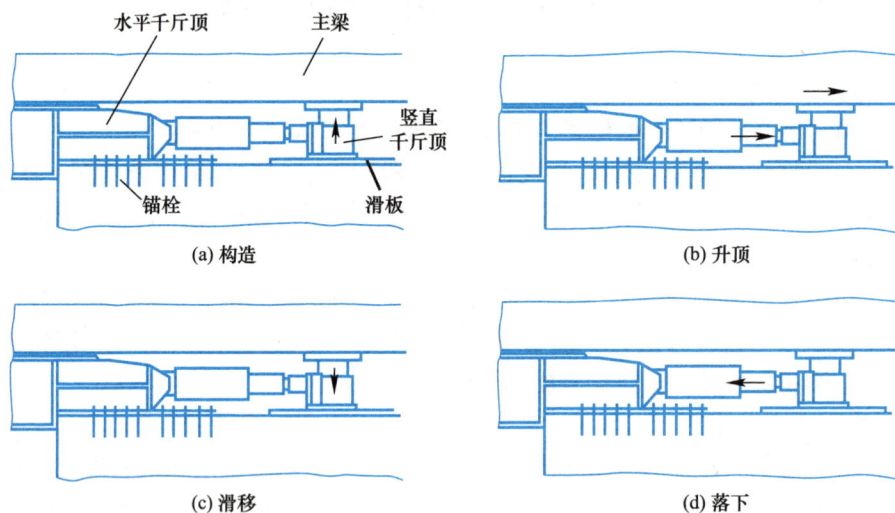

图 6.7-1　单点（多点）水平—竖直千斤顶顶推示意图

单点顶推主要适用于桥（墩）台刚度大，梁体轻的施工条件。其优点主要表现在：顶推设备简单，可利用预应力张拉或者顶进法施工的设备；单点施工，没有多点顶推设备同步运行问题，控制系统简单。其缺点主要表现在：由于全桥顶推水平力仅由一个墩（台）上顶推设备承担，顶推设备的能力要求高，尤其是孔数较多的长桥，顶推设备能力难以适应；未设千斤顶的墩顶均有较大的水平摩阻力。

2）多点顶推

多点顶推要求各个墩台上的顶推设备纵向同步运行。因此，需要对全桥的水平千斤顶集中控制。

多点顶推按千斤顶的使用方法可分为：

（1）多点水平—竖直千斤顶顶推方式。

（2）多点水平拉杆方式顶推。按照顶推是否连续，又可分为多点连续顶推和多点间断顶推。

多点顶推在每个桥墩均设两条滑道和一套或者两套顶推装置。

多点顶推适用于桥墩较高、截面尺寸小的柔性墩的顶推施工。

其优点主要表现在：因为顶推设备分散安装在各墩上，墩上顶推力与该墩上梁体滑动摩阻力相抵消，桥墩在顶推过程承受较小的水平力；各墩（台）上千斤顶吨位较小。其缺点主要表现为：要求各千斤顶同步启动，操作控制比较复杂。

### 3. 落梁

落梁是指全梁顶推到位后，将梁安置在永久支座上的施工。

1）落梁方案

落梁前应按照设计规定的顺序对预应力钢束进行张拉、锚固和压浆，拆除全部临时预应力钢束。为使落梁后梁的受力状态符合设计受力图示。落梁时应以控制支座反力为主，适当考虑梁底高程。

计算桥墩的反力，确定落梁竖直千斤顶的型号和台数，拟定竖直千斤顶在墩顶需占用的位置和最小高度。选用吨位应留有富余，使其工作负荷处于额定范围内。

待主梁顶推到位后，将整个桥跨顶起，撤出滑道，安装永久支座，下放梁跨结构至永久支座并调整就位。落梁要求见表 6.7-1。

顶推施工预落梁要求 表 6.7-1

| 落梁反力（kN） | | 符合设计规定；设计未规定时，不大于 1.1 倍设计反力 |
| --- | --- | --- |
| 支点高差（mm） | 相邻纵向支点 | 符合设计规定；设计未规定时，不大于 5 |
| | 同墩两侧支点 | 符合设计规定；设计未规定时，不大于 5 |

2）落梁步骤

（1）千斤顶举梁：梁体的各支点应均匀顶起，其顶力应按设计支点反力的大小进行控制，顶起时相邻各墩高差不得大于 5mm，同墩两侧高差不得大于 1m。

（2）安装支座：按照设计要求及相关技术说明进行支座安装。

（3）落梁：应按设计规定的顺序和每次的下落量分步进行，同一墩、台的千斤顶应同步运行，反力的允许偏差应为 ±10% 设计反力。

## 6.7.3 顶推施工临时设施

计算表明，连续梁顶推施工过程中梁的内力与运营状态的内力相差很大，为了减小施工中梁的内力，扩大顶推法的适用范围，并从安全施工和方便施工出发，在施工过程中常使用一些临时设施，如导梁、临时墩、滑动和横向导向装置等。

### 1. 导梁

为了减小顶推梁运行的内力，便于顶推运行，简化施工结构，通常于主梁前端设导梁，如图 6.7-2 所示。

图 6.7-2　钢导梁和临时墩

1）导梁总体设计原则

导梁设置的长度一般为顶推跨径的 0.6～0.8 倍。为减轻自重，可采用变截面导梁。导梁与梁体连接处的刚度应协调，预埋件的连接强度应满足梁体顶推时的受力要求，导梁前端的最大挠度应不大于设计规定。导梁全部节间的拼接应平整，其中线的允许偏差应不大于 5mm，纵横向底面高程的允许偏差应为 ±5mm。

导梁与主梁之间的连接宜采用焊接连接或螺栓连接。对主梁结构的支点和顶推施力点处宜适度加固，并应采取措施，防止结构在顶推过程中产生局部变形。

2）导梁形式

（1）钢板导梁

钢板导梁具有刚度大、变形小等优点，通用于较大跨径的顶推施工；缺点是重量大、投资较大、运输不方便。

钢板导梁多为变高度工字形实腹钢板梁，由主梁和横、竖向联系杆组成。为适应顶推需求，导梁前端一般做成曲线形。主梁的片数应与箱梁腹板数相对应。为便于运输，通常纵向分成多块，通过螺栓或焊接在现场组拼成整体。导梁一般由专业厂家制作。

（2）钢桁架导梁

钢桁架导梁具有轻质、便于施工等优点，但因其刚度较小，导梁前端挠度大，一般用于跨径不大的顶推桥梁，或者横桥向又分成多个小箱的顶推桥梁。钢桁架导梁一般可用贝雷桁架、万能杆件、六四军用桁架或专门加工的钢桁形式，由上弦杆、下弦杆、立杆、斜腹杆和横向联系腹杆等组成，各节点用螺栓连接，便于周转使用，且运输保存方便。由于钢桁架导梁非弹性变形挠度较大，可在导梁底部采用加劲弦杆或型钢分段加劲，在导梁端部设置横梁用中心预应力束进行张拉，以消除非弹性变形，满足使用要求。

3）导梁与主梁连接方式

导梁与主梁的连接，可分为导梁与混凝土梁连接及导梁与钢梁连接。

（1）钢导梁与混凝土梁连接

在主梁端的顶板、底板内预埋厚钢板或型钢并伸出梁端，再通过焊接或者螺栓与导梁连接。预埋钢板或者型钢的埋入长度应由计算确定，一般不宜小于导梁高度。为防止主梁端部接头混凝土在承受最大正、负弯矩时因过大拉应力而产生裂缝，应在接头附近施加预应力。锚固预应力筋应注意错位锚固，宜采用无粘结预应力筋，避免压浆管道影响混凝土的浇筑质量。

（2）导梁与钢梁连接

一般应采用高强度螺栓（锚栓）连接，便于安装及施工后拆除。导梁应与钢梁的顶、底板、腹板连接，钢梁的连接处应做加强处理，以免因顶推时弯矩过大开裂。高强度螺栓（锚栓）的数量及规格应经计算确定。

4）施工注意事项

顶推施工过程中，当导梁处于悬臂状态时，应避免由于过大的施工荷载而产生过大的施工负弯矩。

顶推中注意观测导梁前端的下挠，当导梁顶推接近前墩时，应做好导梁上墩的工作，必要时可在滑道前方设置千斤顶，用千斤顶抬高导梁前端，将之引上滑道。

研究表明，导梁刚度的最佳取值范围是 $1/15\sim1/9$ 倍主梁刚度，在满足稳定和强度要求的条件下，选择较小的刚度和变刚度导梁，可以减小顶推中最大悬臂状态的负弯矩。刚度过大时，主梁的负弯矩将剧增。此外，设计中应考虑动力效应，使结构具有足够的安全储备。

### 2. 临时墩

1）总体设计原则

为减小顶推时跨径，避免梁受力过大，应根设计要求考虑设置临时墩，如图6.7-2所示。临时墩的设置要根据桥下交通、通航要求，临时墩的工程量，施工的难易程度及拆除方案，进行综合技术经济比较确定。临时墩的设计应满足设计及规范的规定，梁体顶推完成并落位到永久支座上后，应及时拆除。

2）临时墩结构类型

临时墩应能承受顶推时所产生的最大竖向荷载和最大水平摩阻力且变形应满足规范要求。陆上基础可采用混凝土浅基础或桩基础，水中基础可采用打入桩基础。墩身通常设计为能重复使用的构件，水中临时墩一般采用钢管桩墩身，陆上临时墩可采用装配式空心钢筋混凝土柱或者钢管桩。钢管桩因具有安装、拆除方便，便于回收利用的优点，故而得到广泛应用。

为提高临时墩抵抗水平推力的能力，钢管墩身通常做成斜钢管，并采用缆风索进行锚固。钢管墩身顶部要做加强处理，通常采用浇筑一定高度的封顶混凝土或钢板加劲的方式。钢管临时墩墩顶滑道的高程应设预留量，以便调整施工过程中非弹性压缩量和安装时的温度以及使用过程中的温度变形。当墩距较小时，墩之间必须连成整体，以增加整体稳定性。

早期修建的跨度较大的预应力混凝土顶推连续梁，根据受力需要往往设置了临时墩。需要指出的是：虽然可以通过增设临时墩减小顶推跨径，扩大顶推法施工的适用范围，但是过分加大跨径是不经济的，目前在大跨径桥梁施工中最多设两个临时墩。一般认为，公路上用顶推法施工预应力混凝土连续梁桥，其比较经济合理的跨径为40～50m，不需要设临时墩，国内用顶推法修建的桥梁跨径绝大部分属于此范围。

**3. 滑动装置**

1）构造

（1）水平—竖直千斤顶顶推方式的滑动装置，一般由摩擦垫、滑块（支撑块）滑道和滑板组成。

（2）水平千斤顶顶推方式的滑动装置一般由支座垫石上的滑道垫块、滑道、滑板及支座垫石两侧的附加混凝土块组成。

（3）自动楔进式液压顶推系统的滑动装置利用"顶、推"两个步骤交替实现。楔块与楔块连接面一般采用摩擦系数较小的材料，楔块与梁底连接面采用摩擦系数较大材料。利用楔块与梁底之间的摩擦力大于楔块与楔块之间的摩擦力实现。

2）设置

滑道的长度应大于水平千斤顶行程加滑块的长度，宽度应为滑板宽度的 1.2～1.5 倍；相邻墩滑道顶面高程允许偏差应为 ±2mm，同墩两滑道高程的允许偏差应为 ±1mm。

（1）滑道垫块：是用来代替支座的临时垫块，因此滑道垫块必须保证滑道顶面与落梁后梁底面高程一致。滑道垫块应固定在支座垫石上，以免因水平摩阻力损坏垫块。固定方式可采用锚固到垫石上，也可采用在滑道前设置挡块。垫块平面应为长方形，且尺寸应比滑道大，纵向坡度应与桥纵坡一致。滑道垫块可采用混凝土垫块，也可采用钢垫块，但都必须保证垫块的外形和强度。

（2）滑道：一般用钢板制作，顶面铺不锈钢板。主体钢板厚度应在 40mm 以上，不锈钢板厚度 2mm，不锈钢板表面粗糙度 $R_a < 5\mu m$。滑道纵向长度应根据滑道反力所需最少的滑板数量来确定。滑道进口 30cm 范围内应做成圆弧形，与梁底交角可为 2°～3°，不可用折线衔接，以避免压坏滑板。滑道出口也应设圆弧段，可比进口段短平。

（3）滑板：目前多使用聚四氟乙烯橡胶滑板。聚四氟乙烯橡胶滑板由四氟板与具有加劲钢板的橡胶块构成，滑板实际上就是板式橡胶支座，面上贴一层四氟板，喂滑板时四氟板（白色）一面朝下与滑道接触，另一面（黑色）朝上与梁底接触。当梁体向前行进时，带动滑板一起前进，四氟板便在不锈钢板上滑行。当滑到滑道的尽头时，便从前端掉下来，此时应将其拾起来放到后端重新喂进去，这样滑板不断吐出、喂进，周而复始，梁体便可继续向前滑行。

例如，在支座上设置顶推滑道，其永久支座需在厂家先做特殊处理，将上下部临时固定，以承受顶推的水平摩阻力。再在永久支座顺桥向两侧设垫块，上面盖一块厚40mm 钢板作盖板并设置滑道。箱梁顶推到位后，将梁顶起，拆除滑道、盖板，解除支座上临时约束，恢复支座设计功能，完成落梁工序。

**4. 横向导向装置**

为了使主梁能准确就位，施工中的横向导向装置是必不可少的，如图 6.7-3 所示。

在需要纠偏时，在箱梁腹板外侧用聚四氟乙烯板和水平千斤顶形成滑动面，以达到导向、纠偏的目的。也可以在反力架上设置贝雷平滚，根据需要在平滚和箱梁侧面之间塞入厚度不同的薄钢板来调整梁的平面位置，后一种方法设备简单，但是精度较差。

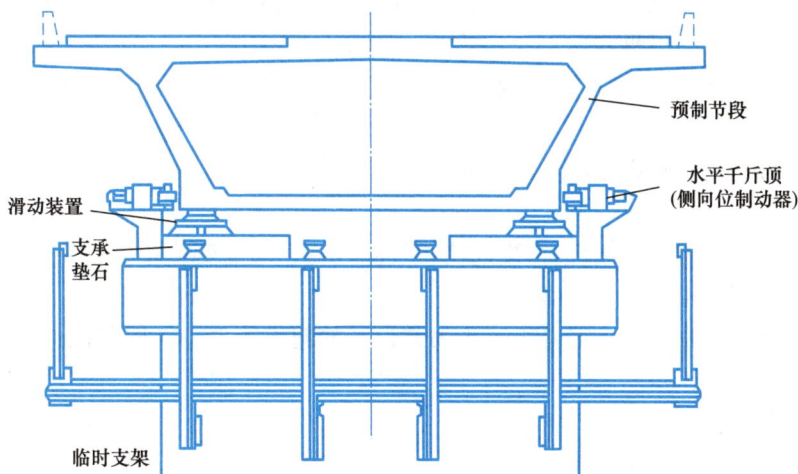

图 6.7-3　导向装置示意图

# 习　　题

一、单项选择题

1. 预应力筋张拉时，实际伸长量与理论伸长量相差不应大于 ±（　　　）%。

A. 3 　　　　　　B. 4 　　　　　　C. 5 　　　　　　D. 6

2. 预应力筋放张时混凝土强度和弹性模量须符合设计规定，若设计未规定时，混凝土强度应不低于设计强度等级的（　　　）%。

A. 70 　　　　　　B. 75 　　　　　　C. 80 　　　　　　D. 90

3. 孔道压浆应在预应力筋终张拉完成后（　　　）h 内进行。

A. 12 　　　　　　B. 24 　　　　　　C. 36 　　　　　　D. 48

4. 梁、板构件在移运、存放和架设安装时，混凝土的强度不应低于设计要求。若设计无规定时，应不低于设计强度的（　　　）%。

A. 70 　　　　　　B. 75 　　　　　　C. 80 　　　　　　D. 90

5. 支架预压应分级进行加载，且不应少于（　　　）级。

A. 2 　　　　　　B. 3 　　　　　　C. 4 　　　　　　D. 5

二、判断题

1. 工程上常采用长线台座法制作先张法预应力混凝土梁（板）。（　　　）

2. 预应力筋放张后，对螺纹钢筋，可采用乙炔—氧气切割。（　　　）

3. 压浆顺序应先上孔道后下孔道，曲线孔道压浆时，应从孔道最高处开始向两端进行。（　　　）

4. 满布式支架主要以地基的承载力和沉降指标为检验标准，即需要稳定的基础支

撑，对基础处理要求较高。　　　　　　　　　　　　　　　　　　　　　（　　）

5. 在全部加载完成后的支架预压监测过程中，若各监测点最初 72h 的沉降量平均值小于 5mm，则可判定支架预压合格。　　　　　　　　　　　　　　（　　）

6. 对于预应力混凝土结构，其侧模应在预应力钢束张拉前拆除，底模及支架应在结构建立预应力后方可拆除。　　　　　　　　　　　　　　　　　　（　　）

7. 通常多跨连续梁、连续刚构合龙段施工的顺序为：先各边跨，再各次边跨，最后为中跨。　　　　　　　　　　　　　　　　　　　　　　　　　　　（　　）

8. 为取得更佳预压效果，支架预压荷载宜按支架需承受全部荷载的 1.1～1.2 倍控制。　　　　　　　　　　　　　　　　　　　　　　　　　　　　　（　　）

9. 悬臂浇筑法施工一般选择夜间或日气温较低、温度变化幅度较小时锁定合龙口并浇筑合龙段混凝土。　　　　　　　　　　　　　　　　　　　　　（　　）

10. 悬臂拼装的分段，主要决定于吊装设备的起重能力，一般节段长度为 2～5m。
　　　　　　　　　　　　　　　　　　　　　　　　　　　　　　　　（　　）

三、简答题

1. 什么是先张法？什么是后张法？

2. 简述架桥机架架设法的施工程序及操作要点。

3. 简述支架现浇施工法的施工工艺流程。

4. 简述悬臂浇筑施工法合龙施工要点主要有哪些。

5. 与悬臂浇筑法相比，悬臂拼装施工法的优点及缺点分别是什么？

6. 简述短线法预制施工特点主要有哪些。

7. 简述顶推施工法的优点及适用范围。

# 教学单元 7

## 拱桥施工

【知识目标】

1. 了解拱桥有支架施工中拱架的类型及构造，掌握拱架安装及卸落的技术要求，掌握拱圈砌筑（浇筑）施工技术及适用条件；

2. 了解缆索吊装法及劲性骨架法施工的主要设备及工艺流程，熟悉三种转体施工法的工艺流程及适用条件，掌握悬臂施工法。

【能力目标】

1. 能够正确识读各种拱桥施工图，动手制作拱桥模型；

2. 能够编制拱桥施工支架搭设及拆除、拱圈砌筑（浇筑）施工技术交底；

3. 能够依据现行规范，编写施工内业资料。

【素质目标】

1. 通过讲解赵州桥、卢沟桥、重庆万州长江大桥等工程案例，激发学生的民族自豪感、爱国情怀、创新精神以及精益求精的大国工匠精神；

2. 通过编制拱桥支架搭设及拆除、拱圈砌筑（浇筑）施工技术交底，培养学生严谨、认真的职业素养。

【思维导图】

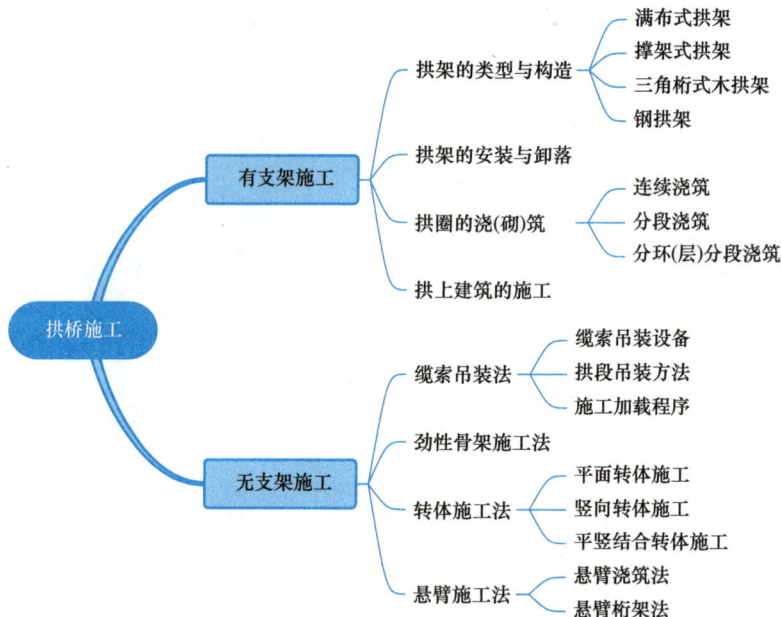

拱桥传统的施工方法是搭设拱架，在拱架上进行拱圈的施工（即有支架施工），因而大大影响了拱桥向大跨度方向的发展。20 世纪 60 年代以来，拱桥无支架施工技术的推广应用，使得拱桥在大跨度桥梁中的竞争能力大大提高。

目前，在允许设置拱架或无足够吊装能力的情况下，一般仍采用有支架施工的方法修建拱桥，这一类方法常用于石拱桥、混凝土预制块拱桥及现浇混凝土拱桥。无支架施工可节省支架材料，缩短工期，主要包括缆索吊装法、劲性骨架施工法、转体施工法及悬臂施工法等，多用于肋拱、箱形拱和桁架拱等。也有采用两者相结合的施工法，以下对各类施工方法进行简单的介绍。

# 7.1 拱桥有支架施工

有支架施工法的主要施工工序包括：材料的准备、拱圈放样、拱架制作与安装、拱圈及拱上建筑的砌筑等。其中，拱桥所用的建筑材料应满足设计和施工规范的要求。拱圈或拱架的准确放样，则是保证拱桥施工质量的基本条件之一。

## 7.1.1 拱架的类型与构造

拱架是有支架施工建造拱桥最主要的临时设备，在整个施工期间支承全部或部分拱圈和拱上建筑的重量，并保证拱圈的线形符合设计要求。因此，拱架要有足够的强度、刚度和稳定性。同时，拱架作为施工临时结构，又要求其构造简单、拆装方便、节省材料并可多次重复使用。

拱架按材料，可分为木拱架、钢拱架、竹拱架和土牛拱胎等；根据拱桥跨度大小、材料供应情况、机具设备条件和桥址环境特点，可采用不同的结构形式。

### 1. 满布式拱架

满布式（或立柱式）拱架一般由拱架上部（即拱盔）、卸架设备和拱架下部（即支架，包括基础）三部分组成。拱架上部是直接支撑拱圈重量的部分，是由斜梁、立柱、斜撑和拉杆等组成的拱形桁架；拱架下部是支撑拱架上部的部分，是由立柱及横向联系（斜夹木和水平夹木）组成的支架。立柱间距按桥梁跨径及承受拱圈重量的不同，一般为 1.5～5.0m。拱架在横桥向的间距一般为 1.2～1.7m。上、下部之间放置卸架设备（木楔或砂筒等）。满布式拱架的详细构造如图 7.1-1 所示。

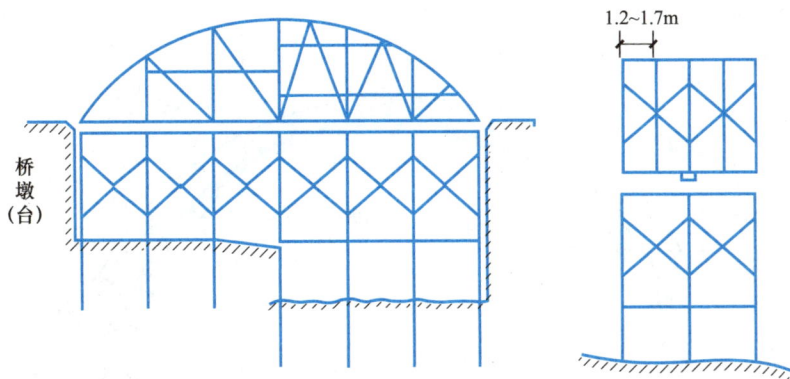

图 7.1-1 满布式拱架的构造

立柱式拱架的构造和制作简单，但立柱数目很多，在受洪水威胁大、水流急、漂流物较多及要求通航的河流上不宜采用。木制满布式拱架，目前仅采用拱涵及小桥的施工中，对于大中跨度拱桥，可采用碗扣式、扣件式钢管拱等。此时，拱架的拱盔和支架形成一体，也不需要设置专门的卸架设备。

### 2. 撑架式拱架

撑架式（或墩架式）拱架与立柱式拱架的上部构造基本相同，其下部是用具有一定间距的少数框架式支架加斜撑代替数目众多的立柱。这种拱架材料用量相对较小，构造上也不复杂；同时，又能在桥孔下留出适当的空间，减少洪水及漂流物的威胁，满足桥下通航或行车的要求。因此，是实际工程中采用较多的一种拱架形式，如图 7.1-2 所示。

### 3. 三角桁式木拱架

三角桁式木拱架是由两片对称拱形桁架在拱顶处拼装而成，其两端直接支撑在墩台所挑出的牛腿或者紧邻墩台的临时排架上，跨中一般不另设支架，如图 7.1-3 所示。

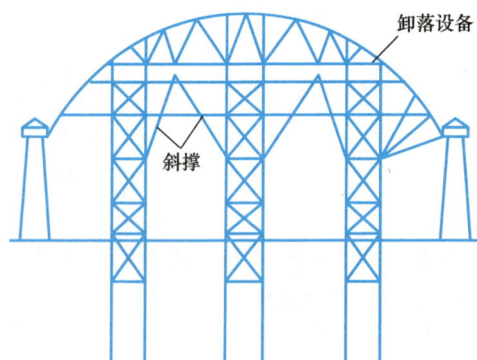

图 7.1-2　撑架式拱架的构造

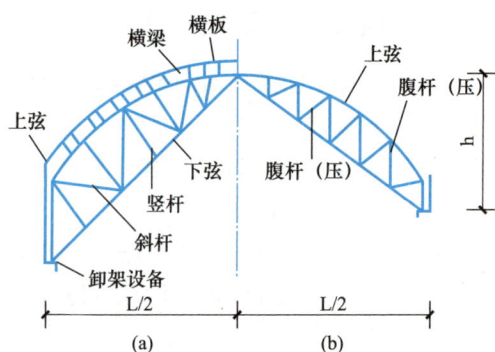

图 7.1-3　三角桁式木拱架的构造

### 4. 钢拱架

我国现有常备式钢拱架主要有两种：工字梁拱式拱架和桁架式拱架。工字梁拱式拱架由基本节、楔形插节拱顶铰和拱脚铰等基本构件组成，可做成三铰拱或两铰拱，如图 7.1-4 所示，这种拱架可用于建造跨度 40m 以下的拱桥。桁架式拱架由多榀拱形桁架构成，一般采用三铰拱。图 7.1-5 所示为桁架式钢拱架。另外，也可采用贝雷梁或万能杆件拼装式拱架。

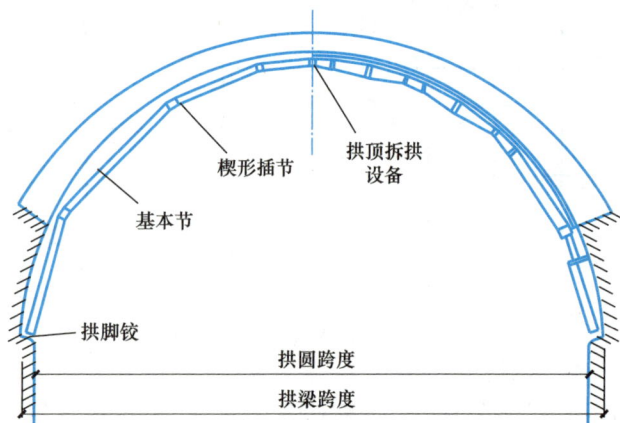

图 7.1-4　工字梁钢拱架的构造

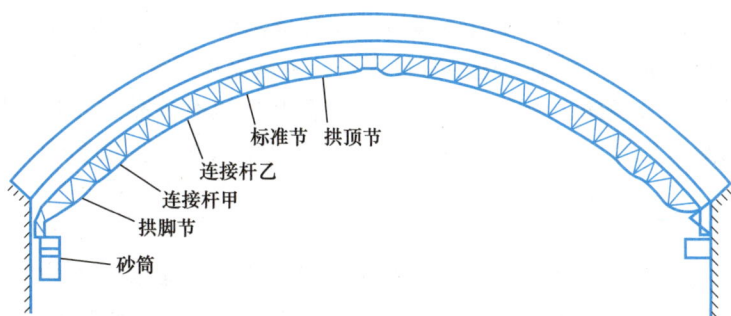

图 7.1-5 桁架式钢拱架的构造

## 7.1.2 拱架的安装与卸落

为了使拱架具有准确的外形和各部尺寸，保证拱架顺利安装，在制作拱架前，应在样台上放出拱架大样，拱架大样应计入预拱度的值。依此制作杆件样板，并按样板进行杆件加工。

满布式拱架一般在桥孔位置逐根安装。桁架式拱架多采用悬臂拼装法逐节拼装，或采用整片或分段吊装方法安装。拱架安装好后，应及时测量，以保证其轴线和高程等主要设计尺寸准确。在风力较大的地区，应设置风缆索，以确保拱架的稳定。

拱圈砌筑或混凝土现浇完毕，待达到一定强度后即可拆除拱架。为保证拱架能按设计要求均匀下落，必须设置专门的卸架设备。常用的卸架设备有木楔、砂筒和液压千斤顶等几种形式，如图 7.1-6 所示。木楔又可分为简单木楔和组合木楔，简单木楔一般可用于中、小跨径桥梁，组合木楔可用于 40m 以下的满布式拱架或 20m 以下的拱式拱架。砂筒的构造简单且承载力大，是最常用的落架设备，可用于跨径大于 30m 的拱桥。液压千斤顶作为卸架设备灵活可靠，控制方便，还可同时配合拱圈内力调整的工作，多用于大跨径拱桥中。扣件式钢管拱架不需要卸落设备，只需要缓缓降低顶托即可实现落架。

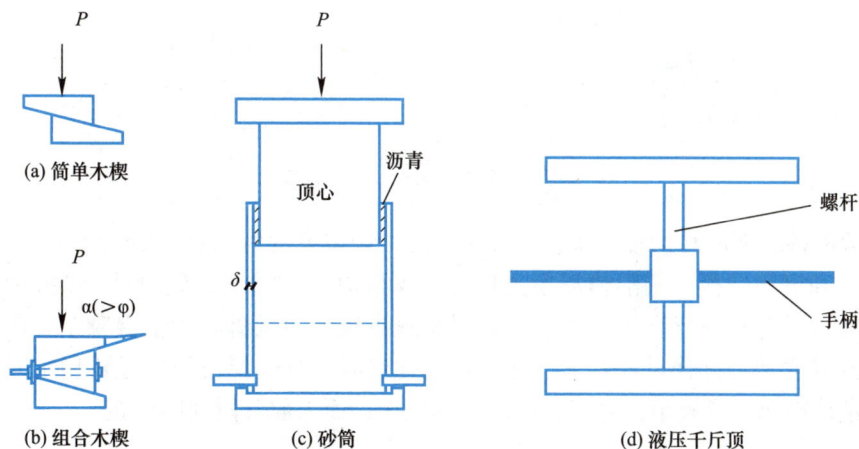

图 7.1-6 卸架设备

为了保证桥跨结构的重量逐渐转移给拱圈自身来承担，拱架应按照一定的卸架程序卸除。一般对于满布式拱架的中小跨径拱桥，可从拱顶开始，逐次向拱脚对称卸落；对于大跨径的悬链线拱圈，为避免发生 M 形的变形，也有从靠近 $l/4$ 处逐次对称地向拱脚和拱顶均衡地卸落。对于多孔连续拱桥，还应考虑相邻孔间的影响。

### 7.1.3 拱圈的浇（砌）筑

浇（砌）筑拱圈时，为了保证在整个施工过程中，拱架的受力均匀，变形最小，使拱圈的质量符合设计要求，避免产生裂缝必须选择适当的砌筑方法和顺序。一般可根据跨径的大小和构造形式等，分别采用不同繁简程度的施工工艺。有关混凝土拱桥的模板、钢筋、混凝土浇筑、养护及拆模等的具体要求，可参见教学单元二中的介绍，此处不再赘述。

#### 1. 连续浇筑

跨径较小的拱圈或拱肋，应按拱圈全宽从两端拱脚向拱顶对称地连续浇筑混凝土，并应在拱脚混凝土初凝前全部完成。

#### 2. 分段浇筑

当跨径在 16m 以上时，为了避免因拱架不均匀下沉而导致先浇筑的混凝土开裂，同时减小混凝土的收缩，一般应沿拱跨方向分段浇筑。拱段的长度可取 6.0～15.0m。分段位置应以能使拱架受力对称、均匀和变形小为原则。宜设置在拱顶、$l/4$ 部位、拱脚及拱架节点处。分段浇筑的程序应符合设计要求，应对称于拱顶进行，分段浇筑的一般顺序如图 7.1-7 所示。分段浇筑时，各分段内的混凝土应一次连续浇筑完毕。因故中断时，应浇筑成垂直于拱轴线的施工缝。

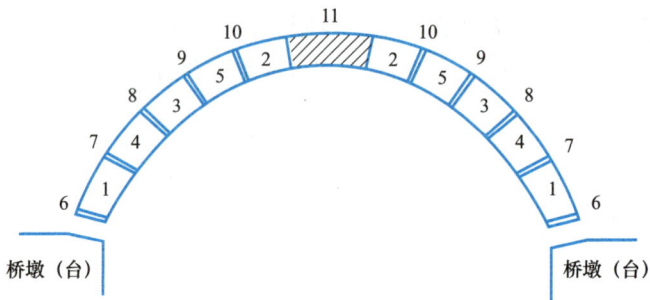

图 7.1-7　拱圈分段施工的一般程序

各段的接缝面应与拱轴线垂直，在分段点处预留宽度为 0.5～1.0m 的间隔槽，以利施工操作和钢筋连接。间隔槽混凝土应在拱圈混凝土的强度达到设计强度的 85% 后，由拱脚向拱顶对称进行浇筑，最后封拱时浇筑拱顶及两拱脚间隔槽混凝土。还需注意封拱合龙温度是否符合设计要求，如设计无规定时，宜选择夜间气温较稳定时段的温度。如预计拱架变形较小，可减少或不设间隔槽，而采取分段间隔浇筑。

#### 3. 分环（层）分段浇筑

当跨径较大时，可采用分环（层）分段法浇筑，也可沿纵向分成若干条幅，中间条幅先行浇筑合龙。达到设计要求后，再按横向对称、分次浇筑合龙其他条幅。其浇筑顺序和养护时间应根据拱架荷载和各环负荷条件通过计算确定，并应符合设计要求，如图 7.1-8 所示。

　　大跨径钢筋混凝土箱形拱圈（拱肋）可采取在拱架上组装并现浇的施工方法。首先，将预制好的腹板、横隔板和底板在拱架上组装，在焊接腹板、横隔板的接头钢筋形成拱片后，立即浇筑接头混凝土和拱箱底板混凝土，组装和现浇混凝土时，应从两拱脚向拱顶对称进行。浇底板混凝土时，应按拱架变形情况设置少量间隔缝并于底板合龙时浇筑。待接头和底板混凝土强度达到设计强度的 85% 后，方可安装预制盖板，铺设钢筋，现浇顶板混凝土。

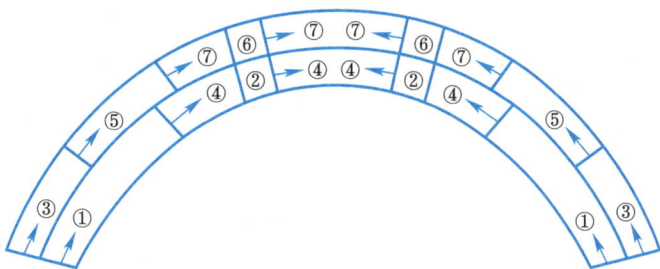

图 7.1-8　分环、分段施工程序示意图

## 7.2　拱桥无支架施工

　　在峡谷或水深流急的河段上，或在通航河流上要满足船只的顺利通行，或在洪水季节施工，并受到漂流物的影响条件下修建拱桥，以及采用有支架的方法施工将会遇到很大的困难或是很不经济时，便可采用无支架方法施工。

### 7.2.1　缆索吊装法

　　缆索吊装法（erection with cableway）是利用支承悬挂在塔索上的缆索运输和安装桥梁构件的施工方法。缆索吊装施工法具有吊装设备跨越能力大，水平和垂直运输灵活，适应性广，施工方便、安全等优点，从而成为无支架施工拱桥中使用最主要的方法之一。自 20 世纪 60 年代以来，在全国各地用缆索吊装法施工的拱桥从数量上看几乎占施工拱桥总长的 60%。目前，缆索吊装的最大单跨跨径已达 500m 以上。并由单跨缆索发展到双跨连续缆索，其最大单跨跨径已达 400m 以上。吊装的重量由几吨提高到近百吨。吊装设备也逐渐配套、完善，并已成套生产。

　　缆索吊装施工的主要内容包括：拱肋（箱）的预制、移运和主拱圈的吊装，拱上建筑的砌筑，以及桥面结构的施工等工序。这里主要介绍缆索吊装施工的吊装设备、吊装方法及加载程序。其他与有支架施工的方法相同（或相近）。

　　1. 缆索吊装设备

　　缆索吊装设备按其用途，分为主索、工作索、塔架和锚固装置等四个基本组成部分。其中，主要机具设备包括主索、起重索、牵引索、结索、扣索、浪风索、塔架和

7-1　拱桥缆索吊装法施工

索鞍、地锚、滑轮及电动卷扬机或手摇绞车等。具体布置形式如图 7.2-1 所示。

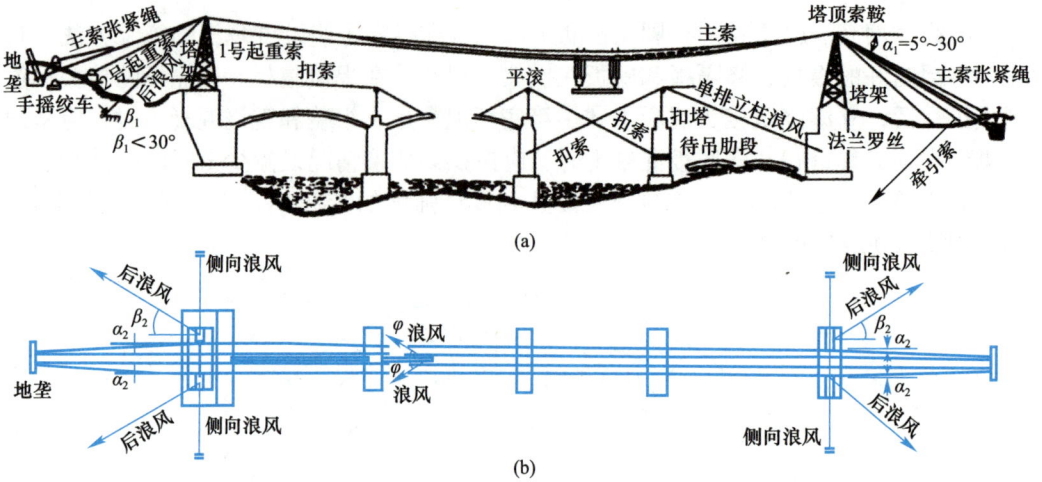

图 7.2-1　缆索吊装示意图

1）主索　也称为承重索或运输天线。它横跨桥渡，支承在两侧塔架的索鞍上，两端锚固于地锚。吊运构件的行车支承在主索上。横桥向主索的组数，可根据桥面宽度、塔架高度及设备供应情况等合理选择，一般可选 1～2 组，每组由 2～4 根平行钢丝绳组成。主索的截面面积应由计算确定。

2）起重索　用来控制吊运构件的垂直运输，其一端与卷扬机滚筒相连，另一端固定于对岸的地锚上。这样，当行车在主索上沿桥跨往复运行时，可保持行车与吊钩间的起重索长度不随行车的移动而改变，如图 7.2-2 所示。

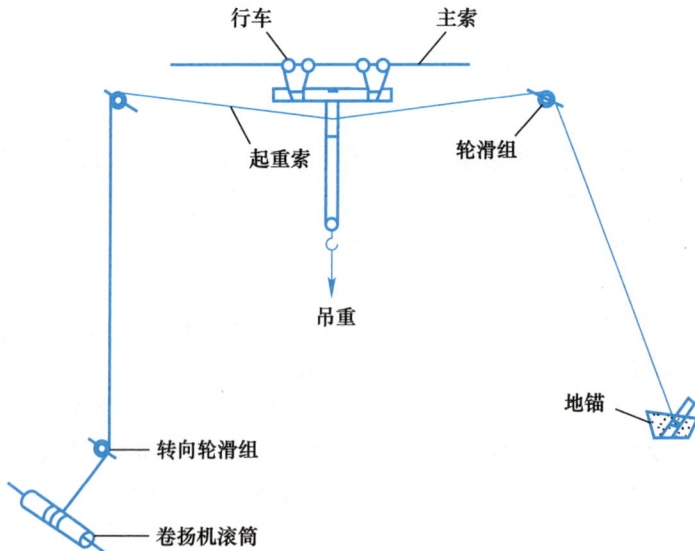

图 7.2-2　起重机布置图

3）牵引索　用来牵引行车在主索上沿桥跨方向移动，实现吊运构件的水平运输。

通常在行车的两端各设置一根牵引索，这两根牵引索的另一端分别连接在两台卷扬机上，或合拴在一台滚筒卷扬机上，便于操作。

4）结索　用于悬挂分索器，使主索、起重索、牵引索不致相互干扰。它只承受分索器（包括临时作用在它上面的工作索）的重量及自重。

5）扣索　当拱肋分段吊装时，需要用扣索悬挂端肋及调整端肋接头处的高程。为了便于调整扣索的长度，可设置手摇绞车及张紧索，如图7.2-3所示。

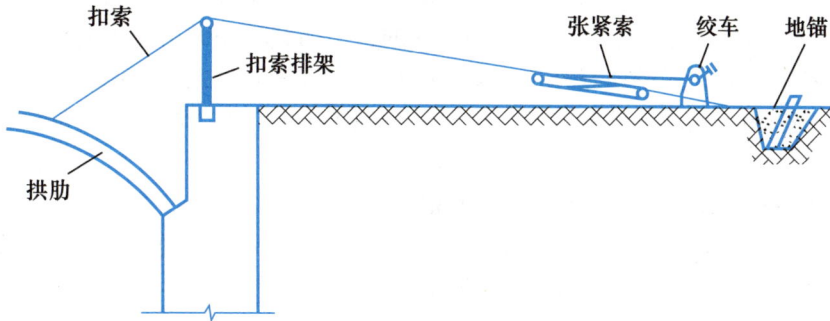

图7.2-3　扣索布置图

6）浪风索　亦称缆风索，主要用来保证塔架、扣索排架等的纵、横向稳定及拱肋安装就位后的横向稳定。

7）塔架及索鞍　塔架是用来提高主索的临空高度及支承各种受力钢索的重要结构；塔架的形式多样，可采用木塔架和钢塔架两类材料。塔架顶部有为放置主索、起重索、扣索等而设置的索鞍，目的在于减小钢丝绳的磨损。

8）地锚　也称为地垄或锚碇，用于锚固主索、扣索、起重索及绞车等。地锚的可靠性对缆索的吊装的安全性起决定作用，在设计和施工中都必须高度重视。按照承载能力的大小及地形、地质条件的不同，可采用多种形式和构造的地锚。条件允许时，还可采用桥梁墩、台做锚碇，以节约材料，降低工程造价。

9）其他附属设备　除了以上机具设备之外，缆索吊装施工中，还要用到在主索上行驶的行车（俗称跑马滑车）、起重滑车组、各种手拉葫芦、法兰螺栓、钢丝卡子（钢丝轧头）、千斤绳、横移索等附属设备。

缆索吊装设备的主要形式和规格较多，工程中必须按照因地制宜的原则，结合具体情况和现场条件合理地选用，才能取得良好的效果。

### 2. 拱段吊装方法

采用缆索吊装施工的拱桥，其吊装方法应根据跨径大小、桥长及桥宽等具体情况而定。

拱肋或肋箱节段（简称"拱段"）通常在桥址附近的河滩或桥头岸边预制，并进行预拼试验。然后，移运到缆索下面，由起重机起吊牵引到预定位置安装。

拱段吊装合龙应拟定正确的施工程序和施工细则，并严格遵照执行。为了使边拱段在拱合龙前保持在预定位置，应用扣索临时将其固定后，再松开起重索。吊装应从一孔桥的两端向中间对称进行，在完成最后一节拱段的吊装，并将各段的接头位置调整到规定高程以后，才能放松起重索，并将各接头接整合龙。最后，将所有扣索撤去。拱桥跨径较大时，最好采用双拱或多拱同时合龙的方案。各单拱与横向相邻拱段之间，随拼装工作的进程应及时连接或临时连接。边拱段就位后，除了上端用扣索拉住外，在左右两侧也应用一对风缆拉住，以防止其左右摇摆。中段拱箱（肋）就位时应缓缓地放松起重索，并务必使各接头顶紧，尽量避免简支搁置和冲击作用。

### 3. 施工加载程序

当拱箱（肋）吊装合龙成拱后，为了避免因拱轴线变形不均匀而使拱圈开裂，甚至造成倒塌事故的发生，必须对后续各工序的施工加载程序做出合理的设计。目的在于使拱肋各个截面在裸拱加载施工的整个过程中，都能满足强度和稳定的要求，并在保证施工安全和工程质量的前提下，尽量减少施工工序，便于操作，以加快桥梁建设的速度。

施工加载程序设计，一般遵循以下原则：

1）对于中、小跨径的拱桥，当拱肋的截面尺寸满足一定的要求时，可不做施工加载程序设计，对拱上结构作对称、均衡地施工即可。

2）对于中、小跨径的箱型拱桥或肋拱桥，一般多按分环、分段，均衡对称的加载原则进行设计，即在拱的两个半跨上，按需要分成若干段，并在相应的部位同时进行相等数量的施工加载；但对于坡拱桥，必须注意其结构受力不均匀的特点，一般应使低拱脚半跨的加载量稍大于高拱脚半跨的加载量。

3）在多孔拱桥的两个相邻孔之间也须均衡加载，两孔的施工速度不能相差太远，以免产生过大的单向推力，最终导致拱圈的开裂。

## 7.2.2 劲性骨架施工法

劲性骨架施工法（stiffened scaffolding method）是用劲性钢材（如角钢、槽钢等）作为混凝土拱圈的配筋，在事先形成的劲性钢骨架拱上分环分段浇筑混凝土，最终形成钢筋混凝土拱圈（肋）。劲（刚）性骨架具有较大的强度和刚度，在施工过程中是作为拱圈（肋）混凝土施工的拱架，承担浇筑混凝土的自重，在拱圈（肋）形成后被埋于混凝土中，施工后不予拆除，而成为拱圈（肋）截面的一部分。国内又称为埋置式拱架法，国外也称其为米兰法。

劲性骨架施工法是一种较古老的施工方法。早在 1942 年西班牙就采用该法建成了跨径 210m 的 Esla 混凝土拱桥。它具有结构整体性好、拱轴线易于控制、施工进度快等优点。但为了满足施工需要，结构本身的用钢量显著增多，而这些钢材在成桥受力中所起作用很小，因此单纯采用劲性骨架方法修建钢筋混凝土拱桥经济性较差。所以，之后该方法的发展较慢。直到 20 世纪 80 年代，随着大跨径混凝土拱桥的建造和高强度经济骨架材料（钢管混凝土）的使用以及桥梁施工控制技术的发展，这一施工方法才在大跨径混凝土拱桥施工中得到了广泛的应用。

图 7.2-4 所示为跨径 420m 的重庆万州长江大桥，该桥就采用了劲性骨架施工法，它是目前世界上跨径最大的钢筋混凝土拱桥。

图 7.2-4 重庆万州长江大桥

### 7.2.3 转体施工法

转体施工法（swing method）是将拱圈或整个上部结构分成两个半跨，分别在两岸利用地形或简单支架浇筑或预制半拱，然后利用动力装置将两半拱转动至桥轴线位置（或设计标高）合龙成拱。该法适合于各类单孔拱桥的施工，也可用于梁桥、斜拉桥、刚架桥等不同桥型的上部结构施工中。转体法施工具有结构合理，受力明确，节省施工用材，减少安装架设工序，变复杂为简单，减少高空作业，节省临时支架，加快施工速度，减少对桥下交通的干扰，安全、可靠等优点，是具有良好技术经济效益的拱桥施工方法之一。

转体施工法根据转动方位的不同，可分为平面转体、竖向转体或平竖结合转体。

#### 1. 平面转体施工

平面转体施工就是按照拱桥设计高程先在两岸预制半拱，当结构混凝土达到设计强度后，借助设置于桥台底部的转动设备和动力装置在水平面内将其转动至桥位中线合龙成桥。1977 年，在四川省遂宁县首次采用我国首创的平面转体施工法建成了跨径为 70m 的钢筋混凝土肋拱，之后得到推广应用。

平面转体施工分为有平衡重平面转体施工和无平衡重平面转体施工两种。

1）有平衡重平面转体施工

有平衡重转体是一种在旋转过程中自平衡的转体，通常利用桥台背墙重量及附加平衡压重来平衡半跨拱圈（或拱肋）的自重弯矩，如图 7.2-5（a）所示。由于平衡重过大不经济，也增加转体困难，所以采用该法施工的拱桥跨径不宜过大，一般仅用于跨径 100m 以内的整体转体施工。

有平衡重转体施工系统由转动体系、平衡体系和牵引体系组成。要保证成百上千吨重的拱体结构顺利、稳妥地转到设计位置，关键是依靠设计合理、转动灵活的转体系统。目前，国内使用的转体装置有两种：一种是以四氟乙烯作为滑板的环道平面承重转体，如图 7.2-6（a）所示；另一种是球面转轴支承辅以滚轮的轴心承重转体，如图 7.2-6（b）所示，在实践中都取得了较好的效果。

2）无平衡重平面转体施工

无平衡重转体是把有平衡重转体施工中的拱圈扣索锚固在两岸的岩体锚洞中，半跨拱桥悬臂状态平衡时所产生的水平拉力由锚碇承受；同时，借助拱脚处立柱下端转盘和上端转轴使拱体作平面转动。由于无平衡转体取消了庞大的平衡重，大大减轻了转动体系的重量和圬工数量。锚碇拉力是由尾索预加应力传给引桥桥面板（或平撑、斜撑），以压力的形式储备，如图 7.2-5（b）所示。桥面板的压力随着拱箱转体的角度变化而变化，当转体到位时达到最小。

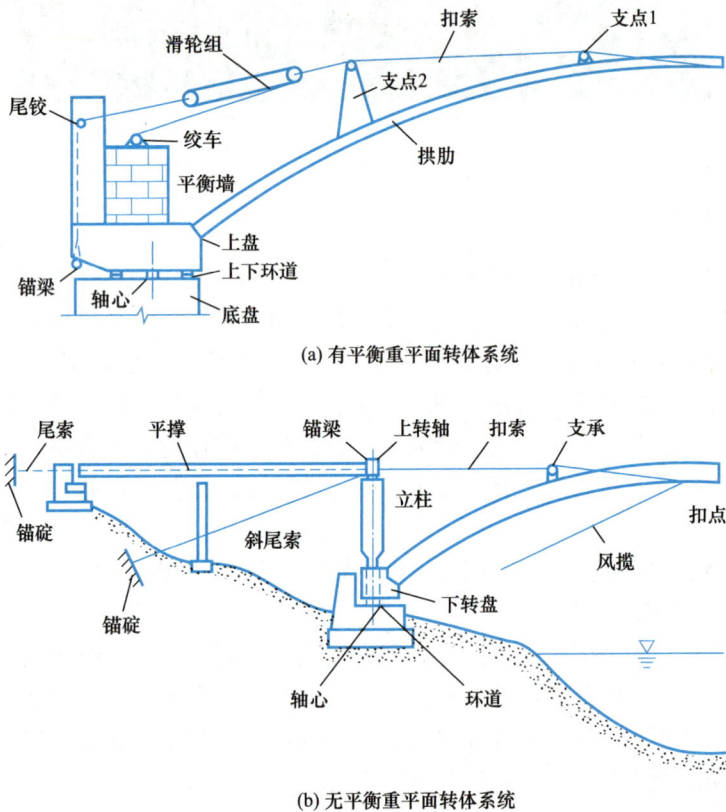

(a) 有平衡重平面转体系统

(b) 无平衡重平面转体系统

图 7.2-5　平面转体施工

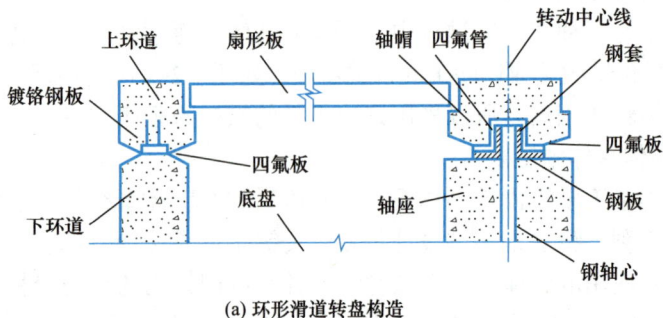

(a) 环形滑道转盘构造

图 7.2-6　平面转体施工转动装置（一）

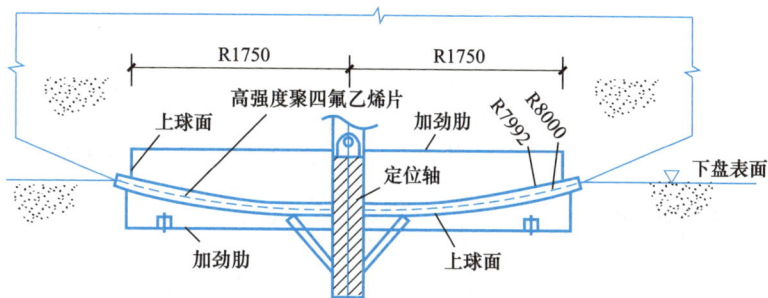

(b) 球铰构造

图 7.2-6　平面转体施工转动装置（二）

### 2. 竖向转体施工

竖向转体施工是在河岸或浅滩上将两个半跨的拱圈（或拱肋）在桥轴竖平面内预制，然后通过在竖平面内绕拱脚旋转使拱圈（肋）达到设计位置合龙成拱。根据河道情况、桥位地形和自然环境等方面等的条件和要求，竖向转体施工有两种方式：一是竖直向上预制半拱，然后向下转动成拱。其特点是施工占地少，预制可采用滑模施工，工期短，造价低；二是在桥面以下俯卧预制半拱，然后向上转动成拱。图 7.2-7 所示是我国三峡对外专用公路上的莲沱特大桥竖向转体施工的情况，该桥为中承式钢管混凝土拱桥，跨径 114m，如图 7.2-8 所示。图 7.2-9 所示为竖转铰的构造。

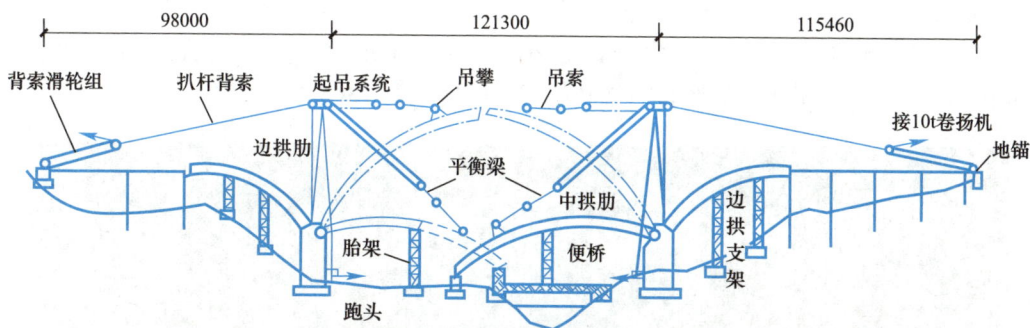

图 7.2-7　竖向转体施工

图 7.2-8　宜宾莲沱特大桥

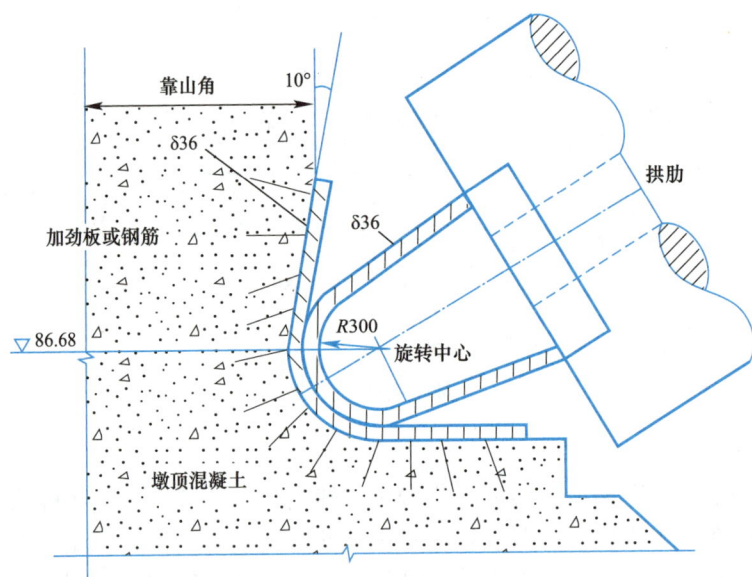

图 7.2-9　竖转铰的构造

### 3. 平竖结合转体施工

由于受到河岸地形条件的限制，既不能采用平面转体，也无法采用竖向转体达到拱圈（肋）的设计位置时，可采用平转与竖转相结合的转体施工法。其基本方法与前述方法类似，但其转轴构造较为复杂。

我国广州的丫髻沙大桥为三跨连续（76m+360m+76m）的钢管混凝土拱桥，如图 7.2-10 所示。采用了先竖转后平转施工，转体重达 13685t。

图 7.2-10　广州丫髻沙大桥

## 7.2.4　悬臂施工法

悬臂施工法（cantilever method）是从拱脚向拱顶处悬臂施工两个半拱，最后在拱顶进行合龙的一种修建混凝土拱桥的施工方法。拱桥悬臂施工法可分为悬臂浇筑法和悬臂桁架法。

### 1. 悬臂浇筑法

悬臂浇筑法是采用特殊的挂篮设备配合扣索系统，分节段悬臂浇筑拱圈直至合龙。该方法在无预制场地，不能布设缆索吊机的条件下特别适用，如图 7.2-11 所示。2007年，我国首次利用挂篮悬臂浇筑法建了主跨 150m 的西昌 - 攀枝花高速公路上的白沙沟大桥。悬臂浇筑法主要施工工序包括：

1）在两岸分别设置扣锚系统，包括扣塔、锚碇，扣索等。

2）在两岸拱脚处搭设支架，浇筑第 1 段拱圈。

3）安装第 1 对扣索，分别在第 1 段拱圈上拼装挂篮。

4）安装钢筋、模板，悬浇拱圈。

5）安装第 2 对扣索，移动挂篮就位。

6）安装钢筋、模板，悬浇拱圈，如此循环完成全部悬浇块件。

7）安装劲性骨架，完成拱圈结构合龙；采用吊架浇筑合龙段混凝土。

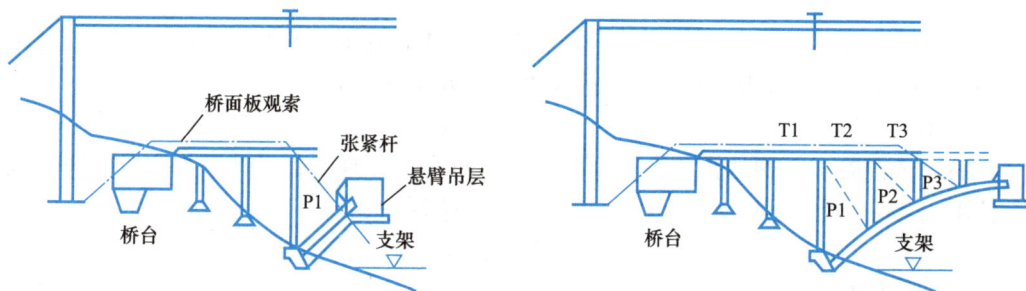

图 7.2-11　悬臂桁架法浇筑

### 2. 悬臂桁架法

该方法适用于桁架拱桥。悬臂桁架法是在悬臂拼装之前，事先将拱片（圈）沿桥跨划分为若干奇数预制段，拱圈的各个组成部分（侧板、上下底板等）也可分别预制。对非桁架式整体桥，应将拱肋（侧板）、立柱通过临时斜压板（或斜拉杆）和上弦拉杆组成桁架拱片。再用横梁和临时风钩将两个桁架拱片组装成空间框架。每段框架整体运输至桥孔，由拱脚向跨中逐段悬臂拼装至合龙，如图 7.2-12 所示。也可以将拱圈的各个组成部分先悬拼组成拱圈，然后利用立柱与临时斜杆和上拉杆组成桁架体系，逐节拼装，直至合龙。

悬臂桁架拼装法，由于拱肋是组成框构后整体吊装，刚度大，稳定性好，施工安全，所需吊装设备少；其缺点是构件预制、拼装工序较多，框构整体运输较为困难。

1980 年建成的南斯拉夫克尔克桥（KRK）（主跨 390m，箱形拱），是采用悬臂拼装方法建成的目前世界上最大跨径的混凝土拱桥。我国于 1995 年建成通车的贵州江界河桥，是当前世界上跨径最大的混凝土桁架拱桥（330m），也采用了悬臂桁架拼装法施工。

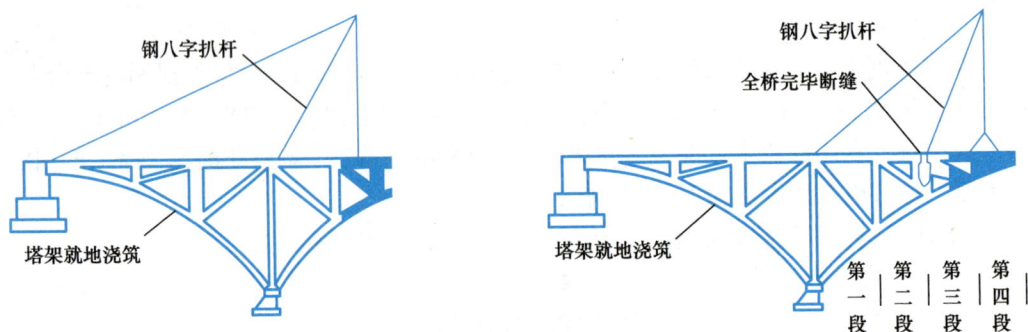

图 7.2-12　悬臂桁架法拼装

# 习　题

一、单项选择题

1. 当跨径在（　　）m 以上时，为了避免因拱架不均匀下沉而导致先浇筑的混凝土开裂，同时减小混凝土的收缩，一般应沿拱跨方向分段浇筑。

A. 10　　　　　　　　B. 15　　　　　　　　C. 16　　　　　　　　D. 20

2. 现浇混凝土拱圈的拱架，其拆除期限应符合设计规定；设计未规定时，应在拱圈混凝土达到设计强度的（　　）％后，方可卸落拆除。

A. 70　　　　　　　　B. 75　　　　　　　　C. 80　　　　　　　　D. 85

二、判断题

1. 转体施工法根据转动方位的不同，可分为平面转体、竖向转体或平竖结合转体。

（　　）

2. 拱肋宜采用立式方法预制，且宜先在样台上放出拱肋大样，然后制作样板。

（　　）

三、简答题

1. 拱桥有支架施工时，主拱圈的浇筑方法有哪些？各有哪些要求？

2. 缆索吊装设备主要由哪几部分组成？主要机具设备有哪些？

3. 简述拱桥施工加载程序设计时应遵循的原则。

4. 转体施工主要适用于哪些桥梁施工？有哪些转体方法？

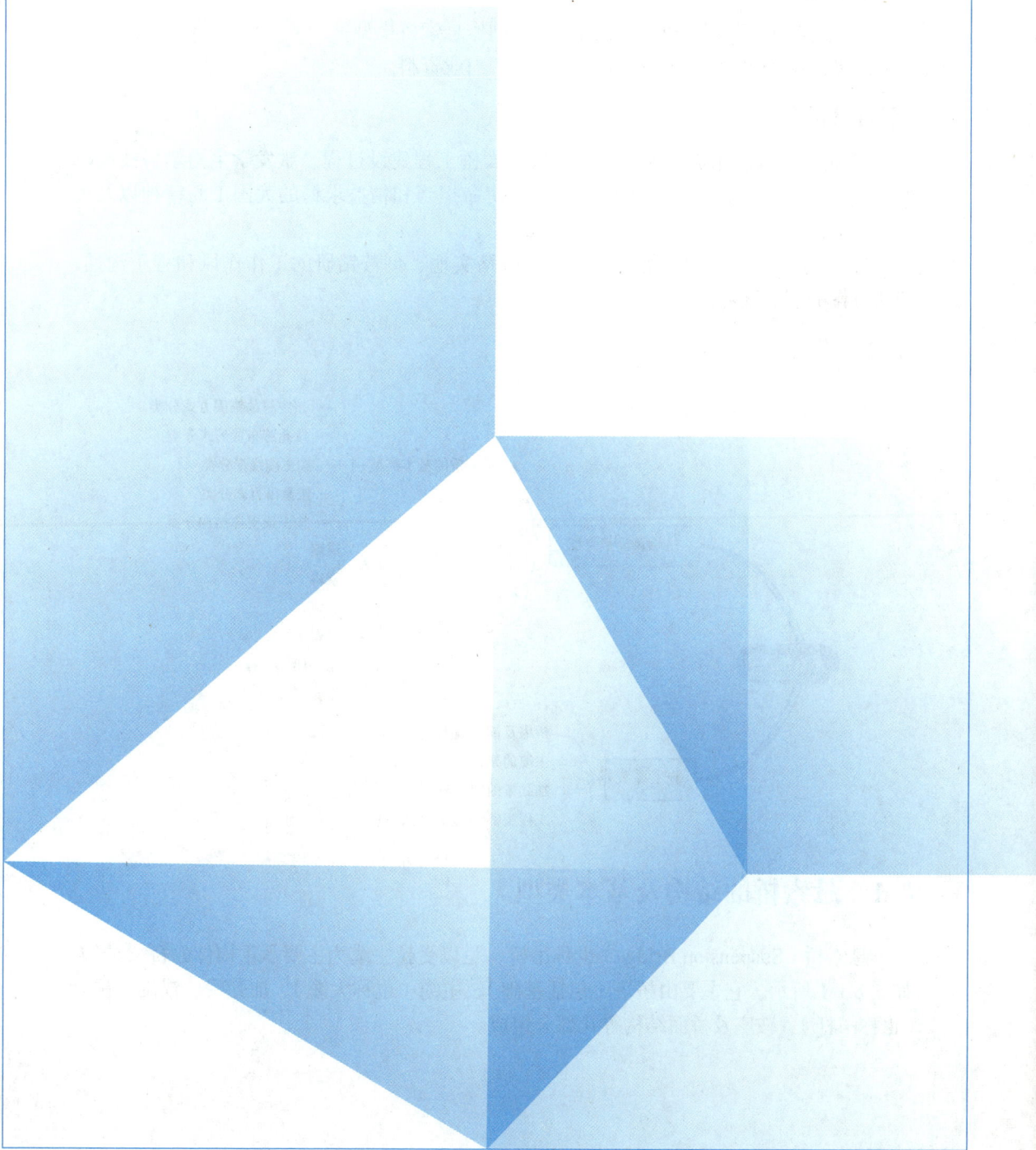

# 教学单元 8

## 悬索桥施工

**【知识目标】**

1. 了解悬索桥的结构及基本类型；

2. 了解悬索桥主缆的架设，熟悉桥塔及锚碇的施工，掌握加劲梁的制造及架设施工。

**【能力目标】**

1. 能够正确识读悬索桥施工图，动手制作悬索桥模型；

2. 能够依据现行规范，编写悬索桥施工内业资料。

**【素质目标】**

1. 通过讲解广东虎门大桥、润扬长江大桥工程建设过程，激发学生勇攀科技高峰的责任感和使命感，培养学生科技报国的使命担当和精益求精的大国工匠精神以及民族自豪感；

2. 通过工程案例的讲解，培养学生脚踏实地、刻苦钻研的工作作风和善于沟通、团队协作的职业素养。

**【思维导图】**

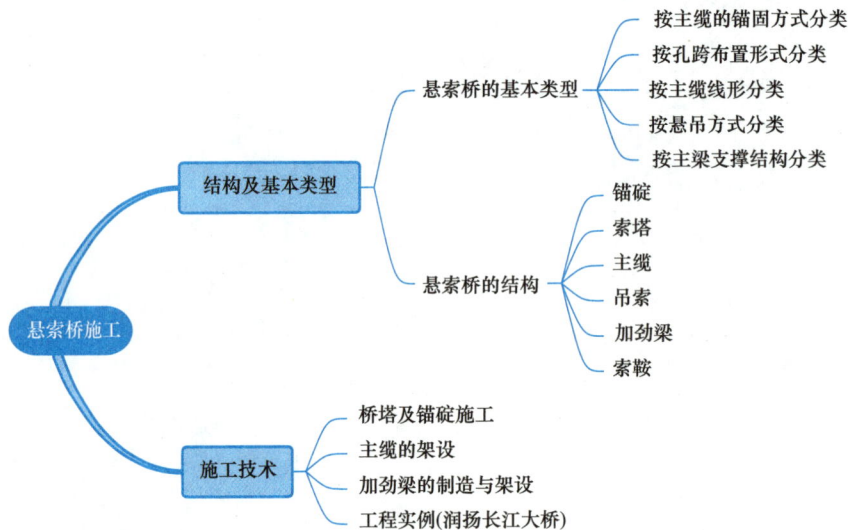

## 8.1 悬索桥的结构及基本类型

悬索桥（Suspension Bridge）也称吊桥，是以受拉主缆为主要承重构件的桥梁结构，如图 8.1-1 所示。它主要由桥塔（包括基础）、主缆（也称大缆）、加劲梁、锚碇、吊索（也称吊杆）、鞍座及桥面结构等几部分组成。

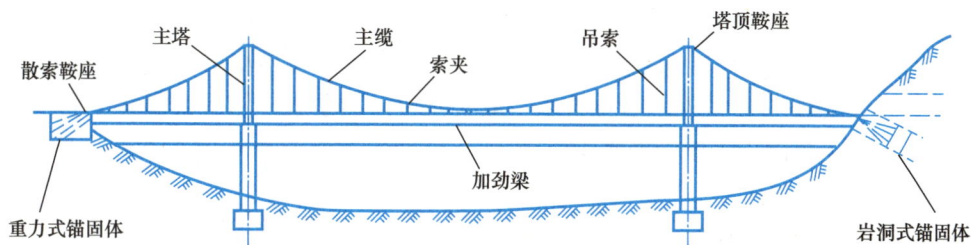

图 8.1-1　悬索桥构造图

由于悬索桥是以高强钢丝作为主要承拉结构，所以具有跨越能力大、受力合理、能最大限度发挥材料强度、造价经济等优点，另外，悬索桥还具有整体造型流畅美观和施工安全快捷等优势。在桥梁设计时，当所需要的跨度超过 600m 时，悬索桥总是备受推崇的最理想的桥型。

现代悬索桥的发展迄今出现过四次高峰。1883 年美国建成的布鲁克林桥（主跨 486m）是世界首座跨度较大的现代悬索桥。20 世纪 30 年代，美国又相继建成了包括乔治华盛顿桥（主跨 1067m）和旧金山金门大桥（主跨 1280m）在内的一大批悬索桥，并使悬索桥的跨度超过了千米，形成悬索桥的第一次发展高峰。但由于 1940 年美国 Tacoma 老桥的风毁事故，致使大跨度悬索桥的建设停顿了约有 10 年之久。直到 20 世纪 50 年代，抗风设计引入了风洞试验才使得悬索桥的发展得以复苏。并分别在 20 世纪 60 年代和 80 年代进入了第二和第三次高峰。期间建成的著名悬索桥有 20 世纪 60 年代美国建成的维拉扎诺桥（Verrazana-Narrows），20 世纪 80 年代英国建成的亨伯桥（主跨 1410m）。进入 20 世纪 90 年代以后，包括中国在内，悬索桥在全球范围内又出现了新的建设高峰，即第四次高峰。丹麦建成的大贝尔特东桥（主跨 1624m）、瑞典建成的滨海高大桥（主跨 1210m）、日本建成的南备赞濑户大桥（主跨 1100m，公铁两用）、中国建成了香港青马大桥（主跨 1377m）、江阴长江大桥（主跨 1385m）及润扬长江大桥（主跨 1490m）。日本于 1998 年建成了世界最大跨度的明石海峡大桥（主跨 1991m），使跨径达到近 2000m，这是悬索桥建设的又一个重大突破。

## 8.1.1　悬索桥的基本类型

### 1. 按主缆的锚固方式分类

按主缆的锚固方式，悬索桥可分为地锚式悬索桥和自锚式悬索桥两大类。

1）地锚式悬索桥

大多数的悬索桥，尤其是较大跨度的悬索桥，一般都采用地锚的方式锚固主缆，即主缆的拉力由桥梁端部的重力式锚碇或隧道式锚碇传递给地基，如图 8.1-2 所示。这就要求在锚碇处地基具有较大的承载力，最好有良好的岩层作为地基的持力层。

2）自锚式悬索桥

较小跨径的悬索桥也可以采用自锚的形式锚固主缆，将主缆直接锚固在加劲梁的两端，如图 8.1-3 所示。此时，不需要设置专门的锚碇，主缆的拉力直接传递给加劲梁。自锚式悬索桥主缆拉力的垂直分力（一般较小）可以抵消边跨端支点的部分反力，从而减小加劲梁底下的端支点反力；但是水平分力使加劲梁承受巨大的轴向压力，要求具有较大的截面。所以自锚式悬索桥的跨度不宜过大，在中小跨径下采用混凝土主梁具有一定的竞争力。另外，这种桥型一般必先建设加劲梁，然后再安装主缆，实践中因施工困难、风险大等原因而极少采用。

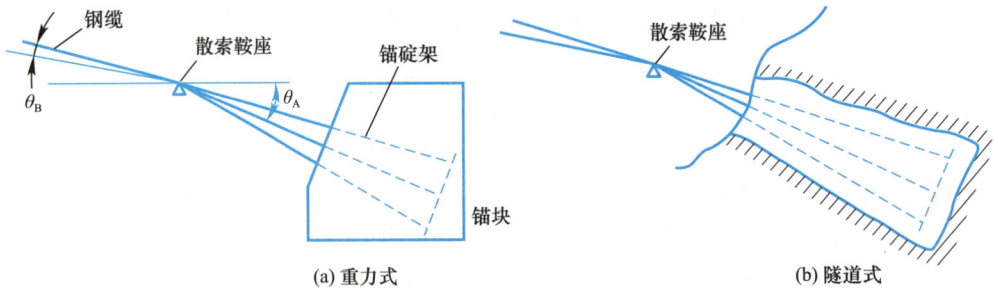

图 8.1-2　锚碇形式

图 8.1-3　自锚式悬索桥

自锚式悬索桥的优点是不需要强大的锚碇，适宜用于两岸地基承载力较低，特别是软土地区的桥位，在桥位处无法布置庞大的主缆锚碇建筑物的情况，或者市区跨河跨线桥梁为避免影响周围的景观或无法布置庞大的主缆锚碇时使用。

**2. 按孔跨布置形式分类**

对于地锚式悬索桥，以悬吊的孔跨数分类，可分为单跨悬索桥、两跨悬索桥、三跨悬索桥、多塔多跨悬索桥等，如图 8.1-4 所示。

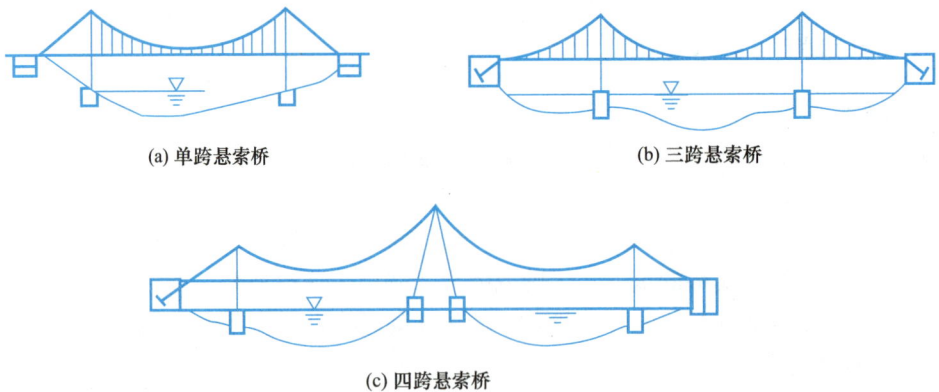

图 8.1-4　悬吊跨数不同的悬索桥（一）

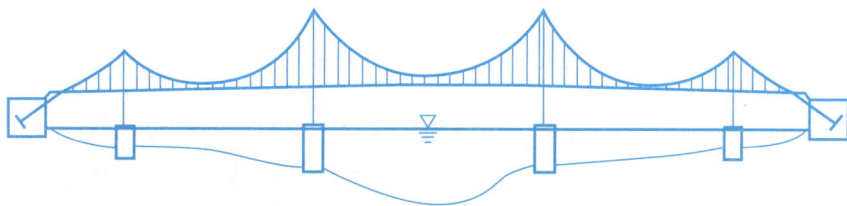

**(d) 五跨悬索桥**

图 8.1-4　悬吊跨数不同的悬索桥（二）

1）单跨悬索桥

单跨悬索桥常常是由于地形条件或线路平面条件来决定的，它适合于边跨地面较高，采用桥墩来支撑边跨的梁体结构比较经济，或者是由于道路的平面曲线已进入边跨时采用。在结构的受力特性方面，单跨悬索桥由于边跨主缆的垂度较小，主缆长度相对较短，对中跨荷载变形控制更为有利，但在架设时主塔顶部鞍座需要设置较大的偏移量。

相比同跨径的三跨钢结构加劲梁桥面悬索桥，该形式悬索桥主梁总长度短，工程造价低，我国大跨度悬索桥中采用单跨悬索桥形式较为普遍。我国的润扬长江公路大桥（主跨 1490m）采用单跨悬索桥形式，在该类桥梁中，居于世界第一，如图 8.1-5 所示。

图 8.1-5　润扬长江大桥

2）两跨悬索桥

当只有一岸的边跨地面较高或线路有平面曲线进入时，可以采用两跨悬索桥的形式，即一个边跨与主跨的加劲梁用吊索悬吊，另一边跨的梁体则由桥墩支承。采用这种形式的最大跨度悬索桥为我国的舟山西堠门大桥，主跨 1650m，如图 8.1-6 所示；其次是我国的香港青马大桥，主跨 1377m，如图 8.1-7 所示。

3）三跨悬索桥

三跨悬索桥结构受力特性较为合理，其流畅、对称的建筑造型也更能迎合人们的审美观点。该形式在国外悬索桥工程应用较多。

日本来岛海峡大桥分别采用了以上3种悬吊跨数的布置形式，即来岛一桥的三跨悬索桥，来岛二桥的两跨悬索桥以及来岛三桥的单跨悬索桥，如图8.1-8所示。

图8.1-6　舟山西堠门大桥

图8.1-7　香港青马大桥

图8.1-8　日本来岛海峡大桥

4）多塔多跨悬索桥

四跨以上包括四跨的悬索桥统称为多跨悬索桥或多塔（三塔以上，包括三塔）悬索桥，这种桥型常因中间桥塔与两边桥塔的塔高不同导致主缆的垂度偏大，使悬索桥的整体刚度减小，固有振动频率较低、在外荷载作用下，塔顶将向水平分力大的一侧产生较大的变位，加劲梁上也将产生较大的挠曲变形和弯矩。为了提高悬索桥的整体刚度，通常可以采用两种方法：一是加大中间桥塔的刚度，将柔性桥塔改为刚性桥塔；二是适当减小主缆的垂跨比。

近年来，我国开始了多塔悬索桥建设，多塔悬索桥是我国悬索桥桥梁结构方面的最新创新成果，该桥型具有更大的跨越能力和降低工程造价的特点。我国修建的泰州长江公路大桥和马鞍山长江公路大桥，均采用了三塔两跨结构布置，两桥主跨相同，均为1080m，同为世界最大跨径的三塔悬索桥。武汉鹦鹉洲长江大桥为三塔四跨悬吊结构的悬索桥，如图8.1-9所示。

图8.1-9　武汉鹦鹉洲长江大桥

### 3. 按主缆线形分类

按主缆线形，分为双链式悬索桥和单链式悬索桥。

1）双链式悬索桥

双链式悬索桥是在一个吊杆平面内设有两根主缆的悬索桥，两根主缆具有不同的线形。其主缆线形有两种形式：一种为两根主缆分为上下链，在全跨范围内均匀布置有吊索吊挂加劲梁。我国重庆嘉陵江朝阳大桥即采用这种形式，如图8.1-10所示。另一种布置方法是只在左右两个半跨范围的下链部分布置有吊索吊挂加劲梁桥面，也就是每链只吊挂半跨加劲梁。法国巴黎的安格利斯桥（Pont de Anglais）就是采用这种布置形式。

2）单链式悬索桥

单链式悬索桥是指一个吊索平面内仅设单一线形的悬索主缆。整个悬索桥一般通常为两根平行主缆，有少量的悬索桥采用单缆、多缆。例如，日本的北港大桥、国内南昌洪都大桥采用单根主缆，美国的乔治华盛顿大桥采用4根主缆。无论采用单缆、双缆还是多缆，主缆线形为单一线形，均属于单链式悬索桥，是目前建造悬索桥的主要结构形式，现代大跨径悬索桥均采用单链式结构。

图 8.1-10　重庆嘉陵江朝阳大桥

#### 4. 按悬吊方式分类

按悬吊方式，悬索桥可分为竖直吊索悬索桥、三角斜吊索悬索桥、竖直和斜吊索混合式悬索桥、悬吊—斜拉组合体系悬索桥。

1）竖直吊索悬索桥

该类型的悬索桥在我国、美国和日本应用较多。

2）三角斜吊索悬索桥

该类型悬索桥欧洲应用较多。斜吊索与竖直吊索相比，斜吊索可与主缆、加劲梁形成类似于空间桁架的作用，提高全桥刚度及结构阻尼值。然而，斜吊索在活载作用下，吊索索力变化幅度较大，所以存在严重的疲劳问题。另外，斜吊索对吊索制作长度误差及索夹安装误差等也较为敏感。

3）悬吊—斜拉组合体系悬索桥

悬吊—斜拉组合体系悬索桥，除了有一般悬索桥的缆索体系外，还设有若干加强用的斜拉索，斜拉索设置区域与吊索可单独分开，也可重合共同承担桥面荷载。我国遵义乌江大桥便采用了两者分开的布置形式。此外，还可在索塔位置设置悬臂长杆，再在悬臂杆上下方分别设斜拉索和垂直吊索体系，用以提高桥梁跨越能力和改善结构受力。

#### 5. 按主梁支撑结构分类

如果按加劲梁的支撑结构分类，悬索桥又可分为单跨两铰悬索桥、三跨两铰悬索桥及三跨连续悬索桥等。三跨两铰悬索桥和三跨连续悬索桥之间的区别就是加劲梁在塔梁交接处支撑形式的不同，即加劲梁在塔梁交接处是否连续。三跨两铰悬索桥在钢桁梁悬索桥中较为常见，在索塔位置处设置伸缩缝，加劲梁的每跨支承都为两铰结构。国内厦门海沧大桥和南京长江四桥均为三跨连续体系结构。

### 6. 其他分类方式

按照常用的加劲梁类型，悬索桥可分为钢箱梁悬索桥、钢桁梁悬索桥和预应力混凝土加劲梁悬索桥。其中，前两种加劲梁常用于大跨径悬索桥，混凝土加劲梁悬索桥常用于中小跨径的悬索桥，通常跨径小于500m。此外，还有多种分类方式，比如按索塔材料分类，可分为混凝土索塔悬索桥和钢塔悬索桥等。

## 8.1.2　悬索桥的结构

悬索桥与其他类型的桥梁相比，具有明显的跨度优势和景观美学价值。悬索桥由锚碇、索塔、缆索系统、加劲梁及附属设施等组成。

### 1. 锚碇

锚碇（anchor）即主缆的锚固体，用于固定住主缆的端头，防止其走动，它是地锚式悬索桥将主缆中的拉力传递给地基的重要结构物。锚碇按承载类型，通常可分为重力式锚碇（或锚台）、隧道式锚碇和岩锚三种。

重力式锚碇依靠其自身的巨大自重来抵抗主缆的垂直分力，水平分力则由锚碇与地基之间（包括侧壁）的摩阻力或嵌固阻力来抵抗，从而实现对主缆的锚固。锚碇中预埋有锚碇架，它由刚锚杆和支撑架构成，主缆束股是通过锚头与锚杆连接，再由锚杆通过支撑架分散至整个混凝土锚体。设置在承载力比较好的地基上的重力式锚碇，一般采用明挖的扩大基础。当锚碇设置在软土层中时，可以采用大型沉井或地下连续墙的形式。如江阴大桥北锚碇采用了大型沉井，而日本明石海峡大桥采用了地下连续墙。

隧道式锚碇则是先在两岸天然完整坚固的岩体中开凿隧道，将锚碇架置于其中后，用混凝土浇筑而成，从而将主缆中的拉力直接传递给周围的基岩。隧道锚可以将主缆集中在一个岩洞内锚固，也可以开凿多个岩眼，将主缆分成多股穿过岩体在锚固室内锚固。这是利用岩体强度对混凝土锚体形成嵌固作用，达到锚固主缆的目的，因而其锚碇混凝土用量较重力式锚碇大为节省，经济性能更为显著。但迄今为止，大部分悬索桥都由于缺乏坚固的山体岩壁可利用，而一般采用重力式锚碇。

岩锚则是充分利用锚碇桥位处的岩层，通过锚固钢绞线或锚杆直接锚固于岩体，将荷载传递至岩层深处。

岩锚与隧道锚的主要区别在于：隧道锚是将主缆索股通过锚固系统集中在一个隧洞内锚固，隧洞内浇筑混凝土形成锚塞体；而岩锚则将锚固系统的预应力筋分散设置在单个岩孔中锚固，不需要浇筑混凝土锚塞体，高质量的岩体代替了锚塞体，从而节省了大量的混凝土锚体材料。

无论是重力式锚或隧道式锚，主缆在进入锚固体之前必须先经过散索鞍座或喇叭型散索套，将原来捆紧的主缆截面散开，变成以一股一股的钢丝索股为单元，逐股分开锚固。因此，主缆在散索后所需锚固空间的大小与 AS 法和 PPWS 法有关，前者较小，后者较大。

### 2. 索塔

索塔（pylon）也称主塔，它是支承主缆的主要构件，分担主缆所受的竖向荷载，并传递到下部的塔墩和基础。另外，在风荷载和地震的作用下，桥塔还可对全桥的总体稳定提供安全保障。

按桥塔采用的材料分，有混凝土桥塔、钢桥塔及钢 - 混凝土组合桥塔。在早期由于高耸结构物混凝土浇筑技术的限制，较大跨径悬索桥的桥塔几乎全部采用钢结构。自20 世纪 60 年代以后，由于混凝土质量提高，施工方法得到改进，且价格较低，各国逐渐转向采用混凝土桥塔。当前，除日本由于本国国情（钢产量大，地震频繁）而多采用钢桥塔外，一般都采用混凝土桥塔。

按桥塔的外形分，在横桥向一般有桁架式、刚构式和混合式三种结构形式，如图 8.1-11 所示。刚构式简洁明快，可用于钢桥塔或混凝土桥塔，桁架式和混合式由于交叉斜杆的施工对混凝土桥墩有较大困难，一般只能适用于钢桥塔。另外，也有极个别的小跨径悬索桥采用了其他外形的桥塔，如日本的此花大桥采用倒 V 形的钢桥塔，韩国的永宗大桥采用菱形的钢桥塔。

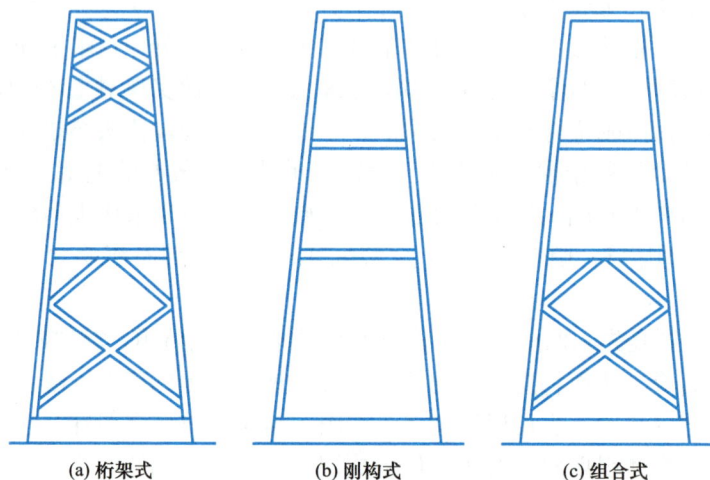

(a) 桁架式　　　　　　　　(b) 刚构式　　　　　　　　(c) 组合式

图 8.1-11　桥塔横桥向结构形式

在顺桥向，按力学性质可分刚性塔、柔性塔和摇柱塔三种结构形式。刚性塔可做成单柱形或 A 字形，一般多用于多塔悬索桥中，可提高结构纵向刚度，减小纵向变位，从而减小梁内应力；柔性塔允许塔顶有较大的变位，是现代大跨度悬索桥中最常用的桥塔结构，一般为塔柱下端做成固结的单柱形式；摇柱塔为下端做成铰接的单柱形式，一般只用于跨度较小的悬索桥。

### 3. 主缆

主缆（main cable）也称为"大缆"，它通过塔顶的鞍座悬挂于主塔上并锚固于两端锚固体中，是悬索桥的主要承重结构。主缆除了承受通过索夹及吊索传来的桥面活载和加劲梁（包括桥面）的恒载之外，还要分担一部分横向风荷载，并将它直接传递到索塔顶部，是全桥结构受力的生命线。

悬索桥主缆的布置形式一般采用每桥两根，平行布置于加劲梁两侧吊点之上的形式。迄今为止，只有美国的维拉扎诺桥和乔治华盛顿桥采用了 4 根平行主缆的形式，桥的左右两侧各集中布置了两根主缆。而日本的此花大桥则是极为少见的单索悬索桥。

现代大跨度悬索桥多采用平行钢丝主缆，它是由平行的高强、冷拔、镀锌钢丝组成。钢丝直径大都在 5mm 左右。视缆力大小，每根主缆可以包含几千乃至几万根钢丝。为便于施工安装和锚固，主缆通常被分成索股编制架设（一般每根主缆可分成几十至几百股，每股内的丝数大致相等），并在两端锚碇处分别锚固。为了保护钢丝，并使主缆的形状明确，主缆的其余区段则挤紧成规则的圆形，然后缠以软质钢丝捆扎并进行外部涂装防腐。

对一座具体的桥梁而言，如果钢丝直径已经选定（一般为 5mm），主缆所含钢丝总数 $n$ 就是确定的。但组成具有 $n$ 根钢丝的主缆应编制成多少股钢束 $n_1$，和每股钢索含多少根钢丝 $n_2$，则与主缆的编制方法有关。钢丝束股的组成方法有两种：一是空中纺线法（Air Spinning），简称 AS 法；另一种是预制平行钢丝索股法，简称 PPWS 法（Prefabricated Parallel Wire Strands）。

AS 法通过编丝轮每次将两根钢丝牵引就位，达到一定数量后，编制成索。其每缆所含总股数 $n_1$ 较少（约 30～90 股），而每股所含丝数 $n_2$ 多达 300～500 根。因此，其单股锚固吨位大，锚固空间较小，运输起吊设备也比较轻便。但 AS 法施工所需时间较长，架设时主缆的抗风能力较弱，AS 法在欧美采用较多。

PPWS 法的预制平行钢丝束股通常按正六边形排列定型，这样主缆的空隙率可以最小。所以，每股钢丝束的钢丝数 $n_2$ 一般为 61、91、127、169 等，如图 8.1-12 所示。PPWS 法每缆总股数 $n_1$ 多达 100～300 股，需要的锚固空间相对较大。由于采用工厂预制，避免了现场由钢丝编成钢丝束股的作业，从而加快了主缆的施工进度，受气候因素的影响也较小。但它要求有大吨位的起重运输设备。PPWS 法起源于美国的新港桥，但大量地采用与发展则归功于日本，日本明石海峡大桥即采用 127 丝 PPWS 法。我国工程师也倾向于 PPWS 法，目前在大跨径悬索桥施工中经常采用该法。

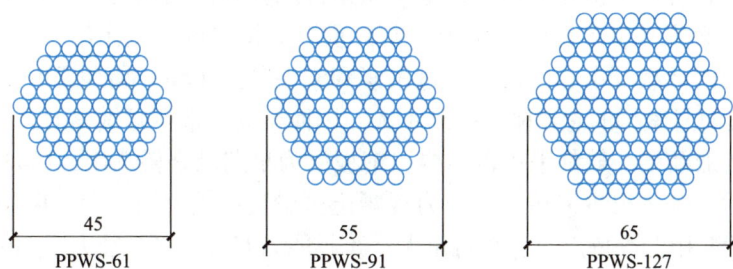

图 8.1-12　预制束股截面形式

### 4. 吊索

吊索（hanger）有时也称为"吊杆"，它是将活载和加劲梁（包括桥面）的恒载等竖向荷载通过索夹（cable band）传递到主缆的受力构件。其下端通过锚头与加劲梁两侧的吊点连接，上端通过索夹与主缆连接。现代悬索桥一般采用柔性较大且易于操作的钢丝绳索或平行钢丝索作为吊索。吊索表面涂装油漆或包裹 HDPE（高密度聚乙烯）护套防腐。

立面布置上，传统的悬索桥吊索都是竖直的，斜向吊索是英国式悬索桥的一大特点。斜吊索和竖直吊索相比，索力较大，因此可以提高振动能量的衰减率，从而提高悬索桥整体振动时的结构阻尼值。但是首座采用斜吊索的英国赛文桥在开通不到十年即出现问题，使得斜吊索的使用受到很大的质疑。多数人认为斜吊索在抗疲劳强度方面不如竖直吊索。

吊索与索夹的连接一般可分为四股骑跨式和双股销铰式两种方式，如图 8.1-13 所示。四股骑跨式的吊索实际上是用两根两端带锚头的钢丝绳绕跨在索夹顶部的嵌索槽中并用四个锚头在下端与加劲梁体连接。双股销铰式的吊索则是用两根下端带锚头，上端连接套筒的钢丝绳索或平行钢丝索，上端用销铰与索夹下的耳板连接，下端用锚头或同样用销铰与加劲梁连接。前者不宜采用平行钢丝索，后者对钢丝绳索与平行钢丝索都能适应。

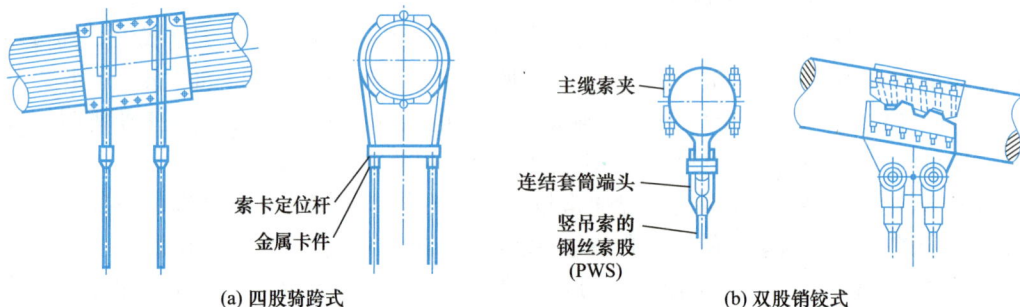

(a) 四股骑跨式     (b) 双股销铰式

图 8.1-13　吊索与索夹的连接方式

### 5. 加劲梁

加劲梁（stiffening girder）的主要功能是提供桥面及防止桥面发生过大的挠曲变形和扭曲变形，它直接承担竖向活载，也是悬索桥承受风荷载和其他横向水平荷载的主要构件，所以必须具有足够的抗扭刚度或自重以保持在风荷载作用下的气动稳定性。加劲梁所承担的活载及本身的恒载通过吊索和索夹传至主缆。加劲梁的变形从属于主缆，它的刚度对悬索桥的总体刚度贡献不大，因而梁高通常不必做得太大。

悬索桥的加劲梁一般都采用钢结构，钢板梁为早期悬索桥选用，1940 年美国塔科马桥风毁以后，基本很少采用。预应力混凝土箱梁具有重力刚度大、风稳性能好、节省钢材、工程费用低等特点，但其自重大，跨越能力有限，当跨径大于 200m 的时候就不再采用。钢加劲梁的截面形式主要有钢桁梁和钢箱梁两种类型。这两类加劲梁各有优点，钢桁梁透风性能好，运输条件好，竖向刚度大，可适应双层交通，在美国和日本应用广泛。扁平流线型钢箱梁抗风性能好，耗材量少，轻柔美观，在单层桥面体系中应用广泛，同时也是我国使用最多的加劲梁类型。

设置于加劲梁上部的桥面板，早期一般采用钢筋混凝土板，但由于其自重较大，且易受冬季除冰盐害，过早发生老化与腐蚀。随着钢结构焊接技术与材料的发展，钢筋混凝土桥面板已逐渐被正交异性钢桥面板所取代。

#### 6. 索鞍

悬索桥的索鞍（saddle support）也称鞍座，是为主缆提供支撑并使其线形平顺、改变方向的永久性受力构件。分为塔顶索鞍（亦称主鞍座）和散索索鞍。

塔顶鞍座位于主缆和塔顶之间，用以支承主缆，并将主缆所受到的拉力以垂直力和不平衡水平力的方式均匀地传给主塔，并让主缆在这里有一转折角。主鞍座主要由鞍槽、腹板底板及横向加劲肋板等部分组成，如图 8.1-14 所示。鞍槽的纵向圆弧半径一般不小于主缆直径的 8~12 倍。半径越大，主缆钢丝的二次应力越小，但加工越困难。由于主缆在桥塔两侧的倾斜度一般是不同的，所以鞍槽应按实际情况采用多个半径组合的非对称纵向圆弧外形。

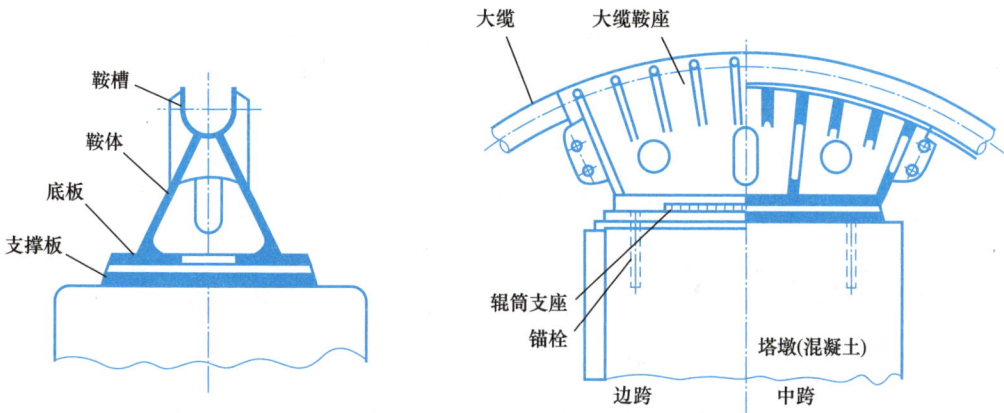

图 8.1-14　塔顶鞍座

刚性桥塔上的主鞍座，一般在上座下面设一排辊轴，用来调整施工中主缆在塔顶两侧的水平分力使之接近平衡。柔性塔和摇柱塔上的主鞍座仅设上座，它将通过螺栓与塔固定。对现代大跨度悬索桥而言，由于塔身较高，凭塔身的弹性弯曲就能满足鞍座处平衡所需的纵向位移。所以为避免镀锌钢丝因滑动而磨耗，主缆、鞍座和塔顶之间不应发生相对滑动。

塔顶鞍座有三种制造方法，在早期常采用全铸的方法制造，其缺点是加工困难。目前，多倾向于兼用铸焊的方法来制造，这种鞍座的上部鞍槽采用铸件，下部则用厚板焊接的三角箱形结构。另外，英国的塞文桥对其塔顶鞍座全部采用焊接钢结构来制造，但因结果不太理想，这种制造方法至今尚未得到推广。

散索鞍座是主缆进入锚碇之前的最后一个支承构件，置于锚碇的前墙处，起着支承转向和分散大缆束股使其便于锚固的作用，如图 8.1-15 所示。与塔顶主鞍座不同的是，散索鞍座在主缆因活载作用或温度变化而产生长度变化时，其本身能够随主缆同步移动，以调节主缆的长度变化。其结构形式上又有摇柱式和滑移式两种基本类型。散索鞍座现今一般也是兼用铸焊的方法进行制造，即鞍槽部分采用铸钢件，其他部分用厚钢板焊接。

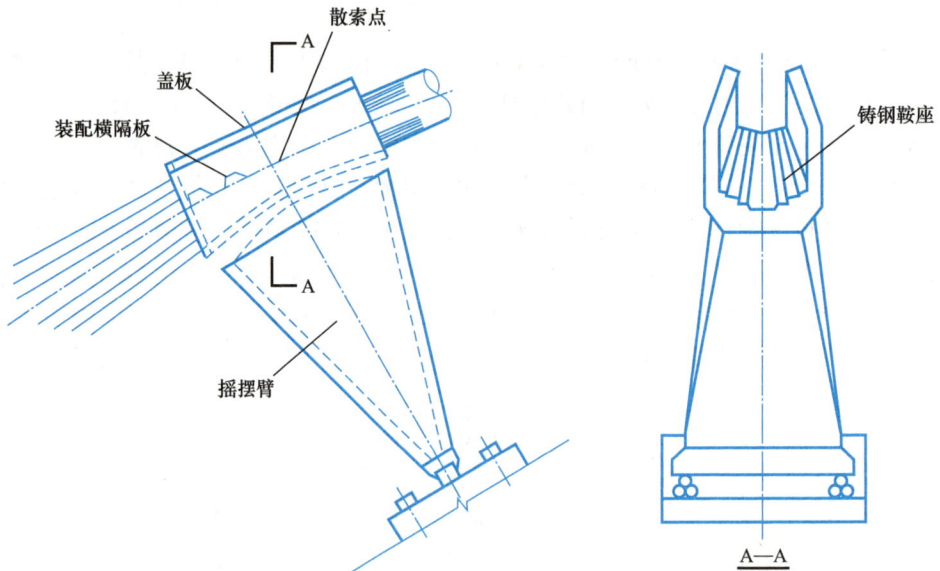

图 8.1-15　散索鞍座构造示意图

# 8.2　悬索桥施工技术

## 8.2.1　悬索桥施工技术简介

悬索桥的基础施工与其他桥梁没有区别，悬索桥的施工通常是指其不同于其他桥梁的桥塔及锚碇施工、猫道架设、索夹及吊索安装、加劲梁吊装架设等。

国内通常将悬索桥施工分为下部结构和上部结构施工两大部分，下部结构施工包括塔、锚、过渡墩及其基础等，按照结构形式、工程规模、地形条件等可划分为一个或多个标段；上部结构施工主要是指缆索系统、加劲梁系统及其附属构造等内容的安装施工，常可划分为一个或两个标段，以及若干个钢构件加工标段。

### 1.　桥塔及锚碇施工

1）塔柱施工：钢桥塔一般采用预制吊装的施工方法。先用钢板预制连接成格子形截面的节段，节段在现场吊装拼接成塔柱。钢塔节段在工厂焊接制造，然后运输到工地架设并用高强螺杆连接。钢塔柱一般支承在一块与桥墩混凝土栓接的厚钢板上，通过厚钢板把塔柱压力均匀传递到桥墩中去。也可以在桥墩混凝土中埋锚固构架，用高强度螺栓将塔柱锚固在构架上，通过构架将压力均匀传递到混凝土中。混凝土塔柱的施工与斜拉桥塔柱的施工相同，一般以就地浇筑为主，采用滑模、爬模等技术连续浇筑。

2）锚碇施工：锚碇一般是大体积混凝土结构，可根据施工单位的能力和温度控制的可行方案对锚块进行平面分层和竖向分层。施工时按照一定的施工计划分期进行浇筑和养护。

### 2.　主缆的架设

悬索桥整个主缆自重大，必须逐丝或逐股安装到位，然后在现场编制成缆。缆索的施工大致分为如下步骤。

1）准备工作：在架设缆索之前，需要做的准备工作包括：安装塔顶吊机，安装塔顶主鞍座、支架锚碇附近的散索鞍座以及安装包括各种绞车和转向设备等的驱动装置。

2）架设导索：导索是缆索工程中最先拉过江河（或海湾）的钢丝绳索，也是缆索工程的第一道难关。导索从一端锚碇上引出，越过塔顶后，用拖轮拽到对岸，再越过对岸塔顶锚固在锚碇上。导索的架设一般可选用以下方法：水下牵引法、水面浮运法、空中牵引法（包括：浮吊牵引法、拖船牵引法、直升机牵引法、飞艇牵引法、火箭抛送法）。通常，悬索塔两侧的两根导线可采用同法架设。但当架设作业特别困难时，也可以只架设一根导索，而另一根可通过架设好的导索悬吊过海，再横移就位。

3）架设牵引索：牵引索是布置在两岸之间的一根环状无端头的钢丝绳索，可通过两岸的驱动装置来使牵引索走动，从而一来一往地牵拉其他需要架设的钢索和钢丝。

4）架设猫道：猫道是悬索桥施工中在空中架设的工作通道，它是主缆编制和架设必不可少的临时设施。每座悬架桥的施工一般设有两个猫道，分别沿两根主缆的下方布置，各供一侧主缆施工所需。猫道一般由猫道承重索、猫道面层结构（包括栏杆立柱及扶手等）、横向通道及抗风索等组成。牵引索架设完毕，首先由牵引索将猫道索牵引引拉就位。当每个猫道的若干根猫道索架设好之后，即可铺设透风性好的钢丝网片作为猫道面板，形成空中工作场地。两个猫道之间还要设置数座横向天桥，它除了沟通两个猫道外，还能增加猫道横向稳定性。另外，由于猫道是大跨度柔性结构及典型的风敏感结构，在风力作用下极不稳定，故一般均需在猫道之下架设抗风索。抗风索与猫道索之间一般用垂直吊索或斜吊索连接。抗风索除了能增加抗风稳定性外，还能通过抗风吊索的张拉力调整猫道的线形，以适应主缆的形状。在风力不大的地区，也可以通过增加横向通道的个数或减小猫道横向间距来提高猫道的横向稳定，从而不设置抗风索。

5）主缆架设：AS法架设主缆之前，先要在猫道上编制组成主缆的钢丝索股，再将若干根钢丝索股捆紧扎成主缆。首先，将出厂的成卷钢丝用连接器接长后卷入专用卷筒，并运至悬索桥一端的锚碇旁备用；再利用无端头的环形牵引索将钢丝引拉到猫道上。引拉的方法是将两个编丝轮分别连接于环形牵引索的两个分支上，通过编丝轮的来回走动，每次将相向的4根钢丝在高空从桥的一端拉向另一端，如果将每个编丝轮的单槽改为双槽或四槽时，每次拉铺的钢丝数量也相应加倍。待所拉钢丝达到一定的数量后，即可编扎成一根索股。然后，再将若干根钢丝索股合并成主缆。

PPWS法是将在工厂预制好的索股缠绕在滚筒上运输到现场，通过牵引索沿猫道牵引到安装位置上。由于成股钢丝索的重量较单根钢丝重，所以牵引索的截面也要求比AS法大；同时，在猫道上还需要设置导向轮，以减小索股受到的摩阻力。PPWS法早先采用的牵引方法也是无端头的环形牵引索，近期有采用单根牵引索的拉紧法。

若干股索股编扎成主缆后通过紧缆机挤紧主缆，再用缠缆机在主缆外缠丝。

6）将猫道转载于主缆后拆除抗风索，并架设吊索。当主缆架设完毕后，即可将猫道的全部荷载由猫道索转移到主缆上去，然后将抗风索拆除，并在猫道上安装吊索。安装完毕后，即可拆除猫道。

### 3. 加劲梁的制造与架设

加劲梁是悬索桥结构的主要组成部分，在结构上起支承和传递荷载的作用，直接承受车辆和其他各种荷载。桥面上的活载及加劲梁的恒载通过吊索传递至悬索桥的主缆。

钢加劲梁在工厂分段制造。加劲梁的制造节段长度一般与钢桁梁的节间长度或其纵向的吊索间距及钢箱梁的纵向吊索间距相同，但架设节段一般由两个制造节段组拼而成。节段制造完成后必须进行相邻节段的试拼装，试拼合格、做好对接标志后，运到施工现场等待吊装。加劲梁的节段架设顺序主要有两种：① 从跨中向两侧桥塔推进；② 从桥塔两侧分别向两侧锚碇及主孔跨中推进。无论采用哪种架设顺序，均须考虑主缆变形对加劲梁线形的影响，应尽可能在施工前通过模型试验和施工模拟计算进行研究比较之后，再结合桥梁本身的特点确定施工工序。

两种施工顺序各有其适应性和优缺点，从索塔位置开始吊装，便于施工操作和管理。通过索塔电梯，施工人员和小型机具、材料等可以很方便地从索塔横梁位置到达已架设好的桥面，而且施工人员可以很方便地在主桥各跨之间往返。

而从跨中开始吊装加劲梁，则工作人员须通过空中猫道才能到达主跨内已吊装完成的加劲梁上，增加了施工难度。而此架设方法的优点是：主缆与加劲梁的变形都较小，加劲梁在架设过程中的内应力小，且靠近塔柱的梁段是主缆达到或接近最终线形时就位的，这样可使索塔附近的梁段施工更容易适应主缆线形。

加劲梁的架设以主缆作为脚手架，通过可以在主缆上沿纵桥向行走的提升架（或称跨缆起重机）分段提升悬挂在吊索上。梁段用驳船浮运到安装位置下方，提升梁上的卷扬机放下提升钢丝绳，钢丝绳通过平衡梁与加劲梁节段连接，卷扬机将梁段提升到吊索位置后，将吊索下端与梁段上的吊点连接，同时将本梁段与相邻梁段临时铰接；然后，松开平衡梁，本梁段吊装完成。

## 8.2.2 工程实例

润扬长江大桥为高速公路特大桥，采用双向 6 车道，桥面净宽为 32.5m（不含锚索区和检修道）。设计车辆荷载为汽车—超 20 级、挂车—120，设计车速为 100km/h。世业洲南汊为主航道，通航净空要求净高为：海轮 50m，江轮 24m；净宽为：海轮 390m，江轮 700m。设计通航水位，最高 7.34m，最低 -0.43m。设计基准期 100 年，地震设计烈度为 7 度，设计基本风压为 29.1m/s。

综合考虑桥位地形、河势、通航、桥位线形及构造统一等因素，经多方案综合比选，南汊桥采用 470m+1490m+470m 三跨双铰钢箱梁悬索桥方案。矢跨比经 1/9、1/9.5、1/10、1/10.5 四种不同方案比较，在成桥状态下，根据全桥整体刚度及经济性比较，确定矢跨比为 1/10。

### 1. 主缆系统

两根主缆的平面间距为 34.3m，由平行钢丝索股组成。主缆钢丝采用强度为 1670MPa 的镀锌高强钢丝，钢丝直径 5.30mm。每根主缆包含 184 股索股，每股含 127 根镀锌高强钢丝，钢丝索股在索夹处和索夹外的空隙率分别为 18% 和 20%，相应的主缆外径分别为 895mm、906mm。

吊索采用 1670MPa 的镀锌高强钢丝，钢丝直径 5.0mm，外面采用 PE 防护套防护。索夹采用铸钢，吊索上、下端均为顺桥向销接的连接方式。主缆跨中加设刚性中央扣连接，使主缆和加劲梁在跨中处相对固定，对梁的纵横向位移进行约束，从而有效地改善吊索（尤其是跨中短吊索）的受力状态。

### 2. 加劲梁

加劲梁采用全焊扁平流线型封闭钢箱梁断面，整体性好，满足抗风稳定性的要求。箱梁标准梁段长 16.1m，中心线处梁高 3.0m，顶板宽 32.9m，检修道宽 1.2m，设置在尖嘴外。箱梁总宽 38.7m，高跨比 1/497，宽跨比 1/38.5。吊索与耳板为销接。两个标准段焊接连成一个标准吊装段，吊装质量 492t，全桥钢梁总重 2.3 万 t。

箱梁主体结构采用 Q345D 钢。顶板和斜腹板厚 14mm，底板厚 10mm，采用 6mm 的 U 形肋和球头钢加劲。横隔板纵向间隔 3.22m，板厚 8mm（吊点处 10mm）。

### 3. 索塔及基础

考虑到悬索桥主塔的受力特点及美观方面的要求。索塔选用由两个塔柱、三道横梁组成的门式框架结构，塔高 210m。塔柱为钢筋混凝土箱形结构，横桥向两个塔柱斜置，底部外形尺寸 6m×12.5m，顶部 6m×9.5m。塔柱壁厚采用双向变壁厚，上、中、下 3 道横梁（高度分别为 8m、8m、10m）均为预应力混凝土空心箱形结构。主塔基础为棱形柱式塔座、哑铃形承台及 32 根直径 2.8m 钻孔灌注桩群桩基础。

### 4. 锚碇

南北锚碇均采用重力式锚碇、预应力锚固系统。初步设计、技术设计阶段对锚碇基础分别采用冻结法、地下连续墙、沉井等方案进行了技术经济比较。南锚基础采用钻孔桩围护加冻结止水帷幕、钢筋混凝土内支撑方案，平面为矩形，基础底高程 -26m，开挖、封底完成后，在开挖完成的内部空间用混凝土进行填充。北锚基础采用地下连续墙方案，平面为矩形，基础底高程 -45m，边开挖、边支撑。封底完成后，现浇钢筋混凝土隔仓，再分别回填混凝土、砂。

### 5. 主要技术特点和创新点

1）南锚碇基础采用大型排桩冻结围护技术进行基坑施工为国内首次，解决了基坑围护结构的嵌岩、防渗封水问题，施工可操作性强，风险可控，工期短。

2）北锚碇基础工程规模国内最大。针对工程难点开展科研，成功解决了嵌岩地连墙成槽及新型槽段接头等新技术；首次采用坑外隔水帷幕，坑幕间降水措施；首次实现以三维有限元分析和正演分析、以人工神经网络智能预测技术为分析手段的基坑开挖信息化施工。

3）成功地进行了 $12×10^5$kN 大直径钻孔灌注桩静荷载试验和水上特大吨位（$>4×10^5$kN）试桩。

4）主缆采用刚性中央扣构造，改善了短吊索受力，减小了或荷载引起桥面的纵向位移，增强了悬索桥的整体刚度。

5）国内首次在悬索桥加劲梁上设置风稳定性板，提高了大桥的颤振稳定性，节约了工程造价。

6）首次在国内采用了主缆干空气除湿防护系统，增加了主缆的耐久性。

# 习　　题

一、单项选择题

1.（　　）是悬索桥的主要承重结构。

A. 主缆　　　　　　　B. 吊索　　　　　　　C. 加劲梁　　　　　　D. 索塔

2.（　　）直接承担竖向活载，也是悬索桥承受风荷载和其他横向水平荷载的主要构件。

A. 主缆　　　　　　　B. 吊索　　　　　　　C. 加劲梁　　　　　　D. 索塔

二、判断题

1. 按主缆的锚固方式划分，悬索桥可分为地锚式和自锚式两大类。　　　　（　　）

2. 主缆索力的调整应以设计和施工控制提供的数据为依据，其调整量应根据调整装置中测力计的读数和锚头移动量双控确定。　　　　　　　　　　　　　　（　　）

3. 钢箱梁接头焊缝的施焊宜从两侧向桥面中轴线对称进行。　　　　　　（　　）

4. 主缆在散索后所需锚固空间的大小与 AS 法和 PPWS 法有关，前者较大，后者较小。　　　　　　　　　　　　　　　　　　　　　　　　　　　　　（　　）

5. 加劲梁的刚度对悬索桥的总体刚度贡献不大，因而梁高通常不必做得太大。

（　　）

三、简答题

1. 悬索桥桥塔主要有哪些施工方法？

2. 简述悬索桥主缆架设的主要施工步骤。

# 教学单元 9

## 斜拉桥施工

## 【知识目标】

1. 了解斜拉桥的布置与构造，掌握斜拉索纵向布置形式及特点、主梁的类型以及结构体系；

2. 了解斜拉索的施工，熟悉塔柱翻模及爬模施工法，掌握混凝土主梁悬臂施工法。

## 【能力目标】

1. 能够正确识读斜拉桥施工图，动手制作斜拉桥模型；

2. 能够依据现行规范，编写施工内业资料。

## 【素质目标】

1. 通过讲解苏通长江大桥工程建设创造的四个世界纪录，培养学生科技报国的使命担当和精益求精的大国工匠精神以及民族自豪感；

2. 通过工程案例的讲解，培养学生严谨的工作作风和善于沟通、协作的职业素养。

## 【思维导图】

斜拉桥施工
- 布置与构造
  - 孔跨布置
    - 双塔三跨式
    - 独塔双跨式
    - 单跨式
    - 多塔多跨式
  - 斜拉索的布置
    - 斜拉索在空间(横向)的布置形式
    - 拉索在索面内(纵向)的布置形式
      - 竖琴形
      - 辐射形
      - 扇形
    - 斜拉索的间距及倾角
      - 稀索
      - 密索
  - 索塔的形式与构造
    - 索塔的结构形式
    - 索塔的高度
    - 索塔的组成和构造
  - 主梁的结构与类型
    - 主梁的布置
      - 连续体系
      - 非连续体系
    - 主梁的类型
      - 混凝土主梁
      - 钢主梁
      - 钢-混凝土组(叠)合梁
      - 钢-混凝土混合梁
  - 结构体系与分类
    - 按主梁的受力状态分类
      - 漂浮体系
      - 支承体系
      - 塔梁固结体系
      - 刚构体系
    - 按拉索的不同锚固方式分类
      - 自锚式
      - 地锚式
      - 部分地锚式
- 施工技术
  - 索塔施工
    - 塔柱的施工
      - 滑模
      - 翻模
      - 爬模
    - 横梁的施工
  - 主梁施工
    - 混凝土主梁
      - 悬臂拼装法
      - 悬臂浇筑法
    - 钢主梁
  - 斜拉索的施工
    - 斜拉索的引架(挂索)
    - 斜拉索的张拉
  - 工程实例(苏通长江公路大桥)

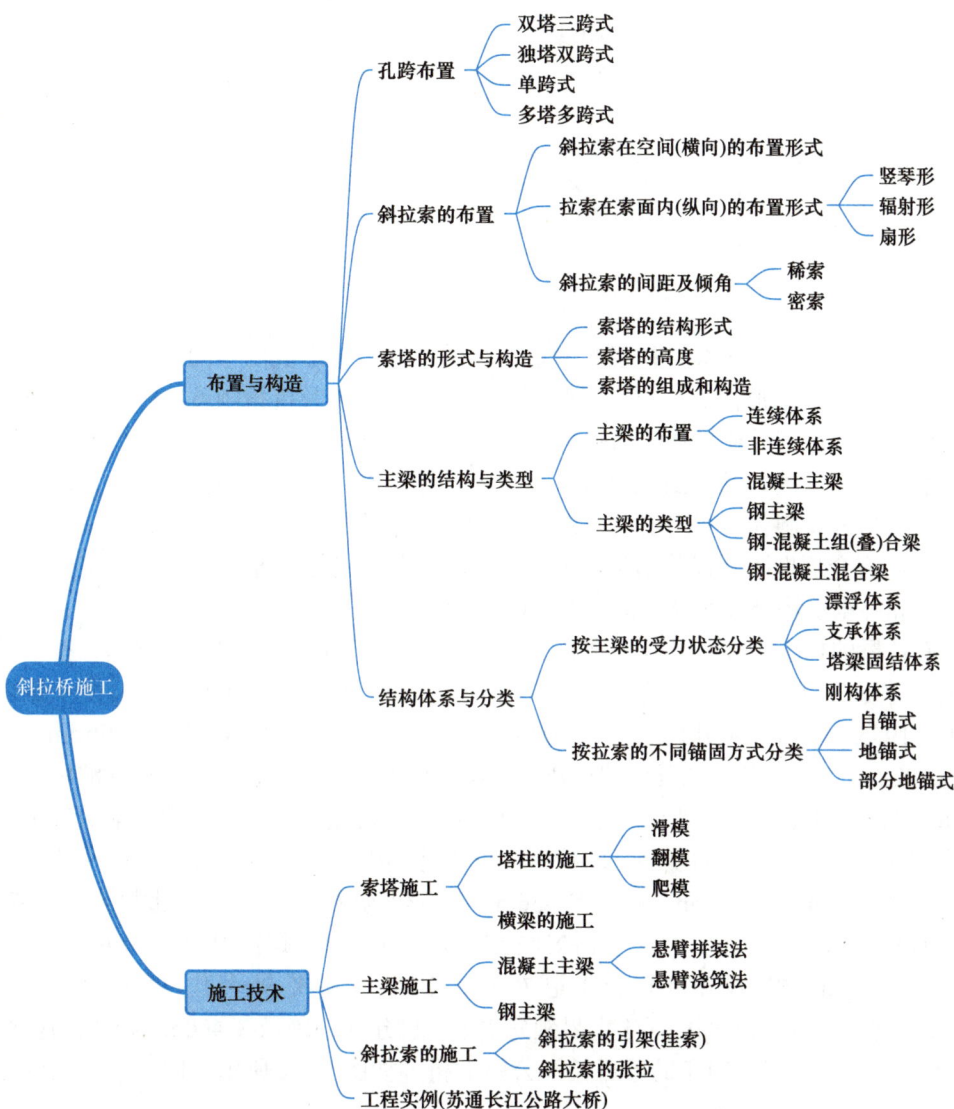

## 9.1　斜拉桥的布置与构造

斜拉桥又称斜张桥。它的上部结构由主梁、斜拉索和索塔三种基本构件组成，如图 9.1-1 所示。是由承压的塔、受拉的索和承弯的梁组合起来的一种组合体系桥梁。斜拉桥是从索塔上用若干斜拉索将主梁吊起，斜拉索的作用（拉索竖向分力）相当于在主梁跨内增加了若干个弹性支承，从而大大减小了梁体内的弯矩，降低了主梁的高度和结构自重，使桥梁的跨越能力显著增加。同时，斜拉索的水平力还对混凝土主梁产生轴向预压的作用，增强了主梁的抗裂性能，并节省了高强钢材的用量。可以通过斜拉索的预拉力以调整主梁的内力，使主梁的内力分布更加均匀合理。

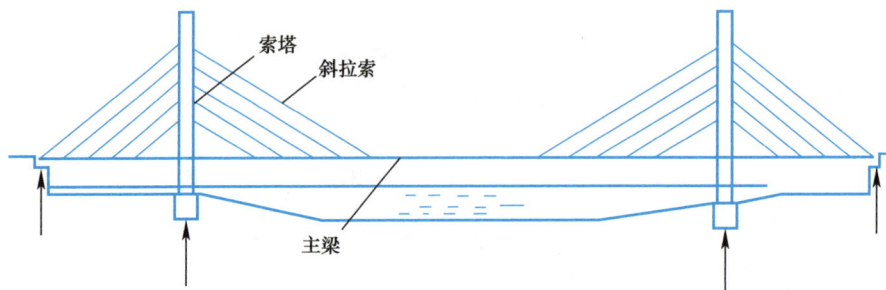

图 9.1-1　斜拉桥立面结构简图

斜拉桥可以利用主梁、拉索和索塔三者的不同组合形成的不同的结构体系，以适应不同的地质和地形情况。与悬索桥相比，其竖向刚度及抗扭刚度均较强，抗风稳定性要好得多，也不需要昂贵的锚碇构造。斜拉桥便于采用悬臂法施工和架设，但拉索、主梁和索塔之间的链接构造较复杂，施工技术要求高，施工控制及拉索索力调整也比较复杂。另外，斜拉桥是一种高次超静定的组合结构，包含较多的设计变量，全桥总的技术经济合理性不能仅从结构体积小、用料省等概念来衡量，这就给选定合理的桥梁方案和寻求经济合理的设计带来了困难。

斜拉桥的构思，最早可以追溯到 17 世纪。但由于当时缺乏高强度材料，拉索易于松弛，对复杂的超静定结构也缺乏有效的分析手段，斜拉桥在很长一段时期未能得到发展。1955 年，在瑞典建成了第一座现代钢斜拉桥——斯特罗姆海峡桥（Stromsund），主跨 182.6m。1962 年，在委内瑞拉建成了第一座混凝土斜拉桥——马拉开波桥，主跨 235m。自 20 世纪 70 年代以来，随着高强度材料的使用，设计理论和技术的进步，以及施工方法及防腐技术的发展，斜拉桥在世界范围内得到了很大的发展。1994 年建成的法国诺曼底桥（Normandie）（主跨 856m）至今仍为混合梁斜拉桥的世界纪录保持者。1998 年建成的日本多多罗大桥，主跨跨径 890m，保持世界跨径纪录达 10 年之久。

我国斜拉桥的建设开始于 20 世纪 70 年代中期，特别是 90 年代以后得到了迅猛的发展，在设计、施工方面已居于世界领先水平。已建成的跨径在 400m 以上的斜拉桥有 30 余座，2008 年建成通车的苏通长江公路大桥，如图 9.1-2 所示。创下了多项世界第

图 9.1-2　苏通大桥

一的纪录。其主跨跨径达到 1088m，跨径组合为 100m+100m+300m+1088m+300m+100m+100m，是当时世界跨径最大的斜拉桥；其主塔高度达到 300.4m，为世界最高的索塔；主桥两个主墩基础分别采用 131 根直径 2.5～2.85m、长约 120m 的灌注桩，是世界最大规模的群桩基础；主桥最长的斜拉索长达 577m，也是世界最长的斜拉索。

### 9.1.1 斜拉桥的总体布置与构造

斜拉桥的总体布置方案应与周围环境相协调，并综合考虑经济、安全、施工、运营以及桥位处的地质、地形、水文、气象等因素。应通过适当的方案比选，寻求经济合理的最优方案。

#### 1. 孔跨布置

现代斜拉桥最典型的孔跨布置有两种：双塔三跨式和独塔双跨式。在特殊情况下，也可以布置成其他形式。

1）双塔三跨式

双塔三跨式是一种最常见的斜拉桥孔跨布置方式。由于它的主孔跨度较大，适用于跨越较大的河流和海面。

确定边跨与主跨的跨径比时，应综合考虑全桥的刚度、拉索（特别是端锚索）的疲劳强度以及锚固墩的承载力等多方面的因素。一般的，当中跨有活荷载时，会降低端锚索的应力，拉索的应力变化幅度则必须满足疲劳程度的要求。当跨径比为 0.5 时，可对称悬臂施工至跨中合龙，施工方便。但考虑到施工时长悬臂的稳定性及提高成桥后的刚度，很多情况下跨径比小于 0.5，以使跨中有一段悬臂施工是在有后锚的情况下进行的。大跨径斜拉桥为了减少中跨跨中挠度和提高全桥刚度，常采用较小的跨径比。所以，双塔三跨式斜拉桥的边跨与主跨的跨径比一般为 0.25～0.5，从经济的角度考虑宜取 0.4，如图 9.1-3 所示。

2）独塔双跨式

独塔双跨式斜拉桥也是一种较常见的孔跨布置方式，如图 9.1-4 所示。由于它的主孔跨径一般比双塔三跨式的主孔跨径小，故特别适用于中小河流、谷地及交通道路；或用于跨越较大河流的主航道部分。

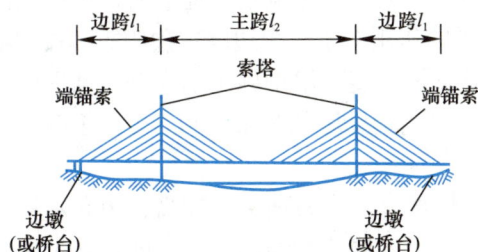

图 9.1-3 双塔三跨式

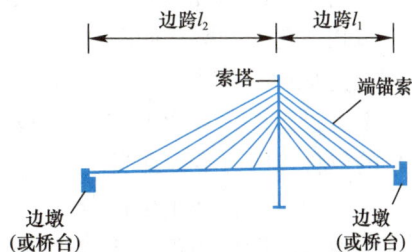

图 9.1-4 独塔双跨式

独塔双跨式斜拉桥可以布置成两跨相等的对称形式，也可以布置成两跨不等的不对称形式，即分为主跨与边跨。但由于两跨对称布置时，一般没有端锚索，不能有效约束塔顶位移，故在受力与变形方面不能充分发挥斜拉桥的优势。所以，独塔双跨式斜拉桥采用两跨不对称布置的形式比较合理，在实际工程中应用较多。独塔双跨式斜拉桥的边跨跨度与主跨跨度的比例主要依据桥位处的地质、地形情况，以及斜拉桥的跨越能力确定，一般为 0.5~1.0，多数接近于 0.66。采用不对称布置时，应注意悬臂端部的压重和锚固。

3）单跨式

当受地形限制或有特殊要求时，斜拉桥也可以采用独塔单跨式或双塔单跨式，单跨式斜拉桥又分为地锚式和无背索式两类。这类斜拉桥由于索塔可能存在较大的不平衡弯矩，一般仅用于小跨径桥梁。日本的胜濑桥为地锚式的双塔单跨式布置（主跨130m）。我国 2004 建成的长沙市洪山大桥（跨径 206m），是世界上跨径最大的无背索斜拉桥。

4）多塔多跨式

当需要以多个大孔径跨越宽阔的湖泊或海面时，也可以考虑采用多塔多跨式斜拉桥，如图 9.1-5 所示。但这类斜拉桥除边塔之外，中间塔顶均由于缺乏端锚索来有效的限制它的变位而使得结构的整体刚度降低，变形大大增加。所以，多塔多跨式斜拉桥实际工程中应用较少。

为了提高多塔斜拉桥的整体刚度，设计中可以采用以下措施：① 增加主梁的刚度，但这样做必然会增加桥梁的自重；② 将中间索塔做成刚性的，但此时索塔和基础的工程量将会大大增加；③ 采用斜拉索对中间塔顶加劲，但这种长索柔度较大，且会影响到桥梁的美观；④ 采用矮塔部分斜拉桥体系。

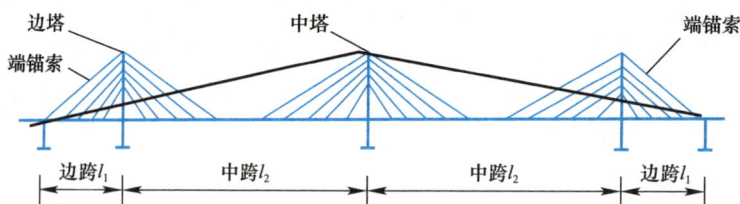

图 9.1-5　多塔多跨式

5）辅助墩和外边孔

当斜拉桥的边孔设在岸上或浅滩，边孔高度不大或不影响桥下通航时，可根据需要在边孔设置辅助墩，如图 9.1-6 所示。辅助墩的作用在于减少边跨主梁弯矩，缓和端锚索应力集中，减小拉索应力变幅，提高桥梁总体刚度，增加施工期安全。辅助墩的数量不宜过多，一般为 1~2 个。设计实践发现，当辅助墩的数量达到三个以上时，斜拉桥的位移和内力不再有明显的变化。

对大型桥梁，除主梁部分外，往往还有引桥部分。当桥面标高较高、边孔水深等原因使设置辅助墩施工困难或造价较高时，可采用外伸孔的结构形式，即将斜拉桥的主梁向两侧再连续延伸一孔或数孔，使斜拉桥的主梁与引桥的上部结构形成连续梁的形式。这样，既可以减少端锚索的应力集中，又能缓和端支点的负反力，减小主梁和索塔的内力和位移，增强全桥的总体刚度，但效果不如加设辅助墩明显。另外，将斜拉桥的主梁与引桥的上部结构相连，地震时增加斜拉桥的水平惯性力，故在震区桥梁上应慎用。

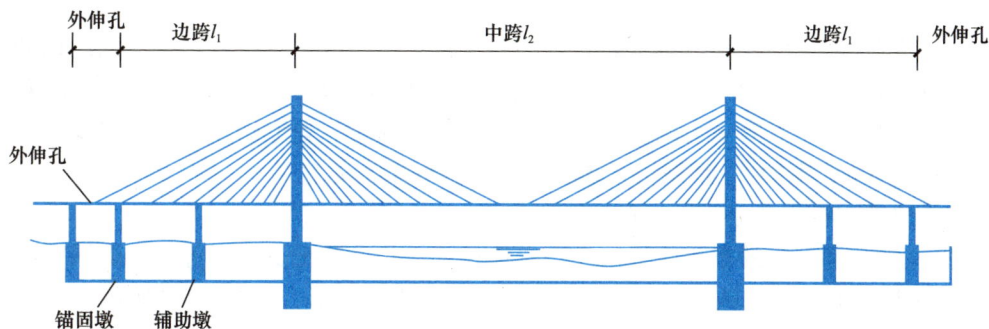

图 9.1-6　斜拉桥辅助墩设置

### 2. 斜拉索的布置

拉索是斜拉桥的重要组成部分，对斜拉桥的工作状态影响很大，拉索施工工艺的不断进步对斜拉索的发展具有重要贡献。而且其造价约占全桥造价的 25%～30%，对其布置、构造及防护应予以高度重视。

斜拉索的布置对斜拉桥的总体受力具有显著的影响，影响受力的主要因素是索面空间布置形式和索面内的平面布置形式。

1）斜拉索在空间（横向）的布置形式

斜拉索按其在空间所组成的平面，通常分为单索面（图 9.1-7a）和双索面。其中，双索面又可分为平行双索面（图 9.1-7b）和双斜索面（图 9.1-7c）两种。当桥面很宽时（桥宽超过 40m），也可以布置成三索面甚至四索面（或称多索面）。

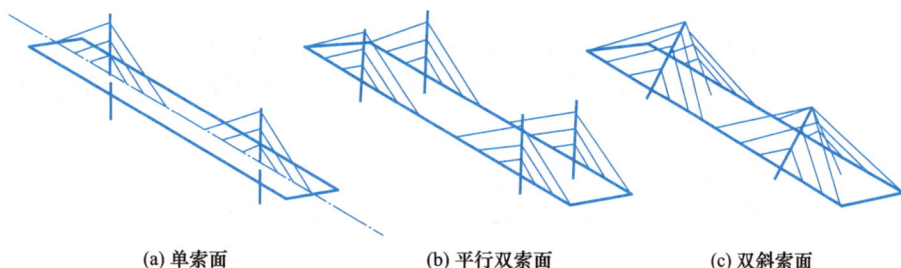

(a) 单索面　　　　　(b) 平行双索面　　　　　(c) 双斜索面

图 9.1-7　索面布置示意图

单索面布置的斜拉索对抗扭不起作用，此时主梁应采用抗扭刚度较大的闭合箱形截面形式。而采用双索面布置时，锚固于主梁的两个拉索面能提高结构的抗扭程度，所以主梁采用较小抗扭刚度的截面。特别是倾斜双索面，对抵抗风致扭振更加有利。

单索面一般设置在桥梁纵轴线上（拉索下端锚固于主梁中心线上），桥面中央有一部分空间不能作为行车道，这对于设置有中央分隔带的桥梁特别合适，基本上不需要增加桥面宽度。但对较窄的双车道桥梁则不宜采用单索面布置。双索面布置在桥宽方向既可以把索平面布置在桥面宽度以内，也可以把索平面布置在桥面宽度之外。前一种布置也有部分桥宽不能利用；后一种布置则需要设置伸臂锚固拉索，并向梁体传递剪力和弯矩。

由于抗扭刚度的限制，单索面布置的斜拉桥跨径一般不宜过大。考虑到结构和施工方面的要求，大跨径斜拉桥广泛采用双索面的布置形式，特别是倾斜双索面布置，在特大跨斜拉桥中具有更大的竞争力。如苏通长江大桥、香港昂船洲大桥以及日本多多罗桥等大跨度斜拉桥，都采用了倾斜双索面的布置形式。

2）拉索在索面内（纵向）的布置形式

斜拉索在索面内的布置应根据设计总体构思、受力情况及美观等各方面因素综合确定。常用的有以下三种基本形式：竖琴形、辐射形和扇形，如图 9.1-8 所示。

（1）竖琴形（harp-type，图 9.1-8a）布置的斜拉索成平行排列，所有拉索的倾角都相同。外形简洁美观，避免了辐射形成拉索的视觉交叉感。斜拉索与索塔的锚固点分散布置，所有斜拉索在梁端与塔端的锚固点的构造细节相同，便于施工处理。同时，竖琴形布置拉索倾角较小，拉索对主梁的支撑效果较差，索的总拉力大，拉索用钢量相对较多。由于是几何可变体系，对内力及变形的分布较不利，不过可以用边跨内设置辅助墩的办法来加以改善。竖琴形布置常用于中、小跨径的斜拉桥中。

（2）辐射形（radial type，图 9.1-8b）布置的斜拉索沿主梁均匀分布，而在索塔上则集中锚固于塔顶上的一点。由于其斜拉索与水平面的平均交角较大，故拉索的垂直分力对主梁的支撑效果较好，拉索用量最省（与竖琴形布置相比，可节省钢材15%～20%）。另外，索塔高度也比另外两种布置形式时低。但集中锚固的拉索使得塔顶的构造过于复杂，局部应力集中现象突出，这势必给施工和养护带来一定的困难。由于拉索倾角不等，也使锚具、垫板的制作安装比较复杂。同时，索塔的内力及刚度、桥梁的总体稳定性也不如竖琴形优越。

（3）扇形（fan type，图 9.1-8c）布置的斜拉索介于辐射形和竖琴形之间，兼有它们两者的优点，又可以灵活地布置，因此，在大跨度斜拉桥中得到了广泛的采用。

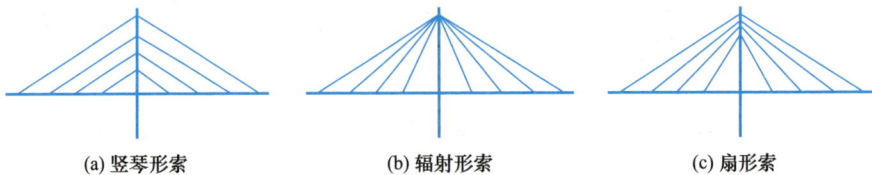

(a) 竖琴形索　　　　　　　　(b) 辐射形索　　　　　　　　(c) 扇形索

图 9.1-8　拉索纵向布置

3）斜拉索的间距及倾角

斜拉索按照在主梁上的间距不同分为稀索与密索两类。应根据主梁内力、拉索张拉力、锚固构造、材料规格等结合施工方法和经济性综合确定。

早期的斜拉索受当时计算能力的限制，都采用拉索根数少而刚度大的"稀索"体系，以降低超静定的次数。稀索在主梁上的间距一般为 15～30m（混凝土主梁）或30～60m（钢主梁）。由于索距较大，主梁的弯矩和剪力仍相当大，故需要较大的梁高。拉索的索力相对也较大，使得锚固构造复杂，锚固点附近需要做大规模的补强，耗材较多，架设和施工也存在一定的困难。这类斜拉桥所适应的跨径不大。

随着斜拉桥的发展和计算机的应用，拉索布置趋向于采用越来越小的间距，现在斜拉桥多采用"密索"体系。密索在主梁上的间距一般为4～12m（混凝土主梁）或8～24m（钢主梁）。从而，大大减小了主梁的弯矩，使主梁由受弯为主转变为受压为主，主梁高度显著减小。密索的使用不仅取得了较好的经济效果；另一方面，使得拉索截面较小，有可能在工厂整根制作，不但保证了质量，更方便了拉索的安装和运营期间的更换。另外，拉索密度加大还有利于斜拉桥采用悬臂法施工。

斜拉索的倾角是指拉索与梁轴线之间的夹角，与拉索受力情况有关。分析认为，边锚索的倾角小于45°时较经济。已有斜拉桥的统计结果表明，无论是双塔三跨式或独塔双跨式斜拉桥，边索倾角都宜控制在25°～45°左右，其中，辐射式或扇式较多取21°～30°，竖琴式则为26°～30°。总体上，边索倾角以25°最为普遍。

### 3. 索塔的形式与构造

斜拉桥索塔的结构形式、高度、截面尺寸以及塔底的支承形式，应根据桥位处的地质情况、环境条件、斜拉桥的跨度、桥面宽度、斜拉索的布置以及建筑造型等因素综合确定。

#### 1）索塔的结构形式

索塔在顺桥向的结构形式有单柱形、A形及倒Y形等几种，如图9.1-9所示。单柱形索塔构造简洁、外形轻盈美观、施工方便，是常用的塔形。A形和倒Y形在顺桥向的索塔刚度大，有利于抵抗索塔两侧拉索的不平衡拉力，能承受较大的顺桥向弯矩，有良好的抗震能力。A形索塔还可以减小主梁在索塔处的负弯矩。

索塔在横桥向有图9.1-10所示的几种形式。其中单柱形、倒V形、倒Y形可用于单索面，其他一般用于双索面，但是倒V形、倒Y形也可以用于双索面。

(a) 单柱形　　(b) A形　　(c) 倒Y形

图9.1-9　索塔顺桥向结构形式

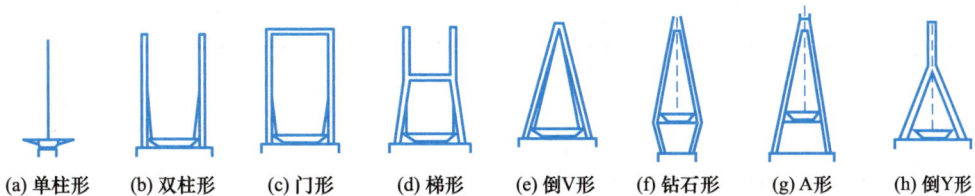

(a) 单柱形　(b) 双柱形　(c) 门形　(d) 梯形　(e) 倒V形　(f) 钻石形　(g) A形　(h) 倒Y形

图9.1-10　索塔横桥向结构形式

#### 2）索塔的高度

索塔有效高度一般应从桥面以上算起，不包括由于建筑造型或观光等需要的塔顶高度。索塔高度决定于主跨跨径、索面形式、拉索索距和拉索的水平倾角。桥塔越高，拉索的水平倾角越大，拉索对主梁的弹性支承效果也越好，但桥塔与拉索的材料用量也要相应增加，同时增加了施工的难度。因此，桥塔的高度要通过经济比较加以确定。

根据已有斜拉桥的统计资料，对于双塔三跨式斜拉桥，塔高与主跨之比应为0.18～0.25；对独塔双跨式斜拉桥，高跨比宜选用0.3～0.45。

3）索塔的组成和构造

混凝土斜拉桥的索塔一般都由钢筋混凝土材料建造。组成索塔的主要构件是塔柱，塔柱之间往往还设有横梁或其他连接结构。按照承载要求的不同，横梁又分为承重式和非承重式。前者为设置主梁支座的受弯横梁，以及塔柱转折处的压杆横梁或拉杆横梁；后者为塔顶横梁和塔柱无转折的中间横梁。主梁采用全漂浮体系时，横梁为非承重横梁。

混凝土索塔常用的塔柱截面分为实心式和空心式两类，而沿索塔高度方向又可以采用等截面或变截面布置。实心塔柱一般适用于中小跨度的斜拉桥，小跨径时可采用等截面布置，中等跨径时可采用变截面布置。大跨径斜拉桥的塔柱一般采用空心变截面布置。

塔柱截面的基本形状为矩形，但为了适当增加线条，从而改善外观的视觉效果，且有利于抗风，实心或空心矩形截面塔柱的四角应做成倒角或圆角。当受力、美观和抗风等方面有需要时，也可做成实心或空心的非矩形截面塔柱，如五角形、六角形或八角形等。具体尺寸由塔柱受力、拉索锚固区构造位置及张拉设备所需的空间等因素确定。

塔柱之间的横梁以及塔柱之间的其他连接构件，其截面形式由塔柱的截面形式决定，一般采用矩形、T形或工字形实体截面，受力较大时采用矩形空心截面。

**4. 主梁的结构与类型**

1）主梁的布置

斜拉桥的主梁一般有两种布置形式：主梁为连续体系（图9.1-11）和非连续体系（图9.1-12）。实际工程中，大部分斜拉桥的主梁都采用连续体系。根据其结构体系和支承方式的不同，主梁又分为连续梁（漂浮体系或半漂浮体系）或连续刚构（塔梁固结体系或刚构体系）。这种桥面的整体性强，行车平稳舒适，但是常年温差作用下塔柱的弯矩变化较大。

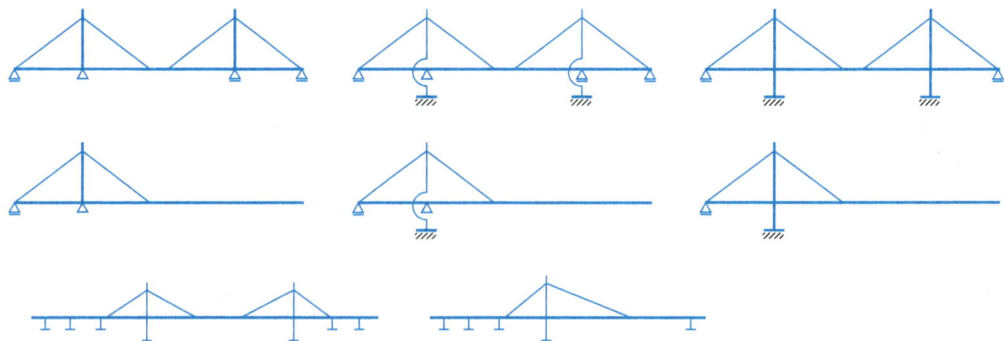

图 9.1-11　主梁布置为连续体系

图 9.1-12　主梁布置为非连续体系

　　三跨式或多跨式斜拉桥也可以在跨中无索区段设置挂孔或在主梁跨中布置剪力铰以适应主梁在常年温差作用下的纵向伸缩变形。此时，主梁成为单悬臂或 T 形刚构体系。主梁的非连续布置破坏了桥梁的整体性，对行车不利，并且增加了设计、施工及养护等方面的难度。现代斜拉桥一般很少采用这种形式。

　　2）主梁的类型

　　斜拉桥主梁按照材料可分为四大类，分别为混凝土主梁、钢主梁、钢 - 混凝土组（叠）合梁和钢 - 混凝土混合梁。斜拉桥的主梁由于受到斜拉索的弹性支承作用（特别是密索体系斜拉桥），主梁的受力以压为主，弯矩大大减小，因此，主梁的受力特征已不同于传统的梁桥，主梁的设计必须综合考虑主梁、索塔和拉索三者之间的相互关系。

　　斜拉桥主梁截面形式的选择，除了一般桥梁必须考虑的因素之外，由于主梁高度大大降低，刚度也随之减小，所以必须充分考虑其抗风稳定性。特别是大跨度斜拉桥的风振问题非常突出，往往成为决定斜拉桥主梁截面形式的主要因素。同时，主梁的横截面还应有较好的抗扭刚度，且便于拉索的张拉与锚固。

　　（1）混凝土主梁

　　混凝土主梁具有造价低、后期养护简单、刚度大挠度小、抗风稳定性好等优点，但其跨越能力不如钢主梁大，施工速度不如钢主梁快。

　　混凝土主梁常用的横截面形式如图 9.1-13 所示。

　　图 9.1-13（a）所示为板式截面，其构造简单，梁高较小，施工方便，抗风性能好，适用于双索面密索体系斜拉桥。板式梁截面是混凝土斜拉桥中梁体最纤细的一种，也是近年来混凝土斜拉桥的发展新动态之一。

　　图 9.1-13（b）所示为板式边主梁截面形式，两边主梁的高度相对于桥宽很小，边主梁与它们之间的连接横梁齐平。其外侧设有风嘴，以适应大跨度斜拉桥的抗风要求。为了避免削弱较小的主梁截面，拉索一般直接锚固在边主梁的下面。

　　图 9.1-13（c）所示的单箱单室截面是单索面混凝土斜拉桥较典型的截面形式，箱室内在锚索处和索间距一半处均设置一组人字形加劲斜杆，用以将索力有效地传至整个截面。倾斜的腹板虽然施工困难，但抗风性能良好，抗扭能力大，外形美观，且减小了墩台的宽度。

　　图 9.1-13（d）表示两个索面靠近桥中央而两侧伸出较长悬臂肋板的截面形式。

　　图 9.1-13（e）所示为三角双箱形截面，美国的 P-K 桥（主跨 299m，主梁高度 2.13m，1978 年）首次采用了这种截面形式。截面两侧为三角形封闭箱，两箱之间采用整体式的桥面板，外侧做成风嘴以减小迎风阻力，端部加厚以锚固拉索。这种主梁截面的抗风性能良好，特别适合于风力较大的双索面密索体系斜拉桥。

　　图 9.1-13（f）所示为整体闭合箱形截面，其抗弯和抗扭能力较大，尤其适用于单索面斜拉桥。中间两道腹板形成窄室，斜拉索可锚固在窄室顶部的短横肋上。

图 9.1-13（g）所示为主跨达 530m，而桥宽仅 13m 的挪威斯卡尔桑德桥（Skarnsundet）所采用的主梁截面形式，其跨度与宽度之比高达 40.8。这种三角形双室箱梁截面特别有利于抗风，既适用于双索面体系，也能适用于单索面体系。

图 9-13（h）所示为利用三角形构架将两个箱梁连接在一起，以加大桥面宽度，并在桥中央锚固单索面的一种大胆设计。

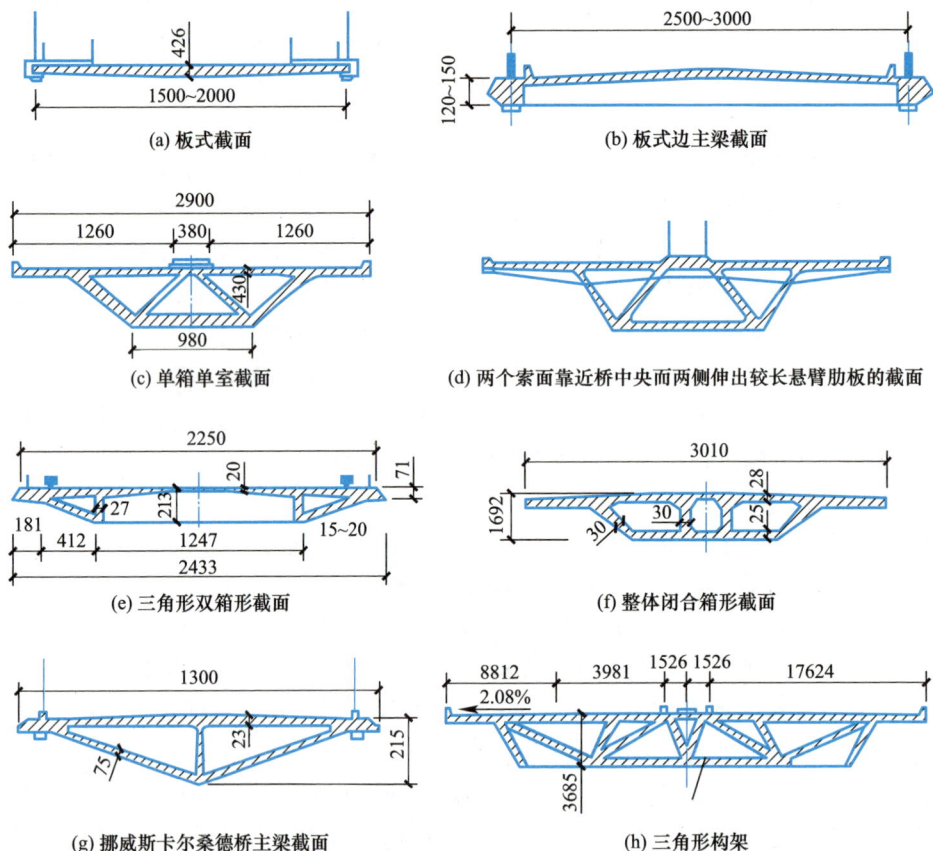

(a) 板式截面

(b) 板式边主梁截面

(c) 单箱单室截面

(d) 两个索面靠近桥中央而两侧伸出较长悬臂肋板的截面

(e) 三角形双箱形截面

(f) 整体闭合箱形截面

(g) 挪威斯卡尔桑德桥主梁截面

(h) 三角形构架

图 9.1-13　混凝土主梁常用的截面形式（单位：cm）

（2）钢主梁

①工字形钢主梁

工字形钢主梁一般采用两根钢主梁的"双主梁"布置，钢主梁之间有钢横梁、钢桥面板，钢桥面板与钢主梁及钢横梁连接，钢桥面板底面焊设有纵向、横向的加劲肋形成正交异性钢桥面系。

考虑主梁抗扭刚度及索距要求，工字形钢主梁亦有采用多工字梁的钢主梁。其斜拉索直接锚固于钢主梁上。

②钢箱梁

钢箱梁截面结构形式，可采用相当于工字形双主梁的结构形式（只是将工字形钢梁换成钢箱梁），但更多的是采用整体构造的流线型扁平钢箱梁，如图 9.1-14 所示。

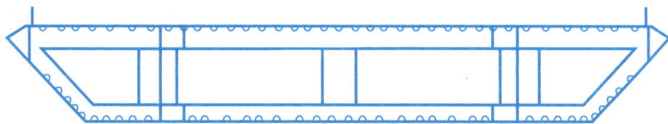

图 9.1-14　扁平钢箱梁

③ 钢桁梁

钢桁梁多用于双层桥面或公铁两用桥。山区或内河大跨径的斜拉桥，当采用钢箱梁分段整体运输、吊装有困难时，采用钢桁梁现场拼装是一种不错的选择（如上海闵浦大桥、芜湖长江大桥等）。

（3）钢-混凝土组（叠）合梁

钢-混凝土组（叠）合梁是指钢主梁上用预制或现浇混凝土桥面板代替正常的正交异性钢桥面板，钢主梁翼缘板与设置其上的混凝土桥面板之间用剪力键结合共同受力，组（叠）合梁一般只适用于双主梁、双索面斜拉桥。

钢-混凝土组（叠）合梁不但具有与钢主梁相同的优缺点，同时与钢主梁相比，其刚度、抗风稳定性优于钢主梁，且还能节约钢材用量。我国上海南浦大桥、杨浦大桥、福建青州闽江大桥等均采用了组合梁截面形式。

（4）钢-混凝土混合梁

钢-混凝土混合梁斜拉桥是指主跨为钢梁（或钢-混凝土组合梁），边跨或部分边跨为混凝土梁的斜拉桥，钢梁与混凝土梁连接点一般位于桥塔附近，也可设置在边跨任意部位。

斜拉桥边跨采用混凝土结构，适宜于边跨与主跨比值较小的情况，边跨混凝土自重大、有利于边跨发挥其锚固跨的作用。

斜拉桥的主梁通常采用等高度的形式，根据国内外的统计资料，主梁高度与主跨跨径之比一般为 1/50～1/200。《公路斜拉桥设计规范》JTG/T 3365—01—2020 规定：斜拉桥梁高与主跨的比值一般为 1/50～1/100。对于密索体系大跨径斜拉桥，比值可小于 1/200，而单索面斜拉桥高跨比应按抗扭刚度确定。

**5. 斜拉桥的结构体系与分类**

斜拉桥是由主梁、斜拉索和索塔以及下部的桥墩、桥台共同组成的组合体系桥梁。斜拉桥的结构体系按照塔、梁、墩的不同结合方式，可划分为漂浮体系、支承体系、塔梁固结体系和刚构体系；按照斜拉索的锚固方式，分为自锚体系、地锚体系和部分地锚体系；按照索塔的高度不同，可以分为一般的常规斜拉桥和矮塔斜拉桥；按照主梁的连续方式，又可以划分为连续体系和非连续体系（见主梁的布置）等。

1）按梁、塔、墩之间的不同结合方式（主梁的受力状态）分类

（1）漂浮体系

漂浮体系（图 9.1-15a）为塔墩固结，塔梁分离。主梁除两端有支承外，其余全部由斜拉索悬吊，成为在纵向可稍作浮动的一根具有多点弹性支承的单跨梁。适用于跨度较大、索距较小或在有抗震要求的地区修建的斜拉桥。

漂浮体系的主要优点是：主跨满载时，塔柱处的主梁截面不出现负弯矩峰值；温

度变化、混凝土收缩、徐变引起的次内力较小；在密索体系中，主梁各截面的变形和内力的变化平缓，受力较均匀；此外，地震时允许全梁产生纵向摆动，从而起到抗震消能的作用，对于位于地震动峰值加速度较大地区的斜拉桥应优先考虑这种结构体系。其主要缺点是：斜拉桥当采用悬臂施工时，主梁与塔柱间需采用临时固结措施，以抵抗施工过程中的不平衡弯矩和纵向剪力（如我国的天津永和桥和上海杨浦大桥等）。由于施工不可能做到完全对称，成桥后解除临时固结时，主梁可能发生纵向摆动，应予适当注意。现代大跨度斜拉桥大多采用漂浮体系。

另外，空间动力分析表明，斜拉索不能对主梁提供有效的横向支承，所以，必须对漂浮体系施加一定的横向约束，以提高其振动频率，改善动力性能，抵抗由于风荷载、地震作用等引起的横向水平力。一般采用在塔柱和主梁之间设置板式橡胶支座或聚四氟乙烯盆式橡胶支座的方法达到限制主梁横向位移的目的。

（2）支承体系

支承体系（图 9.1-15b）即塔墩固结，塔梁分离。主梁在墩、塔处均设有支座，为具有多点弹性支承的三跨连续梁。所有墩上支座均不约束纵向位移的称为半漂浮体系（如广州珠江黄埔大桥），属于支承体系的一种，也是目前采用最多的一种结构体系。设有固定支座的支承体系仅适用于跨度较小的斜拉桥。

除具有漂浮体系的优点外，主梁刚度更大，对限制主梁纵向位移更有利。半漂浮体系两跨布置时，塔柱处主梁有负弯矩峰值，温度、混凝土收缩、徐变次内力也较大，通常须加强支承区段的主梁截面。但是，如果在墩顶设置可以调节高度的支座或弹簧支座，就可以在成桥时调整支座反力，以消除大部分收缩、徐变等的不利影响。

（3）塔梁固结体系

塔梁固结体系（图 9.1-15c）即塔梁固结并支承在桥墩上，主梁相当于顶面用斜拉索加强的一根连续梁或悬臂梁。主梁和塔柱的内力和挠度与主梁和塔柱的弯曲刚度比值有关。这种体系的连续支座至少有一个为纵向固定（如上海的泖港桥）。

塔梁固结体系的主要优点是取消了承受很大弯矩的梁下塔柱部分，代之以普通桥墩，使主梁和塔柱的温度内力极小；同时，还可以显著减小主梁中央段承受的轴向拉力。但这种体系的缺点也较多，当中跨满载时，主梁在墩顶处的转角位移导致塔柱倾斜，使塔顶产生较大的水平位移，从而显著增大了主梁的跨中挠度和边跨负弯矩；并且，上部结构的重量和活荷载反力均由支座传给桥墩，需要设置很大吨位的支座，故这种体系一般仅用于梁刚度较大的矮塔斜拉桥。另外，该体系的动力性能不理想，对于抗风、抗震不利，也限制了其在大跨径桥梁中的应用。

（4）刚构体系

钢构体系（图 9.1-15d）塔、梁、墩三者相互固结，主梁成为在跨内具有多点弹性支承的钢构（如广州海印桥）。适用于独塔和对刚度要求较高的斜拉桥。

刚构体系的优点是结构的整体刚度大，主梁和塔柱的挠度都较小；不需要设置大吨位的支座，特别适合于采用悬臂施工。其缺点是主梁在固结处的负弯矩极大，此区段内的主梁截面必须加大；由于塔、梁、墩固结，体系的超静定次数高，减小梁墩中的温度附加内力是该体系的关键问题。在独塔双跨式斜拉桥中，由于边墩设置活动支座可以使主梁纵向自由伸缩，所以较适合采用该种体系。在双塔或多塔斜拉桥中，则必须通过在主梁跨中设置剪力铰或挂孔，尽量降低桥墩纵向抗推刚度等措施，来消除或减小温度附加内力。另外，刚构体系的动力性能较差，尤其是用于窄桥时。因此，该体系用于地震区桥梁中，应认真进行动力分析研究。

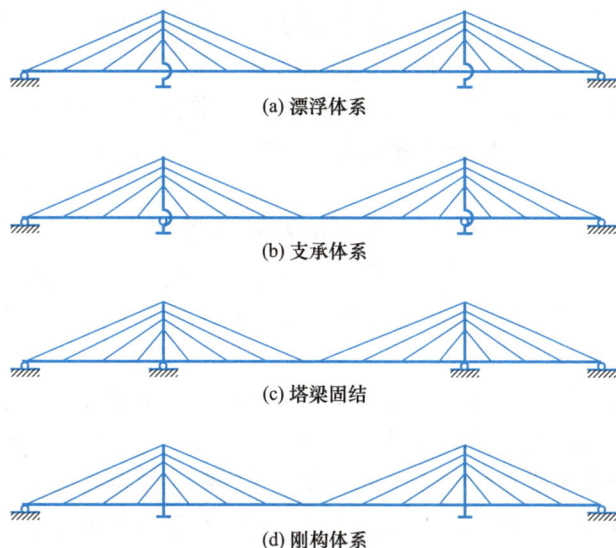

(a) 漂浮体系

(b) 支承体系

(c) 塔梁固结

(d) 刚构体系

图 9.1-15　斜拉桥的结构体系

2）按拉索的不同锚固方式分

（1）自锚式斜拉桥：自锚式斜拉桥的全部斜拉索都锚固在主梁与塔柱之间，斜拉索对主梁提供多点弹性支承，桥面恒载和活载通过拉索传到索塔、桥墩和基础，斜拉索的水平分力则由主梁的轴力来平衡。无论是双塔三跨式或独塔双跨式斜拉桥，绝大多数均采用自锚体系。

（2）地锚式斜拉桥：地锚式斜拉桥的斜拉索一端固在主梁上，另一端锚固在山岩上或通过塔顶改变方向后锚固在河岸的地锚中。单跨式（独塔或双塔）斜拉桥由于不存在边跨问题，塔后拉索一般采用地锚式，此时，由拉索的水平分力引起的梁内水平轴力由地锚承担。

（3）部分地锚式斜拉桥：在双塔三跨式或独塔双跨式斜拉桥中，由于某种原因边跨布置得相对于主跨很小时，可以将边跨部分拉索锚固在主梁上，部分锚固于锚碇，成为部分地锚式斜拉桥。部分地锚式斜拉桥索塔两侧拉索的不平衡水平分力直接由边跨主梁传递给桥台（锚碇），典型的如西班牙卢纳（Luna）桥和湖北郧阳汉江桥。

## 9.2　斜拉桥施工技术

混凝土斜拉桥可先施工墩、塔，然后施工主梁和安装斜拉索，也可以索塔、拉索和主梁三者同时施工。

9-1　斜拉桥施工

### 9.2.1 索塔施工

#### 1. 塔柱的施工

混凝土塔柱一般采用就地浇筑的方法，类似于高墩或高烟囱的施工。混凝土的输送一般采用混凝土输送泵。模板按结构形式不同，可分为翻模、爬模与滑模，滑模只适用于等截面的垂直塔柱，因此有一定的局限性。实际工程中，多采用翻模与爬模。

滑模法施工是将工作平台和模板组拼成整体，利用下节（一般为 2～5m）凝固混凝土中预埋的钢材（或劲性骨架），通过液压千斤顶逐节提升模板结构，进行混凝土连续浇筑施工。这种方法的机械化程度高，可连续不断地浇筑塔柱混凝土，工期最短，适用于等截面索塔的施工。

爬模法是将模板、爬升架、工作架及附着架组成爬升系统，通过附着架附在已浇筑完毕并有足够强度的塔柱混凝土节段上，为下一节塔柱浇筑提供空中作业面。根据桥塔的实际情况，爬模的每一节高度可设定为 4.5m 左右。

#### 2. 横梁的施工

由于横梁所处位置高，且体积大、荷载重，故施工难度较大。横梁外模宜采用在工厂内制作大块钢模，内侧模板可采用组合钢模板或定型角模。横梁支撑的施工方法一般采用落地钢管支撑或塔柱预埋件架设横梁支架等方法进行施工。横梁和塔柱可以采用同步施工的方法，也可采用异步施工法，具体看设计要求及实际情况。横梁的体积较大，一般均采用两次浇筑一次张拉工艺。如果采用二次浇筑工艺，必要时可增设临时预应力束，并尽可能减少两次施工的时间间隔。

另外，支架需要详细的计算分析，确保其刚度，需综合考虑弹性变形、非弹性变形、支架沉降、压杆稳定性、横梁挠度等因素，根据计算结果，预留底模预拱度。

### 9.2.2 主梁施工

#### 1. 混凝土主梁

斜拉桥的主梁施工方法与一般梁式桥基本相同，大跨度斜拉桥一般采用悬臂浇筑法或悬臂拼装法。对于跨径不大的斜拉桥，根据现场工程地形等施工条件也可以采用全支架现浇法、活动支架现浇法、顶推法、平转法等施工方法，但这几种方法一般只能用于水位较浅的中、小跨径斜拉桥。

1）全支架现浇法：全支架法施工简单、方便，易于保证主梁结构满足设计线形的要求，但只能适用于桥下净空小、搭设支架不影响桥下交通的情况。混凝土斜拉桥在塔柱附近的 0 号、1 号梁段一般需要采用支架法施工，以便给挂篮在桥面上安装提供工作面。其工序与一般梁式桥相同。

2）活动支架现浇法：活动支架现浇法是利用移动式落地活动支架逐段施工斜拉桥主梁，活动支架作为主梁分节段悬臂现浇的移动式支架，待主梁节段混凝土浇筑完毕且强度达到设计要求后，经张拉预应力筋，并挂设、张拉斜拉索进行体系转换，活动支架在临时墩上向前滑移、进行下一节段主梁施工，如此循环反复至主梁合龙。该法适用于桥下净空低、搭设支架方便且不影响桥下交通的情况下或河流水浅河床地质情

9-2 斜拉桥主梁施工安全技术

况良好的斜拉桥主梁。

3）顶推法：顶推法施工时，需要在跨内设置若干临时支墩，且在顶推过程中主梁要反复承受正、负弯矩。所以，该法适用于桥下净空较低、修建临时支墩造价不高且不影响桥下交通、主梁能反复承受正负弯矩的钢斜拉桥主梁施工。对于混凝土主梁而言，一般是在斜拉索安装张拉之前顶推主梁，临时支墩间距不能满足主梁负担自重弯矩时，需要在主梁内设置临时预应力钢束，选用此工艺时需要综合进行经济技术比较。

苏联的第聂伯河桥（1976年）为主跨300m的钢斜拉桥，采用了在跨内设置三个滑动支座的顶推施工。

4）平转法：平转法是分别在两岸或一岸顺河流方向的矮支架上现浇主梁，并在岸上进行落架、张拉、调索等安装工作，然后以塔墩为中心整体旋转至桥位处合龙。当斜拉桥的跨径不大、桥址处地形平坦、墩身较矮且结构体系适合整体转动时，可考虑采用平转法施工。

我国四川马尔康地区的金川桥是塔、梁、墩固结的钢筋混凝土独塔斜拉桥，跨径为68m+37m，塔高25m，主跨为空心箱梁，边跨为实心梁。鉴于其桥址处河滩平坦且墩身较矮，即采用了平转法施工。

5）悬臂施工法：悬臂施工法分为悬臂拼装法和悬臂浇筑法。悬臂拼装法既适用于钢主梁，也适用于混凝土主梁。但由于混凝土斜拉桥主梁节段重量较大，需要大吨位的起重设备，水上施工时需要大吨位的浮式起重机。对于中小跨径的斜拉桥，当构件重量不大时，可利用已施工完成的索塔作为安装索塔，采用缆索吊装。采用浮式起重机或缆索吊装，施工荷载较小。我国的苏通长江大桥主梁的施工采用了悬臂拼装的单悬臂法，美国的哥伦比亚（P-K）桥采用了双悬臂拼装法。

悬臂浇筑法是混凝土斜拉桥广泛采用的施工方法，当前已经形成了一整套成熟的施工工艺，我国大部分混凝土斜拉桥主梁都采用了悬臂浇筑法施工。斜拉桥悬臂浇筑与连续梁桥和悬臂梁桥的悬臂浇筑施工方法类似。早期施工中采用传统的挂篮，每节段只能浇筑2～5m，密索斜拉桥的索距一般为6～10m。挂篮必须移动两次才能完成一个节间的施工，施工周期长。近年来，牵索式长挂篮（亦称前支点挂篮）施工工艺在斜拉桥悬臂浇筑中得到广泛应用，使得每节浇筑段可加长至7～8m，每个斜拉索节间一次浇筑完成，大大加快了施工进度，缩短了工期。为了平衡长挂篮相对较大的自重和浇筑梁段的重量，需要将待浇筑梁段上的一根永久索（可用工具索接长）临时锚固在挂篮的前端作为前支点，如图9.2-1所示，待混凝土强度达到设计要求后再将斜拉索锚点转移到主梁上。我国已建成的重庆长江二桥、武汉长江公路大桥等都采用了前支点挂篮悬臂浇筑施工。

## 2. 钢主梁

斜拉桥钢箱主梁一般在专业厂家制作，分节段运输至桥位处安装。安装一般分为塔区梁段、边跨梁段、标准梁段几个部分。根据钢主梁的结构形式和桥位处的水文、地形条件的不同，常用的安装方法主要有：浮吊拼装法、桥面吊机拼装法、整体提升法、顶推法、滑动拖拉法等。

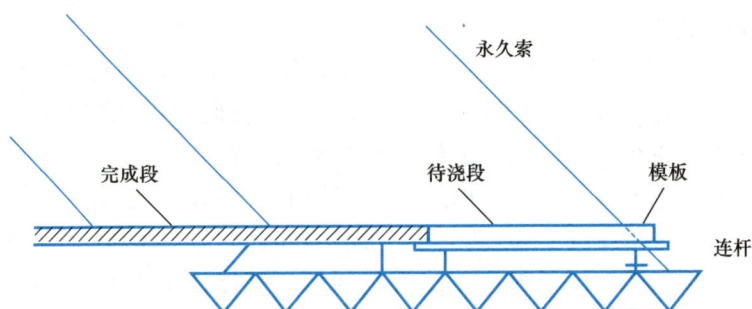

图 9.2-1　牵索长挂篮示意图

### 9.2.3　斜拉索的施工

斜拉索施工的主要工作包括斜拉索的引架和张拉两方面工作。

#### 1. 斜拉索的引架（挂索）

斜拉索的引架是指将斜拉索引架到桥塔锚固点与主梁锚固点之间的位置上。预制索一般直接利用吊机将斜拉索起吊，再利用导向缆绳及绞车等引拉就位。现场制造索则常用导索缆绳等将防护套管先架设好，再将组成斜拉索的钢绞线逐根穿入套管内。

#### 2. 斜拉索的张拉

斜拉索的张拉有以下五种方法：

1）液压千斤顶直接张拉法。在斜拉索的梁端或塔端锚固点处装设液压千斤顶直接张拉。预制索可采用液压千斤顶整索张拉；现场制作索可以用小液压千斤顶逐根张拉，也可以先用小液压千斤顶将初应力调均匀，然后再用大液压千斤顶整索张拉。国内几乎全部采用液压千斤顶直接张拉的施工工艺。

2）采用临时索将主梁前端拉起。依靠主梁伸出前端的临时索将主梁吊起，然后锚固斜拉索，再放松临时钢索，使索中产生拉力。此法虽不需要大规模的机具设备，但仅靠临时钢索往往不能满足主梁前端所需的位移量，最终需要用其他方法来补充拉索索力，所以较少采用。

3）用液压千斤顶将塔顶鞍座顶起。先将塔顶鞍座安装在低于设计标高的位置上，待斜拉索引架到鞍座上之后，再用液压千斤顶将鞍座顶高到设计标高，由此使斜拉索得到所需的拉力。

4）主梁先架设在高于设计标高的位置。主梁的架设标高先高于设计位置，待全部斜拉索安装锚固后，再用放松液压千斤顶落梁，并由此使斜拉索中得到所需的拉力。

5）在支架上将主梁前端向上顶起。该法实质上与2）类似，只是将向上拉改为向上顶。此法仅适用于主梁可用支架法施工的斜拉桥。如果主梁前端位于水面上，也可采用浮式起重机将主梁前端吊起或利用驳船将主梁前端托起。

### 9.2.4　工程实例（苏通长江公路大桥）

苏通长江公路大桥（2008 年 6 月建成通车）位于江苏省东南部长江口南通河段，连接苏州、南通两市，是交通部规划的国家高速公路沈阳至海口通道，也是江苏省公路主骨架的重要组成部分，曾是我国建桥史上工程规模最大、综合建设条件最复杂的特大型桥梁工程之一。苏通大桥跨江工程总长 8206m，其中主桥采用 100m+100m+300m+1088m+300m+100m+100m=2088m 的双塔双索面钢箱梁斜拉桥，主孔跨度1088m，是目前世界跨径第二大的斜拉桥，仅次于 2012 年 7 月建成的俄罗斯岛大桥（主跨跨径 1104m）。

### 1. 技术标准

苏通长江大桥全线采用双向六车道高速公路标准，计算行车速度为 100km/h，设计荷载采用汽车—超 20 级，挂车—120。桥梁标准宽度为 34m。主桥通航净空高 62m，宽 891m，可满足 5 万吨级集装箱货轮和 4.8 万吨船队通航需要。

### 2. 主梁设计

主梁采用抗风性能好的扁平流线型闭口钢箱梁，两端设置风嘴。外腹板、索塔区段顶底板和锚箱构件所需厚度较大的钢板，采用 Q370q 钢，其他构件采用 Q345q 钢材。

钢箱梁含风嘴全宽 41m，不含风嘴顶宽 35.4m，底板宽为（9+23+9）m，中心线处高度 4m。节段标准长度 16m，边跨尾索区节段标准长度 12m。

根据受力需要，顶板在顺桥向不同区段采用了 14-24mm 四种不同的厚度，横桥向靠近外腹板 2550mm 范围采用了 20mm、24mm 两种厚度。顶板设置 8-10mm 厚的 U 形加劲肋。底板包括水平底板和斜底板两部分，水平底板在顺桥想不同区段采用了 12-24mm 五种不同的厚度，索塔附近板厚最大。斜底板采用了 16-24mm 四种不同的厚度。底板设置 6-8mm 厚的 U 形加劲肋。

钢箱梁内设置横隔板，横隔板标准间距为 4m，根据受力需要，竖向支承、索塔附近梁段适当加密。为避免搭接偏心，提高横隔板的整体受力性能，横隔板采用整体式，由上、下两块板熔透对接。非吊点处横隔板厚度一般为 10mm，拉索吊点处横隔板采用变厚度，外腹板附近为 16mm、中间为 12mm。

钢箱梁内设置两道纵隔板，除竖向支承区，压重区和索塔附近采用实腹板式外，其余均为桁架式。

### 3. 斜拉索设计

采用 1770MPa 平行钢丝斜拉索，全桥共 282 根斜拉索，最长的达 577m，比日本多多罗大桥斜拉索长 100m，为世界上最长的斜拉索。斜拉索最大规格为 PES77-313，单根最大质量为 59t。斜拉索在钢箱梁上锚固点的标准间距为 1600cm，边跨尾索区为 1200cm；在塔上锚固点的间距 230-270cm。采用阻尼器、气动措施并用的减振方案，将斜拉索的最大侧向振幅控制在其长度的 1/1700 以内。

### 4. 索塔设计

索塔采用倒 Y 形，并在主梁下方设置下横梁一道。索塔总高 300.4m，为世界最高桥塔。其中，上、中、下塔柱高度分别为 91.361m、155.813m、53.226m；索塔高跨比为 0.212。塔柱采用空心箱形断面，上塔柱为对称单箱单室，外尺寸由 900cm×800cm 变化到 1080cm×1740cm，中下塔柱为不对称的单箱单室断面，外尺寸由 1082cm×650cm 变化到 1500cm×800cm。为保证下塔柱自身能够抵抗船舶局部撞击力，塔柱底部设 10m 高实心段。

辅助墩与过渡墩均采用普通钢筋混凝土分离式矩形薄壁墩。

### 5. 斜拉索锚固设计

斜拉索在主梁上的锚固采用钢锚箱，锚箱安装在主梁腹板外侧，并与其焊成一体。为保证锚固处的斜拉索索力合理分散到主梁上，主梁腹板和承压板内侧均做了补强设计。

斜拉索在索塔上的锚固，第1～3对直接锚固在上塔柱的混凝土底座上，其他采用钢锚箱锚固。钢锚箱包裹在上塔柱混凝土中。

### 6. 群桩基础设计

索塔基础采用131根长约120m、直径250～280cm的钻孔灌注桩基础，另设四个备用桩位，梅花形布置，是世界上规模最大、入土最深的群桩基础。承台为哑铃形，在每个塔柱下承台平面尺寸为5135cm×4810cm，其厚度由边缘的500cm变化到最厚处的1332.4cm。两承台之间采用1105cm×2810cm的系梁连接，厚度为600cm。近塔辅助墩基础采用36根直径250～280cm的钻孔灌注桩基础，行列式布置。远塔辅助墩和过渡辅助墩基础均采用19根直径250～280cm的钻孔灌注桩基础，梅花形布置。所有钻孔灌注桩均按摩擦桩设计，并考虑钢护筒与桩基础共同受力。

# 习　　题

一、单项选择题

1. 双塔三跨式斜拉桥的边跨与主跨的跨径比一般为0.25～0.5，从经济的角度考虑宜取（　　　）。

A. 0.2　　　　　　　B. 0.3　　　　　　　C. 0.4　　　　　　　D. 0.5

2. 斜拉桥的主梁大多都采用（　　）体系。

A. 简支　　　　　B. 连续　　　　　　C. 悬臂　　　　　　D. 非连续

3. 斜拉桥拉索索力实测值与设计值的偏差宜为 ±（　　　）%，超过时宜进行调整。

A. 2　　　　　　　B. 3　　　　　　　C. 5　　　　　　　D. 6

二、判断题

1. 辐射形布置的斜拉索在大跨度斜拉桥中应用最为广泛。　　　　　　（　　　）

2. 现代斜拉桥多采用"密索"体系。　　　　　　　　　　　　　　（　　　）

3. 漂浮体系适用于跨度较大、索距较小或在有抗震要求的地区修建的斜拉桥。

（　　　）

三、简答题

1. 常用的斜拉桥孔跨布置有哪几种？各有什么优缺点？

2. 斜拉桥中，密索体系与稀索体系各有什么优缺点？

3. 斜拉索在索面内的布置形式有哪几种？各有什么优缺点？

4. 斜拉桥根据塔、梁、墩之间的结合方式不同，分为哪几种体系？各有什么特点？

5. 斜拉桥混凝土主梁常用的施工方法有哪些？

# 教学单元 10

## 桥面系及附属工程施工

## 【知识目标】

1. 掌握桥梁支座的作用、常用类型、安装方法及技术要求；

2. 掌握桥面铺装的作用、纵横坡的设置方法、常用桥面铺装的类型及施工技术；

3. 了解桥面防水层常用类型及施工，熟悉常用桥面排水设施；

4. 掌握桥梁伸缩装置的作用、要求、常用类型及施工技术要求，了解人行道、栏杆（护栏）与灯柱的常用做法。

## 【能力目标】

1. 能够熟练查阅现行施工技术规范，编制支座、桥面铺装、伸缩装置的施工作业指导书并能够进行技术交底；

2. 能够依据现行规范，编写施工内业资料。

## 【素质目标】

1. 通过港珠澳大桥新型橡胶隔振支座的研制安装，培养学生科技报国的使命担当和精益求精的大国工匠精神；

2. 通过编制支座、桥面铺装、伸缩装置等的施工技术交底，培养学生熟练使用规范的能力；

3. 通过工程案例的讲解，培养学生严谨的工作作风和善于沟通、协作的职业素养。

## 【思维导图】

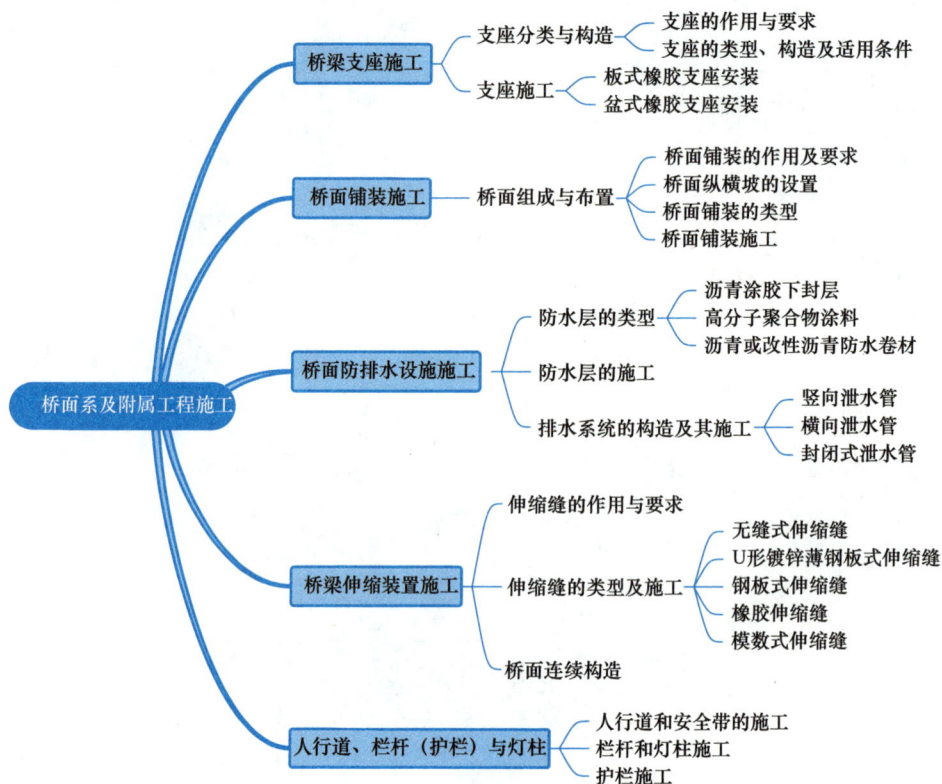

## 10.1　桥梁支座施工

### 10.1.1　支座分类与构造

#### 1. 支座的作用与要求

支座设置在桥梁的上部结构与墩台之间。其作用一是将上部结构的荷载安全地传递到桥梁墩台上去；二是适应荷载、温度变化、混凝土收缩与徐变等因素所产生的变位（位移和转角），同时要保证上部结构在支座处能自由变形，以便使结构的实际受力情况与计算简图相符合。

#### 2. 支座的类型、构造及适用条件

桥梁支座按使用材料来分，可分为简易支座、钢支座、橡胶支座和特殊功能支座四大类。

按支座变形的可能性，梁式桥的支座一般分为固定支座和活动支座两种。固定支座既要固定主梁在墩台上的位置并传递竖向压力，又要保证主梁发生挠曲时在支承处能自由转动，即固定支座允许梁截面自由转动而不能移动；活动支座只传递竖向压力，但要保证主梁在支承处既能自由转动又能水平移动，即活动支座允许梁在挠曲和伸缩时转动与移动。桥梁支座类型的选择应根据桥梁跨度的大小、支点反力的大小、梁体变形的程度以及对支座结构高度的要求视具体情况而定。

随着桥梁结构体系的发展，支座类型也相应得以更新换代，过去一般针对小跨径桥梁的或加工较烦琐的支座，如简易垫层支座、弧形钢板支座、钢筋混凝土摆柱式支座等已不常使用，代之以板式橡胶支座、盆式橡胶支座、球形钢支座、聚四氟乙烯滑板支座以及圆形板式橡胶支座等。

1）简易垫层支座

跨径小于5m的涵洞，标准跨度小于10m的公路简支梁桥，荷载作用下的变形很小，支座压力也比较小，可以不设专门的支座，而采用在支承处垫上由几层油毛毡或石棉做成的简易支座，为了防止墩、台顶部前缘与上部结构相抵，通常将墩、台顶部前缘做成倒角，并且最好在梁或板端底部以及墩、台顶部内增设1～2层钢筋网予以加强。实践证明，这种简易垫层的变形性能较差。

2）橡胶支座

橡胶支座与其他金属刚性支座相比，具有构造简单、加工方便、节省钢材、造价低、结构高度小、安装方便等一系列优点。此外，橡胶支座能方便地适应任意方向的变形，故对于宽桥、曲线桥和斜桥具有特别的适应性。橡胶的弹性还能消减上、下部结构所受的动力作用，这对于抗震也十分有利。

在桥梁工程中使用的橡胶支座，大体上可分为板式橡胶支座、聚四氟乙烯滑板式橡胶支座和盆式橡胶支座三大类。

（1）板式橡胶支座

板式橡胶支座由几层橡胶和薄钢片叠合而成，是一种适用于中、小跨度桥梁的简

单橡胶支座。它利用橡胶的不均匀弹性压缩实现转角，利用其剪切变形实现微量水平位移，如图 10.1-1 所示。

橡胶支座一般不分固定支座和活动支座，这样能将水平力均匀地传递给各个支座且便于施工，如有必要设置固定支座可采用不同厚度的橡胶支座来实现。

矩形板式橡胶支座的平面尺寸，目前常用的有 0.12m×0.14m、0.14m×0.18m、0.15m×0.20m 等。橡胶片的厚度为 5mm，薄钢板厚为 2mm，支座厚度可根据橡胶支座的剪切位移而采用不同层数组合而成，一般从 14mm（两层钢板）开始，以 7mm 进阶。

圆形板式橡胶支座一般适用于斜桥或圆柱形墩的桥梁。

安装橡胶支座时，支座中心尽可能对准上部构造的计算支点。为防止支座受力不均匀，应使上部结构底面及墩台顶面不仅保持表面清洁和粗糙，而且都能与支座接触面保持水平和紧密贴合，以增加接触面的摩阻力而避免滑动，必要时可以先铺一薄层水灰比不大于 0.5 的 1∶3 水泥砂浆垫层。

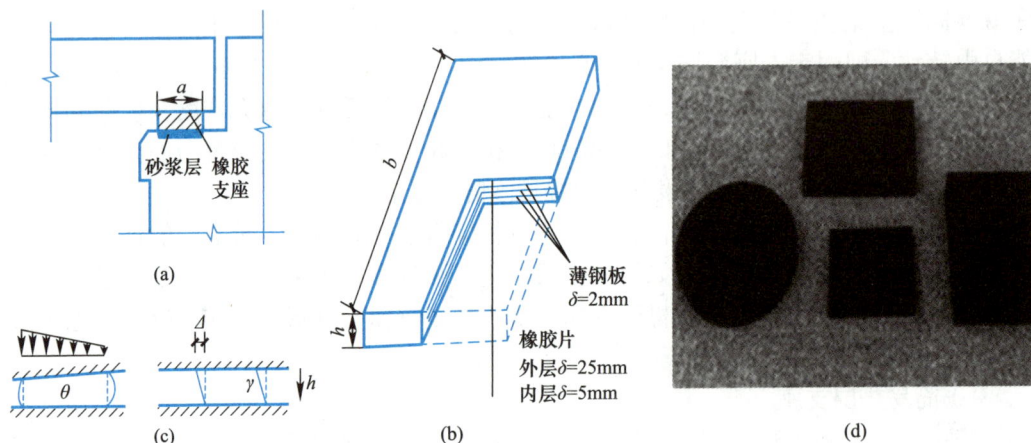

图 10.1-1 板式橡胶支座

（2）聚四氟乙烯滑板式橡胶支座

聚四氟乙烯滑板式橡胶支座是按照支座平面尺寸大小，在普通板式橡胶支座上黏附一层聚四氟乙烯板（厚 2～4mm）。它可利用聚四氟乙烯板与梁底不锈钢板之间的低摩擦系数（$\mu \leqslant 0.08$），使得桥梁上部结构的水平位移不受限制。

聚四氟乙烯滑板式橡胶支座适用于较大跨径的简支梁桥、桥面连续的桥梁和连续桥梁；此外，还可用作桥梁顶推施工的滑块。

（3）盆式橡胶支座

当竖向力较大时应采用盆式橡胶支座。常用盆式橡胶支座的构造如图 10.1-2 所示。它是由上支座板、不锈钢板、聚四氟乙烯（PTFE）板、盆环、氯丁橡胶块、密封圈、钢盆塞及防水圈和下支座板等组成。

盆式橡胶支座是在板式橡胶支座的基础上进一步改进后更为完善的一种橡胶支座。它与板式橡胶支座的主要区别在于：它不是利用置于橡胶中的加劲物来加强橡胶，而是将素橡胶板置于圆形钢盆内来加强橡胶。橡胶在受压后的变形由于受钢盆的约束，处于三向受压状态。只要钢盆不破坏，橡胶就永远不会丧失承载力。密封在钢盆内的橡胶板，可以做适度不均匀压缩来实现转动。

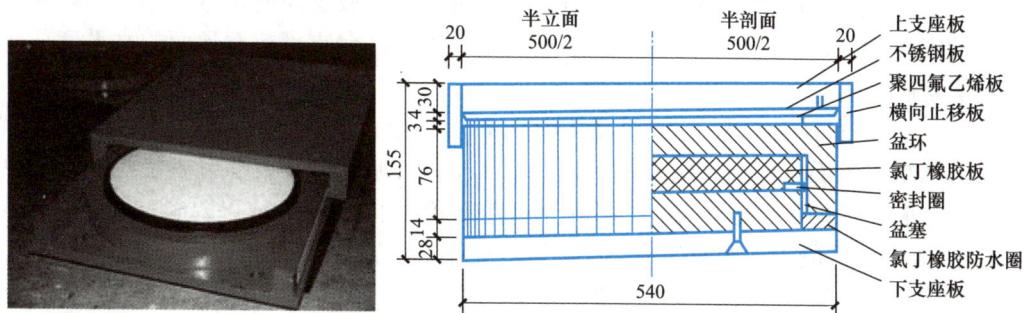

图 10.1-2　盆式橡胶支座（单位：mm）

其利用设置在钢盆内的橡胶板达到对上部结构具有承压和转动的功能，利用聚四氟乙烯板和不锈钢板之间的平面滑动来适应桥梁的水平位移。

盆式橡胶支座按其工作特征，可以分为固定支座、多向活动支座和单向活动支座三种。盆式橡胶支座具有承载能力大、水平位移量大、摩擦系数小、转动灵活、支座建筑高度低等优点，特别适宜在大跨径桥梁上使用。

3）特殊功能支座

（1）抗震支座

地震地区的桥梁应使用具有抗震和减震功能的支座。目前，国内主要的减隔震支座、抗震支座的类型有抗震铅芯橡胶支座、高阻尼橡胶支座和抗震型球形支座。

各种减震支座具有相似的功能和作用，即在竖直方向可以支承桥跨结构的荷载，在水平方向则具有良好的柔性，以满足较大的变位，使桥梁结构的振动长周期化，达到减小地震作用的目的。

（2）拉力支座

连续梁桥、悬臂梁桥、斜桥以及小半径曲线桥，在运营荷载作用下，有时会在支座处产生向上的拉力，此时支座既要承受压力又要承受拉力，拉压支座就是一种既能承受压力又能承受拉力的支座。

板式橡胶支座、盆式橡胶支座和球形支座通过一定的装置改造都可以做成拉压支座的形式。板式橡胶拉压支座适用于拉力较小的桥梁，对于反力较大的桥梁，则用球形抗拉钢支座或盆式拉力支座更适合。

## 10.1.2　支座施工

我国自在桥梁上采用板式橡胶支座以来，相继研制成功了盆式橡胶支座、聚四氟乙烯板式橡胶支座和球形支座。到20世纪末，在几乎100%的公路桥梁都采用板式橡胶支座、盆式橡胶支座和球形支座，在铁路桥梁上也逐步推广采用板式橡胶支座和盆式橡胶支座，尤其在大跨度混凝土连续梁上大量采用盆式橡胶支座。下面介绍板式橡

10-1　支座施工

胶支座和盆式橡胶支座的施工工艺。

### 1. 板式橡胶支座安装

板式橡胶支座安装的好坏将直接影响支座的应力状态，对于支座的正常使用（不滑移和脱落）及使用年限都有较大影响。为保证板式橡胶支座的正常工作，必须采取适当的安装措施，以保证梁体底面支承面的平整度及墩台支承垫石顶面的水平度。通常有下列措施：

1）支承垫石顶面要求水平，新制桥墩台的支承垫石顶面应用水平尺测量找平，旧墩台支承垫石顶面应仔细校核，不平处用1:3干硬性水泥砂浆或环氧砂浆找平，每块垫石相对水平误差不超过1mm，每片梁两端垫石顶面误差在3mm以内。

2）为保证混凝土梁底面的平整度，可以在梁端设置8～10mm厚的梁底支承垫板。该板要求板面平整，平面误差小于0.5mm，并在梁体浇筑时精确测量支承板的位置及水平。或者在梁体浇筑时，在梁端支承部位用钢模板，以保证梁端支承平面的平整。

3）在板式橡胶支座下设置30～50mm的砂浆垫层，以保证橡胶支座与梁体及墩台的紧密接触。

### 2. 盆式橡胶支座安装

盆式橡胶支座的安装步骤如下：

1）检查桥墩、桥台支承部位的尺寸、预留（或预埋）螺栓孔的位置、支座的安装标高。要求支座支承平面水平及平整，支承面四角高差不得大于2mm。

2）支座安装前方可开箱，并检查装箱清单，包括配件清单、原材料检验报告复印件。支座产品合格证和使用说明书。施工单位开箱后，不得任意松动上、下支座连接板，并不得任意拆卸支座。

3）支座出厂时，应由生产厂家将支座调平，并紧固上、下支座连接板，以防止支座在运输安装过程中改变位置。如支座需要预设位移时，可由生产厂家在装配时，预先调整好。

4）支座安装步骤

（1）支座开箱，并检查装箱清单及合格证。

（2）在桥墩、台支承部位画出中心线位置，并在支座顶底板上标注中心线位置。

（3）安装支座及地脚螺栓：先在下支座板四角用钢楔块调整支座水平，并使下支座板底面高出桥墩顶面20～50mm，找正支座纵、横向中线位置，使之符合设计要求。用无收缩砂浆或环氧砂浆灌注地脚螺栓孔及支座底面垫层。

支座安装也可以先把地脚螺栓用M50砂浆或细石混凝土锚固在预留螺栓孔中，待砂浆或混凝土达到强度后，放上支座，上好锚栓的螺母，用四角钢楔块调平支座，并使下支座板底面高出桥墩顶面30～50mm；然后，用M50干硬性砂浆，仔细捣入支座底板与桥墩之间，或者用重力压浆法向支座底板与桥墩之间注入M50无收缩砂浆。当地脚螺栓采用套筒螺栓方式时，套筒螺栓必须用模板定位，支承垫石灌注的顶面标高应低于设计标高30～50mm，以便安装支座后，灌注无收缩砂浆。安装支座时，宜在套筒螺栓顶面设置一层石棉垫圈，以免钢套筒在拆除支座四周的钢垫块后成为下支座板的刚性支点。

（4）在环氧砂浆或无收缩砂浆硬化后，拆除支座四角临时钢楔块，并用砂浆填满抽出楔块的位置，以免钢楔块成为下支座板的刚性支点。

（5）在梁体安装完毕之后，或现浇混凝土梁体形成整体并达到设计强度后，在张拉梁体预应力之前，拆除上、下支座连接板，以防止约束梁体的正常转动和位移。

（6）拆除上、下支座连接板后，检查支座外观，并及时安装支座外防尘围板。

（7）当支座与梁体及墩、台采用焊接连接时，应先将支座准确定位，然后用对称间断焊缝将下支座板与墩、台上预埋钢板焊接。焊接时应防止烧伤支座及混凝土。

由于盆式橡胶支座各方向的转动性能一样，因此在 T 形梁上使用盆式橡胶支座时，应特别注意安装阶段的侧向稳定性，为此应在梁端支座两侧附加适当的临时支撑，以防止梁体侧倾。特别是在铁路标准混凝土梁上使用时，由于梁体外侧有挡砟槽板，梁体自重向外侧偏心，因而在安装阶段必须有适当的临时支撑，只有当两片 T 梁之间的横隔板连接件焊成整体后，才允许拆除临时支撑，使两片 T 梁整体工作。

橡胶支座安装时要保证位置准确，中心要对准梁体轴线，防止偏心过大而损坏梁体。为了防止支座产生过大的剪切变形，安装时最好选择在气温相当于全年平均气温的季节里进行，以保证在低温或高温时偏离支座中心位置不会过大。

10-2　支座质量检测施工

## 10.2　桥面铺装施工

### 10.2.1　桥面组成与布置

桥面构造通常包括桥面铺装、防水与排水系统、桥面伸缩缝、人行道（或安全带）、缘石、栏杆（或护栏）以及照明灯柱等，图 10.2-1 所示为桥面的一般构造。

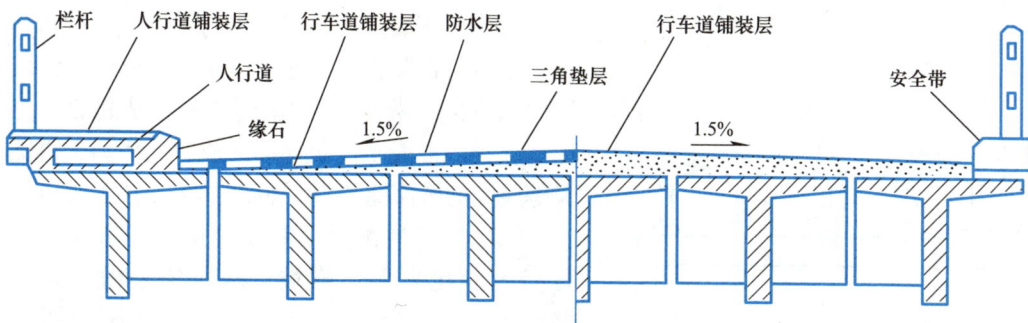

图 10.2-1　桥面的一般构造

桥面构造本身对环境的影响十分敏感，属于桥梁工程的薄弱环节。但由于桥面构造工程量小，项目繁杂，以及其附属性的地位，往往在设计和施工中得不到应有的重视，从而有可能导致运营过程中产生弊病，影响桥梁的正常使用，增加维修养护的费用，甚至被迫中断交通。因此，必须全面了解桥面构造各部件的工作性能，合理选择，认真设计，精心施工。

#### 1. 桥面铺装的作用及要求

桥面铺装即行车道铺装，亦称桥面保护层，它是车轮直接作用的部分。桥面铺装的作用是保护属于主梁整体部分的行车道板不受车辆轮胎或履带的直接磨耗，防止主梁遭受雨水的侵蚀，并对车辆轮重等集中荷载起一定的分布作用，使主梁受力均匀。因此，桥面铺装要具有一定的强度，并具有能够抗车辙、抗冲击、抗疲劳、抗滑耐磨、低温抗裂、不透水、刚度好及行车舒适等性能。

### 2. 桥面纵横坡的设置

1）设置目的

为了迅速排除桥面雨水，以防止或减少雨水对桥面铺装的渗透，从而保护行车道板，延长桥梁的使用寿命，通常桥梁除了设置纵坡外，尚应在桥面上设置横坡。

2）设置方法

桥面上设置纵坡，一般做成双向纵坡，在桥中心设置竖曲线，纵坡坡度一般以不超过3%为宜，与路线的纵断面设计相吻合。

桥面横坡通常沿双向设置（当按上下行两座独立的桥布置时，也可设成单向坡），横坡坡度可按路面横坡取用或增加0.5%，一般为1.5%～3%。对沥青混凝土或水泥混凝土铺装，行车道路面普遍采用抛物线形横坡，人行道则采用直线形。常用的设置形式有以下几种。

（1）对于板桥或就地浇筑的肋梁桥，为了节省铺装材料并减小恒载重力，可以将墩台顶部做成倾斜的，横坡直接设在墩台顶部，从而使桥梁上部构造形成双向倾斜。此时，铺装层在整个桥宽上就可以做成等厚度的形式，如图10.2-2（a）所示。

（2）对于装配式肋梁桥，为了使主梁构造简单、架设与拼装方便，通常采用不等厚度的铺装层以构成桥面横坡。具体做法为，首先铺设一层厚度变化的混凝土三角垫层形成双向倾斜，再铺设等厚度的桥面铺装层，如图10.2-2（b）所示。

（3）对于装配式肋梁桥，也有通过支座垫石高度变化来形成横坡，从而免去做三角垫层的工序，使得施工简便，横坡大小易控制，如图10.2-2（c）所示。

（4）对于比较宽的桥梁（或城市桥梁）用三角垫层设置横坡，将使混凝土用量与恒载重力增加过多。此时，可直接将行车道板做成倾斜面而形成横坡，如图10.2-2（d）所示。但这样会使主梁的构造稍趋复杂，给施工带来一定的麻烦。

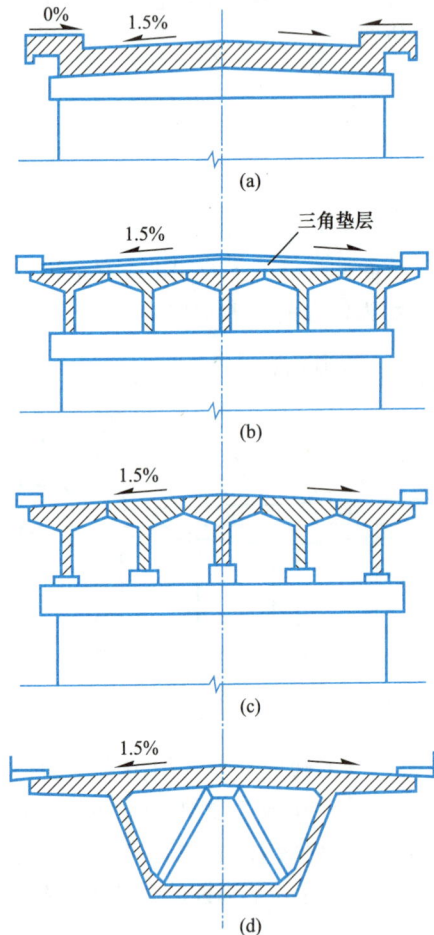

图 10.2-2　桥面横坡的设置

### 3．桥面铺装的类型

桥面铺装的结构形式应与所在位置的公路路面相协调。除特大桥外，桥面铺装的结构形式应与该路段的面层结构保持一致。目前，常采用碎（砾）石、沥青表面处理，水泥混凝土和沥青混凝土铺装等各种类型。其中，碎（砾）石和沥青表面处理桥面铺装耐久性较差，仅在中级和低级公路桥梁上使用。水泥混凝土和沥青混凝土桥面铺装能满足各项要求，应用广泛。特别是高速公路和一级公路上的特大桥、大桥的桥面铺装宜采用沥青混凝土。

水泥混凝土铺装的耐磨性能好，适合重载交通，但养生期长，日后修补较麻烦。铺装层的混凝土强度等级不应低于C40，铺装层厚度（不含整平层和垫层）不小于80mm。为使铺装层具有足够的强度和良好的整体性（能起连系各主梁共同受力的作用），铺装层内还应配置直径不小于8mm，间距不大于100mm的双向钢筋网，钢筋网顺桥向和横桥向每延米长度截面面积均不小于$500mm^2$。水泥混凝土桥面铺装应设置伸缩缝以避免产生开裂，纵向每个车道设置一道，横向每3～5m设置一道。水泥混凝土桥面铺装尚应符合《公路水泥混凝土路面设计规范》JTG D40—2011的有关规定。

沥青混凝土桥面铺装应由粘结层、防水层及沥青面层组成。高速公路、一级公路上桥梁的沥青混凝土铺装层厚度为70～80mm，必要时可增至100mm；二级及以下公路桥梁铺装层为50～80mm。沥青铺装应按照《公路沥青路面设计规范》JTG D50—2017的有关规定处理。沥青混凝土铺装的重量较小，维修养护方便，铺筑后几小时便能通车运营，行车舒适，但易老化和变形，受温度影响较大。

### 4．桥面铺装施工

1）水泥混凝土桥面铺装施工

（1）水泥混凝土桥面铺装的施工应符合下列规定：

① 铺装的厚度、材料、铺装层结构、强度、防水层设置等均应符合设计规定。

② 桥面铺装应在梁体的横向联结钢板焊接或湿接缝浇筑完成后方可进行。

③ 铺装施工前应使梁、板顶面粗糙，清洗干净，并应按设计要求铺设纵向接缝钢筋和桥面钢筋网。

④ 水泥混凝土桥面铺装，其表面应采取防滑措施，并宜分两次进行，第二次抹平后，应沿横坡方向拉毛或采用机具压槽，拉毛或压槽的深度应符合现行行业标准《公路水泥混凝土路面施工技术规范》JTG F30—2003的有关规定。

⑤ 水泥混凝土桥面铺装如设计为防水混凝土，施工时应按照防水混凝土的相关规定执行。

⑥ 纤维水泥混凝土桥面铺装的施工，可参照现行行业标准《纤维混凝土结构技术规程》CECS 38：2004的规定执行。

（2）水泥混凝土桥面铺装施工主要工序如下：

① 准备工作及测量

桥面铺装施工前，应对操作人员进行书面技术交底，开工手续通过监理工程师认可，机械设备完好无损，材料备料充分，确保浇筑过程正常、连续。

在梁顶面测量完成后，每隔10m标注其高程，在桥面横坡和纵坡变化较大处，要

10-3 桥
面铺装
施工

加密标注点，以确保桥面铺装标高误差控制在容许范围之内。

②桥面处理

桥面铺装混凝土浇筑前，要确保预制梁间铰缝及梁顶面的粗糙，凿除表面的浮浆、浮渣，并用空压机清扫、高压水冲洗干净。同时，应用水浸润梁体表面，确保在整个桥面铺装混凝土浇筑过程中，梁顶面处于湿润状态。

③布设桥面钢筋网

根据桥梁控制测量基点，在待安装焊接钢筋网片的两侧，沿桥纵向每隔2～3m设置钢筋网的顶面高程控制标识，易于施工操作人员准确确定钢筋网的设计位置。钢筋网应由直径不小于12mm的架立钢筋竖直支垫，并应将架立钢筋与钢筋网在十字交叉点采用焊接连接，确保钢筋网片在施工过程中不下沉、不上浮。砂浆垫块的布设应符合设计要求，确保钢筋保护层厚度。

④安装模板

根据桥面宽度，对于整幅桥面，宜采用分两幅或四幅进行摊铺施工，根据桥面铺装层厚度、平曲线和纵曲线的曲度等实际情况选用合适的槽钢或角钢等作为模板，设置牢固的满足误差要求的模板定位构造装置。

若桥面为较窄的单幅桥面，则可在防撞护栏内侧设置两道高程控制带，以控制带混凝土作为滑模摊铺机的运行轨道，并严格控制其标高、平整度、纵坡及钢筋保护层厚度的施工质量。

⑤浇筑混凝土

混凝土的浇筑可以采用吊车布料或泵车布料。布料时要有专人指挥，从一端向另一端连续推进，并确保浇筑过程中，混凝土振捣密实。

⑥养护

混凝土浇筑完成后，应在其收浆后尽快予以覆盖并洒水保湿养护。具备条件的可在浇筑完成后立即加设棚罩，待收浆后再予以覆盖和洒水养护，覆盖时不得损伤或污染混凝土的表面。

混凝土处于冻融循环作用的环境时，宜在结冰期到来4周前完成浇筑施工，且在混凝土强度未达到设计强度等级的80%前不得受冻，否则应采取技术措施，防止发生冻害。水泥混凝土桥面铺装施工质量应符合表10.2-1的规定。

2）沥青混凝土桥面铺装施工

沥青混凝土桥面铺装的施工应符合下列规定：

（1）铺装的层数和厚度应符合设计规定，铺装前应对桥面进行检查，桥面应平整、粗糙、干燥、整洁。铺筑前应洒布黏层沥青。

（2）当采用刻槽方式增加沥青混凝土铺装层与混凝土桥面的啮合，提高其抗滑能力时，刻槽的宽度宜为20mm，槽间距宜为20m，槽深宜为3～5mm。

（3）沥青混凝土的配合比设计、铺筑及碾压等施工，应符合现行行业标准《公路沥青路面施工技术规范》JTG F40—2004的有关规定。

**混凝土桥面铺装施工质量标准**      表 10.2-1

| 项目 | | | 规定值或允许偏差 | |
|---|---|---|---|---|
| 强度或压实度 | | | 符合设计要求 | |
| 厚度（mm） | | | 沥青混凝土 | 水泥混凝土 |
| | | | +10，−5 | +20，−5 |
| 平整度 | 高速公路、一级公路 | $IRI$（m/km） | 2.5 | 3 |
| | | $\sigma$（mm） | 1.5 | 1.8 |
| | 其他公路 | $IRI$（m/km） | 4.2 | |
| | | $\sigma$（mm） | 2.5 | |
| | | 最大间隙 $h$（mm） | 5 | |
| 横坡（%） | 水泥混凝土面层 | | ±0.15 | |
| | 沥青混凝土面层 | | ±0.3 | |
| 抗滑构造深度 | | | 符合设计要求 | |

注：1. 桥长不足100m时，按100m处理。

    2. 高速公路、一级公路上的小桥可按路面的要求进行质量控制。

## 10.3　桥面防排水设施施工

为防止雨水滞积于桥面并渗入梁体而影响桥梁结构的耐久性，同时保障桥面行车通畅、安全，桥面铺装应设置完善的桥面防水和排水系统。

### 10.3.1　防水层的类型

沥青混凝土和水泥混凝土都是不能完全防水的，桥面的防水主要通过设置防水层来实现。防水层是防止桥面雨水向主梁渗透的隔水层，它的作用是将透过铺装层渗下的雨水汇集于排水系统（泄水管）排出。桥面的防水层一般设置在桥面铺装层的下面，如图 10.3-1 所示，且必须保证层间结合得密实牢固。防水层应采用便于施工、坚固耐久、质量稳定的防水材料。设置形式和方法应根据当地的气候条件、降雨量以及桥梁的具体结构形式等确定。当前，桥面铺装中常用的防水层有以下三种类型：

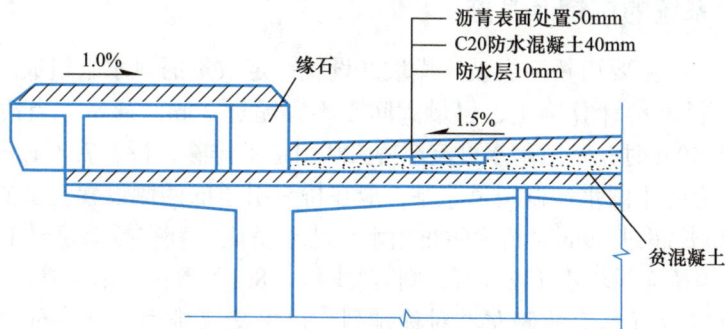

图 10.3-1　桥面铺装构造

### 1. 沥青涂胶下封层和地沥青砂胶防水层

前者是首先洒布薄层沥青或改性沥青，其上再洒布一层砂子，然后经反复碾压形成。后者的沥青厚度为 4～20mm，铺成一层或两层后，在上面撒砂，以增加与面层的粘附性能。地沥青砂胶的填料含量一般为 30%～50%，粘结料含量为 13%～18%。

### 2. 高分子聚合物涂料

如聚氨酯胶泥、环氧树脂、阳离子乳化沥青、氯丁胶乳等。高分子聚合物涂料不但具有优异的弹塑性、耐热性和粘结性，而且具有与石油沥青制品良好的亲和性，能适应沥青混凝土在高温条件下施工。另外，高分子聚合物涂料施工简单、方便，安全、无污染，近年来得到广泛的使用，已成为各类大中型桥梁防水施工的专业涂料。

### 3. 沥青或改性沥青防水卷材及浸渍沥青的无纺土工布

沥青防水卷材用作防水层，造价高，施工麻烦费时。而且，由于削弱了行车道板和铺装层之间的连接，如果施工处理不当，将使桥面铺装层似有一弹性垫层，在车轮荷载作用下，铺装层容易起壳开裂。此时，为了增强桥面铺装的抗裂性，可在防水层之上的混凝土铺装层或垫层内铺设 $\phi3～\phi6$ 的钢筋网，网格尺寸为 150mm × 150mm 至 200mm × 200mm。

近年来，随着桥面铺装材料应用技术的进步，桥面防水形式逐渐多样化。根据建桥地区不同，可以直接采用 C50 以上防水纤维混凝土或 4～8mm 改性沥青混凝土进行桥面铺装、8cm 沥青混凝土 +10cm 钢筋网混凝土组合桥面铺装等。

## 10.3.2　防水层的施工

铺设桥面防水层时应符合下列规定：

1）防水层材料应在进场时进行检测，在符合产品的相应标准后方可使用。

2）铺设防水材料前应清除桥面的浮浆和各类杂物。

3）防水层在横桥向应闭合铺设，底层表面应平顺、干燥、干净。防水层不宜在雨天或低温下铺设。

4）防水层通过伸缩缝或沉降缝时，应按设计规定铺设。

5）水泥混凝土桥面铺装层当采用织物与沥青黏合的防水层时，应设置隔断缝。

6）防水层施工完成后，在未达到规定的时间内，不得开放交通。

## 10.3.3　排水系统的构造及其施工

桥面排水系统主要由桥面纵坡、横坡并设置一定数量的泄水管组成。泄水管的设置应依据设计径流量计算确定，但最大间距不宜超过 20m。通常，当桥面纵坡大于 2%、桥长小于 50m 时，一般雨水可流至桥头从引道上排除，桥上就不必设置专门的泄水管。此时，为防止雨水冲刷引道路基，应在桥头引道的两侧设置流水槽。当桥面纵坡大于 2%、桥长超过 50m 时，为防止雨水积滞于桥面，宜在桥上每隔 12～15m 设置一个泄水管。当桥面纵坡小于 2% 时，则宜每隔 6～8m 设置一个泄水管。

泄水管可以沿行车道两侧左右对称排列，也可交错排列。具体布置形式有以下三种。

### 1. 竖向泄水管

竖向泄水管常用于肋板式梁桥、箱形梁桥、肋拱桥及刚架拱桥、桁架拱桥等轻型拱桥上。泄水管通常设置在行车道的边缘处，离缘石的距离为100～500mm，如图10.3-2所示。竖向泄水管通过桥面板上预留的孔洞伸到桥面板下方，桥面积水流入泄水管后直接向下排放。为了防止泄水管堵塞，应在进水口处设置格栅盖板，也可将泄水管布置在人行道下面，如图10.3-3所示，桥面水通过设在缘石或人行道构件侧面的进水孔流入泄水孔。泄水管下端应伸出行车道板底面以下至少15～20cm，以防止雨水浸润桥面板。如果桥面铺装层内设有防水层，则应让管道与防水层紧密结合，以便防水层上的渗水能通过泄水管道排出桥外。

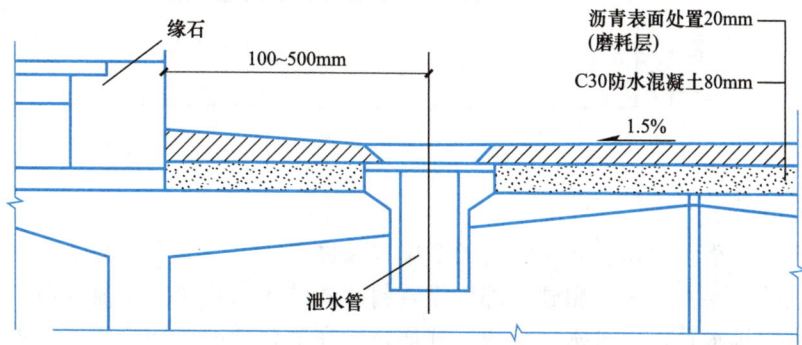

图 10.3-2 泄水管布置于行车道边缘的图示

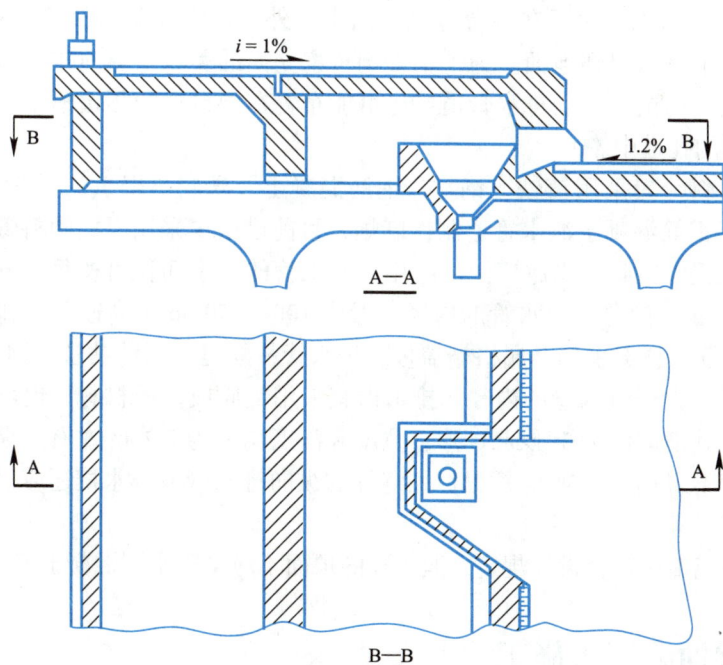

图 10.3-3 泄水管布置于人行道下的图示

### 2. 横向泄水管

对于不设人行道的小跨径板桥或实腹式拱桥，可以在行车道两侧的安全带或护栏下方预留横向孔道，将桥面积水沿横向直接排出桥外。泄水管口要伸出桥外20～30mm，如图 10.3-4 所示，以便于滴水。这种做法构造简单、安装方便，但因孔道坡度较缓，往往易于堵塞。

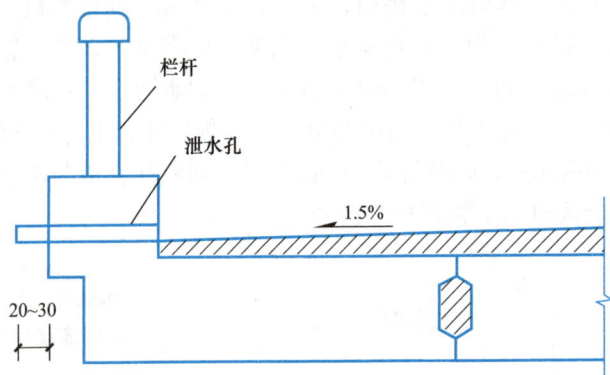

图 10.3-4　横向泄水管构造（单位：mm）

### 3. 封闭式泄水管

对于跨越公路、铁路、通航河流的桥梁以及城市桥梁，为保证桥下行车行人安全及公共卫生的需要，应像房屋建筑那样设置封闭式的排水系统，将流入泄水管中的雨水汇集到纵向排水管（或排水槽）内，并通过设在墩台处的竖向排水管（落水管）流入地面排水系统或河流中。当桥长较短时，纵向排水管的出水口可以设在桥梁两端的桥台处；对于长大桥，除了在桥台处设置出水口外，还需在某些桥墩处布置出水口，并利用竖向管道将水引到地面。为了不影响桥梁立面的美观，纵向排水管道一般可设在箱梁中或梁肋内侧。竖向排水管道应尽可能布置在墩台壁的预留槽中，或者布置在墩台内部预留的孔道中。

泄水管材料一般采用铸铁、钢材、钢筋混凝土及塑料（聚氯乙烯 PVC 或聚乙烯 PE）等，由于钢筋混凝土泄水管道制作麻烦，目前已很少采用，而塑料管以其优越的性能在当前工程中得到越来越广泛的应用。泄水管的过水面积可按每平方米桥面上不少于 $200～300mm^2$ 设置，泄水管的内径一般为 100～150mm（高速公路和一级公路采用 150mm），管口顶部采用金属格栅盖板。排水管一般也采用铸铁管、钢管和塑料管，其内径应等于或大于泄水管的内径。排水槽宜采用铝质或钢质材料，也可采用水泥混凝土预制件，其横截面为矩形或 U 形，宽度和深度均宜为 0.20m 左右。纵向排水管或排水槽的坡度不得小于 0.5%。桥梁伸缩缝处的纵向排水管或排水槽还应设置可供伸缩的柔性套筒。

泄水管的施工应符合设计规定，泄水孔的顶面不应高于水泥混凝土铺装层的顶面。

## 10.4　桥梁伸缩装置施工

### 10.4.1　伸缩缝的作用与要求

为保证在气温变化、混凝土收缩与徐变以及荷载等因素作用下，桥梁结构能够按静力图式自由地变形，并保证车辆平稳通过，应在两相邻梁端之间、梁端与桥台背墙之间设置伸缩缝，并在伸缩缝处设置伸缩装置。在伸缩缝附近的栏杆、人行道等结构也应断开，以满足梁体的自由变形。

桥梁伸缩装置直接暴露在大气中，承受车辆、人群荷载的反复作用，很小的缺陷和不足就会引起跳车等不良现象，从而使其承受很大的冲击，甚至影响到桥梁结构本身和通行者的生命安全，是桥梁结构中最易损坏又较难修缮的部位。在设计与施工过程中，应给予足够的重视。

对桥梁伸缩缝的设计和施工，应全面考虑下述几方面的要求：

1）能够满足桥梁自由伸缩和转动的要求，保证有足够的伸缩量。

2）伸缩装置需要承担各种车辆荷载，所以构造上必须牢固可靠，与桥梁结构连为整体，抗冲击，经久耐用，同时，应力求构造简单，以方便施工和安装。

3）桥面平坦，行驶性良好，车辆行驶时应平顺、无突跳和噪声。

4）具有良好的防水性和排水性，以防止雨水渗入，并方便及时排除，能有效防止污物渗入阻塞。对于敞露式的伸缩缝要便于检查和清除缝下的沟槽的污物。

5）养护、修理与更换方便，伸缩装置大修的周期应至少与面层的大修周期相同。

6）经济、价廉。

伸缩缝的变形量计算比较复杂，除了考虑温度变化、混凝土收缩与徐变引起的主要变位外，还要考虑荷载、墩台位移、地震、纵坡、斜交和曲线桥等因素引起的变位，同时应计入梁的制造和安装误差。具体计算时，可以安装伸缩缝时的温度为基准，将温度变化引起的伸长量 $\triangle l_t^+$ 和缩短量 $\triangle l_t^-$，以及混凝土徐变和干燥收缩引起的收缩量 $\triangle l_e + \triangle l_s$ 作为基本的伸缩量。对于其他的因素引起的变形量，一般可作为安全富余量 $\triangle l_E$ 考虑，$\triangle l_E$ 通常可按计算变形量的 30% 估算。总的变形量可按式（10.4-1）计算：

$$\triangle l = \triangle l_t^+ + \triangle l_t^- + \triangle l_e + \triangle l_s + \triangle l_E \qquad (10.4-1)$$

对于大跨度桥梁，尚应记入因荷载的作用和梁体上、下温差等所引起的梁端转角产生的变形量。

### 10.4.2　伸缩缝的类型及施工

我国公路和城市桥梁中使用的伸缩缝装置种类较多，工程中可依据对变形量大小的要求加以选择。当前常用的形式有无缝式（暗缝式）伸缩缝、U形镀锌薄钢板式伸缩缝、钢制伸缩缝、橡胶伸缩缝及组合式（模数式）伸缩缝等。

#### 1. 无缝式（暗缝式）伸缩缝

无缝式伸缩缝是在伸缩间隙中填入弹性材料，该处的桥面铺装亦采用弹性较好的材料，并且使之与其他桥面铺装形成一个整体，实质上是通过接缝处弹性材料的变形实现伸缩的一种构造。简支梁桥中经常采用的桥面连续构造即属于暗缝式伸缩缝，如图 10.4-1 所示。

TST 碎石弹性伸缩缝是近年来开发应用的一种无缝式桥梁伸缩缝，它适用于伸缩量不超过 50mm 的中、小式跨径桥梁。在现场将特制的弹塑性复合材料 TST 加热熔融后，灌入经过清洗加热的碎石中，即形成了 TST 碎石弹性伸缩缝。碎石用以支撑车辆

10-4　伸缩缝施工

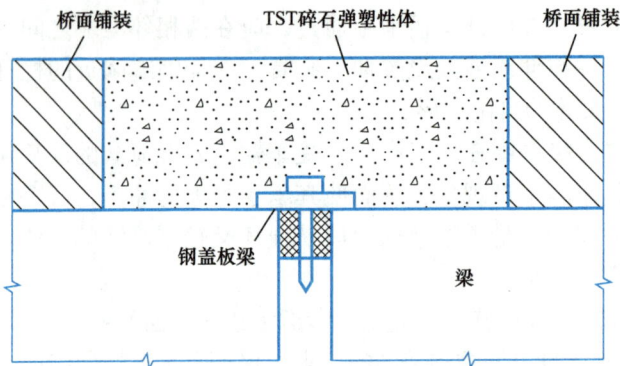

图 10.4-1  TST 碎石弹性伸缩缝

荷载，TST 弹塑性体在 −25～+60℃条件下能够满足伸缩量的要求。

TST 碎石弹性伸缩缝构造简单，施工方便快捷，易于维修和更换，通常施工完成后 2～3h 即可开放交通。TST 碎石弹性伸缩缝使桥面铺装形成连续体，行车时不致产生冲击、振动等，舒适性较好，本身的防水性也较好。TST 碎石弹性体可以在各个方向发生变形。

因此这种弹性伸缩缝还可以满足弯桥、坡桥和斜桥在纵、横、竖三个方向的伸缩与变形，亦可以用于人行道伸缩缝。鉴于以上优点，TST 碎石弹性体伸缩缝具有良好的应用前景。但由于是在路面铺装完成后再用切割器切割路面，并在起槽口内注入嵌缝材料而成的构造，故适用范围有所限制，仅适用于较小的接缝部位。

## 2. U 形镀锌薄钢板式伸缩缝

U 形镀锌薄钢板式伸缩缝是一种简易的伸缩装置。它是以 U 形薄钢板作为跨缝材料，镀锌薄钢板分上、下两层，上层的弯曲部分开凿梅花眼，其上设置石棉纤维过滤器，然后用沥青胶填塞，如图 10.4-2 所示，以使桥面伸缩时镀锌薄钢板随之变形。人

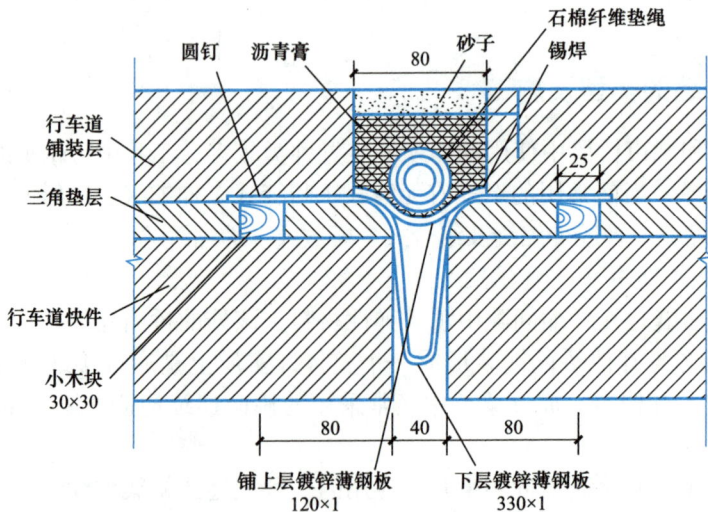

图 10.4-2  U 形镀锌薄钢板式伸缩缝

行道部分的伸缩缝构造，通常用一层U形镀锌薄钢板跨缝，其上再填充沥青膏即可。这种伸缩缝构造简单、施工方便、造价低，采用相应的措施，还可以很好地配合桥面连续，但其使用寿命较短，使用效果不佳。所能使用的变形量在20～40mm，一般仅用于中、小跨径的桥梁。

### 3. 钢板式伸缩缝

钢板式伸缩缝是用钢材作为跨缝材料，能直接承受车轮荷载的一种构造。过去，这种伸缩装置多用于钢桥，现在也用于混凝土桥梁。钢板式伸缩缝的种类繁多，构造较复杂，能够适应较大范围的梁端变形。

1）搭板式钢板伸缩缝。搭板式钢板伸缩缝是用一块厚度约为10mm的钢板搭在断缝上，钢板的一侧焊在锚固于铺装层混凝土内角钢上，另一侧可沿着对面的角钢自由滑动。这种伸缩缝所能适应的变形量在40～60mm。但由于一侧固定死，车辆驶过时，往往由于拍击作用而使结构破坏，大大影响了伸缩缝的使用寿命。为此，可借助螺杆弹簧装置来固定滑动钢板，以消除不利的拍击作用，并减小车辆荷载的冲击影响。

2）梳齿形钢板伸缩缝。梳齿形钢板伸缩缝行驶性好，伸缩量大（可达400mm以上），在大、中型桥梁中得到普遍采用，不仅能用于直桥，也能用于斜度很大的斜桥。按支撑形式的不同，可分为悬臂式和支撑式两种。图10.4-3为面层板成齿形，从左右伸出桥面板间隙处相互啮合的悬臂构造，支撑式则是左右伸出梳齿，并在齿的前端支撑的一种形式。由于支撑式在冲击荷载作用下，耐久性较差，故多采用悬臂式。梳齿形钢板伸缩装置的缺点在于造价高，制造加工困难，防排水能力差，清洁工作比较困难。

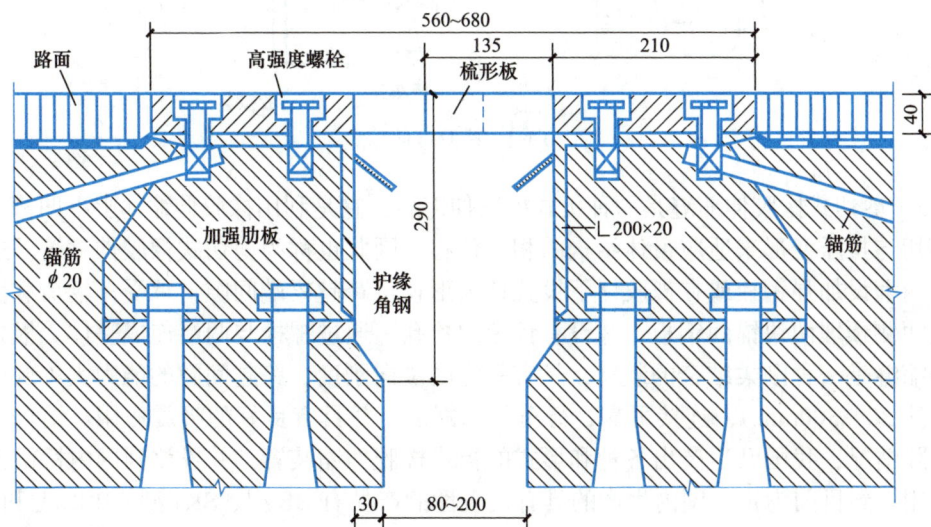

图10.4-3　梳齿形钢板伸缩缝（悬臂式）

### 4. 橡胶伸缩缝

橡胶伸缩缝采用各种不同断面形状的橡胶带（或板）作为嵌缝材料。由于橡胶（一般为氯丁橡胶）既富有弹性，又易于粘粘，并且能满足变形要求和具备防水功能，施工及养护维修也很方便，目前在国内外桥梁工程中得到广泛的应用。

橡胶伸缩缝根据橡胶带（或板）传力和变形机理的不同，可分为嵌固对接式和剪切式两类。

1）嵌固对接式橡胶伸缩缝是嵌固对接式伸缩装置，利用不同形状的钢构件将不同形状的橡胶条（带）嵌牢固定，以橡胶条（带）的拉压变形来吸收梁体的变形，伸缩体可以始终处于受压状态。橡胶带的断面由 3 节形、2 孔条形、3 孔条形、M 形、W 形和倒 U 形等多种形式。通常，将梁架好后在两端焊上角钢，涂上胶后，再将橡胶嵌条强行嵌入，或用不同形状的钢构件将不同形状的橡胶条嵌牢固定即可。图 10.4-4 所示为 2 孔橡胶带伸缩缝装置。该类伸缩缝用于伸缩量不大于 80mm 的桥梁工程上。由于橡胶带伸缩缝的橡胶带容易弹跳出来，目前已较少采用。

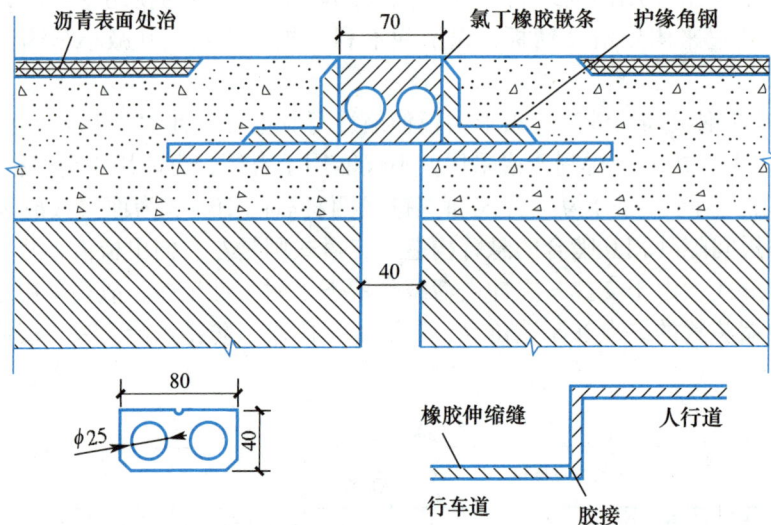

图 10.4-4　橡胶带伸缩缝

2）剪切式橡胶伸缩缝是一种板式橡胶伸缩缝，它是利用橡胶伸缩体上下凹槽之间的剪切与拉压变形来适应量体结构的相对位移，因此也称为剪切式橡胶伸缩缝。通过在板内埋设加强钢板或在橡胶体下设置梳齿形托班跨越梁端间隙，承受车辆荷载。橡胶板两侧预埋两块锚固钢板，并设有预留螺栓孔，通过螺栓与两端连成整体。板式橡胶伸缩缝是一种刚柔结合的装置，具有一定的竖向刚度，跨越间隙的能力大（变形范围可达 30～300mm），连接可靠，行车平稳舒适，并具有良好的吸震作用。结合各地的实际情况，我国已生产出各种和形式的板式橡胶伸缩装置，并投放到国内桥梁工程中应用。到目前为止，国内生产的具有代表性的产品有 BF 型、SKJ 型、BSL 型和 CD 型等。

### 5. 模数式伸缩缝

模数式伸缩缝是利用吸震缓冲性能好的橡胶材料与强度高刚性好的型钢组合而成的伸缩装置，故又称为组合式伸缩缝。模数式伸缩缝有很多种形式，结构也较复杂，但它保留了橡胶和钢制伸缩缝的优点，既可以满足大位移量的要求，承受车辆荷载，又具有防水和行车平顺的特点。在特大桥和大桥中宜采用这类伸缩装置。

模数式伸缩缝在构造上的共同点在于均是由 V 形截面或其他截面形状的橡胶条密封条（带），嵌接于异形边钢梁和中钢梁内组成可伸缩的密封体。异形钢梁直接承受车辆荷载，其高度应根据计算确定，但不应小于 70mm，并应具有强力的锚固系统。根据需要的伸缩量，可随意增加中钢梁和密封橡胶条（带）的数量，加工组装成各种伸缩量的系列产品。瑞士马格巴公司生产的 LR 伸缩装置，该伸缩缝含有 27 组密封件，伸缩量可达 2000mm 以上，曾为润扬大桥提供了世界上最大的伸缩缝，该伸缩缝含有 27 组密封件，最大纵向位移为 2160mm。目前，随着热轧整体成型专用异形钢材的国产化，国内也有相应类型的伸缩缝生产。

### 10.4.3　桥面连续构造

桥梁运营的实践经验表明，桥面上的伸缩缝在使用中很容易破坏，因此对于多跨简支梁桥，为了提高行车的舒适性，减轻桥梁的养护工作和延长桥梁的使用寿命，应尽量减少伸缩缝的数量，常用的做法是采用桥面连续，使得多孔简支梁桥在竖直荷载作用下作为简支体系，而在纵向水平力作用下成为具有一定连续功能的结构。特别是高速公路、一级公路上的多孔简支梁（板）桥宜采用连续桥面结构，视桥梁跨径的大小，一般可采用 3～7 跨一联。

桥面连续构造的做法较多，图 10.4-5 所示为我国常用的一种桥面连续形式。

采用桥面连续构造时，连续部分的桥面易于开裂。为改善桥梁结构受力状态，也可采用简支—连续构造，使多跨简支梁在一期恒载作用下处于简支体系受力，然后将相邻两梁端作完全固结处理，避免了简易桥面连续易开裂的缺点，并使结构呈现出了连续梁桥的特性。

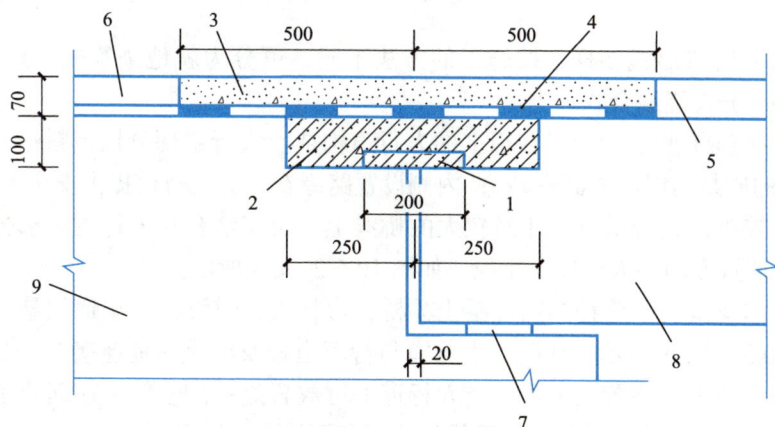

图 10.4-5　桥面连续构造

1—钢板；2—Ⅰ型改性沥青混凝土；3—Ⅱ型改性沥青混凝土；4—编织布；5—桥面现浇混凝土层；
6—沥青混凝土铺装；7—板式橡胶支座；8—预制板；9—背墙

## 10.5　人行道、栏杆（护栏）与灯柱

### 10.5.1　人行道和安全带的施工

位于城镇及近郊的桥梁，一般均应设置人行道。人行道的宽度由行人的交通量决定，可为 0.75m 或 1.0m，高度为 0.25～0.35m。当宽度要求大于 1.0m 时，按 0.5m 的倍数增加。

行人稀少地区的桥梁上，也可以不设人行道，为了保证交通安全，应在行车道两侧设置宽度不少于 0.25m，高度为 0.25～0.35m 的护轮安全带。近年来，在一些桥梁设计中，为了充分保证行车安全，安全带的高度已用到 0.4m 以上。

安全带可以做成预制块件或与桥面铺装层一起现场浇筑。预制的安全带有矩形截面和肋板式截面两种，如图 10.5-1 所示，矩形截面较为常用。现浇的安全带宜每隔 2.5～3.0m 做一条断缝，以免参与主梁受力而受到损坏。

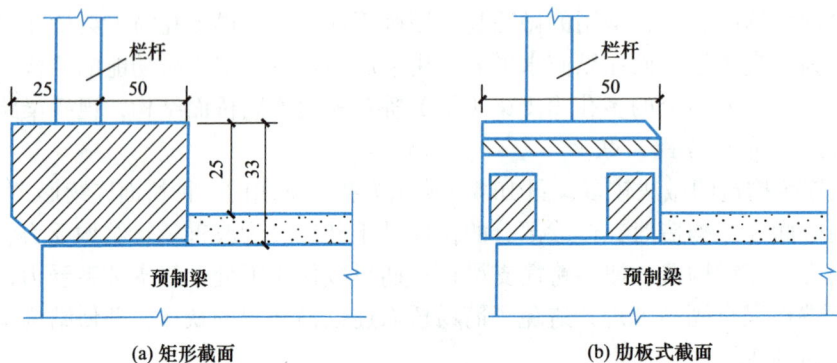

(a) 矩形截面　　　　　　　　(b) 肋板式截面

图 10.5-1　矩形和肋板式安全带（单位：cm）

人行道的构造形式多样，按施工的方法不同，可分为就地浇筑式、预制装配式、部分装配和部分现浇混合式三类。

图 10.5-2（a）所示为附设在板上的人行道构造。人行道部分用填料垫高，上面敷设 2～3cm 的砂浆面层（或沥青砂）；内侧设置路缘石，对人行道提供安全保护作用。

在跨径较小，人行道宽度相对较大的桥梁上，可将墩台在人行道处部分加高，再在其上直接搁置专门的人行道承重板，如图 10.5-2（b）所示。

对于整体浇筑的小跨径钢筋混凝土梁桥，常将人行道设在行车道的悬臂挑出部分上，如图 10.5-2（c）所示。此时，人行道与行车道板及梁整体地连接在一起。这样做可以缩短墩台长度，搁置在主梁上，人行道下可放置过桥的管线，在起重条件较好的地方采用，施工快且方便，但是对管线的检修和更换十分困难。

图 10.5-3 所示为《公路桥涵标准图　装配式后张法预应力混凝土 T 形组合梁斜桥下部构造》JT/GQB 014—1998 中的一种分段预制、悬臂安装的人行道结构。人行道梁搁在行车道的主梁上，端部悬挑，根部则通过预埋的钢板与桥面板内伸出的锚固钢

筋焊接。支撑梁用以固定人行道梁的位置，人行道板则铺装在人行道梁上。这种构造的人行道，预制块件小而轻，但施工较麻烦。

人行道顶面通常铺设 20mm 厚的水泥砂浆或沥青砂作为面层，并以此形成倾向桥面 1.0%～1.5% 的排水横坡。城市桥梁人行道顶面可铺设彩砖，以增加美观。此外，人行道在桥面断缝处也必须做相应的伸缩缝。

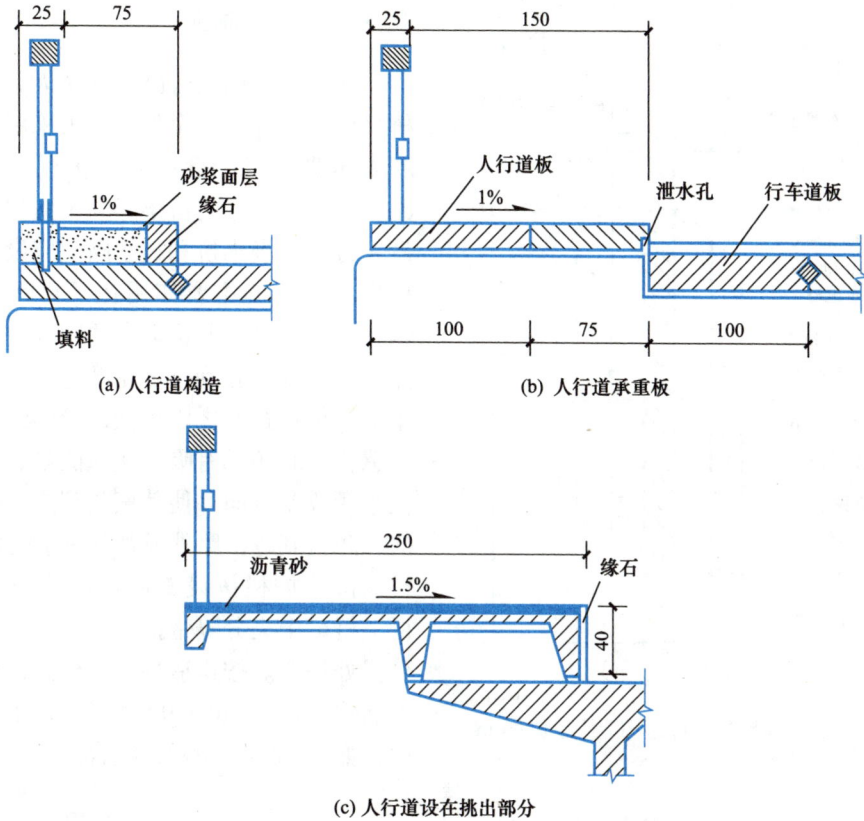

(a) 人行道构造　　(b) 人行道承重板

(c) 人行道设在挑出部分

图 10.5-2　人行道一般构造（单位：cm）

## 10.5.2　栏杆和灯柱施工

作为桥梁上的一种安全防护设施，栏杆设置在两侧的人行道上，要求坚固耐用，经济美观。公路与城市桥梁的栏杆可采用混凝土、钢筋混凝土、铸铁、钢材等材料，并应结合桥梁特点和美观要求进行合理的选材。

栏杆的设计首先要满足结构的受力要求，还要考虑经济实用，施工方便，养护维修省力。成交的公路桥、城市桥梁及重要的大桥应考虑栏杆的美观性。设计和施工时应当注意，在靠近桥面伸缩缝处的所有栏杆，均应能够自由变形。在城市桥上及城郊行人和车辆较多的公路桥上，均应设置照明设施，一般采用柱灯在桥上照明（立交桥上也有采用高杆照明的）。照明灯柱可以利用栏杆柱，也可单独设在人行道内侧，在较宽的人行道上还可设在靠近缘石处。照明用的那个一般高出车道 5m 左右。柱灯的设计

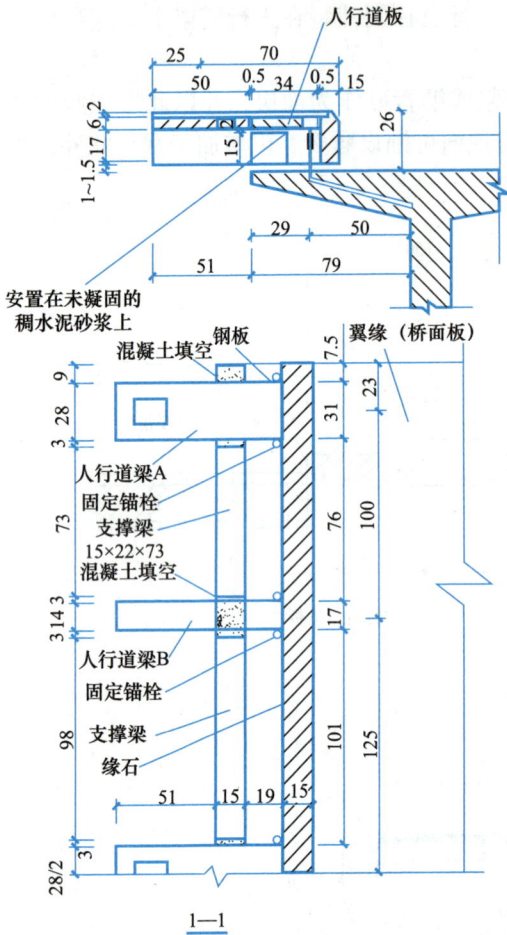

图 10.5-3　分段预制的人行道构造（单位：cm）

要满足照明的使用要求，力求经济合理，同时也要使全桥在立面上具有统一协调的艺术造型。近年来，在公路桥上也有采用低照明和发光建筑材料涂层标记，设计时亦可考虑选用。

### 10.5.3　护栏施工

二、三、四级公路上的特大、大、中桥可设置栏杆和安全带，也可采用将栏杆和安全带有机结合的安全护栏。高速公路、一级公路上的桥梁必须设置护栏。不设人行道的漫水桥和过水路面应设护栏或栏杆。护栏的主要作用在于封闭沿线两侧，不使人畜与非机动车辆闯入公路，并能诱导视线，起到一定轮廓标的作用，使车辆尽量在路幅之内行驶，给驾驶员以安全感；同时还具有吸收碰撞能量、迫使失控车辆改变方向并使其恢复到原有行驶方向，防止其越出路外或跌落桥下的作用。

桥梁护栏按设置部位可分为桥侧护栏、桥梁中央分隔带护栏和人行、车行道分界处护栏。按构造特征可分为钢筋混凝土墙式护栏，如图 10.5-4 所示；梁柱式护栏，如图 10.5-5 所示；组合式护栏和缆索

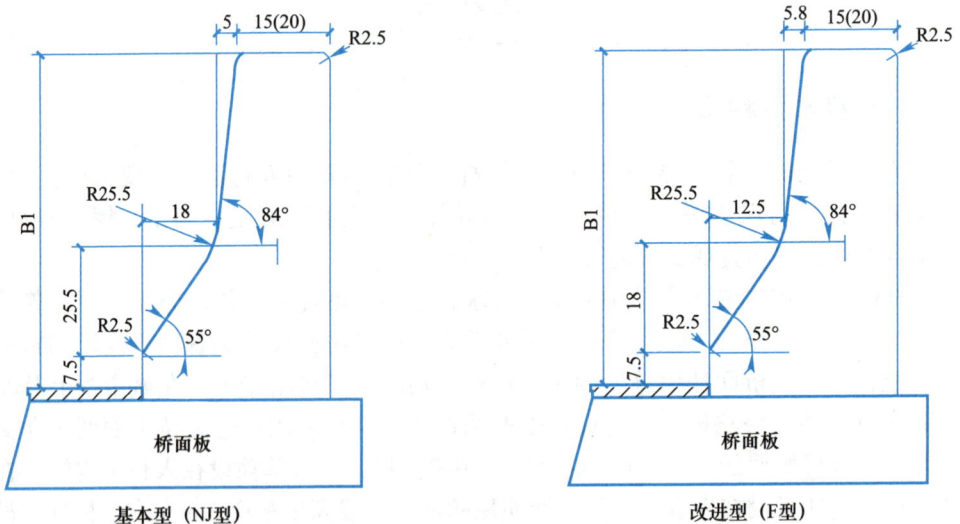

图 10.5-4　钢筋混凝土墙式护栏（单位：cm）

护栏等。缆索护栏是一种以数根施加了初张力的缆索固定于立柱上而组合成的结构，按防撞性能有刚性护栏、半刚性护栏和柔性护栏之分。材料上可采用钢筋混凝土或金属（钢、铝合金）。

桥梁护栏的形式选择，首先应满足其防撞等级的要求，避免在相应设计条件下的失控车辆跃出；同时，还应综合考虑公路等级、桥梁护栏外侧危险物的特征、美观、经济性及养护维修等因素。

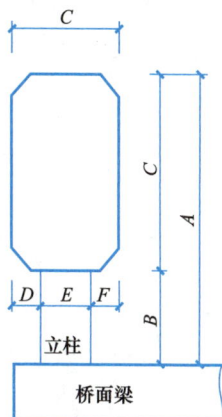

图 10.5-5　钢筋混凝土梁柱式护栏（单位：cm）

# 习　　题

一、单项选择题

1. 盆式橡胶支座安装时要求支座支承平面水平及平整，支承面四角高差不得大于（　　）mm。

   A. 1　　　　　　　　B. 2　　　　　　　　C. 3　　　　　　　　D. 5

2. 水泥混凝土桥面铺装的混凝土强度等级不应低于 C40，铺装层厚度（不含整平层和垫层）不小于（　　）mm。

   A. 50　　　　　　　B. 80　　　　　　　C. 100　　　　　　　D. 120

3. 桥面泄水管的设置应依据设计径流量计算确定，但最大间距不宜超过（　　）m。

   A. 10　　　　　　　B. 15　　　　　　　C. 20　　　　　　　D. 30

二、判断题

1. 按支座变形的可能性，梁式桥的支座一般分为固定支座和活动支座两种。
（　　）

2. 盆式橡胶支座按其工作特征，可以分为固定支座、多向活动支座和单向活动支座三种。
（　　）

3. 水泥混凝土铺装的耐磨性能好，适合重载交通，但养生期长，日后修补较麻烦。
（　　）

4. 当桥面纵坡大于 2%，而桥长小于 50m 时，桥上不必设置专门的泄水管。
（　　）

5. 简支梁桥中经常采用的桥面连续构造属于暗缝式伸缩缝。（　　）

三、简答题

1. 桥梁设置支座的作用是什么？

2. 桥面铺装的作用是什么？主要有哪些类型？

3. 桥面防水层施工的一般要求是什么？

4. 桥梁伸缩缝的设计和施工应考虑的因素主要有哪些？

# 教学单元11

## 涵洞施工

## 【知识目标】

1. 掌握涵洞的分类、组成及构造;
2. 掌握一般涵洞施工技术，了解涵洞顶进法施工技术;

## 【能力目标】

1. 能够准确识读各种涵洞施工图;
2. 能够编制一般涵洞主体及附属工程施工作业指导书并进行现场技术交底;
3. 能够依据现行规范，编写施工内业资料。

## 【素质目标】

1. 通过编制一般涵洞工程施工技术交底，培养学生熟练使用规范的能力;
2. 通过工程案例的讲解，培养学生严谨的工作作风和善于沟通、协作的职业素养。

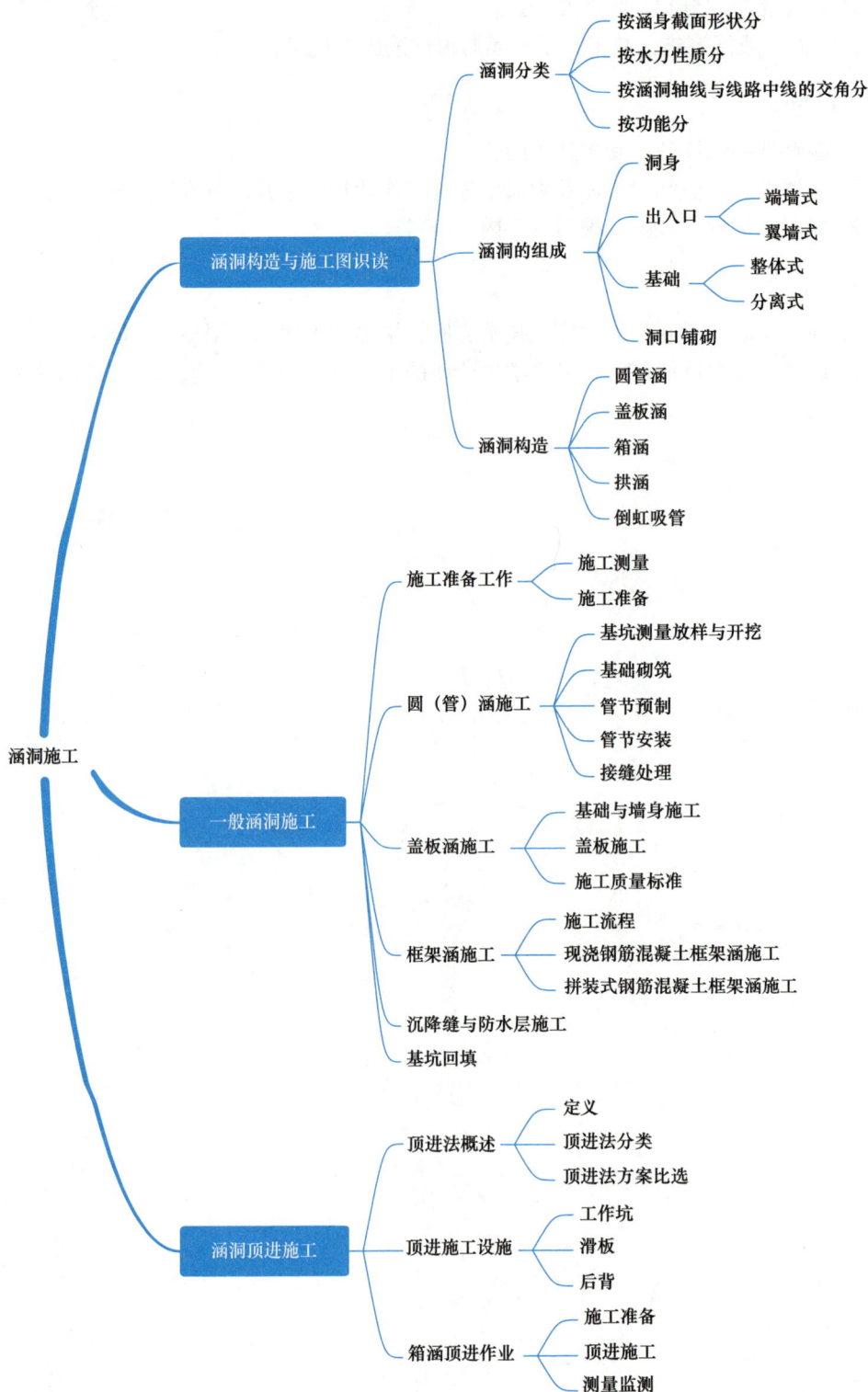

【思维导图】

涵洞施工
- 涵洞构造与施工图识读
  - 涵洞分类
    - 按涵身截面形状分
    - 按水力性质分
    - 按涵洞轴线与线路中线的交角分
    - 按功能分
  - 涵洞的组成
    - 洞身
    - 出入口
      - 端墙式
      - 翼墙式
    - 基础
      - 整体式
      - 分离式
    - 洞口铺砌
  - 涵洞构造
    - 圆管涵
    - 盖板涵
    - 箱涵
    - 拱涵
    - 倒虹吸管
- 一般涵洞施工
  - 施工准备工作
    - 施工测量
    - 施工准备
  - 圆（管）涵施工
    - 基坑测量放样与开挖
    - 基础砌筑
    - 管节预制
    - 管节安装
    - 接缝处理
  - 盖板涵施工
    - 基础与墙身施工
    - 盖板施工
    - 施工质量标准
  - 框架涵施工
    - 施工流程
    - 现浇钢筋混凝土框架涵施工
    - 拼装式钢筋混凝土框架涵施工
  - 沉降缝与防水层施工
  - 基坑回填
- 涵洞顶进施工
  - 顶进法概述
    - 定义
    - 顶进法分类
    - 顶进法方案比选
  - 顶进施工设施
    - 工作坑
    - 滑板
    - 后背
  - 箱涵顶进作业
    - 施工准备
    - 顶进施工
    - 测量监测

## 11.1　涵洞构造与施工图识读

涵洞与路基共同承受车辆行驶的荷载。单个涵洞工程量较小，但是对一整条公路来说，涵洞遍布全线，数量多，工程量占有较大的比重。涵洞施工质量的好坏，直接影响到公路工程的整体质量及使用性能，以及周围农田的灌溉、排水。

涵洞一般设单孔或双孔。在路堤高度不足或地势平缓开阔的地段，当在经济、技术上较为合理时，可以考虑设置多于两孔的涵洞。

### 11.1.1　涵洞分类

#### 1. 按涵身截面形状分类

涵洞按涵身截面形状的不同，分为圆（管）涵、盖板涵、箱涵、拱涵、倒虹吸管等，如图 11.1-1 所示。

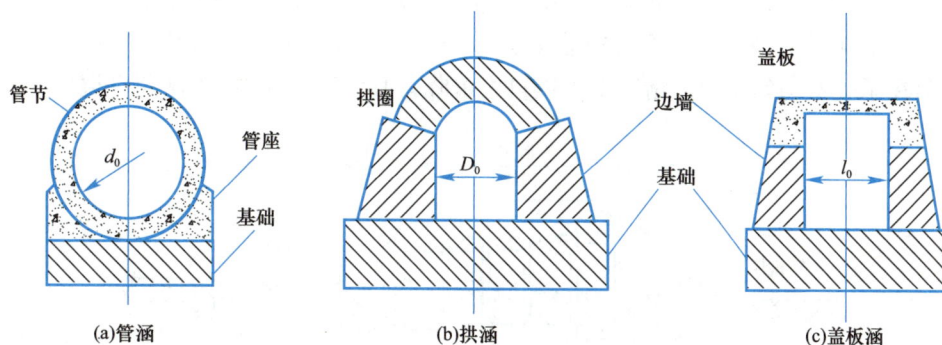

图 11.1-1　涵洞截面形式

#### 2. 按水力性质分

按涵洞的水力性质，分为有压涵洞、无压涵洞及半有压涵洞，如图 11.1-2 所示。

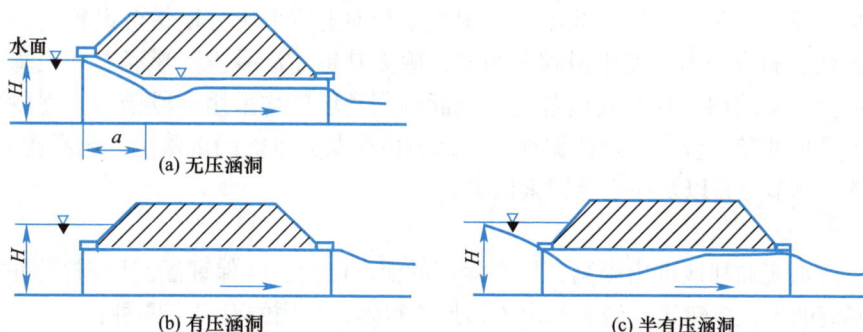

图 11.1-2　涵洞按水力性质分类
$H$—涵前积水深；$a$—入口提高节

1）有压涵洞：涵洞进出口被水淹没，涵洞全长范围内是全断面泄水。因此，在同一断面情况下有压涵洞宣泄的流量比无压涵洞大。

2）无压涵洞：水流在涵洞全长范围保持自由水面，即水面与涵洞顶面不接触。

3）半有压涵洞：涵洞进口浸水，洞内水全部或一部分为自由面，出口不浸水。

### 3. 按涵洞轴线与线路中线的交角分

1）正交涵洞：涵洞轴线与线路中线垂直。

2）斜交涵洞：涵洞轴线与线路中线不垂直。

### 4. 按功能分

有排洪涵、灌溉涵、交通涵等。

## 11.1.2 涵洞的组成

涵洞由洞身、出入口和基础三部分组成，称为涵洞的主体工程，此外，还有出入口河床和路堤边坡加固部分以及涵洞防水层、沉降缝等，称为涵洞附属工程。

### 1. 洞身

洞身是水流的通道，为充分发挥洞身截面的泄水能力，有时在涵洞入口处采用提高节，如图 11.1-3 所示。一般涵洞的洞身都分为若干节，除入口节和出口节因基础埋置较深，需单独分节外，其余每节长度为 2～5m，各节间用 3cm 宽的沉降缝断开，以便各节在承受不均匀压力的情况下可以自由沉降，避免涵洞纵向弯曲产生开裂。

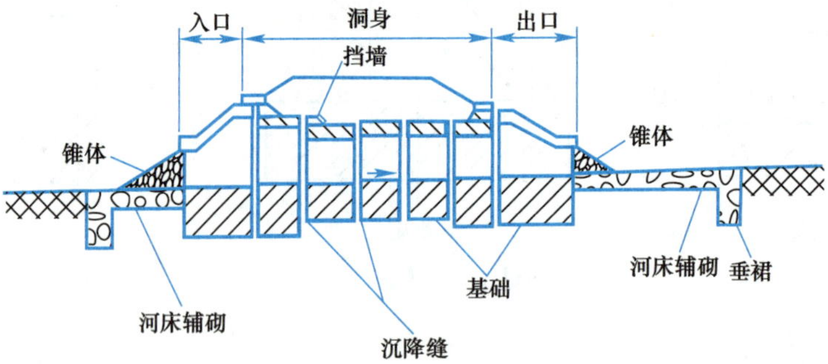

图 11.1-3　涵洞的构造

涵洞应设不小于 4‰ 的排散水，涵洞在纵断面上应采用分段错台设置。为了防止斜坡上的涵洞洞身受力后发生滑移和断裂，除无基钢筋混凝土圆形涵洞和无基钢筋混凝土矩形涵洞采取斜置外，其他各类有基涵洞洞身坡度均采用分段错台、逐段平置的方法。各段长度和错台高度须根据地形、地质情况及其可能的沉落量，洞身沟底坡度、水力条件、涵节分布以及净空等因素确定。

### 2. 出入口

为了使水流顺利地进出涵洞，提高涵洞的泄水能力，并保证涵洞周围路堤的稳固，应设置涵洞的出入口建筑。涵洞的出入口形式很多，常用的有以下两种：

1）端墙式：端墙是一道垂直于涵洞轴线的矮墙，两侧有锥体护坡，如图 11.1-4（a）所示。这种形式的出入口工程数量小，构造简单，但水力性能很差，仅在流量较小时采用。

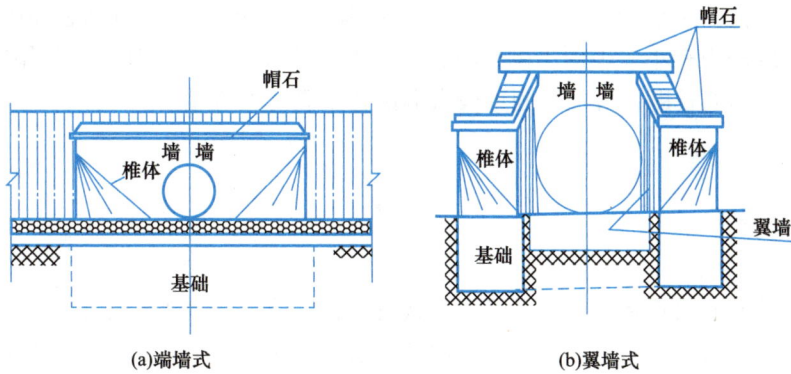

(a)端墙式       (b)翼墙式

图 11.1-4　涵洞出入口

2）翼墙式

翼墙式（或称八字式）：此种出入口除端墙外，端墙前洞口两侧还有张开成八字形的翼墙，公路及铁路涵洞，翼墙端部折成与线路方向平行的短横墙，称为一字墙，如图 11.1-4（b）所示。一字墙前设锥体，翼墙式出入口的工程数量较大，但泄水条件较好，适用于流量较大的情况。

### 3. 基础

涵洞的基础分为整体式与非整体式（分离式）两种，如图 11.1-5 所示。当涵洞孔径较小时，一般采用整体式基础；涵洞孔径较大且地质良好，不均匀下沉的可能性及下沉量较小，不致危害涵洞时，为了节省圬工，可采用非整体式基础。非整体式基础在分离的边墙基础之间，用片石砌成流水坡。流水坡与边墙基础之间留有 3cm 宽的纵向缝隙，坡底设有砂垫层。

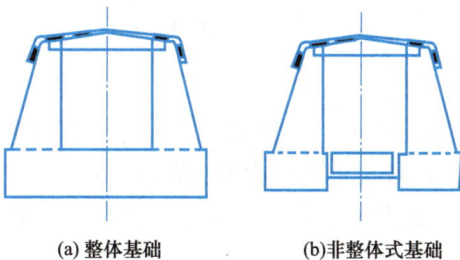

(a) 整体基础       (b)非整体式基础

图 11.1-5　涵洞基础

对于设在砂、砾石土、卵石土及岩石上，且土质均匀，下沉量不大的钢筋混凝土圆形和矩形涵洞，可采用无基涵洞。非严寒地区，土质均匀，下沉量不大的黏性土和位于地下水位以上的中细粉砂土也可考虑采用无基涵。对于非砂土地基可设置不小于 40cm 厚的砂垫层；砂土地基只需进行不小于 40cm 厚的表层夯实；砾石土和卵石土可用砂填充空隙并夯实不少于 40cm；岩石地基也可不用砂垫层，而用混凝土抹成垫座。

涵洞出入口设置防渗措施，以减少水力坡降对涵身底面的渗透影响。无基涵洞坡度采用管节斜置办法，仅在洞身管节与出入口管节之间设置沉降缝。当洞顶至轨底填方高度超过 5.0m，最大流量时涵前积水深度超过 2.5m 或经常流水的河沟，均不得采用无基涵洞。

### 4. 路堤边坡防护和沟床铺砌

水流进入涵洞时流速加大，可能冲刷路堤边坡，因此在入口顶部及两侧一定范围内，路堤边坡要用片石铺砌防护，其高度为最大流量时涵前积水高加 0.25m。

为了防止洞口基底受冲刷淘空而毁坏，涵洞出入口的沟床均应铺砌加固。入口处因有积水，冲刷力较小多采用干砌片石，出口处流速大，冲刷力强，多采用浆砌片石。为减少铺砌加固的长度，可在加固地段末端设置浆砌片石垂裙。

### 11.1.3　涵洞构造

#### 1. 圆管涵

1）涵身

位于路堤下的圆管涵管节所受竖直荷载较大，因此孔径为 1m 以上的管节均布置有双层螺旋形主钢筋。如图 11.1-6 所示，内外两层主筋用纵向分配钢筋及箍筋连成骨架。

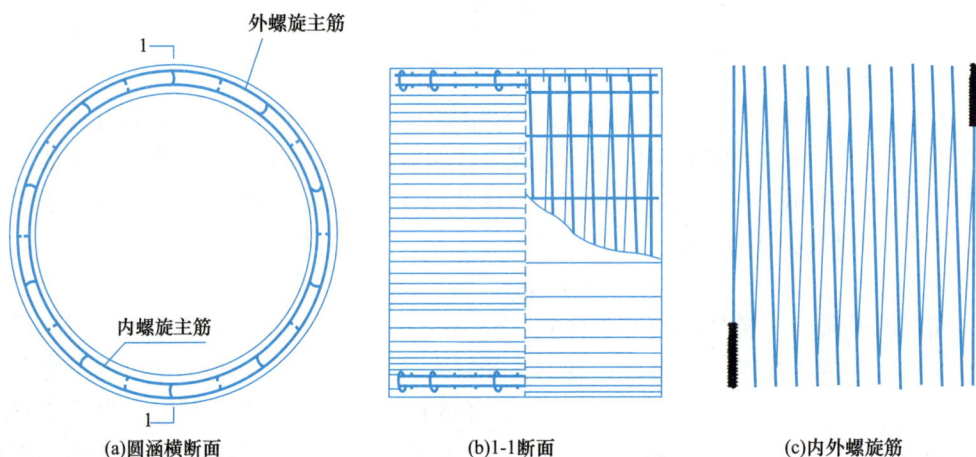

图 11.1-6　圆管涵构造

(a)圆涵横断面　　　(b)1-1断面　　　(c)内外螺旋筋

圆管涵涵身管节每节长 1.0m，管壁厚度 9～24cm。同一孔径的管节，若填土高度不同，则管壁厚度、钢筋截面尺寸与用量均不同，应按填土高度选用相应的管节。

圆管涵受力性能和对地基的适应性能较好，无需墩台，圬工数量少，造价低，适用于有足够填土高度的小跨径暗涵。

2）出入口

孔径 0.75m 的圆涵，常采用端墙式；孔径 1.0～2.5m 圆涵则用八字式。由于圆涵没有提高节，故入口和出口一样。

3）基础

圆涵涵身基础分为有基整体基础和无基砂垫层两种。

有基涵洞，基础采用 C15 混凝土或 M10 水泥砂浆浆砌片石。管座用 C15 混凝土，加强捣固使其与管身紧密相贴、管节受力均匀，如图 11.1-7（a）所示。

无基涵洞，适用于土质均匀、下沉量不大的地基。设置一定厚度的砂垫层或表面夯实，使应力分布均匀，如图 11.1-7（b）所示。

出入口的端墙、翼墙一律采用有基涵洞。

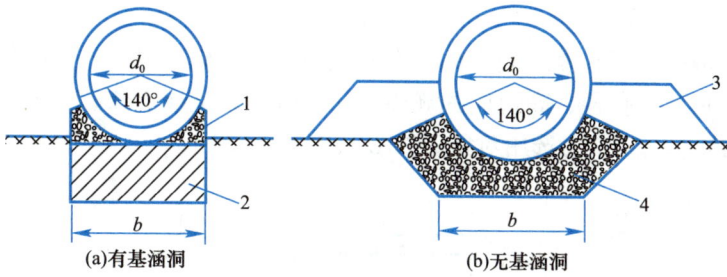

图 11.1-7　涵洞基础

1—C15 混凝土管座；2—砌石（或混凝土）基础；3—填不冻胀土壤；4—砂垫层；$d_0$—孔径

### 2. 盖板涵

盖板涵洞身由盖板、边墙和基础组成。盖板涵身受力明确，构造简单，施工方便。盖板涵与单跨简支板梁桥的结构形式基本相同，只是盖板涵的跨径较小。如图 11.1-8 所示。

1）盖板

钢筋混凝土盖板顶面采用人字形流水坡。每一种孔径的盖板按线路中心处填土高度的不同，有几种不同厚度的钢筋布置。盖板可以就地灌注，也可以分块预制。预制时应按设计宽度扣除 1cm，以免安装时发生困难。

2）基础

盖板涵一般采用整体式基础。若地基土质较好，容许承载力较高，孔径等于或大于 2.0m 的盖板箱涵，可用分离式基础。

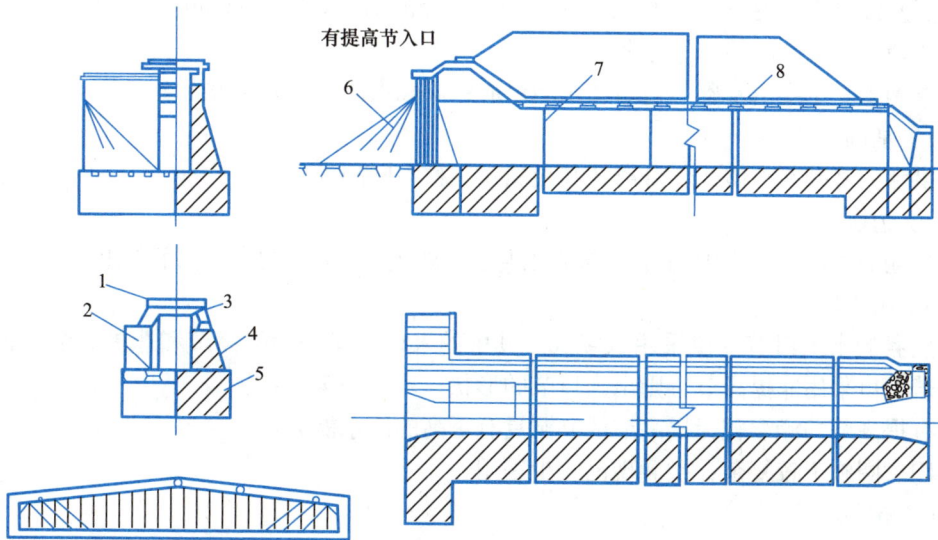

图 11.1-8　盖板涵构造

1—帽石；2—翼墙；3—盖板；4—边墙；5—基础；6—锥体护坡；7—沉降缝；8—防水层

3）出入口

孔径 1.0～6.0m 盖板箱涵的出入口都是八字式；0.75m 盖板涵多用于农田灌溉，流量不大，出入口做成端墙式。

### 3. 箱涵

箱涵是用钢筋混凝土浇筑起来的一个刚性整体。它施工复杂、造价较高，对地基要求较高，且具有大孔径、高边墙的规格，在较厚松软土层上修建交通涵、排洪涵或排洪兼立交的涵洞时，常为选用对象。如图 11.1-9 所示。

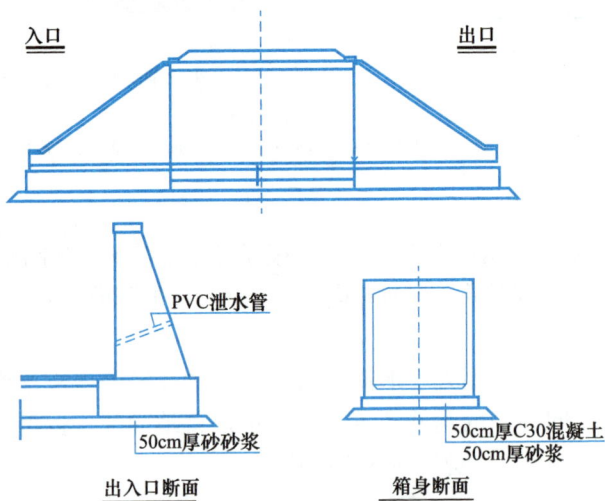

图 11.1-9　框架箱涵构造

### 4. 拱涵

石及混凝土拱涵分为单孔和双孔两种。孔径范围为 0.75～6.00m。拱涵的孔径是指涵身边墙与边墙之间的水平净距。

拱涵涵身主要由基础、边墙和拱圈组成；双孔拱涵中尚有中墩部分。

1）基础

拱涵的基础有整体式、分离式和板凳式三种不同的类型。

2）边墙

拱涵的边墙为适应拱圈传来的较大推力，做成上窄下宽的类似挡墙的形式。

3）出入口

拱涵的出入口节一律采用八字式。其中的入口节又分为提高节和非提高节两种形式。若入口采用非提高节，则出入口节的形状、尺寸完全一致。

有提高节的涵洞较无提高节的涵洞具有更高的泄水能力。

因拱圈施工较复杂，拱涵现已较少采用。

### 5. 倒虹吸管

倒虹吸管是为灌溉渠而设置的一种过水建筑物。当遇不深的路堑，挖方高度又不能满足设置渡槽的要求时，通常采用倒虹吸管。倒虹吸管由进口段、管身段、出口段三部分组成。如图 11.1-10 所示。

倒虹吸管常用钢筋混凝土及预应力钢筋混凝土材料制成，也有用混凝土、钢管制作的，主要根据承压水头、管径和材料供应情况选用。

倒虹吸管很容易被泥沙及漂浮物淤塞，接头又易漏水，养护困难，故应尽量少用。

一般只用于灌溉渠道，不应用于排洪河沟。

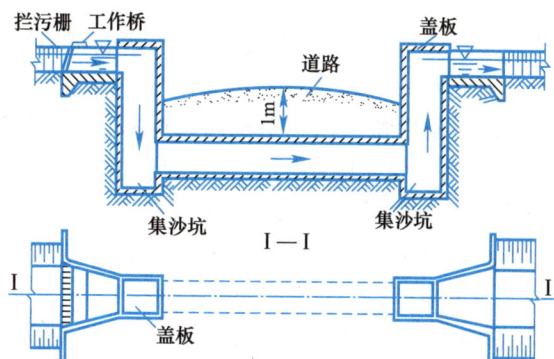

图 11.1-10 竖管式倒虹吸管

## 11.2 一般涵洞施工

### 11.2.1 涵洞施工准备工作

#### 1. 施工测量

测量放样前，应根据设计院移交的施工平面和高程控制资料，对已有控制点不能满足精度要求的应重新布设控制，已有的控制点密度不能满足放样需要时应根据现有的控制点进行加密。

在放样出涵洞中心轴线后，在现场用灰线标出涵洞位置。调查地形地貌、管线等拆迁情况，并与设计文件对比，平面位置、高程、地质水文等情况是否与设计一致。如有较大出入，需要及时与主管部门联系，以便及时处理。

#### 2、施工准备

涵洞施工便道一般利用路基贯通便道或既有乡村道路就近引入，施工便道宽度和路面结构应满足工程车辆运输通行需要。施工用水采用检测合格的用水。施工前按照设计数量，备足钢材和混凝土材料，进场材料应满足相关设计要求，并经严格检验合格后方可用于施工。

施工前对设计图纸进行认真审核，并进行现场核对，及时发现设计图纸中的差、错、漏等问题，并与设计部门及时联系，及时处理。

### 11.2.2 圆（管）涵施工

圆（管）涵有混凝土管涵和钢筋混凝土管涵。管涵的施工多采用先预制管节，再运往现场安装。

#### 1. 基坑测量放样与开挖

采用全站仪进行基坑放样，准确标明基础的位置、尺寸及基础的轴线位置，并在圆涵四周线路纵横向放出十字桩，以便常规检查复核使用。

基坑开挖至设计标高后，及时通知监理检查基底承载力及基坑尺寸、标高等是否满足设计要求。如基底承载力达不到设计要求，应及时处理。

检查合格后，进行涵洞基础放样。用钢尺对基础平面尺寸进行准确的细部放样。并用水准仪按涵洞分节抄平，逐节钉设水平桩，控制基底和基顶标高。

### 2. 基础砌筑

基坑经检查合格后，应尽可能快的修筑基础，以免基底被水浸泡软化。

基础修筑可分段进行，段与段之间用沉降缝隔离。沉降缝用涂过沥青的木板或沥青纸填塞，以保证其宽度。基础砌筑时应按规定设置上拱度。上拱度的设置，一般采用三角形拱度，其数值按照基底土的种类参照有关的规定取值。

### 3. 管节预制

管节由监理工程师认可的预制厂制作，再运到各工点进行安装。当运输条件受限制且工地有砂石料时，也可组织队伍沿线逐点制作。

管节所用钢筋、混凝土及原材料与设计一致并满足规范要求。钢筋混凝土圆管涵成品应符合下列要求：

1）制作完成的管节，内外侧表面应平直圆滑，其端面应平整并与其轴线垂直。

2）斜交管涵进出水口管节的外端面，应按斜交角进行处理。

混凝土圆管涵管节成品质量应符合表 11.2-1 的规定。

混凝土圆管管节成品质量标准 表 11.2-1

| 序号 | 项目 | 规定值或允许偏差 |
|---|---|---|
| 1 | 混凝土强度（MPa） | 在合格标准内 |
| 2 | 内径（mm） | 不小于设计值 |
| 3 | 壁厚（mm） | 正值不限，−3 |
| 4 | 顺直度 | 矢度不大于 0.2% 管节长 |
| 5 | 长度（mm） | +5，−0 |

### 4. 管节安装

安装管节采用人工配合吊机安装。安装时从下游开始，使接头面向上游，每节涵管应紧贴于基座上，垫稳坐实，使管节受力均匀；所有管节应按正确的轴线和图纸所示坡度敷设。敷设时应保证内壁齐平，管内清洁、无脏物，无多余的砂浆及其他杂物。管涵施工质量标准见表 11.2-2。

管节的安装施工应符合下列规定：

1）管节应经质量检验合格后方可使用。

2）各管节应顺流水方向安装平顺，当管壁厚度不一致时，应调整高度使下部内壁齐平；管节应垫稳坐实，安装完成后应采取有效措施予以临时固定，保证其不产生移位，且管内不得遗留泥土等杂物。

3）插口管安装时，其接口应平直，环形间隙应均匀，并应安装特制的胶圈或用沥青、麻絮等防水材料填塞；平接管安装的接缝宽度宜为 10～20mm，其接口表面应平整，并应采用有弹性的不透水材料嵌塞密实，不得采用加大接缝宽度的方式满足涵洞长度要求。管节的接缝不得有间断、裂缝、空鼓和漏水等现象。

**管涵施工质量标准**　　　　表 11.2-2

| 序号 | 项目 | | 规定值或允许偏差 |
|---|---|---|---|
| 1 | 轴线偏位（mm） | | 50 |
| 2 | 流水面高程（mm） | | ±20 |
| 3 | 涵管长度（mm） | | +100，−50 |
| 4 | 管座或垫层混凝土强度（MPa） | | 在合格标准内 |
| 5 | 管座或垫层宽度、厚度 | | 不小于设计值 |
| 6 | 相邻管节底面错台（mm） | 管径≤1m | 3 |
| | | 管径>1m | 5 |

### 11.2.3 盖板涵施工

#### 1. 基础与墙身施工

经过整平修凿的基底验收合格后，就可以开始放样、立模浇筑盖板涵混凝土基础及墙身。

#### 2. 盖板施工

盖板采用预制安装时，为方便吊装，钢筋混凝土盖板就近集中预制。盖板预制必须严格按照设计文件尺寸及要求施工。预制盖板混凝土强度应达到设计强度的 85% 后，方可搬运安装，设计有规定时应从其规定。

安装前首先检查盖板及涵台尺寸，台帽或涵台顶面，应铺设厚度不小于 1cm 的油毛毡垫层。安装后，盖板上的吊装孔，应以砂浆填塞密实。

#### 3. 盖板涵施工质量标准

1）涵台地基承载力必须满足设计要求。

2）沉降缝、防水层、台背填土应按施工规范和图纸要求施工。

3）涵身直顺，铺砌密实平整；进出口与上下游沟槽连接顺适，流水畅通，无滞留物；帽石及八字墙平直，无翘曲现象。

4）盖板涵施工质量应符合表 11.2-3 的要求。

**盖板涵施工质量标准**　　　　表 11.2-3

| 序号 | 项目 | 规定值或允许偏差 |
|---|---|---|
| 1 | 轴线偏位（mm） | 明涵 20，暗涵 50 |
| 2 | 流水面高程（mm） | ±20 |
| 3 | 涵底铺砌厚度（mm） | +40，−10 |
| 4 | 涵长（mm） | +100，−50 |
| 5 | 孔径（mm） | ±20 |
| 6 | 净高（mm） | 明涵 ±20，暗涵 ±50 |
| 7 | 混凝土或砂浆强度（MPa） | 在合格标准内 |

| 序号 | 项目 | | 规定值或允许偏差 |
|---|---|---|---|
| 8 | 涵台断面尺寸（mm） | 片石砌体 | ±20 |
| | | 混凝土 | ±15 |
| 9 | 垂直度或斜度 | | 0.3% 台高 |
| 10 | 涵台顶面高程（mm） | | ±10 |
| 11 | 盖板高度（mm） | 明涵 | +10，−0 |
| | | 暗涵 | 不小于设计值 |
| 12 | 盖板宽度（mm） | 现浇 | ±20 |
| | | 预制 | ±10 |
| 13 | 盖板长度（mm） | | +20，−10 |
| 14 | 支承面中心偏位（mm） | | 10 |
| 15 | 相邻板最大高差（mm） | | 10 |

### 11.2.4 沉降缝与防水层施工

#### 1. 沉降缝施工方案

1）沉降缝设置的位置、方向和宽度

涵洞洞身、洞身与端墙、翼墙、进出水口交接处根据图纸要求必须设置沉降缝。具体设置位置根据涵洞施工图的设计而定。一般沉降缝间隔距离为 4～6m，宽度为 3cm。

2）沉降缝施工方法

沉降缝的施工，要求做到使缝两边的构造物能自由沉降，又能严密防止水分渗漏，故沉降缝必须贯穿整个断面（包括基础）。沉降缝具体施工方法如下：

（1）基础部分：可将原基础施工时嵌入的沥青木板留下，直接作为防水之用。

（2）涵身部分：缝外侧以原施工时所嵌沥青木板留作防水，同时做沉降缝填塞物，内侧施工用的沥青木板四周全部凿除，深度不得小于 5cm，然后采用聚硫橡胶密封膏密封，为保证沉降缝的垂直，进行处理时必须用墨斗线弹出处理位置。

（3）沉降缝的施工质量要求

沉降缝端面应整齐、方正，基础和涵身上下不得交错，应贯通，嵌塞物应紧密填实。沉降缝设置要求上下垂直、贯通。

#### 2. 防水层施工

正交钢筋混凝土盖板涵洞：

沉降缝涵洞内侧防水采用聚氨酯弹性橡胶嵌填，弹性橡胶应嵌入墙体内部 15cm；沉降缝基础防水采用聚氨酯弹性橡胶嵌填，弹性橡胶应嵌入基础内部 15cm；沉降缝外侧防水采用 50cm 宽的防水卷材（两布三涂甲种防水层），铺设宽度为 50cm，布设为涵洞盖板、墙身及基础顶面以下 15cm。

盖板顶面防水采用涂刷聚氨酯防水涂料两道处理，同时双孔和三孔盖板涵顶面采用 C10 素混凝土做成双向斜坡以利顶面排水，顶面防水层设铺在自盖板顶面至盖板底面以下 0.2m。在盖板与盖板间缝隙、盖板与边墙间缝隙、穿钉与预留孔间的缝隙，若盖板预制时，采用 M20 水泥砂浆填满；若盖板采用现浇时，采用混凝土填塞紧密。

## 11.3　涵洞顶进施工

### 11.3.1　顶进法概述

#### 1. 定义

顶进法是地下建筑物施工的一种基本方法，在不中断地面交通的前提下，将预制好的涵管或箱体，采用机械力量顶入地层中。此法适用于穿越公路、铁路、河流、建筑物、街道的各种桥涵、地道、地下管道等。如图 11.3-1 所示。

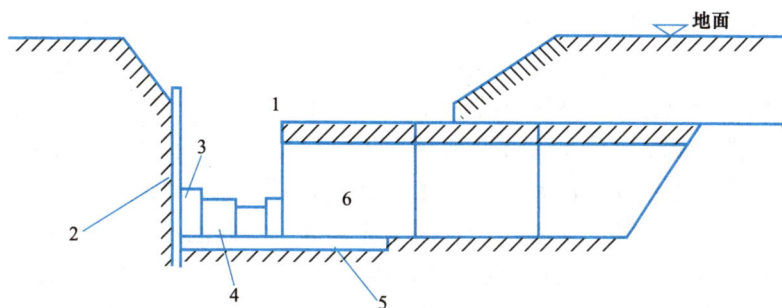

图 11.3-1　顶进法示意图

1—工作坑；2—后背；3—后背梁；4—千斤顶；5—底板；6—箱体或涵管

#### 2. 顶进法分类

按施工工艺的不同，顶进法可分为一次顶入法、对顶法、对拉法、顶拉法、盾构法、格栅顶进法等。在顶进施工中应优先考虑整体顶进，限于各方面的原因不能整体顶进时，考虑分节、分体顶进。采用整体顶进时，其长度宜小于 30m，当大于 30m 时，宜在纵向分节，采用中继间分段顶入法。

#### 3. 顶进法方案比选

在顶进施工中，顶进方法有多种，施工中应依据现场调查，结合所需顶进的结构形式、尺寸、施工技术水平、工期、机具设备能力等综合研究，经过技术能力和经济投资综合比选后采用合适的施工方法。在选定施工方法之前，应对以下几方面作充分调查：

1）地形、地貌及工程地质、水文情况；

2）是否有需要拆迁的建筑物；

3）路基及工作坑中是否埋置有管路、电缆、光缆及其他障碍物，明确其位置、结构以及使用情况；

4）施工场地交通运输及供水、供电等情况；

5）现有平交道的交通运输情况及铁路的运行情况；

6）周围地面及铁路排水情况。

### 11.3.2 顶进施工设施

#### 1. 工作坑

工作坑是桥涵顶进施工的临时结构物，在确保行车安全和顶进施工质量的前提下，力求减少加固支撑材料，降低工程造价。

1）工作坑降排水

施工降排水工作应在工作坑开挖前进行。工作坑表层土质为黏性土，四周渗水量小且具备自流排水条件时，可挖排水沟，以自流方式排除地表水和雨水。若利用排水沟排出地下水，如土质较差时，沟槽应进行加固。

当工作坑较深，自流方式有困难时，则采用排水沟与集水井相结合的方法，将地下水及坑内雨水经排水沟汇集到集水井内，用水泵抽走。

2）工作坑设置原则

（1）工作坑应根据线路情况、现场地形地貌及施工需要，在保证排水和安全的前提下，选择施工场地宽敞、供料和出土方便的一侧，并优先考虑地道桥下坡顶进为宜。

（2）靠公路一侧的工作坑边坡坡顶与公路中心线的距离不得小于3.5m，边坡坡度应小于1:1，其余边坡坡度宜为1:0.5～1:1.25。对不稳定土层或雨期施工的工作坑边坡应进行抗滑稳定性验算，边坡不稳定时应先加固，后开挖。当坑边的建筑物基底压力线进入工作坑内，或工作坑的边坡不能按规定开挖时，应采取加固措施。

（3）工作坑的尺寸应根据顶进桥涵的长度、宽度、后背尺寸和作业空间来确定，并应在底板和后背间留出2～3m布置顶进设备的空间；桥体两侧可视结构高度、模板支设方法、混凝土浇筑方案、排水情况等预留2m左右的工作宽度；箱体前端应预留出安置刃脚和箱体空顶的位置，还应绘制工作坑的平面图及剖面图。

（4）工作坑基底的承载力应满足预制箱身及顶进施工的要求，如土质松软时应对基底进行加固处理。

（5）工作坑运土坡道应避开后背土体顶进受力范围，如条件限制不能避开时，坡道边坡应进行支护加固。

（6）工作坑不仅要确保顶进施工工艺要求，还应结合引道工程的施工工艺要求一起考虑，确保施工期间行车安全。桥涵顶进工程中许多险情的发生往往在桥涵顶进就位以后因为没有很好地考虑引道工程施工的工艺要求而引起的。

#### 2. 滑板

滑板是顶进工艺极为重要的设施，主要作为预制箱涵时的施工垫层及顶进起动时与基底土的隔离层，使箱涵结构物在浇筑混凝土过程中不致产生不均匀沉降，并防止箱涵结构与其底面以下的土粘结影响起动顶进。

1）滑板的技术要求

（1）滑板应满足预制箱体所需的强度和刚度，以及顶进时的稳定性要求。可根据地基承载能力、箱体重量和顶进方法选用钢筋混凝土滑板、混凝土滑板、砌筑片石滑板和灰土滑板等。根据土质情况，滑板底部可设碎石和灰土垫层。

（2）滑板中心线要与箱体顶进中心线一致，并有较高的平整度，表面用1∶3水泥浆压实抹光，以减小顶进阻力。

（3）软土地基为提高滑板的抗滑能力，以保证箱体顶进时不会被带走，同时，为预防箱体顶进"扎头"和偏移，底面宜设粗糙面或锚梁增加抗滑能力，且宜将滑板做成前高后低的仰坡，坡度宜为0.2%～0.5%，地基承载力较好时宜取小值，反之取大值。

（4）沿顶进方向的滑板两侧距桥涵外缘50～100mm处宜设置导向墩，控制桥涵的顶入方向。

（5）滑板前端轴线方向钢筋应有端头，板前预留出至少30cm的预留筋，以便在接长滑道板时连接接长滑板纵向筋。

2）滑板的结构形式

（1）滑板与后背梁连成整体

这种形式滑板承受的拉力沿顶进方向逐渐减少，最大可能断裂位置通常在滑板与后背梁连接处。为保证滑板与后背梁的整体性，一般应配置钢筋，设计成钢筋混凝土结构，从而使滑板与后背梁共同承受顶力。如图11.3-2所示。

（2）滑板与后背梁分离

这种结构形式的滑板在靠近后背梁一端受力最小，沿顶进方向至箱涵尾部滑板承受的拉力逐渐增大。在箱涵尾部到滑板前端这一段范围内，因受润滑、隔离、顶进中高程等施工质量的影响，致使滑板顶面、底面摩擦力的分布变化较大，给滑板的计算带来了很多困难（图11.3-3）。

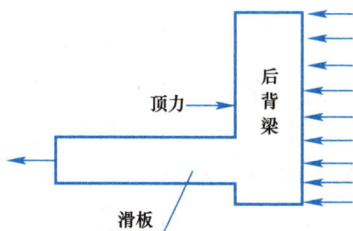

图11.3-2　滑板与后背梁连成整体

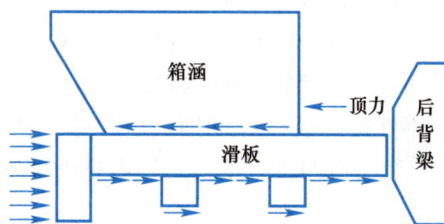

图11.3-3　滑板与后背梁分离

3）润滑隔离层

为了能使预制好的箱涵在滑板上顺利地起动顶进，要求箱涵不与滑板粘连。为此，应在滑板上设置润滑隔离层，从而减少顶进阻力，减少顶进时可能出现的结构损伤、偏移等事故。

润滑隔离层是由润滑层和隔离层两部分组成。目前施工中常用的润滑剂有机油、石蜡、滑石粉、黄油等，其中以石蜡效果较好；隔离层有塑料薄膜、油毡纸、油毡布和水泥砂浆抹面等，其中以塑料薄膜应用较为普遍。

3. 后背

后背是顶进施工中的重要设施。它承受顶进时的水平顶力，要求有足够的稳定性与刚度。当最大顶力发生时，后背不能产生过大弹性变形和移动，更不能顶垮；否则，就会把桥涵顶偏，甚至不能继续顶进。

后背位于工作坑后部，是顶进施工时千斤顶的承力面，承受顶进时的水平反力。后背和滑板是临时构筑物，但对顶进施工十分重要，应根据顶力大小、地形地貌、土质、机具设备及运输等条件来选定。必须安全可靠，以确保顶进施工顺利进行。

后背的类型如下：

（1）重力式后背

重力式后背通常由浆砌片石或钢筋混凝土做成，如图 11.3-4 所示。浆砌片石后背一般都在挖好工作坑后接着修筑。墙背后若为填土，应分层夯实压密，保证填土内摩擦角大于 30°。顶进完毕后，片石拆作他用。此种后背施工简便易行，造价较低，常用于后背单位长度顶力不超过 800kN/m 的小型桥涵，特别对于工作面多而分散、设备少的情况更为适用。有时由于片石来源缺乏，也有用少筋混凝土修成厚 0.8～1.0m、高 2.5～3.0m 的后背。

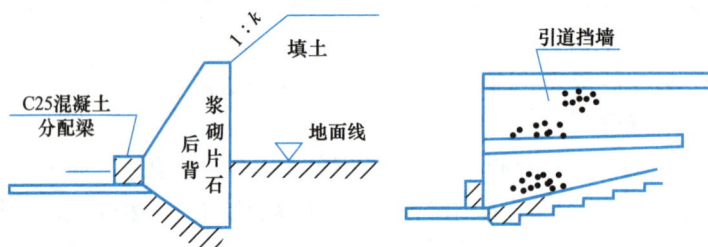

图 11.3-4　浆砌片石后背

（2）板桩式后背

板桩式后背由各种类型的型钢、后背梁和后背填土组成，如图 11.3-5 所示。板桩可采用钢轨、工字钢、槽钢和钢板等，如图 11.3-6 所示。在大型工程中，大多采用此种后背。打入钢板桩后桩顶应设拉锚，然后开挖工作坑，亦可在工作坑形成后埋桩。板桩式后背需占用较多钢材，还需打桩设备，一般情况下造价较高。

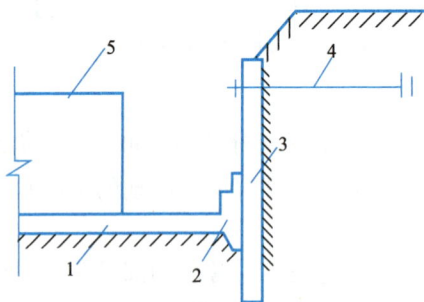

图 11.3-5　板桩式后背示意图

1—滑板；2—后背梁；3—桩板桩；4—拉锚；5—箱涵

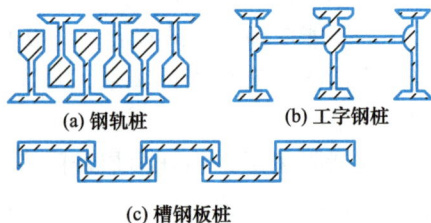

(a) 钢轨桩　　(b) 工字钢桩

(c) 槽钢板桩

图 11.3-6　作为板桩式后背的型钢

（3）钢筋混凝土拼装式后背

钢筋混凝土拼装式后背主要由各种钢筋混凝土预制件组成。其优点是可以提供比重力式后背更大的顶力，组装简单易行，可以反复使用，常用于工点相对集中、需要较大顶力，有起吊、运输条件的施工现场。

　　顶进桥涵小，所需顶力小，所处地质条件好的顶进施工中，也可借助现场条件，采用天然后背，如图 11.3-7 所示。

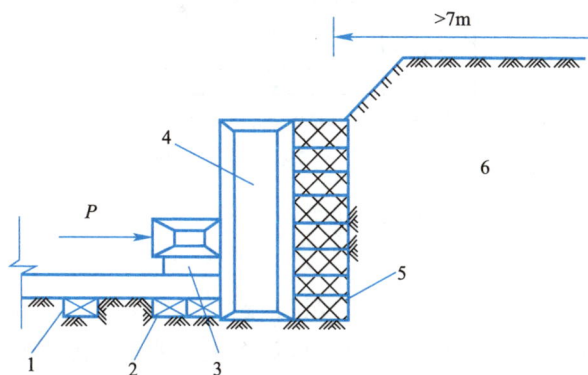

图 11.3-7　天然后背

1—导轨；2—枕木；3—横顶铁；4—立顶铁；5—方木；6—原状土

### 11.3.3　箱涵顶进作业

　　箱涵顶进是指在铁路、公路或其他地面建筑物下方，顶入预制好的钢筋混凝土箱形框架，建成各种地下通道或地下建筑物。

　　箱型框架的横断面按使用要求可以分为单孔、双孔和三孔，个别情况还可做成四孔。当用两孔或三孔框架断面时，根据施工现场设备能力，一般将两孔或三孔整体一次浇筑，一次顶进，这样整体性好，施工进度也快。也可将两孔或三孔分别灌注，分别顶进。有时，三孔可做成不同高度，有利于模板倒用，减少顶进阻力，线路加固也较容易，如图 11.3-8 所示。

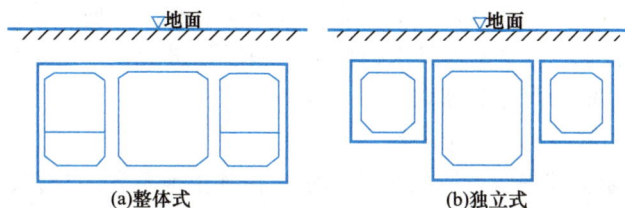

图 11.3-8　箱形框架横断面

　　箱涵一次顶入法也称整体顶入法，是指箱体整体预制，纵向不分节、横向不分体，从箱体顶进到箱体就位一气呵成。如图 11.3-9 所示。一次顶入法可使钢筋混凝土结构一次预制完成。只要有足够的顶力设备，对正交或斜交涵洞、各种路基土质、覆土深度，一般均能用此法一次顶入。其优点是对道路交通干扰较小，顶进时间集中，施工期较短，对运输干扰时间短，故目前被广泛采用。

　　箱涵顶进施工的程序为：试顶→调整→挖土顶进→顶进就位→拆除顶进及加固设备→恢复线路。顶进作业一旦开始应连续施工，各工序间应密切协调配合，并应防止地下水渗出，造成坍塌。发生事故时应立即停止顶进并进行处理。

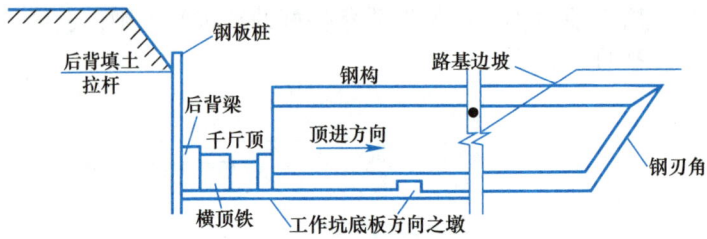

图 11.3-9　一次顶入法示意图

### 1. 施工准备

1）线路加固的检查

顶进工作的顺利进行，首要条件是保证道路行车的安全，因此在开顶前必须对线路加固的质量进行检查。如加固是否符合设计图纸的要求，加固部件有无侵入限界的情况，加固扣件是否有松动脱落等，都必须引起施工人员的足够重视。

2）顶进设备的检查

顶进设备主要是高压油泵、千斤顶和顶铁。安装前应加以整修并做压力试验。油压管路安装完毕后，要进行试运转，检查压力能否达到规定标准，油管是否漏油，顶铁的长短规格、数量配置是否符合施工要求。

3）箱涵外表的润滑处理

对桥体结构和后背应进行全面检查，桥体和顶面保护层混凝土强度应达到设计要求。箱涵外表涂以石蜡及机油（4:1）熬制而成的润滑剂。熬制温度夏季为120～150℃，冬季为150～180℃，趁热涂刷，使其渗入混凝土孔隙内以保证不易擦掉或剥落以减少摩阻力和加强混凝土的防水性能。

4）降低地下水位

地下水处理不当必然给施工增加许多困难。尤其在顶进中，因基底土壤被水浸泡变软而造成箱涵下沉或严重坍方，甚至影响公路安全和工程质量。因此，当箱涵底板处在地下水位以下时，必须采取降水措施。在箱涵顶进中，按规定地下水位应降至箱涵底面以下 0.5～1.0m，严禁带水作业。

5）故障处理措施及材料的准备

"扎头"是桥涵顶进中较普遍出现的问题，在软土地基尤为严重，因此要求预先拟定处理措施。一般可以选用：换填、打短木桩加固地基、铺设预制钢筋混凝土板等，根据选用的方法准备好所需要的材料。

6）安装观测仪器

为检查箱涵是否在顶进中按预定位置走行，千斤顶每顶进一个行程应用仪器测量箱涵的中线位置与水平高差，以便及时采取调整措施。

7）启动试顶

箱涵启动是使其与滑板分离，也是对顶进设备及后背的一次检验。桥体开始启动，即开始不切土的空顶，空顶时顶力一般较小，在没有使用减阻措施的情况下约为箱涵自重的 20%～40%。启动时，油泵应逐渐加压，每次升压后还要稳定 10min，并对设备及滑板、后背梁等发生的裂缝情况进行检查。

在加压过程中，如发现油压突然下降，则表明箱涵已与滑板脱离。倘若在起动顶力的作用下，发现后背的变形与设计顶力出入较大，则应立即采取加强措施，以避免在顶进中后背破坏，造成施工上的困难。

箱涵起动后，开始为不切土的空顶，但此时需要注意控制好箱涵顶进的方向，切不可麻痹大意，以免产生较大偏差造成纠正困难。顶进桥涵施工在做好各项准备工作后，应以最短时间顶完，组织快速施工，为此要求做到：

（1）合理安排施工工期，要尽量避开雨季和冬季。因为雨季增加顶进困难，而冬季不但要增加防寒保温费用，而且工程质量也不易保证。

（2）做好施工组织计划。根据实地调查情况，研究施工方案，布置施工场地，编制出详细的施工组织计划。

（3）挖、运土工序与顶进密切配合，措施得当，组织合理。

（4）加强组织指挥，及时解决设备、技术问题。

### 2. 顶进施工作业

开镐顶进是现场顶进工作的中心环节，每次开镐前应检查油泵等液压系统有无故障，挖土部位及尺寸是否符合要求，顶铁安装是否合格和后背变形情况有无发展等。这些方面倘若有一个环节发生问题，都会给顶进带来困难，甚至造成事故。

顶进工作的过程是：当前方刃脚处挖土完成一个顶程后，即开动高压油泵，使千斤顶产生顶力，通过传力设备（顶铁、顶柱），借助于后背的反作用力，推动箱涵前进。箱涵前进后，用拉镐将千斤顶活塞拉回复原（如用双作用千斤顶时则可自动回镐），然后在空挡处填放顶铁，以待下次开镐。如此循环往复，直至箱涵就位，顶进结束。

1）试顶

试顶是桥涵顶进施工必不可少的步骤，它可以检验顶进设备液压系统是否正常有效，后背是否稳固可靠，测得箱身启动顶力数值等，以利改进调整，为更主动地把握后续顶进作业做到心中有数。

2）挖运土

框架桥涵的顶进速度主要取决于洞内的挖、运土速度。故应尽可能为挖、运土创造条件，提高效率。由于箱涵高度一般在6m左右，故人工挖土宜分成上下两层进行，即在箱涵内设置挖土平台——中间平台。

中间平台的构造可分为钢质和木质两种。采用钢质平台，可直接安装在箱涵的预埋螺栓上；采用木质平台时，则安装在箱涵的端部侧墙预埋螺栓固定的型钢上。跨度较大的箱涵为了增加平台的跨度，应设置中柱或支架。当使用机械挖土时，可不设置中间平台。以下为顶进开挖操作要求。

（1）工作面上宜布置1～2人/m；每次掘进尺应根据土质情况决定，一般约为20～50cm，在松散的或软塑性的土层中顶进严禁超挖，必须保证刃脚切入土层不少于10cm。切土顶进有利于顶进方向的控制。

（2）按照侧刃脚坡度及规定的进尺应由上往下开挖，侧刃脚进土应在10cm以上。开挖面的坡度不得大于1:0.75，并严禁逆坡挖土，不得超前挖土，严禁扰动基底土壤。挖土时应掌握土坡的平整，并保持与刃脚坡度一致，或根据路基土质情况选用适当坡度，严禁出现倒坡，以保安全。

（3）如发现机械设备有故障不能顶进时，亦应立即停止挖土。挖土工作必须与观测工作紧密配合，根据箱身顶进时的偏差情况，随时改进挖土方法。有条件的地方可以采用小型挖土机械挖土，以提高速度。运土一般最好用小型卡车从洞内装土、运土，最好直接装卸，避免倒运。

3）安装顶铁（顶柱）

（1）为保证顶柱的受压稳定，一般在顶柱与横梁间用螺栓拴牢，并每隔8m设横梁一道，使传力较均匀及增加顶柱横向稳定。

（2）每行顶铁与千斤顶应保持一条直线，并与后背梁垂直，各行长度要力求一致，有缝隙时要用铁片塞紧，预防因受力不均而损坏失稳。

（3）顶铁数取决于总顶力与顶铁（柱）的允许顶力，必须有一定的安全储备。

4）接长车道

（1）为保证挖掘出的土方能及时运出箱身，以保证顶进作业的连续性，运土一般采用活动车道。

（2）活动车道一般为型钢与钢板组成，也可以采用两个木垛上铺设方木组成车道。固定在箱涵底板上，可在顶进中随箱身一同前进。

### 3. 测量监测

为了准确掌握箱涵顶进的方向和高程，应在箱涵的后一方设置观测点以观测箱涵顶进时中线和水平偏差：观测点应离后背稍远，以免后背变形影响观测仪器的稳定，在箱涵洞内四个角上进行高程量；顶进方向偏差的观测可在箱涵一侧的前后端各设一个标尺进行。为观测顶进中后背的变形情况，可在后背梁两端设立标尺，进行后背变形观测。

测量工作对箱涵顶进很重要，必须每顶一镐测量一次高程和左右方向偏差，并做好记录，以便及时纠正偏差，保证顶进顺利进行。

穿越铁路顶进施工时，应监测线路加固受力构件的变形、线路横移量、轨道沉降等；穿越公路顶进施工时，应监测路面的沉降、路面横移量、路面隆起等；穿越重要构筑物顶进施工时，应根据其结构安全要求，确定监测的内容和方法，采取控制措施。桥涵顶进施工质量应符合表 11.3-1 的规定。

桥涵顶进施工质量标准　　　　　　　　　　　　　　　　表 11.3-1

| 项目 | | 规定值或允许偏差 | |
|---|---|---|---|
| | | 框构桥、箱涵 | 管涵 |
| 轴线偏位（mm） | 涵（桥）长 <15m | 100 | 50 |
| | 涵（桥）长 15~30m | 150 | 100 |
| | 涵（桥）长 >15m | 300 | 200 |
| 高程（mm） | 涵（桥）长 <15m | +30，−100 | ±20 |
| | 涵（桥）长 15~30m | +40，−150 | ±40 |
| | 涵（桥）长 >15m | +50，−200 | +50，−100 |

续表

| 项目 | 规定值或允许偏差 | |
| --- | --- | --- |
| | 框构桥、箱涵 | 管涵 |
| 相邻两节高差（mm） | 30 | 20 |

# 习 题

**一、单项选择题**

1. 就地浇筑的箱涵，需待混凝土强度达到设计强度的（    ）％后，方可进行涵顶回填土。

A. 75          B. 80          C. 85          D. 100

2. 在施工过程中涵顶填料覆土厚度小于（    ）m，严禁重型机械和车辆通过。

A. 0.3          B. 0.5          C. 0.8          D. 1.0

**二、判断题**

1. 盖板涵一般采用分离式基础。 （    ）

2. 圆管涵安装时应从上游开始，使接头面向下游，每节涵管应紧贴于基座上，垫稳坐实，使管节受力均匀。 （    ）

3. 管节安装时，不得采用加大接缝宽度的方式满足涵洞长度要求。 （    ）

4. 顶进施工时，宜将滑板做成前高后低的仰坡，坡度宜为 0.2%～0.5%，地基承载力较好时宜取小值，反之取大值。 （    ）

**三、简答题**

1. 常见涵洞类型有哪些？简述各自的适用条件。

2. 简述涵洞沉降缝的设置要求及施工做法。

3. 简述管节安装施工的要求有哪些。

期末考试试卷一

期末考试试卷二

# 参 考 文 献

［1］ 中华人民共和国交通运输部．公路工程技术标准：JTG B01—2014［S］．北京：人民交通出版社，2014．

［2］ 中华人民共和国交通运输部．公路桥涵设计通用规范：JTG D60—2015［S］．北京：人民交通出版社，2015．

［3］ 中华人民共和国交通运输部．公路桥涵施工技术规范：JTG/T 3650—2020［S］．北京：人民交通出版社，2020．

［4］ 中华人民共和国交通运输部．公路钢筋混凝土及预应力混凝土桥涵设计规范：JTG 3362—2018［S］．北京：人民交通出版社，2018．

［5］ 中华人民共和国交通运输部．公路桥涵地基与基础设计规范：JTG 3363—2019［S］．北京：人民交通出版社，2019．

［6］ 中华人民共和国交通运输部．公路工程质量检验评定标准　第一册　土建工程：JTG F80/1—2017［S］．北京：人民交通出版社，2017．

［7］ 中交第二航务工程局有限公司．基本作业与临时设施［M］．北京：人民交通出版社，2014．

［8］ 中交第二公路工程局有限公司．墩台与基础（上、下篇）［M］．北京：人民交通出版社，2014．

［9］ 中交第二公路工程局有限公司．梁桥［M］．北京：人民交通出版社，2014．

［10］ 中交第二航务工程局有限公司．斜拉桥［M］．北京：人民交通出版社，2014．

［11］ 四川公路桥梁建设集团有限公司，四川路桥建设股份有限公司．拱桥［M］．北京：人民交通出版社，2014．

［12］ 中交第二公路工程局有限公司．悬索桥［M］．北京：人民交通出版社，2014．

［13］ 靳晓燕，隋永兴．铁路桥涵施工及维修［M］．北京：中国铁道出版社，2014．

［14］ 盛可鉴．公路工程施工技术［M］．2版．北京：人民交通出版社，2013．

［15］ 郭发忠．桥梁工程技术［M］．2版．北京：人民交通出版社，2010．

［16］ 范立础．桥梁工程（上、下册）［M］．3版．北京：人民交通出版社，2017．